Kojiro Nabeshima
鍋島弘治朗●著

日本語のメタファー

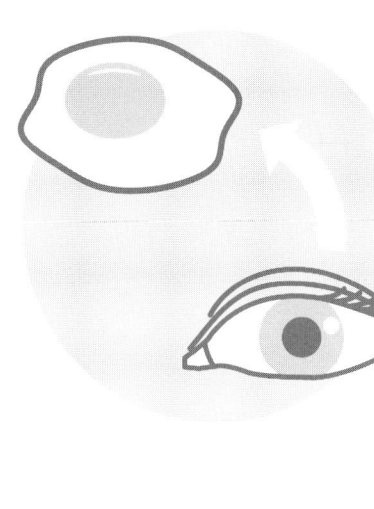

くろしお出版

目次

第1章 はじめに 001
- **1.1** メタファーとは　001
- **1.2** メタファーと隣接概念　003
  - **1.2.1** メタファーとシミリ　003
  - **1.2.2** メタファーとメトニミーおよびシネクドキ　004
  - **1.2.3** メタファーとアナロジー　006
- **1.3** メタファー研究の流れ　008
- **1.4** 認知メタファー理論の独自性　010
- **1.5** 本書の貢献　013
- **1.6** 本書の構成　015
- **1.7** まとめ　020

第2章 認知言語学 021
- **2.1** 認知言語学の概観　021
- **2.2** 有契性　023
- **2.3** 図と地　024
- **2.4** スキーマ化　025
- **2.5** イメージ・スキーマ　025
- **2.6** カテゴリー化　028
  - **2.6.1** プロトタイプ　028
  - **2.6.2** 基本レベルカテゴリー　029
- **2.7** 主観化　030
- **2.8** 領域　032
- **2.9** 多義　032
- **2.10** 構文　033
- **2.11** まとめ　034

第3章 認知メタファー理論 035
- **3.1** 認知メタファー理論の基本概念　035
  - **3.1.1** 多義　035
  - **3.1.2** 領域　036

iii

- **3.1.3** サキ領域とモト領域　037
- **3.1.4** 写像　037
- **3.1.5** 推論　039
- **3.1.6** 基盤　039
- **3.1.7** 定義と表記　040
- **3.1.8** 収斂する証左　041
- **3.1.9** メタファーとメタファー表現の区別　041

3.2 認知メタファー理論の変遷　042
- **3.2.1** 日常言語に潜むメタファー的世界認識（Lakoff and Johnson, 1980）　043
- **3.2.2** 詩的メタファーと日常的メタファーの連続性（Lakoff and Turner, 1989）　047
- **3.2.3** イメージ・スキーマの導入—不変性仮説と不変性原理—（Lakoff, 1990, 1993）　048
- **3.2.4** 事象構造メタファーと《人生は旅》の解体（Lakoff, 1993）　049
- **3.2.5** 社会科学一般の基礎理論としてのメタファー研究へ（Lakoff, 1996）　049
- **3.2.6** プライマリー・メタファー理論と《理論は建物》の解体（Grady, 1997a, b）　050
- **3.2.7** 基盤の類型化と《人生はギャンブル》の解体（Grady, 1999; Kövecses, 2002）　052
- **3.2.8** ブレンディング理論との関連（Fauconnier and Turner, 2002）　053
- **3.2.9** メタフォトニミー研究およびカテゴリー包含説　053
- **3.2.10** 多様化する研究手法　054

3.3 まとめ　054

第4章　身体性メタファー理論　055

4.1 知覚レベルと概念レベル　055
- **4.1.1** 認知科学における知覚レベルと概念レベル　056
- **4.1.2** からだ的思考と分析的思考　057
- **4.1.3** 身分けと言分け　058
- **4.1.4** 知覚レベルと状況レベル　058
- **4.1.5** 感性的メタファーと悟性的メタファー　059
- **4.1.6** 関連するその他の理論　059
- **4.1.7** 知覚レベルと概念レベルの連続性　059

4.2 イメージ・スキーマとオントロジ・スキーマ　060
- **4.2.1** 〈物体〉のスキーマと理論　061
- **4.2.2** オントロジ・スキーマと凝集性　062
- **4.2.3** 〈線と移動〉のスキーマ　065
- **4.2.4** 〈力〉のスキーマ　067
- **4.2.5** 〈連続体〉のスキーマ　070
- **4.2.6** 〈人間〉のスキーマ　072

4.3 知覚推論　073

4.4 Sモード　076
- **4.4.1** 視点とパースペクティヴ　076
- **4.4.2** Sモードにおける単調対応　079

　　　　4.4.3　SモードとOモード　080
　　　　4.4.4　Oモードの起源と中心視野　081
　　　　4.4.5　Oモードと概念レベル　082
　　　　4.4.6　Sモードのまとめ　083
　4.5　評価性　083
　　　　4.5.1　カテゴリ的意味と情緒・感覚的意味　084
　　　　4.5.2　身体性メタファー理論における情緒・感覚的意味　086
　4.6　構造性　087
　　　　4.6.1　ブレンディング理論　088
　4.7　多義　090
　　　　4.7.1　同音異義と多義　090
　　　　4.7.2　スキーマとプロトタイプ　091
　　　　4.7.3　「まだら」問題　093
　　　　4.7.4　痕跡的多義　093
　4.8　メタファーのネットワーク　094
　　　　4.8.1　メタファーの継承　095
　　　　4.8.2　メタファーの具現化　097
　　　　4.8.3　メタファーの合成　099
　　　　4.8.4　メタファーの衝突　101
　　　　4.8.5　メタファーのネットワークのまとめ　102
　4.9　メタファーの基盤　102
　　　　4.9.1　共起性基盤　102
　　　　4.9.2　構造性基盤　103
　　　　　　4.9.2.1　イメージ・スキーマとメタファー　104
　　　　　　4.9.2.2　〈連続体〉のスキーマを共有するメタファー　105
　　　　　　4.9.2.3　〈線と移動〉のスキーマを共有するメタファー　107
　　　　　　4.9.2.4　〈力〉のスキーマを共有するメタファー　108
　　　　　　4.9.2.5　〈数〉のスキーマや〈同一性〉のスキーマを共有するメタファー　109
　　　　　　4.9.2.6　構造性基盤のまとめ　109
　　　　4.9.3　評価性基盤　110
　　　　4.9.4　カテゴリー性基盤　111
　　　　　　4.9.4.1　カテゴリーと構造性　112
　　　　　　4.9.4.2　カテゴリー包含説の批判的検討　113
　　　　　　4.9.4.3　カテゴリー性基盤のまとめ　117
　　　　4.9.5　メタファーの基盤のまとめ　117
　4.10　プライマリー・メタファー理論と身体性メタファー理論　118
　4.11　多重制約充足としての身体性メタファー理論　119
　4.12　まとめ　120

第5章 イメージ・メタファー ... 123

- **5.1** はじめに 123
- **5.2** 視覚的類似性が高い IM 124
- **5.3** 選択を含んだ IM 125
- **5.4** 視点の変換を含んだ IM 126
- **5.5** スキーマ化を含んだ IM 127
- **5.6** 質感を含んだ IM 129
- **5.7** 概念メタファーに近い複合的 IM 130
- **5.8** まとめ 131

第6章 水のメタファー ... 133

- **6.1** はじめに 133
- **6.2** 水の用語と容認度判定 135
- **6.3** 《感情は水》メタファー 139
  - **6.3.1** プラス評価の感情 ―「勇気」― 139
  - **6.3.2** マイナス評価の感情 ―「不満」― 140
  - **6.3.3** 一般的な感情 ―「感情」と「気持ち」― 142
  - **6.3.4** 外にある水 ―「漬かる」と「浸る」― 143
  - **6.3.5** 感情の色 ―「淀む」と「澄む」― 144
  - **6.3.6** 散布の様態 ―「注ぐ」と「かける」および「浴びせる」と「撒き散らす」― 145
  - **6.3.7** 《感情は水》メタファーのまとめ 145
- **6.4** 《言葉は水》メタファー 145
- **6.5** 《金銭は水》メタファー 146
- **6.6** 水のメタファーの基盤 147
- **6.7** まとめ 148

第7章 擬人のメタファー ... 151

- **7.1** はじめに 151
- **7.2** 擬人化に似たメトニミー 154
- **7.3** 形状の類似性による擬人化 155
- **7.4** 構造の類似性による擬人化 156
- **7.5** 動物と動き 158
- **7.6** 植物と自律的変化 160
- **7.7** 評価性基盤の擬人化 162
  - **7.7.1** 「連れる」 163

7.7.2 「達(たち)」 163
　　　7.7.3 〈敵〉メタファー 164
　7.8 擬人化の基盤 165
　　　7.8.1 構造性基盤 165
　　　7.8.2 カテゴリー性基盤 166
　　　7.8.3 評価性基盤 168
　　　7.8.4 具現化 168
　　　7.8.5 基盤の類型 170
　7.9 まとめ 170

第8章 線と移動のメタファー 173

　8.1 はじめに 173
　8.2 事象構造メタファー 173
　　　8.2.1 〈状態←場所〉と〈変化←移動〉 175
　　　8.2.2 〈原因←力〉 176
　　　8.2.3 〈行動←自力移動〉と〈目的←終着点〉 177
　　　8.2.4 〈手段←経路〉 177
　　　8.2.5 〈困難←移動の妨げ〉 178
　8.3 日本語の《活動は移動》メタファー 179
　　　8.3.1 〈変化←移動〉 180
　　　8.3.2 〈原因←力〉 180
　　　8.3.3 〈進捗←進んだ距離〉 180
　　　8.3.4 〈進捗の様態←進み方〉 181
　　　8.3.5 〈完成←終着点〉 181
　　　8.3.6 〈困難←移動の妨げ〉 182
　　　8.3.7 〈手段←経路〉 182
　　　8.3.8 〈外部事象←大きな移動物〉 182
　　　8.3.9 移動物のさまざまな具現化 182
　　　8.3.10 《活動は移動》のまとめ 183
　8.4 日本語の事象構造メタファーの謎 183
　8.5 まとめ 184

第9章 因果のメタファー 185

　9.1 はじめに 185
　9.2 力 187
　9.3 移動 189
　　　9.3.1 一般的な移動 189
　　　9.3.2 上方への移動 192

            9.3.3 前方への移動　196
   9.4 経路　197
   9.5 連結　198
   9.6 作成　199
   9.7 植物の生長　200
   9.8 動物の成長　201
   9.9 火および熱　203
   9.10 人間関係　204
   9.11 その他　205
   9.12 因果のメタファーの基盤　206
   9.13 まとめ　207

第10章　現実のメタファー　209

   10.1 はじめに　209
   10.2 日本語における現実のメタファー表現　210
            10.2.1 現実は下　211
            10.2.2 現実逃避　212
            10.2.3 現実に戻る　212
            10.2.4 現実に縛られる　212
            10.2.5 現実の重み　213
            10.2.6 冷たい現実　213
            10.2.7 甘くない現実　213
            10.2.8 汚れた現実　213
            10.2.9 目の前にある現実　214
            10.2.10 現実を受け入れる　215
            10.2.11 現実に関するメタファー表現のまとめ　215
   10.3 日本語における理想のメタファー表現　217
            10.3.1 高い理想　217
            10.3.2 理想を追う　218
            10.3.3 遠い理想　218
            10.3.4 理想に関するメタファー表現のまとめ　218
   10.4 現実と理想のメタファーの基盤　220
            10.4.1 現実と理想のメタファーのまとめ　220
            10.4.2 遠近メタファーの基盤　221
            10.4.3 上下メタファーの基盤　223
            10.4.4 触覚メタファーの基盤　225
   10.5 現実と理想のメタファーにおける日本語と英語の対照　227
            10.5.1 メタファーと対照研究　227

        10.5.2　文化相対性　227
　10.6　考察　229
        10.6.1　身体性と普遍性　229
        10.6.2　文化相対性と対照研究の意義　230
        10.6.3　メタファーの合成　231
　10.7　まとめ　231

第11章　可能性のメタファー……233

　11.1　はじめに　233
　11.2　「可能性」と「濃淡」の共起性に関するデータ　235
        11.2.1　取り扱うデータ　235
        11.2.2　「可能性」と「濃淡」の共起性に関するデータの分析　236
　11.3　《可能性は濃淡》の「まだら」問題を解決するモデル　237
        11.3.1　過去の研究事例　237
        11.3.2　可能性の「まだら」問題を解決するモデル　238
　11.4　《可能性は濃淡》の基盤　240
        11.4.1　《現実はここ・非現実は彼方》　240
        11.4.2　《存在は見えること》　241
        11.4.3　《可能性は気体》の検討　243
        11.4.4　《可能性は濃淡》の基盤に関するまとめ　244
　11.5　まとめ　245

第12章　希望のメタファー……247

　12.1　はじめに　247
　12.2　希望のメタファー表現　248
        12.2.1　線としての希望　248
        12.2.2　所有物としての希望　248
        12.2.3　生物としての希望　248
        12.2.4　膨らむものとしての希望　249
        12.2.5　水としての希望　249
        12.2.6　上にあるものとしての希望　249
        12.2.7　光としての希望　250
        12.2.8　その他の希望のメタファー表現　250
        12.2.9　日本語における希望のメタファー表現のまとめ　251
　12.3　希望のメタファーの基盤　252
        12.3.1　事象構造メタファーからの継承　252
        12.3.2　《幸せは光》からの継承　254

12.3.3 感情メタファーからの継承　255
12.3.4 《幸せは上》からの継承　256
12.3.5 《希望は火》再考　257
12.3.6 希望のメタファーの基盤のまとめ　259

12.4 まとめ　260

第13章　問題のメタファー……261

13.1 はじめに　261

13.2 問題のメタファー表現　262
13.2.1 敵としての問題　262
13.2.2 重荷としての問題　264
13.2.3 障害物としての問題　264
13.2.4 見えないものとしての問題　265
13.2.5 複雑な構造体としての問題　266
13.2.6 繰り返し起こるものとしての問題　266
13.2.7 病としての問題　268
13.2.8 植物としての問題および火としての問題　270
13.2.9 問題のメタファー表現のまとめ　270

13.3 問題のメタファーの基盤　270
13.3.1 困難メタファーからの継承　271
13.3.2 《問題は見えないもの》再考　271
13.3.3 《問題は植物》再考　273
13.3.4 《問題は火》再考　275
13.3.5 《問題はくり返し起こるもの》再考　275
13.3.6 《問題は複雑な構造体》再考　276
13.3.7 問題のメタファーの基盤のまとめ　277

13.4 問題のメタファーから見る文化相対性　278
13.4.1 《問題は敵》に関する相違　278
13.4.2 日本語の〈連続体〉志向と英語の〈個体〉志向　279

13.5 多重制約充足的メタファー理論の素描　279

13.6 まとめ　280

第14章　善悪のメタファー……283

14.1 はじめに　283

14.2 白さと汚れ　284

14.3 上下　285

14.4 理想形と乱れ　286

- **14.5** 直線と逸脱 287
- **14.6** 考察 288
  - **14.6.1** モト領域による推論の相違 288
  - **14.6.2** 善悪のメタファーの基盤 288
  - **14.6.3** メタファーの合成と表現の定着度 289
- **14.7** まとめ 290

第15章 評価性を基盤とするメタファー 291

- **15.1** はじめに 291
- **15.2** 言語における評価性 293
  - **15.2.1** 否定との違い 293
  - **15.2.2** 語の評価性と発話の評価性 293
  - **15.2.3** 「しかも」テスト 295
- **15.3** 評価性の関わるさまざまなメタファー 296
  - **15.3.1** 善悪のメタファーに見る評価性 296
  - **15.3.2** 問題のメタファー 297
  - **15.3.3** その他のメタファー 297
  - **15.3.4** スポーツにおける勝敗のメタファー 298
- **15.4** メタファーの基盤としての評価性 299
- **15.5** 考察 302
  - **15.5.1** なぜ評価性は領域を超えるのか 302
  - **15.5.2** なぜ評価性は重要なのか 303
- **15.6** まとめ 303

第16章 関係のメタファー 305

- **16.1** はじめに 305
- **16.2** 本章の4つの出発点 306
  - **16.2.1** 基盤の問題 306
  - **16.2.2** プライマリー・メタファーの問題 306
  - **16.2.3** アナロジーの問題 307
  - **16.2.4** 関係の語彙の非対称性 308
- **16.3** 日本語における関係のメタファー表現 308
  - **16.3.1** 線としての関係 309
  - **16.3.2** 建物としての関係 310
  - **16.3.3** 近いものとしての関係 311
  - **16.3.4** 密な,濃い,強い関係 312
- **16.4** 概念レベルと知覚レベル 313

16.5 概念レベルと知覚レベルを使用したメタファーの再分析　316
  16.5.1 《怒りは火》メタファー　316
  16.5.2 《理解は見ること》メタファー　317
  16.5.3 《貧困は病》メタファー　317
  16.5.4 現実のメタファー　318
16.6 まとめ　319

第17章　ことわざのメタファー 321
17.1 はじめに　321
17.2 井の中の蛙(カワズ)　322
17.3 Empty Vessels make the greatest sound.(空き樽は音が高い)　323
17.4 鶏口となるとも牛後となるなかれ　324
17.5 Oaks may fall when reeds stand the storm(硬い木は折れる)　325
17.6 まとめ　327

第18章　結論 329

第19章　あとがき 333

謝　辞　335
参考文献　339
索　引　357

第1章
はじめに

-Abstract reasoning is a special case of image-based reasoning. （Lakoff, 1993: 29）
（抽象的思考はイメージ的思考の特殊例に過ぎない）

　本書で研究対象とするメタファーとは具体的にどのようなものか。メタファーにはどのような機能があるのか。メタファーに関する専門的な議論をする前に，本章ではメタファーの用例やメタファー研究の流れを概観する。まず，**1.1** で，メタファーの用例を紹介し，メタファーを考える際に重要な点を用語として取り上げる。**1.2** では，メタファーの関連概念であるシミリ（明喩），メトニミー（換喩）とシネクドキ（提喩），さらにアナロジー（類推）を紹介し，メタファーとの相違を論じる。**1.3** では，ギリシャ時代からのメタファー研究の流れを概略的に紹介する。本書が依拠する認知言語学におけるメタファー理論（以下，認知メタファー理論）がこの流れの中にどのように位置づけられるかを **1.4** で検討する。**1.5** では，認知メタファー理論の流れにおける本書の位置づけを明らかにする。**1.6** で，本書の目的と構成を確認する。なお，認知言語学全般に関しては第 2 章，認知メタファー理論に関しては第 3 章で詳述し，本書の枠組みである身体性メタファー理論に関しては第 4 章で紹介する。

1.1　メタファーとは

　本書は，メタファーに関する研究書である。メタファーという用語の意味には，広義のメタファー（比喩全般）と狭義のメタファー（隠喩）がある。広義のメタファーは，「レトリック」や「修辞」という語とほぼ同義で「字義通りでない」という意味で使用される。

　本書では狭義のメタファー（隠喩）を対象とし，メタファーという用語は特に明示しない限り狭義の意味で用いるものとする。用例として (1)〜(8) を見てみよう。

1

1.1 メタファーとは

(1) この人生という長い旅のどこかで
(2) 明日の光を浴びながら，振り返らずにそのまま行こう
(3) 怒りが燃えさかる／くすぶる
(4) Chelskin's theory can collapse anytime now.
　　　　　　　（チェルスキンの理論はいつ崩れてもおかしくない）
(5) 希望を高く掲げる
(6) 　a．問題にぶつかった　　　b．この問題が足かせとなっている
(7) Let's shed some light on this issue. （この問題に光を当てよう）
(8) この矢があの人の胸に突き刺さればいいのに

　(1)〜(8)を検討すると，その意味解釈の面白さがわかる。まず，これらの表現には**二重性**が含まれているように思われる。(1)に見られるように「旅」という用語はよく人生の意味で用いられる。(2)の「光」は希望を，(8)の「矢」は恋心を表していると解釈できる。このような意味はそれぞれの語の原義とは異なっている。では，どうしてそのように解釈できるのだろうか。

　(2)をさらに検討してみよう。明日の光というのはどこから降り注いでいるのだろうか。また，振り返ると自分の後ろには何があるのだろうか。このような質問をすると，十中八九，光は前から注いでおり，振り返る先には過去がある，という答えが返ってくる。このような解説は文中にまったく表れていないにもかかわらず，ほとんどの人が共通した心象（イメージ）を頭の中に描けるのである。そこにはどのような理由が存在するのだろうか。そして人はどのような認知プロセスを介してそのような理解に至るのだろうか。このように，言語表現に表れていない内容を推量する**推論**の研究は，メタファー研究の重要な一部を構成している。

　(6)は，どちらも問題の発生を意味していると考えられるが，その意味に違いはないだろうか。問題が発生したとき，それを壁のように前に立ちふさがるものとして考える場合と，足かせのように進行に対する負荷として考える場合とでは，推論はどのように変化するのだろうか。そして，その際，身体の感覚運動（motor-sensory）イメージはどのように関わってくるのだろうか。本書では，五感や感覚運動といった**イメージ性**，身体を軸に，世界を上下・前後・左右という空間に切り分ける**状況認知**，およびイメージ性と状況認知を含んだ**主観性**や**身体性**[1]がメタファー理解と意

1　現在，身体性（embodiment）および状況認知（situated cognition）は認知科学全般において重要な

味理解全般に重要な役割を示すことを主張する。

　(3)は，怒りが火に擬されている例であるが，どうして怒りは土や空気ではなく，火に喩えられるのだろうか。これは偶然だろうか。言語の歴史によって恣意的に定められたイディオムのようなものだろうか。(5)で希望は，低い位置よりも高い位置と捉えるイメージが強いように思われるが，それはなぜだろうか。これも単なる偶然で，理由のない定型句なのだろうか。本書では，一貫して，これらの問いに否と答える。あるメタファーが存在する際，喩えられるものと喩えるものは，結びつくべき理由があると考える。結びつきの基礎となる**基盤(動機づけ)** もメタファー研究の重要な対象である。

　(8)で意図された意味として，「矢」は「恋心」や「想い」，「胸」は「心」や「感情の所在」，「突き刺さる」は「自分の想いが相手の心に届いて，相手が自分の想いを理解し，それをしっかりと受け止めて(その愛情を返して)くれること」であろう。しかし，若い人に聞くと，驚くことに，字義通りの解釈，すなわち「誰か嫌いな人を矢で撃ち殺したい」という解釈が時々見られる。このような解釈の違いはどのように生まれるのか。これは文化に関わる解釈コードの問題だと思われる。また，このようなメタファー表現の意味を共有できる人々と共有できない人々の間にはどのような関係が生じるのか。想像力あふれる表現を創り出し，これを他人と分かち合うことに成功するときの喜びはどのようなものか。メタファーにはこのような**文化性**，**仮想性**および**遊戯性**が含まれている。そして究極的には人と人をつなぐ**共同行為**の一種がメタファーであると本書では考える。

1.2　メタファーと隣接概念

　本節では，メタファーに関連した3組の隣接概念を取り上げ，本書で取り扱うメタファーの範囲を理解する一助とする。**1.2.1**でシミリ(明喩・直喩)を，**1.2.2**でメトニミー(換喩)とシネクドキ(提喩)を，**1.2.3**でアナロジー(類推)を取り扱う。

1.2.1　メタファーとシミリ

　メタファー(隠喩)を考えるにあたって，常に議論に挙がるのはシミリ(明喩・直

キーワードとなり，1つのパラダイムを形成している。Pfeifer and Bongard (2007), Johnson (2007), de Vega, Glenberg, and Graesser (2008), Semin and Smith (2008), Calvo and Gomila (2008), Barsalou (2008), Robbins and Aydede (2009) など。簡略的なまとめとして鍋島 (2008b) を参照。また，身体性の古典的著作として Varela, Thompson, and Rosch (1991) がある。

喩)との関係である。シミリとは「まるで」「ようだ」「みたいだ」など，喩えであることを明示している表現[2]である。(9)～(11)でいえば，aがメタファー，bがシミリとなる。

(9)　a.　ジョンは狼だ
　　　b.　ジョンは狼のようだ
(10) a.　ヘレンは氷の微笑を浮かべ…
　　　b.　ヘレンは氷のように冷たい微笑を浮かべ
(11) a.　Those stars are diamonds in the sky.
　　　b.　Those stars are like diamonds in the sky.

アリストテレスが述べた通り，メタファーとシミリの違いは小さい[3]。特に，認知と思考の観点から述べれば，上述の推論，イメージ性，基盤(動機づけ)，文化性，仮想性，遊戯性，共同行為性のすべてがシミリにも当てはまる。そこで，本書ではシミリをメタファーの一部として同列に取り扱う[4]。

1.2.2　メタファーとメトニミーおよびシネクドキ

メタファーという語を狭義のメタファー(隠喩)の意味で使用することを，**1.1** で述べ，メタファーにシミリも含めることを **1.2.1** で見たが，広義のメタファー(比喩全般)には(12)～(17)も入る。

(12)　一升瓶(→中の酒)を飲み干す
(13)　ちょっと手(→働く人)が足りない
(14)　ワシントン(→アメリカ政府)は爆撃を決定した
(15)　人はパン(→食べ物→物質)のみにて生きるにあらず
(16)　君という奴は本当に奇妙な生物(→ひと)だな
(17)　花(→さくら)を見に行く

(12)の(→)は，一升瓶という容器の用語がその中身の日本酒を意味しているとい

2　山梨(1988)を参照。
3　Aristotle (1991: 1406b). "The *simile* is also a metaphor, as it is only slightly different."
4　シミリとメタファーの連続性に関するさらに詳細な記述と議論は鍋島(2009b)を参照。

う意味である。(13)では「手」という部分で「人」という全体が、(14)では「ワシントン」という場所でその場所にある「アメリカ政府」という組織が意味されている。(12)～(14)はどれも近接性に基づいて言い換えがなされており、このような喩は**メトニミー(換喩)**[5]と呼ばれる。

(15)を聞いた人が、「そうだね、ご飯もたべなきゃね」とか、「野菜や肉も食べないと生きられないよね」などと言ったとしたら、その真意を理解していないことになろう。ここでは、「パン」が食べ物一般、さらには物質一般という上位カテゴリーを意味していると考えられる。逆に、(16)では「生物」で「人」、(17)では「花」で「桜」という下位カテゴリーを意味していると考えられる。(15)～(17)は**シネクドキ(提喩)**[6]と呼ばれるカテゴリー関係[7]に基づいた喩である[8]。

広義のメタファーにはこのほか、誇張法、婉曲法、撞着法、倒置法、逆説法など、さまざまなものが入るが[9]、メタファーを加えてここに挙げた3種類はその中でも特に重要なものといってよい。3つの主要なレトリックを図1にまとめる。

メタファー (比喩全般)	メタファー(隠喩)	(例：新しい生活の<u>第一歩</u>を踏み出す)
	メトニミー(換喩)	(例：<u>一升瓶</u>を飲み干す)
	シネクドキ(提喩)	(例：人は<u>パン</u>のみにて生きるにあらず)

図1 主要なレトリック

後に見るように、これらのレトリックは、修辞法や言葉の彩といった単なる言語表現の飾りにとどまらず、認知の機構として概念形成に重要な役割を果たす、というのが認知メタファー理論の主張である。

---

5 メトニミーに関しては、佐藤(1978)、瀬戸(1995)、籾山(1997)、西村(2002)などを参照。
6 森(2001, 2003)、山泉(2004)などを参照。
7 カテゴリー関係に関しては2.6のカテゴリー化の項を参照。
8 Lakoff and Johnson(1980)では、シネクドキを全体部分関係としてメトニミーの下位区分にしているが、日本では、グループμ(1970)の考え方を検討した佐藤(1978)およびそれを継承した瀬戸(1986)の認識の三角形などで、カテゴリー関係に基づいた喩としての独立の地位をシネクドキに認めている。Seto(1999)はこれを海外へ再発信した重要な論文である。
9 レトリック一般の紹介として非常にわかりやすい古典としては、佐藤(1978)など佐藤信夫の一連の著作がある。また、瀬戸(2002a)も簡潔にまとめられている。レトリックの総合辞典として、佐藤・佐々木・松尾(2006)も有益である。

1.2.3　メタファーとアナロジー

アナロジー(類推)[10] とは，ある分野の構造的な知識を利用し，新しい物事を理解する方法である。認知メタファー理論のように，メタファーを構造的写像[11]であると考えると，一見，メタファーは限りなくアナロジーに近く思われる。アナロジー理論でメタファーを取り扱おうとする動きもある。しかし，アナロジー理論と認知メタファー理論を統合してもよいのだろうか。以下にアナロジー理論の例を Gentner (1983) から挙げる。

Gentner (1983) では，太陽系と原子構造のアナロジーを例として挙げている。同理論では理論的構築物として，objects, object-attributes, relations between objects を用いる。ここではそれぞれ，「要素」，「属性」，「関係」と呼ぶことにする。なお，主に「属性」は要素を項に取る一項述語，「関係」は要素，属性，関係を項に取る二項以上の述語と考えればよい。図2に太陽系と原子の構造の記述を引用する。

太陽系		原子の構造	
要素	→ 太陽，惑星	要素	→ 原子核，電子
属性	→ 黄色い(太陽)，熱い(太陽)，巨大(太陽)		
関係	→ 引き寄せる(太陽，惑星) → 引き寄せる(惑星，太陽) → より大きい(太陽，惑星) → 周りを回る(惑星，太陽) → ある距離にある(太陽，惑星)	関係	→ 引き寄せる(原子核，電子) → 引き寄せる(電子，原子核) → より大きい(原子核，電子) → 周りを回る(電子，原子核) → ある距離にある(原子核，電子)

図2　太陽系と原子のアナロジー

楠見・松原 (1993) では，アナロジーとメタファーの相対的位置づけを明らかにする過程で，メタファーの大きな区分に関して述べている。

(a)　属性メタファー：対象間に共通する属性がある(例：眼は湖のようだ)。

10　アナロジー研究の代表的なものとして，Gentner (1983)，Falkenhainer et al. (1989)，Markman and Gentner (1993a)，Holyoak and Thagard (1995) などがある。日本語では鈴木 (1996) など。この他，佐藤 (1997) では，事例ベース翻訳に関するアナロジーを記述している。

11　**1.4**, **3.1.4** および **3.1.7** を参照。

(b) 関係メタファーと構造メタファー：共通する属性間に関係や構造がある（例：眼は心の窓だ。眼：窓：心：家）。

楠見・松原 (1993: 537–538)

すなわち，眼と湖が「透き通っている」という特徴で類似しているように，見かけが似ている，物理的特性が似ているなど，特徴の類似性のみに基づいているものを属性メタファーと呼ぶ。さらに，要素および属性間の関係・構造が似ているものを構造メタファーと呼ぶ。ここでいう「属性」は Gentner (1983) の「属性」と，「関係」および「構造」は Gentner (1983) の「関係」と同じである。さらに認知メタファー理論は構造メタファーとなる。属性の類似度を横軸に，構造の類似度を縦軸に取って，属性メタファー，構造メタファー，アナロジー，字義どおりの類似，ナンセンス（アノマリー）などの位置づけを示したのが図3である (Gentner and Clement (1988) を一部修正した楠見・松原 (1993: 538) より)。

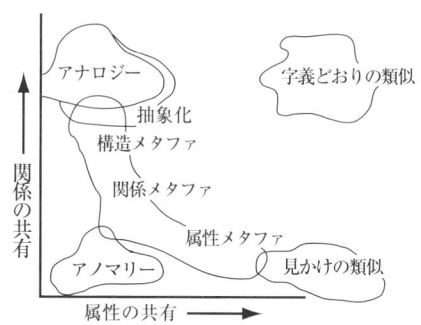

図3　アナロジーとメタファーの区分

図3によれば，アナロジーと構造メタファーは比較的近い位置にある。しかし，アナロジーであってメタファーでないものも存在する。前述の太陽系と原子の用例もメタファーかどうかは判断に迷う用例である。さらに，テレビとラジオの間には(18)のように，さまざまな構造的な対応関係が存在するが，これはメタファーと呼ばれない。

(18) ラジオとテレビの構造的対応関係
　　　a. 放送局　　b. 家庭用受信機

c. 放送局から電波による大量の家庭への情報の送信
  d. 番組　　　e. コマーシャル　　　f. スポンサー

　例えば，ラジオが既に存在し，テレビがこれから始まろうとしていた時代，テレビの製作者や利用者の間では，ラジオに関する知識がテレビの理解に利用されていたことは想像に難くない．放送局はどれくらい作ればよいか，その資金はいくらくらいか，運営の資金はスポンサーを募ってコマーシャルを流す収入から得ればいい，といった推論が利用されたことは想像に難くないだろう．このようにラジオとテレビには構造的な平行性が見られ，アナロジーと呼べようが，一般にメタファーとは呼ばれない．

　一方，メタファーであってもアナロジーでないものも存在する．例えば，第 5 章で考察するイメージ・メタファーは，命題的な構造をもたないし，第 15 章で考察する「歪んだ」「ゴミ」など評価性を中心としたメタファーの多くも，アナロジーで取り扱えない．また，属性メタファーは定義的にすべてアナロジーとは異質のものである．このようにメタファーとアナロジーの範囲は必ずしも合致していない．

1.3　メタファー研究の流れ

　本書は，認知言語学と認知言語学におけるメタファー理論（Lakoff and Johnson, 1980：以下，認知メタファー理論）に基づき，これを発展させた身体性メタファー理論（第 4 章）という独自の枠組みで，主に日本語を対象にメタファーを考察する．認知メタファー理論の手法は第 3 章（認知メタファー理論）で詳細に取り扱うが，その前に，認知メタファー研究に至るまでのメタファー研究の流れを概略的に述べる[12]．メタファー研究の文脈に認知メタファー理論を位置づけることによって，その主張の意義と独自性が明確になるからである．

　アリストテレス以来のメタファー研究は，代替説，逸脱説，比較説，語用論説，相互作用説，カテゴリー包含説が主要な説である．

　代替説 (substitution theory) では，メタファーとは字義通りの表現を言い換えた（代替した）もので，その用途は主に文体的なものであるとされる．例えば，(19a) は，(19b) を代替したものである，という考え方である．

---

[12] 日本におけるメタファー研究の流れにも中村 (1977), 佐藤 (1978), 菅野 (1985), 佐々木 (1986), 尼崎 (1990) など重要な研究が存在するが本書では分量の関係から割愛する．多門 (2006) を参照．

(19) a. Achilles is a lion.
　　b. Achilles is brave.

　代替説は，アリストテレスによると考えられがちであるが，アリストテレスはメタファーのさまざまな要素や効果を十全に考慮し，メタファーを記述していた。ここで代替というのはアリストテレスの説というよりはその亜流の説と考えたい。代替説は，メタファーをはじめとする修辞は単なる装飾であるという考え方と整合性が高い。

　逸脱説 (anomaly theory) は，ビアズリー (Beardsley, 1962) が提唱した説などの総称で，メタファーは語の間に対立，逸脱，緊張が生じるため生まれるという理論である[13]。例えば，(19a) の例において，本来，猛獣ではないアキレスが猛獣のように捉えられるときには，語と語の間に対立，緊張関係が生じ，これがメタファーの効果の源泉となる，という考え方である。

　比較説 (comparison theory) では，メタファーは比較の一種であり，A is B といったとき，A と B を比較して，この類似性に着目する，と考える。(19) の例では，アキレスとライオンを比較し，その共通点としてなんらかの類似性が見出されるという考え方である。比較説は過去においてメタファーの主要な説であり，現在でも有力な説である。

　語用論説 (pragmatics theory) では，メタファーを言語の構造の問題ではなく，言語の使用の問題であり，語用論で取り扱うべき問題として捉える。哲学者のサールやディヴィッドソンがこの論者に含まれると考えられる。典型的には，意味論と語用論を 2 つのレベルとして分離し，次のような手順で意味の解釈がなされるとする。

1　発話の字義通りの意味を産出せよ（意味論）
2　その字義通りの意味が文脈と整合性があるか確認せよ
3　字義通りの意味が意味をなせばそれを採用し，
　　なさなければ代替として非字義的意味を探せ（語用論）

つまり，字義通りの意味を計算し，これを文脈と突き合わせて意味をなすかどうかを検討し，意味をなさなかった場合に非字義的な意味を探すという考えである。字

13　緊張 (tension) 説とも近く，本書ではここに含める。

義通りの意味を産出する手順を統語論・意味論と考え，統語論・意味論で計算できない意味は語用論で救われると考えるのが名称の由来である。

相互作用説 (interaction theory) とは，比喩的な意味と字義通りの意味が相互作用を起すことによって，メタファーの意味が決定されるという説である。相互作用説は主にブラック (Black, 1954, 1979) が主張している。(19) の例でいえば，ライオンを「フィルターとして」アキレスを見ることによりアキレスの見方が変わるとともに，「お互いを照らし」てライオンの見方も変わる (Black, 1954)。楠見 (1995) が実験的に証拠づけたように (4.5.1)，メタファーが認識自体を変化させ，メタファーで表現されたことによって概念の捉え方自体が変わるという「相互作用」的な側面が存在することは確かであり，この意味でブラックの主張の意義とそのメタファー理論に対する貢献は少なくない。

カテゴリー包含説 (category inclusion theory) は，メタファーは単にカテゴリー化に過ぎないという理論である。この説は主に Glucksberg and Keysar (1993) や Glucksberg (2001) が主張している。この説の説明に使用される代表的な用例の1つは (20) である。

(20)　My job is a jail.（私の仕事は牢獄だ）

(20) では，仕事を牢獄としてみなしているが，これは単に「牢獄らしさ」(うっとうしい，息が詰まる，味気ないという要素) が，私の仕事に当てはまるのだという。つまり，牢獄のカテゴリーが場当たり的[14]に拡張し，私の仕事がその一例になっていると主張する[15]。

以上，本節では，メタファー研究の流れを概観した。次節では，これらのメタファー研究の流れをまとめ，その流れの中で認知メタファー理論の特徴を述べる。

1.4　認知メタファー理論の独自性

1.3 で，代替説，逸脱説，比較説，語用論説，相互作用説，カテゴリー包含説の

14　Ad hoc. Barsalou (1983) の Ad hoc categories の意味で使用している。
15　カテゴリー包含説で挙げられるメタファー表現の例は評価性を含んでいる場合が多い。本書の第 **15** 章で取り上げる評価性がメタファー表現の基盤になるという主張が正しければ，カテゴリー包含説に挙げられた多くの表現は評価性に基づくメタファーということになり，カテゴリー包含説を主張する根拠が薄れる。**4.9.4.2** 参照。

素描をおこなった。本節では認知メタファー理論をこの流れの中に位置づける。さて，これらの説には，既に破棄されていたり，メタファーの一側面のみしか捉えていないものも少なくない。まず，代替説に関しては，メタファーの意味を単純化した素朴すぎる理論として常に痛烈な批判を浴び，現在これを支持する研究者はほとんどいないと考えてよい。さらに，逸脱説，語用論説，相互作用説はメタファーのある側面を強調しており，その範囲で正しいが，メタファーの本質に関する議論になっていない。逸脱説は **1.2.3** の楠見・松原（1993）の分類では，ナンセンス（アノマリー）に該当し，メタファーとまったく異なる位置づけを与えられる。メタファーが状況と言語の間の緊張にあるという語用論の主張は正しいが，語用論を意味論とまったく別物とし，処理過程上で時間的に後に起こるとすることは正しくない（Glucksberg, 2001）。さらに，語用論であるため，メタファーの機構は解明できない，する必要がないとするのはメタファーの仕組みの解明を放棄した敗北主義である。相互作用説は，比較されるものが一方向ではなく双方向に影響を与えることを指摘した点で有意義だが，なぜ比較されるのかという基盤の問題に対して回答を持たない点で本質を突いていない。また，カテゴリー包含説は，メタファーとカテゴリー化を区別できない時点でメタファーの理論をなしていない。

　こういった点から見ると，メタファーは類似性に基づくとした比較説が依然有力と考えられる。カテゴリー包含説もカテゴリー包含の根拠が一種の類似性であることから，広い意味の比較説に含めることが可能である。では，メタファーを類似性に基づく喩であるとした従来の比較説と，認知メタファー理論はどのように異なるのだろうか。

　認知メタファー理論は，2つの点で，それまでの理論[16]を大きく覆した。構造性と身体性を導入したのである。

　構造性は，メタファーを「領域間の写像」と定義し，写像（すなわち，構造的対応関係）の概念を導入することで理論に導入された。意味，および後に述べる領域は，

16　ただし，特筆すべき論者として，I. A. リチャーズとサールおよびレディがある。I. A. リチャーズ（I.A. Richards, 1936）は，メタファーの重要性を主張し，思考が根源的にメタファー的であることを指摘した点で，認知メタファー理論の先駆的位置づけにあるといえる。サール（Searle, 1979 など）は，*Sally is a block of ice.* という用例の *Sally* と *ice* の間になんら類似性はないことを正しく指摘した点で共起性を基盤とする認知メタファー理論に先鞭をつけている。さらに，究極的には，*Sally is cold.* という表現の *cold* の2つの用法にまでメタファーが関わっていることも指摘している。レディ（Reddy, 1979）は《コミュニケーションは導管》メタファーの研究でまさに認知メタファー理論の手法のモデルを提供している。

それ自体が構造性[17]を有している。例えば，第2章（認知言語学）で見るように，「燃える」という用語の意味は，「火」，「燃やす」，「マッチ」，「油」，「熱」，「焼ける」，「燃え上がる」，「焦げる」，「くすぶる」，「再燃する」などの用語の意味と密接に関連している。これらの意味の関連性全体は，「火の領域」とでもいえるような火と燃焼に関する知識の総体を形成している。むしろ，言語表現はこのような領域の一部を受け持つかたちで全体の構造の中で定義される。認知メタファー理論は意味に領域という構造性を導入し，メタファーそのものも構造の対応関係を指定すると考えた点で従来のメタファー理論と大きく異なる。

身体性は，共起性（correlation），身体的基盤（bodily-basis），経験的基盤（experiential basis）とも呼ばれる。メタファーの存在理由である基盤（動機づけ，grounding）を身体経験的共起関係に求めたのである。例えば，第3章で見るように《怒りは火である》というメタファーの存在理由は，究極的には怒りと体温の上昇の相関関係に求められる。これは，身体経験に基づく共起関係であり，基盤の一例である。このようにメタファーの基盤として身体性を理論に導入することによって[18]，メタファーを身体性と普遍性に結び付けた点が認知メタファー理論の慧眼であるといえる。**表1**に比較説と認知メタファー理論の相違を図式的に示す。

表1　従来のメタファー理論と認知メタファー理論の図式的対比

	従来のメタファー理論（比較説）	認知メタファー理論
定義	類似性	構造性
基盤（動機づけ）		身体性

17　鍋島（2003c）参照。構造とはアナロジー理論での定義（本書**1.2.3**参照）同様，要素，要素間の関係（一次的関係）および関係同士の関係（二次的関係）とその繰り返しである埋め込みを含んだ組み合わせと定義する。関係の種類を捨象して関係はすべて同等と見なすと構造性はツリー（樹形図）で記述できる。さらに，その関係を二項関係のみに限定するとバイナリー・ツリー（二股枝分かれ樹形図）になる。しかし意味の構造にはこのような制限が当てはまらないのが通例である。

18　Lakoff and Johnson（1980）の時点では籾山（個人談話）が正しく指摘するように身体性は類似性と並ぶものとして動機づけの1つに挙げられている。しかし，Lakoff（1990），Lakoff（1993）と進むにつれて共起性が唯一の動機づけとして取り扱われ，Grady（1999）で共起性メタファーと異なる分類が提案されるまでこの傾向が続く。Lakoff and Johnson（1980）で類似性（similarity）メタファーとされた《人生はギャンブル》は，Grady（1999）で《危険を冒す行為はギャンブル》という名称で類似性（resemblance）メタファーと呼ばれるが，その分類は説得力を欠く。

1.5 本書の貢献

　前節で，認知メタファー理論に独特な主張として，構造性と身体性を見た。それでは，本書は，認知メタファー理論の枠組みに基づいてどのように理論を修正し，進展させているか。本節では，認知メタファー理論の枠組みにおいて本書がどのような位置づけにあるのかについて述べたい。本書の主要な貢献は3点に集約される。日本語を対象としたメタファー研究例の提示，メタファーの合成というアイデアの発展と多重制約充足的メタファー論，および基盤（動機づけ）の拡張である。

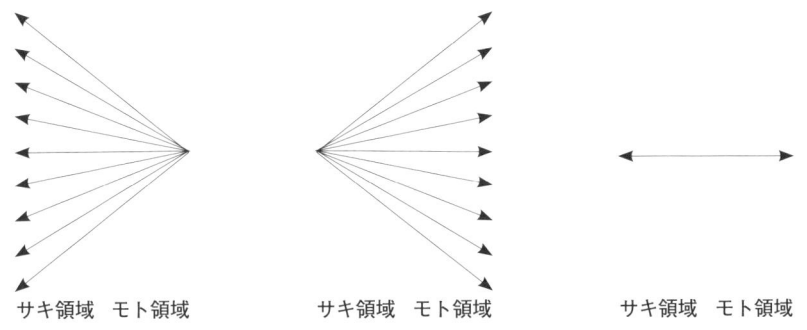

図4　主要なメタファー研究手法の3分類[19]

　まず，本書は日本語を中心として幅広いメタファーを考察することにより，日本語における認知メタファー研究の方法論のさまざまな事例紹介となっている。例えば第6章から第8章では水，人間，線というモト領域（具体的領域，3.1.3 参照）がどのような抽象的概念を指し示すように展開しているかを示した研究である。これに対して，第9章から第16章（第15章を除く）では，因果，現実，可能性，希望，問題，善悪，関係といったサキ領域（抽象的領域）がどのようなモト領域から構成されているかを見た研究である。また，第8章は《活動は移動》，第11章は《可能性は濃淡》という単独のメタファーを中心に検討する，単独のメタファー研究の事例とも考えられる。

　第5章ではイメージ・メタファーという従来は概念メタファーと別に考えられていたメタファーについて，実際の画像を多数使用し，紹介する。第9章（因果のメタファー）は対照研究の事例であり，英語の表現に対して日本語を考えることによっ

19　瀬戸（2002b）では，それぞれ，Sの視点，Tの視点，STの視点という用語で呼ばれている。

て翻訳論，文化論とも関連する。第 10 章（現実のメタファー），第 13 章（問題のメタファー）でも日英比較を取り上げる。さらに，第 15 章では，評価性という概念を提示し，特にこれを取り上げて基盤として論じる。第 16 章では概念レベルと知覚レベルの区分という理論構築物を利用した研究事例を提示する。第 17 章はことわざという複雑な言語現象に対してメタファー理論を適用した応用例と考えてよい。さらに，ラネカーの焦点調整をメタファー理論に応用した第 5 章，タルミーのフォース・ダイナミックス理論を用いた第 9 章，ブレンディング理論の一般スペースを利用した第 17 章と，認知言語学という，より大きな枠組みとメタファー研究の関連性も示す。

　さらに本書は，水，擬人，可能性，問題などの多くのメタファーを考える中で，**メタファーの合成**という考え方が有力であり，合成によってさまざまなメタファーの現象が説明できることを主張している。例えば，「* 勇気がこぼれる」といった表現が不可能なのは，意図性，様態，方向軸の点で不整合性が生じているからと説明できる（第 6 章）。また，「?? 敗色が薄い」や「?? 期待が濃い」の容認性は，実現可能性の「濃淡メタファー」と評価性の「白黒メタファー」との間に**メタファーの衝突**が起こるという解法の方向性が示唆される（第 11 章）。さらに第 13 章（問題のメタファー）などで，評価性がメタファーを促進し，同時に制約する要因として独立に働いて，他の要因（方向軸の合致，様態の合致，強度の合致など）と協業する**多重制約充足的なメタファー観**が提示される[20]。

　このような合成と多重制約によるメタファーという枠組みを構築すると，**メタファーの基盤**の考え方も変化する。すなわち，メタファーの基盤とメタファーの構造性に区分をつける必要がなくなり，領域をまたぐ要因はすべてメタファーの基盤となる可能性を持つ。具体的には，構造性，評価性，一部のカテゴリー性はメタファーの基盤となりうる。第 6 章（水のメタファー）で触れる通り，共起性基盤を持たないメタファーも存在し，さまざまなメタファーがイメージやイメージ・スキーマ[21]の同一性や評価性などによってメタファーとして成立しているのが実情であると思われる。本書は，イメージ・スキーマに代表される構造性自体を，構造性基盤という名称でメタファーの基盤として確立した点が，認知メタファー理論の中では新しい。さらに評価性がメタファーの基盤になるというのは認知メタファー理論の中

20　多重制約充足（multiple constraint satisfaction）とはもともとアナロジー理論などの用語で，必要な複数の条件を制約として設定してやり，これらを満たすものを可能な解の許容範囲とする考え方。
21　**2.5**，**3.2.3**，**4.2** 参照。

でまったく新しい主張である。こうしたシステム全体の中で，メタファーの定義は「領域を飛ぶ」「領域をつなぐ」ことのみでよく，構造性と基盤の区分は，概念レベルと知覚レベルという認知レベルの違いに吸収される。この区分はメタファー理論とは独立に別途，認知科学の中で検証されるべき仮説である。

1.6　本書の構成

　本書は大きく二部に分かれる。理論を取り扱った第 1 章〜第 4 章と，日本語を中心に具体的データを取り扱った第 5 章〜第 17 章である。前半部分は，概論から認知言語学，認知メタファー理論，そして本書の枠組みとなる身体性メタファー理論と理論的に大局的な枠組みから詳細な枠組みへ次第にズームインする構造になっている。第 4 章は特に詳細になるので，データに興味のある読者は，先に第 5 章以降に進んでいただき，必要に応じて第 4 章に立ち返っていただいてもよい。

　本章に続く第 2 章では，本書の理論的枠組みを構成する**認知言語学**について概説する。認知言語学の重要な概念として，有契性，図と地，スキーマ化，イメージ・スキーマ，カテゴリー化，主観性，領域，多義，構文といった諸概念を見る。

　第 3 章では，**認知メタファー理論**の基本概念と変遷を記述する。サキ領域（目標領域），モト領域（起点領域），写像，推論，基盤（動機づけ）の概念を概観し，Lakoff and Johnson (1980) 以来の研究動向の推移を追う。

　第 4 章は，認知メタファー理論に依拠して，鍋島 (2007a) で展開された**身体性メタファー理論**を記述する。主に第 2 章，第 3 章の内容を発展させ，認知心理学や発達心理学での所見を導入し，それと整合性を取る形で，知覚レベルと概念レベル，イメージ・スキーマ，オントロジ・スキーマ，知覚推論，S モード，評価性，構造性，多義，メタファーの操作，メタファーの基盤といったテーマを取り上げる。

　後半の第 5 章〜第 17 章の各章では，日本語のメタファーを中心にメタファー表現群とメタファー理論の詳細を取り上げ，焦点を当てる。それぞれの章の冒頭で，どのようなメタファー（サキ領域—基盤—モト領域）を取り扱うかを明示するとともに，その章で取り扱う理論的装置や理論的争点をキーワードとして示す。

　第 5 章ではイメージ・メタファーを取り扱う。**イメージ・メタファー**とは，形状など感覚的類似性に基づいた同感覚内[22]（視覚から視覚など）のメタファーである。

---

[22] 異なる感覚にまたがる場合には，共感覚となる。共感覚表現をメタファーの下位範疇と考えるかどうか興味深い問題である。楠見 (1995) は肯定的であり，筆者も同意見だが，本書では取り扱わない。

Lakoff (1993) 等,伝統的に通常のメタファーとやや異なる分類として取り扱われているが,本書では,認知文法 (Langacker, 1987, 2008) で整理されたいくつかの認知能力を所与と考えれば,通常のメタファーと同一に取り扱えることを主張する。さらに,イメージ・メタファーと思われるものでも,イメージ・スキーマが関わっていたり,複数の概念メタファーが関わっている場合があり,通常のメタファー(いわゆる概念メタファー)とイメージ・メタファーは連続的であることを主張する[23]。

第6章〜第8章は〈水〉,〈人間〉,〈線と移動〉というモト領域に焦点を当てている。第6章は,**水のメタファー**である。水の領域をモト領域とする《感情は水》メタファーを中心に,メタファーの生産性および非生産性を検討する。メタファーの生産性とは意味の類似した表現が意味の類似したメタファー表現となる割合である。認知メタファー理論に基づけば,メタファーの生産性は高いことが予測されるが,実際には語彙固有の制約などがあって必ずしも同じ領域に属するすべての語がメタファー表現として使用されるわけではない。ここでは,さまざまな水の用語(「溢れる」,「こぼれる」,「湧き上がる」など)が感情のメタファー表現を形成する(「不満を垂らす」,「勇気が湧き上がる」など)こと,および生産性にばらつきがあること(「まだら」問題)を指摘し,そのばらつきを予測するためにどのような要素を考慮すればよいかを検討する。具体的には,《感情は水》メタファーが,上下メタファー(《良は上・悪は下》),色のメタファー(《善は白・悪は黒》)などと衝突することによって表現が成立しない事例や,勢い[24]など様態のイメージが合致しないために表現が成立しないという事例を確認し,「まだら」問題に対して,メタファーの合成[25]による解決の道を提案する。

第7章は,**擬人のメタファー**である。擬人とは,人間をモト領域とするメタファー[26]のことで,擬人法は幼児の発達にも初期から登場する,非常に基本的なメタファーと考えられる。特徴的類似性で人間を示す特徴として発見されたのは「動き」

---

23 Lakoff and Johnson (2003 [1980]) の新版の Afterword では,概念メタファー,存在メタファー,方向メタファー等の区分が不要であったことが認められているが,イメージ・メタファーに関してはまだ述べられていない。本書はそれを一歩進めたものとなる。

24 楠見 (1995) では力量性・活動性。

25 メタファーの合成というのは Dodge and Lakoff (2005) に主張されるように,複数の要素が同時に働く場合に発生する現象と考えることができ,身体性に基づいたメタファー理論が予測するところでもある。

26 人間に関するメタファーには籾山 (2006) があるがこちらは人間をサキ領域に取るメタファー群を取り扱っている。

と「変化」であり，この2つは，発達段階の初期から，動物らしさ，生物らしさを検知する手がかりとなることが知られている（落合, 1999: 213）。このことから，ある特徴がメタファーを誘発するのは，発達心理学上，概念形成の手がかりになっている場合に限られる，という仮説が立てられる。本書では，カテゴリー性も基盤として認めるが，このように認知発達に根ざした大局的で重要なカテゴリーのみを取り扱うものとする。また，直立したもの（「立っている」）と捉えると，そこから頭，首，肩などが分化しやすく，線形と捉えられると同じく線形と考えられる蛇や龍などに見立てられやすいという具現化についてまとめる。動き…▶動物…▶人間，変化…▶意思主体…▶人間といった具現化が関与している可能性が示唆される。

　第8章は，**線と移動のメタファー**である。Lakoff (1993) では，《人生は旅》メタファーを解体する形で移動をモト領域とした，事象構造メタファー (ESM) という一大メタファー群が導入されている。第8章では，まず，ESMを概説する。さらに，ESMの一変種である《活動は移動》メタファーを日本語において取り上げ，〈変化←移動〉，〈原因←力〉，〈進捗←距離〉，〈困難←移動の妨げ〉，〈完成←到着〉，〈手段←経路〉など日本語でも同様の写像が存在することを検証する。また，日本語のESMには英語のように用例が豊富でないという謎が記述される。

　第9章～第16章（第15章を除く）では，サキ領域に焦点を当てている。第9章は，**因果のメタファー**である。英語で *cause*（引き起こす）として他動詞的に使用される構文は，日本語で，よく「～ので～なった」という因果で表される。第9章では，ある現象の起因を表す表現を英日対照で検討する。因果の構造の表示にはTalmyのフォース・ダイナミックス (Force Dynamics) の枠組みを用い，因果の生起がよく物理的な力関係のイメージで把握されていることを示す。さらに，日英の表現は思いのほか類似性が高いこと，《知覚できることは上》，《多は上》，《終りは上》，《機能状態は上》など「上方」の解釈にさまざまなメタファーが合成されていることを観察する。また，《活気のある出来事は火》という概念化では，因果と《興奮は熱》といったメタファーが合成されている可能性を示唆する。

　第10章は，**現実のメタファー**を取り扱う。主観的事態把握[27]（Sモード）という概念を前提とすれば，第10章，第11章，第12章を通して，「理想」「可能性」「希望」が「非現実」や「未実現」の一種として，同じ図式で捉えられる可能性を論じる。次に，現実と理想という概念がどのようなモト領域から構成されているかを検

27　construal. 事態把握。池上 (2003, 2004)，Ikegami (2005) を参照。本書では2.7, 4.4を参照。

討する.《現実は下・理想は上》,《現実は近・理想は遠》,《現実は触覚的》といったメタファーが存在することがわかる.上下と遠近が主観的な視点(Sモード)で対応関係にあり,どちらも遠近を表現していることから,状況認知と主観性を形式化したSモードの概念を前提とすれば,メタファー・ネットワークは大幅に単純化できることを述べる.具体的には,〈上下〉はSモードにおける〈遠近〉を示唆しており,〈触覚〉は近感覚のメトニミー的表現として〈近接〉を代替しており,現実と理想のメタファーは「今ここ」を中心としたSモード認知を基盤としているという主張である.日英語では,英語が現実を〈触覚〉から〈掴むもの〉,さらに〈敵〉として能動的に表現するのに対し,日本語では「受け入れる」という表現が多く,受動的な日本文化を示唆する対立となる.

第11章は,**可能性のメタファー**として「可能性は薄い」という表現を含むメタファーを取り扱う.興味深いことに,可能性に関しては,「薄い」「濃厚」「ほのかな」など,薄さ,濃さに関連すると思われる用法がある.一方,これらの表現の生産性はきわめて低い.構文的な要因を排除するために,いくつかのフィルターをかけて可能な表現を拾い出すと,「薄い」系列の表現は「可能性が低く,かつ,良い出来事または中立の出来事」,「濃い」系列の表現は「可能性が高く,かつ,悪い出来事または中立的な出来事」に使用されやすいという奇妙な図式が浮かび上がる.ここでは,その理由を,可能性に関する「濃淡」と善悪に関する「白黒」が衝突を起こすためと主張する.この説明が正しいとすればメタファーの合成の新たな事例となる.さらに,《可能性は濃淡》メタファーの基盤は《現実は近・非現実は遠》であり,〈遠〉のSモードでの知覚的表出の1つが「薄く見える」ことに求められることを主張する.

第12章は,**希望のメタファー**を取り扱う.希望に関するメタファーには,《希望は線》,《希望は所有物》,《希望は生物》,《希望は膨らむもの》,《希望は水》,《希望は上》,《希望は光》などがある.その多くは感情からの継承であることを指摘する.さらに,〈希望〉は現実ではない仮想状態のことで,希望のメタファーが《現実は下・非現実は上》という現実のメタファーからの継承を受けていることが示唆される.

第13章は,**問題のメタファー**を取り扱う.《問題は敵》,《問題は重荷》,《問題は障害物》,《問題は繰り返す》,《問題は連続体》といったメタファーの存在が浮かび上がる.《問題は敵》,《問題は重荷》,《問題は障害物》に関しては,困難に関するメタファーからの継承であると主張する.「問題が見えない」などの表現は《理解は見ること》の具現化と考える.また,《問題は植物》の中間的な位置づけが今後の課題とし

て提起される。

　第14章は，**善悪のメタファー**を取り扱う。Lakoff (1996) のモラルに関する英語のメタファーの研究を受けたこの章では，日本語におけるモラルのメタファーとして，《善は清・悪は汚》，《善は上・悪は下》，《善は整・悪は乱》，《善は直・悪は曲》という4つの類型的メタファー群が存在することを特定する。また，モラルに関して頻出する「モラルの崩壊」，「モラルの腐敗」などの表現は，下降と乱れ（「崩壊」），汚れと乱れ（「腐敗」）など，複数のメタファーを含んでいることから，合成が印象的で使用頻度の高いメタファー表現を生む可能性が示唆される。

　第15章は，メタファーの基盤として**評価性**を取り扱う。従来，「価値 (value)」「判断 (judgment)」「評価 (evaluation)」などと呼ばれ，意味論の中で周辺的な位置づけしか与えられていなかった評価的意味に対して，本章では，テストを与え，その重要性を主張する。さらに，楠見 (1995) にならい，こういった評価性がメタファーの基盤として重要な位置を占めることを主張し，言語的に例証する。用例としては，モラル・メタファー，問題のメタファー，スポーツの勝敗のメタファーを挙げ，さらに，評価性を伴うさまざまな語がメタファー表現を形成することを述べる。加えて，多数のメタファー表現から評価性基盤の存在を主張し，評価性一般の重要性を論述する。

　第16章は，**関係のメタファー**を取り扱っている。関係のメタファーとしては，《関係は線》，《関係は建物》が特定され，どちらにも Grady (1997a, b) でプライマリー・メタファーとして取り上げられている《親密さは近さ》，《感情は力》が関わっているという合成の立場が取られる。また，プライマリー・メタファーは知覚レベルのメタファーであり，アナロジー理論と互換的な構造的メタファーは概念レベルのメタファーであるとして，知覚レベルと概念レベルの区分をメタファー理論に導入することを提案する。

　第17章は，メタファーを**ことわざ**の理解に応用した事例である。ここでは，ブレンディング理論流の一般スペースを設けて，カテゴリー上の同一性，イメージ・スキーマの合致などを担当させ，ことわざの意味を表記する実例を提示する。ここまでに見たようにメタファーには多くの合成が関わっており，特にことわざになると解釈に複数のメタファーやメトニミー，スキーマの協業が存在することが例示される。

　第18章は**結論**である。本書で挙げられた基盤は，共起性基盤，構造性基盤，評価性基盤，およびカテゴリー性基盤の4種類に集約される。また，概念レベルでは概

念推論と構造性基盤およびカテゴリー性基盤が作用し，知覚レベルでは知覚推論と共起性基盤および評価性基盤が機能することを主張する。さらにこのような基盤が語のフレーム（概念構造）や身体性（知覚構造）と連携し，合成，継承，具現化，衝突などの経緯を経て，さまざまな形で異なる領域をつなぐメタファー表現が生成される多重制約充足的システムを確認する。

1.7　まとめ

　本章では，まず **1.1** で本書の研究対象となるメタファー（隠喩）に関して用例を提示し，その特徴の概要を印象的に提示した。**1.2** では，メタファー（隠喩）と隣接する概念であるシミリ（明喩），メトニミー（換喩），シネクドキ（提喩），アナロジー（類推）を取り上げ，メタファー（隠喩）との相違を論じた。**1.3** でメタファー研究の流れと諸説を概観し，その主要な説である比較説に対して，認知メタファー理論の独自性を明示したのが **1.4** である。**1.5** で本書の認知メタファー理論における位置づけを考察し，**1.6** では本書の構成を各章ごとに概観した。次章では，認知言語学の背景となる考え方と諸概念を紹介する。

第 2 章

認知言語学

　認知言語学は，文法を中心とした言語理論として一世を風靡したチョムスキーの生成的文法理論に対するアンチテーゼとして70年代から徐々に形成されてきた理論言語学の枠組みである．言語を独立したモジュールとして研究するチョムスキー理論の対極に位置し，言語学のみならず，哲学，コンピュータ科学，認知心理学，神経科学など関連諸分野の知見を取り入れてきた認知言語学は，多くの実りある研究を生みながら世界的に発展しつつある．本章では，**2.1** で本書の重要な研究枠組みである認知言語学を鳥瞰図的に解説する．**2.2** 以降，世界構築[1]的言語観を保証する認知言語学の基本概念として，**2.2** で有契性，**2.3** で図と地，**2.4** でスキーマ化，**2.5** でイメージ・スキーマ，**2.6** でカテゴリー化，**2.7** で主観化，**2.8** で領域，**2.9** で多義，**2.10** で構文について述べる．

2.1　認知言語学の概観

　認知言語学の前提の中から，本書に関連して重要と思われる概念を本節でまとめる．第1に，プロトタイプ的カテゴリー観の採用，第2に，統語の自律性の否定，第3に，構文的統語観，第4に，有契性の概念，第5に，百科事典的意味観，第6に，意味論と語用論の区分の否定，第7に，世界構築的言語観，第8に，学際的な研究の推進である．
　認知言語学では，1か0かの二者択一的なカテゴリー観を廃し，Rosch などが提唱

---

[1] Construal. 池上 (2003, 2004)，Ikegami (2005) では事態把握と呼ばれる．中右・西村 (1998) では，「捉え方」．認知主体が世界を自由に作り上げる点を強調し，ここでは世界構築的言語観と呼ぶ．

し，人間のカテゴリー認知に特徴的といわれる**プロトタイプ的カテゴリー観**を採用している。これはあらゆる言語的カテゴリーに表出する (Taylor, 1989) が，その1つの表れが，**統語** (語の組み上げルール) **と辞書** (語のリスト) **の連続性**の主張である。認知言語学では，さまざまな長さと生産性を有する構文として統語を辞書と連続的に捉えようとする立場を取る。これは，ルールとリストの誤謬[2]を克服する立場であり，形式から意味の予測は完全に恣意的でもないし完全に予測可能でもないとする**有契性**の概念とも相通じている。

　語彙に対する立場も現実的に考えれば百科事典的意味観 (Haiman, 1980; Langacker, 1987) とならざるを得ない。例えば「犬」の意味を考える際，最小限の弁別可能素性を設定して犬の意味を述べたところで，我々の知る犬の形状，感触，性質，鳴き声を表したことにはならず，後者の要素なしに言語理解はあり得ないのである。文脈に関しても同様で，具体的な使用の場面は言語から切り離すことができない。よって認知言語学では**意味論と語用論の区分を否定**し，会話や談話としての言語に焦点を置き，社会言語学的視点も重要視される。

　また，個人の感覚，知覚，認知が外的状況をどのように切り取るかに注目する認知言語学は，言語は客観世界を反映するのではなく，客観世界を切り取る主体の認知を反映するという**世界構築的言語観**に基づいている。さらに，認知科学の一分野として，コンピュータ科学，哲学，心理学，神経科学など**他分野との知見の交換と相互乗り入れを重要視する**[3]。

　認知言語学の概要に関しては，河上 (1996)，山梨 (1995, 2000, 2009)，Ungerer and Schmid (1996)，杉本 (1998)，Lee (2001)，大堀 (2002b)，辻 (2003)，松本 (2003)，Taylor (2003)，吉村 (2004)，谷口 (2006)，Langacker (2008)，深田・仲本 (2008)，籾山 (2009)，荒川・森山 (2009) などを参照。原著では，Lakoff (1987a)，Langacker (1987, 1991)，Talmy (2000, 2001) が古典である。また，認知言語学の特定テーマに関しては，『認知言語学論考』シリーズ，坂原 (2000)，大堀 (2002a)，西村 (2002)，吉村 (2003)，大堀 (2004)，中村 (2004) などを参照のこと。さらに日本における認知言語学の草分け的研究として，池上 (1981, 1983) など池上の一連の研究，国広 (1982) など国広の一連の研究も重要である。

---

[2] Rule-list fallacy. 語の意味は全く予測不可能であるから辞書に登録しておく必要があり，文の意味は，単語から完全に予測可能であるからルールとして記述すればよいという誤った二分法。

[3] Lakoff (1990) は，認知言語学の研究手法として，認知科学との互換性を最優先する立場を言明している。

2.2 有契性

　ソシュール(Saussure, F.)は語の意味は恣意的(arbitrary)であるという[4]。ソシュールの恣意性とは，無契性とも呼ばれ，言語の意味と形式(この場合，意味と音素の連なり)の間にはなんら関係がないという考え方である。例えば，あの舌を出してハウハウいう動物と [inu] という音とは無縁という考え方である。その証拠の1つは，言語が異なれば [dɔɡ]，[ʃjɛn] など音が異なることである。

　認知言語学は多くの面でソシュールの考え方を継承しているが，恣意性の問題に対しては異なる側面を強調する。認知言語学では，言語の意味を有契的(動機づけられている)と考える。有契性とは，ソシュールの恣意性と対になる概念であり，言語の意味は形式から完全に予測可能ではないが，まったく予測不可能でもないという考え方である。例えば，Lakoff(個人談話)は，*refrigerator*(冷蔵庫)の例を挙げている。この単語は，「re-frige-rat(e) -or(再び・冷たく・する・もの)」という部分から成り立っている。これは，「冷蔵庫」と等価ではない。冷蔵庫は，何かを「再び」冷たくするわけではないし，「冷たくするもの」には，クーラーボックス，氷，冷凍業者(-or は人も表す)などさまざまな可能性が含まれる。その意味で，この語の意味は形態素の並びから完全に予測可能ではない。一方，形態素の意味は全体の意味に無関係でもない。部分の意味は全体の意味に辿り着く有力な手がかりになっている。

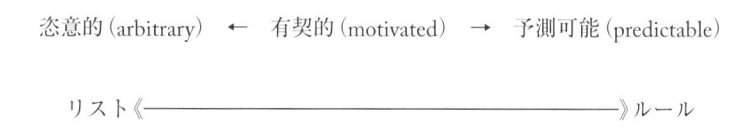

　　　　恣意的(arbitrary)　←　有契的(motivated)　→　予測可能(predictable)

　　　　リスト《――――――――――――――――――――》ルール

図1　有契性の考え方

　文レベルに目を向けてみよう。文(全体)の意味は語(部分)の意味から完全に予測可能であると考えられてきた。この「全体は部分の総和である」という考え方は，一般に構成性の原理(principle of composition)と呼ばれている。しかし，イディオムや構文に見られるように，文の意味は必ずしも語の意味から完全に予測可能ではない。さらに，多義研究などを通して，認知言語学は，文や語の意味が，前後の語や文といった言語的文脈および発話場という状況的文脈によって大きく伸縮すること

---

[4] ソシュール(1972, 小林訳, 1944: 98)「能記を所記と結びつける紐帯は，恣意的である。」

を示してきた[5]。語の多義を所与とすれば，文の意味は多義解消をおこなわなければ確定しないが，多義解消に必要な情報が文自体のみから与えられることは稀で，多くの場合，文脈や状況から与えられる。つまり，文の意味は部分である語の意味から完全に予測可能ではなく，文脈に従って弾力性を示すものであり，その意味で部分の和と文全体の意味は予測不能で，有契的であるといえる。

立ち返ってソシュールが恣意的と述べた語彙の意味と形式の関係を見れば，オノマトペ (onomatopoeia) に代表される音象徴 (sound symbolism) や，自然界の順序が言語の順序に反映する類像性 (iconicity) など，形式が意味の手がかりとなる例は少なくない。また，多義的意味拡張も同様である。多義は辞書記述のような無関係なリストではなく，緊密な関係を持った意味の総体であり，複数の語義は有契的に結びついている。語か文かを問わず，言語の有契性を最大限に考慮したのが認知言語学である。

2.3 図と地

認知言語学は人間の認知と言語を関連づける立場を取る。人間の認知に顕著な特徴の1つとして，ゲシュタルト的特性が挙げられる。ゲシュタルト的特性の1つが図と地 (figure and ground) の考え方である。**図2**は有名なルビンの杯の図であり，白い部分に注目すると杯に見える。一方，黒い部分に注目すると二人の人間が向かい合っているように見える。重要なのは，両方を同時に見ることは難しい点である。杯 (白い部分) に注目するとそれが図となり，黒い部分が地となり背景化する。一方，人の顔 (黒い部分) に注目するとそれが図となり，白い部分が地となって背景化する。これを図地反転と呼ぶ。言語的な用例では，*The glass is half empty.* に対して，*The glass is half full.* があり，*The lamp is on the table.* に対する *The table is under the lamp.* も，図と地，およびその反転の用例と考えられる。人間には，視覚情報の中から輪郭を持つ形に注目する傾向があり，これが図であり，ゲシュタルトの一種である。

一般に，ゲシュタルトとは，構成性の原理が満たされない，すなわち，全体が部分の総和以上になることである。認知は外部に実在するデータがそのまま感覚入力として入ってくるのではなく，または，そこから抽出される形で減衰した入力とし

---

[5] 異なる研究枠組みに基づく Recanati (2004) の文脈主義もこういった結論を示唆していることはこの考え方の正しさを示す一助となろう。

てボトムアップ的に入ってくるだけではなく，人間に関連の深いさまざまなパターンを事象の中に見出す形で，トップダウン的にも機能している。例えば点線を線とみなす，離れた豆電球の瞬時の連続点滅を移動とみなす，複数の豆電球のある種の点滅パターンを人間の動きとみなす，などである。

図2　ルビンの杯[6]　　図3　ルビンの杯（冬ソナ風）[7]

2.4　スキーマ化

認知に関するスキーマ化の度合いの違いも解釈の相違を規定する。例えば，同じ鶏卵をとっても大きさ，色合い，いびつさ，表面の質感などさまざまな相違が存在する。そして，我々はこれらの鶏卵を「同じ」鶏卵と認知しているし，場合によっては大きな卵，小さな卵，古い卵，赤みがかった卵という風に異なるレベルで認知し，言語化できる。さらに，後述するカテゴリー化と関連してくるが，鶏の卵だけでなく，うずらの卵，ダチョウの卵，鮭の卵（いくら），モンシロチョウの卵など，異なる卵を1つの卵という高次のレベルで認識できる。

2.5　イメージ・スキーマ

イメージ・スキーマ（以下，IS）とは，一般的にはスキーマ化された感覚記憶のことであるが，認知言語学の中では，専門的な意味で使用されることもある。例えば，Turner (1991) では，*the scent of pine*（松の香り）のISに関して言及するように，スキーマ化された感覚記憶をすべてISと考えているように思われるのに対し，

---

[6] 錯視の著名な研究者である北岡明佳氏のWebには他にも多くの興味深い錯視の例が掲載されている。http://www.ritsumei.ac.jp/~akitaoka/

[7] デザイナー熊谷さとし氏の秀逸なアレンジ。
http://blog.livedoor.jp/kumagai_satoshi219/archives/51169025.html

Johnson (1987) は非常に抽象化された特定の多感覚的なスキーマを IS と呼ぶ。ここでは便宜上，前者を広義のイメージ・スキーマ，後者を狭義のイメージ・スキーマと呼ぶことにする。

広義の IS は，スキーマ化されたイメージのことである。イメージとは，感覚記憶（感覚像）のことで，その感覚は，視覚に限らず，聴覚，嗅覚，味覚，触覚，運動感覚を含んだ感覚全般を含む (Lakoff, 1987a: 444, 445)。感覚像とはこれらの感覚が記憶に保持され，想起されたものである。イメージと IS は連続的である。例えば，コップを例に考えてみよう[8]。目の前にあるコップはコップの一例である。我々はこのコップを，眼をつぶって頭の中で想起できる。また，そのコップではなく，一般的なコップを想起することもできる。この場合，詳細は省かれており，よりスキーマ化されている。さらに，液体を入れるものとしての容器一般を頭に浮かべることもできる。容器という抽象的なスキーマにも感覚的特性は残るだろう（内部と外部があること，開口部が上部に位置することなど）。このレベルの抽象度を有する感覚像が狭義の IS であるが，その過程のすべてが広義の IS に含まれる。

狭義の IS とは，Lakoff (1987a) における *over* の研究で注目された認知的に顕現性の高いトポロジー構造のことである。Johnson (1987) は，その中で極度にスキーマ化された少数の認知的パターンを非限定的に図 4 のように挙げている (Johnson, 1987: 126)。

CONTAINER	BALANCE	COMPULSION
BLOCKAGE	COUNTERFORCE	RESTRAINT REMOVAL
ENABLEMENT	ATTRACTION	MASS-COUNT
PATH	LINK	CENTER-PERIPHERY
CYCLE	NEAR-FAR	SCALE
PART-WHOLE	MERGING	SPLITTING
FULL-EMPTY	MATCHING	SUPERPOSITION
ITERATION	CONTACT	PROCESS
SURFACE	OBJECT	COLLECTION

図 4　Johnson (1987) の IS リスト

このリスト（以下，IS リスト）には，〈容器〉のスキーマ（CONTAINER），

8　この例は，山梨（個人談話）による。

〈線と移動〉のスキーマ(PATH, LINK, NEAR-FAR),〈連続体〉のスキーマと〈個体〉のスキーマ(MASS-COUNT),〈力〉のスキーマ(COMPULSION, BLOCKAGE, COUNTERFORCE, REESTRAINT REMOVAL, ENABLEMENT, ATTRACTION),〈同一性〉のスキーマ(MATCHING, SUPERPOSITION),〈直立〉のスキーマ(BALANCE),〈部分全体〉のスキーマ(PART-WHOLE)などが含まれる。Clausner and Croft (1999) は,Johnson (1987) のリストを,〈空間〉(SPACE),〈尺度〉(SCALE),〈容器〉(CONTAINER),力(FORCE),〈単一性・複数性〉(UNITY/MULTIPLICITY),〈同一性〉(IDENTITY),〈存在〉(EXISTENCE) の7つのグループに集約している。本書では主に狭義のIS を IS と呼ぶ。

　IS はそれぞれ特有の構造と固有の論理を持つ。例えば,〈容器〉のスキーマは,外側と内側を区切る有界的な領域として認識され,内部,外部,外周という3つの部分からなる構造を持つ。また,内部に入るものは内容物という役割を持つ。外周は外部からの力を緩衝するとともに視覚的な接近を困難にする。さらに「鞄の中にある財布の中の硬貨は必ず鞄の中にある」といった推移性が働く。メタファー理論と IS の関係に関しては,**3.2.3**。本書における IS の取り扱いに関しては **4.2**,メタファーの基盤としての IS に関しては **4.9.2** をご参照いただきたい。

　また,IS は通常,主体を取り払った形式で考えられるが,主観的な視点[9]で考えることも可能である。例えば,「部屋に入る」といった経験では主体が内容物と同一化しており,「食べ物を口に入れる／食べる」という経験では主体が容器と同一化している (Johnson, 1987: 33)。

　IS は言語的・命題的ではないが,その抽象度の高さから概念的要素を兼ね備えている。**4.1** で,知覚レベルと概念レベルという区分に関連して紹介する Mandler (2005) は,イメージが高度に抽象化された形式が IS であり,IS こそが知覚と概念をつなぐ前言語概念(preverbal concepts)であると主張している(Mandler, 2005: 137)。さらに,Gibbs and Colston (1995) は,モメンタムの事例を挙げて,動いている物体が停止するという現象が,複数の感覚で相同的に検知されるという興味深い研究を紹介している。また,IS は,カテゴリー,特に重要で大局的な存在論的カテゴリー(オントロジ・スキーマ,OS)との関連が深く,OS の特性の一側面が,多感覚的 IS として認識されることは少なくないように思われる。**4.2** では,OS と IS の関連性を論じ,両者を一括して取り扱う。

9　**2.7** の主観化,および **4.4** の S モードを参照。

2.6　カテゴリー化

　カテゴリー化も認知言語学では重要な概念である。ペットの犬を，アクアちゃんという固有名で家族のように考えるのか，ミニチュアダックスとして見るのか，犬として見るのか，生物として見るのか，物体として見るのか。例えば，箱に詰めて運搬する場合，物体としての体積や重量が関連してくるし，生物としてみると通風孔や食物の手配などが関連してくるのである。この石は単なる石か，障害物か，鑑賞物か，椅子に使えるのか，漬物に使えるのか，金槌のかわりに使える道具なのか。このカエルは自然の風物か，醜くて嫌なものか，うるさいものか，おいしい食材か。人間は，形状，機能，価値，連想，時々の状況に従って，常に事物をカテゴリー化しており，それは言語にも反映する。カテゴリー化の詳細に関しては，Lakoff (1987a) が認知言語学の古典であり，Taylor (2003) は言語のカテゴリー化に関する包括的な研究書となっている。コウモリは哺乳類か鳥かなど，カテゴリー化に悩む例もある。カテゴリーを形成しているかどうかの傍証として，言語的テストも可能である。(1)に「一種」「一例」を使用した，カテゴリーの言語的テストの例を挙げる。

(1)　a.　カナリアは鳥の一種である
　　　b.　「歩く」は「動く」の一例である

　通常，カテゴリーは複数の成員からなり，成員ごとに，「らしさ」の濃淡が存在すると考えられる。「らしさ」の高い成員はプロトタイプと呼ばれる。また，非常に高次のカテゴリー，非常に詳細なカテゴリーの間には，日常生活で重要性が高く使用頻度の高い，適度なカテゴリー化レベルというものが存在することがわかっている。このレベルのカテゴリーは基本レベルカテゴリーと呼ばれる。カテゴリーに関連して重要な概念である，プロトタイプと基本レベルカテゴリーを以下に取り上げる。

2.6.1　プロトタイプ

　古典的カテゴリー観では，「カテゴリーの成員はすべて同じステータスを有している」という前提があった (Taylor, 2003)。これが正しくないことが，Roschらの一連の研究でわかってきている。Rosch (1973) の研究では，例えば，*bird* というカテゴリーを例に①典型性の評定，②カテゴリーに属するかどうかの文処理にかかる時間，③類似性判断などで，「鳥らしい鳥」と「鳥らしくない鳥」があり，これが連続

的であるというのである。例えば，松本 (2003) は，Barsalou (1985) による *bird* の典型性の評定を図示している (松本, 2003: 35)。これによれば，英語の母語話者にとって *robin* (コマツグミ) が最高の 9 点に最も近く，以降，スズメ，インコと続き，タカ，コンドル，ニワトリ，ペリカンと鳥らしさが低下し，ダチョウとペンギンが 2 点台で最も鳥らしくないことが示されている。

2.6.2 基本レベルカテゴリー

　古典的カテゴリーではカテゴリーは階層構造をなし，これらの階層構造の中でどのレベルが優位であるか (認知的に顕現性が高いか) は検討されていなかったが，古典的カテゴリーに対する批判の中で松本 (2003) も述べるように，カテゴリーの階層には，特に重要なレベルが存在することが Berlin ら (Berlin et al., 1974; Rosch et al., 1976 など) の一連の研究で示されている。このレベルを基本レベル (Basic level) と呼ぶ。

　例えば，人工物のカテゴリーを例にとって見ると，日本語[10] では家具，椅子，丸椅子という階層関係があろう。この中で，知覚，運動，コミュニケーションなどの面から重要なレベルが基本レベルである。すなわち，基本レベルカテゴリーは，①視覚イメージが描ける最上位のレベル，②対応する身体運動感覚が存在するレベル，③一形態素の基本語彙からなるレベルといった特徴で規定される。

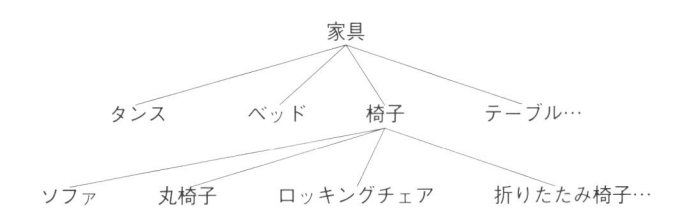

```
                    家具
        ┌────┬─────┼─────┬──────┐
       タンス  ベッド   椅子    テーブル…
              ┌────┬─────┼──────┐
             ソファ 丸椅子 ロッキングチェア 折りたたみ椅子…
```

図 5　日本語における家具，椅子類の階層図

　これを「椅子 (イス)」を例に挙げて考察しよう。まず，椅子は視覚イメージを描ける。一方，家具には，形や機能の異なる種類が混在しており，特定の視覚イメー

10　カテゴリー化は言語や文化によって異なると思われる。例えば，英語において *sofa*, *chair*, *stool* は異なる語である。

ジが描けない。丸椅子，ソファも視覚イメージは描けるが，これらよりも椅子の方が上位レベルであるので①の観点からは「椅子」が該当する。

身体運動の観点から，椅子は「座る」という動作で規定される。これに対して，家具に特定の身体運動は１つに決まらない。一方，ソファ，丸椅子，ロッキングチェアにもそれぞれ微妙に異なる身体運動が存在すると思われるが，これらは「椅子」の「座る」という身体運動と多くを共有しており，その類例と考えられる。

最後に語彙の観点であるが，家具，ソファ，椅子はすべて一形態素に思える。しかし，家具は「家」にある「道具」という意味である程度分析可能である。ソファは英語のソファから来ており外来語であって基本語彙ではない。その意味から椅子がこの判定基準にも一番よく当てはまると考えられる[11]。

その上のより抽象的なレベル，その下のより具体的なレベルは，基本レベルとの関連で理解される。上のレベル（図5の例における家具）は上位レベルカテゴリー（super-ordinate category）と呼ばれ，その下のレベル（図5の例におけるロッキングチェアなど）は下位レベルカテゴリー（subordinate category）と呼ばれる[12]。

2.7 主観化

状況を切り取って表現する際，主観化のレベルの相違も問題になってくる。認知言語学でよく挙げられる例はLangacker (1990)の例である（用例は部分的に変更している）。

(2) a. Anne is sitting across the table from Beth.
    b. Anne is sitting across the table from me.
    c. Anne is sitting across the table.

(2)の文章は，図6および図7のように図で区別を描き示すこともできる（原図はUehara, 2006）。

---

[11] 生活の変化に伴って下位レベルカテゴリーから基本レベルカテゴリーに変化したと思われるものとして，パソコン（←パーソナル・コンピュータ），ケータイ（←携帯電話）がある。

[12] 詳細はLakoff (1987a: 31-38, 46-54)，井上 (2003: 259-266)，大堀 (2002b: 54-63) を参照。

図6 A is sitting across the table from me. (2b)

図7 A is sitting across the table. (2c)

(2c)(図7)では，across の基準点が言語的に表現されていないが，ディフォルト的に発話者であると理解される。なぜなら，主観的な視点から Anne を見るという実際の視覚的体験においては，自分自身は視野に存在せず，テーブルとその向こうに Anne が見えるだけであり，われわれはこの文章の意味をそのような経験の自然な反映として理解できるからである。その意味で，(2c)は，発話者である観察者の視点に映る主観的な映像をより直接的に反映した，主観的な言語用法であるということが可能である。

この他，(3)も状況の主観的切り取りを反映している。

(3) a. 部下とのよい関係を築く　（cf. 上司と部下のよい関係を築く）
　　 b. 松葉が痛い　（cf. 松葉で私の背中が痛い）
　　 c. てんぷらがもたれる　（cf. てんぷらが私の胃にもたれる）
　　 d. 電信柱がビュンビュン後ろに飛んでいく　　　　（山梨, 2000: 69）

(3a)のように，関係を表現する名詞の1つの項が明示されない場合，それは言語化されない項の視点を表現する場合が多い。(3b)は，感覚形容詞にとって，刺激の場所が主語になる例であり[13]，「松葉が背中に刺さって私は痛みを感じる」などの表現よりも主観的な印象を与える。(3b)では(3c)と同様の現象が動詞にまで発展し語彙化している例である。(3d)は移動の際，客観的には不動の電信柱が観察者にはこちらに動いてきて通り過ぎてゆくように見えるという主観的体験に対応する言語表現

13　主語に関する包括的な議論に関しては，例えば尾上 (2004) を参照。

(仮想的移動[14])である。

本書では，主にこの意味における主観化現象を主観性および主観的と称し，池上(2003, 2004)の主観的事態把握[15]をSモードと呼び**4.4**で詳述する。Sは，Subjective(主観的)，Self-centered(自己中心的)，Situated cognition(状況認知)の略である。言語人類学で自己中心参照枠(egocentric frame of reference)と呼ぶものと等価と考える。

2.8 領域

図と地の考え方に基づいて語彙の意味を考えると領域を考えざるを得ない。すなわち，斜辺，弧，つま先，叔母，封筒，フォースアウト，トラベリングなど，語彙の意味は，より大きな意味の塊の一部となっているという考え方である。斜辺の意味には直角三角形が，弧の意味には円が前提(地)となっている。つま先を理解するためには，足が，足を理解するためには人間の形状と歩行形態を理解することが必須の前提である。叔母の意味には，父，母，男女などの概念が前提となっており，父母を理解するためには生殖と婚姻の形態に関する知識が前提となる。野球でフォースアウトやゲッツー，バスケットでトラベリングを理解するためには，その競技の仕組みを十分理解する必要があり，これらの文化的知識も，埋め込みの繰り返しから形成される領域であると考えられる。なお，Clausner and Croft (1999) は，Fillmore のフレーム[16]，Lakoff の ICM，Lakoff and Johnson によるメタファー理論の「領域」，Langacker の「領域」を概して類似の概念とし，領域 (domain) という用語に代表させている (**3.1.2** 参照)。領域の考え方に従えば，人間はある事物や言語表現をそれ自体として認知しているのではなく，ある事物や言語表現からそれにまつわる領域を想起し，(場合によっては複数の領域の選定，調整，統一化をおこないながら)領域に関する知識を援用して推論や決定をおこなっていることになる。

2.9 多義

認知言語学の主要な功績の1つは語や句の多義に注目したことである。ある言語表現はさまざまな解釈を許す。例えば，トリという語を例に考える。トリは通常，

---

14 Fictive motion. 包括的な議論に関しては Talmy (2000: 99ff) を参照。
15 池上 (2003, 2004)，Ikegami (2005) を参照。
16 フレームという概念には，筆者の知る限りこのほか，人類学者の Bateson (1972 など)，社会学者の Goffman (1974 など)，AI の Minsky (1975 など) のものがある。これらは知識の構造化，埋め込み，メタ認知などの共通点があり，想像以上に類似性が高く思われる。

類としての鳥を表す。農場や食領域では典型的にニワトリを指す。トリ 100g といえば，通常，頭から尾までを含んだ生きたニワトリではなく，ニワトリの肉を指す。飛行機乗り，グライダー乗り，棒高跳びの選手などをトリと称する際，高く飛べる点に注目している。空を眺めながら「トリになりたいなぁ」とつぶやけば，地面や重力に縛られない自由さが強調される。このように言語表現にはさまざまな意味があり，解釈の余地がある。発話者はこれらの解釈の中から状況に合わせて言語表現を使用するのであり，解釈者はその言語表現から発話者意図の再構築を試みるのである。

多義の記述には 2 つの方法があり (Langacker, 1987)，認知言語学者の多くはその両方を認めている。1 つは，前述のスキーマである。つまり，その言語表現が持ちうる異なる意義の共通的特性を抽出するという考え方である。もう 1 つは，プロトタイプと拡張という考え方である。この多義の考え方では，言語表現には中心的な意味（中心義[17]）があり，そこからさまざまなリンクを経由してさまざまな意義へと拡張していく。リンクの中心的なものとしては，メタファー，メトニミー，シネクドキなどがある (**1.2.2 の図 1**，主要なレトリックを参照)[18]。

2.10 構文

認知言語学で特に最近研究が盛んになってきたのは構文の考え方である。構文に関しては，Fillmore et al. (1988)，Lakoff (1987a)，Goldberg (1995)，Tomasello (2003)，Croft and Cruse (2004)[19] に詳しいが，構文は独自の形式，意味，機能[20]を持つというのがその基礎となる重要な主張である。認知言語学の枠組みでは，構文は言語の重要な要素であり統語分析の主要な分析単位として検討できる。主語や受身構文の分析に関しては，van Oosten (1986) が，中間構文の特性に関しては吉村 (1995) が参考になる。Fillmore et al. (1988)，フィルモア (1989)，Kay and Fillmore

---

17 中心義が複数ある多心的多義も可能であり，場合によってはまったく中心がなく，意義間の連鎖だけがネットワーク状に続くリゾーム的（楠見 1995: 19）な無心的多義もありうるだろう。

18 レトリックの主要な 3 分類が多義拡張の主要な 3 リンクと同一であるというのはどういう意味か。1 つはレトリックに代表される語用論と言語能力とされる意味論が密接不可分であることを示唆する。文脈主義の Recanati も Benveniste (1974) を取り上げ，語用論と意味論および語の意味の揺れ (modulation) と多義 (polysemy) の近さについて言及している (Recanati 2004: 135)。

19 Croft and Cruse (2004) の書評として鍋島 (2004c) がある。

20 構文が独自の機能を持つという主張は，発話状況や出現テキストの種類などの談話文脈，出現頻度なども考慮することにつながる。

(1999)はイディオム構文と呼べる周辺的な構文を取り扱っており興味深い。Goldberg (1995) は，英語の主要な統語パターンを構文文法で分析した重要な研究である。また，Tomasello (2003) は構文文法の考え方に基づいて幼児の言語発達を取り扱った研究である。

2.11 まとめ

本章では，2.1 で認知言語学を概説したのち，本書に関連する基本概念として，2.2 で有契性，2.3 で図と地，2.4 でスキーマ化，2.5 でイメージ・スキーマ，2.6 でカテゴリー化，2.7 で主観化，2.8 で領域，2.9 で多義，2.10 で構文に関して解説した。次章では関心をメタファーに移し，認知メタファー理論の枠組みと変遷を探りたい。

第3章
認知メタファー理論

　前章では，認知言語学について概説し，基本概念を紹介した。本章では認知言語学におけるメタファー理論（以下，認知メタファー理論：Lakoff and Johnson, 1980, 1999; Lakoff and Turner, 1989; Lakoff, 1987a, 1990, 1993, 1996; Grady, 1997a, b, 1999; Kövecses, 2002; 山梨, 1988; 大堀, 2002b; 鍋島, 2003a, 2003c; 谷口, 2003a; 高尾, 2003）を概説する。近年，メタファー研究への関心が隆盛を示す中，言語学的なメタファー研究の手法として代表的な理論であるにもかかわらず，不当な誤解や批判を受けることが多いので，当理論の前提と道具立てを明示しておくことは重要と考えられるからである。まず，**3.1** で認知メタファー理論の基本概念を紹介し，これを理解しやすくするため，**3.2** で認知メタファー理論の変遷を時間軸に沿って紹介する。

3.1　認知メタファー理論の基本概念

　認知メタファー理論の道具立てについて簡単に説明する。同理論の主要な概念として **3.1.1** で多義，**3.1.2** で領域，**3.1.3** でサキ領域とモト領域，**3.1.4** で写像，**3.1.5** で推論，**3.1.6** で基盤，**3.1.7** で定義と表記，**3.1.8** で収斂する証左，**3.1.9** でメタファーとメタファー表現の区別を見る。

3.1.1　多義

　怒りを表すメタファー表現には (1) のようなものがある。

(1)　　a. 怒りに燃える　　　b. 怒りに油を注ぐ　　　c. 烈火の如く怒る
　　　d. 復讐の炎で燃える　e. 憎悪がメラメラと燃える　f. 怒りに火がつく

g. 臨界点にたっした早大生の怒りが，ついに炎と燃え上がった
　　　　　　　　www.geocities.co.jp/WallStreet/1471/01/010731.html[1]
h. 冷えたはずの怒りが和麻の言葉により，再燃化し
　　　　　http://datensi-00.hp.infoseek.co.jp/contribution/uru/kaze03.html
i. 怒りがくすぶっていると，…大きな炎が燃え上がります。
　　　　　　http://www.e-mama.ne.jp/advice/mental/qa/2005/0502220200.html
j. その孤独な女主人の怒りと悲しみに焼き焦がされているのに気が付くで
　　しょう　　http://www.wisdom-guild.net/storyline/eod/city_of_brass.php
k. 眼をはなさないでいると，その怒りの炎はどんどん火勢を増してゆく
　　　　　　　http://www.bekkoame.ne.jp/ro/jmiu-nikko/afurika2.htm

　怒りを表現する際に，火や炎に関する語彙が使用される場面に遭遇することは多い。「火」，「炎」，「焼く」，「焦がす」，「油」，「くすぶる」，「メラメラ」，「ゴーゴー」，「再燃」，「火勢」といった用語は，それぞれ〈火〉にまつわる意義と〈怒り〉にまつわる意義の間で多義を形成していることがわかる。

3.1.2 領域

　2.8 で見たように，認知言語学において，語の意味は単独で存在せず，関連した知識の総体の一部として存在すると考えられる。この知識の総体を領域（domain）と呼ぶ。Clausner and Croft（1999）は，メタファー理論における領域，Langacker の認知文法における領域，Fillmore のフレームは大枠同じ概念を表すという見解を述べている。領域に関する Clausner and Croft（1999）の議論は以下のようなものである。

> A central principle of cognitive semantics is that concepts do not occur as isolated, atomic units in the mind, but can only be comprehended (by the speaker as well as by the analyst) in <u>a context of presupposed, background knowledge structures</u>. The most generic term for this background knowledge structure is domain; this will be the term adopted here. The term domain has been used by Langacker (1987) and Lakoff (1987) for basically the same theoretical construct. Both were influenced by Fillmore's work on semantic frames (Fillmore, 1975, 1977, 1982, 1985, 1992). The term frame highlights

---

1　本章の Web は，2006 年 3 月に検索したものである。

the semantic supporting function of domains for concepts, and also the hypothesis that <u>domains have a structure</u> that is more than a list of experientially associated concepts.

（Clausner and Croft, 1999: 2，下線は筆者）

ここには，概念は単独で存在するのではなく，前提（背景）となる知識構造の中で規定されるという，意味の埋め込み仮説（embedded thesis）が存在する。さらに，Clausner and Croft (1999) によれば，この「意味の埋め込み仮説」は，認知意味論の研究者の間で合意されているという。本書でも領域，フレーム，認知領域という用語を概して同様の概念と考える。さらに，本書では領域はゲシュタルト性と局所性を持つことを想定する。

「ゲシュタルト性」とは，特定の概念や知識はグループをなしており，全体の想起なしに一部だけ想起はできないという意味である。例えば，Langacker (1987) に指摘されるように，英語の *arc*（弧）で示される概念は，必ず，*circle*（円）の概念を想起させる。また，*spoke*（スポーク）という語で示される概念は，必ず *wheel*（車輪）という語で示される概念を想起させるということである。

「局所性」とは，人間の知識の想起には容量的な限界があり，一時に想起される知識には制限がある，という意味である。例えば，*spoke* という用語から *wheel* や *bicycle*（自転車）までは同時に想起できても，自転車に乗ってサイクリングしているサイクリング・フレームや，製造工場で *spoke* と *hub* を組み上げ，自転車を生産している生産工場フレームまでは一度に想起できないであろう。

3.1.3 サキ領域とモト領域

（1）に関連する2つの領域は非対称的である。抽象的で表現しにくく，身体的な経験があまりない物事をサキ領域（Target domain），具象的で表現しやすく，経験豊かな事物をモト領域（Source domain）と呼ぶ。（1）を例に取れば，怒りに関する知識構造がサキ領域で，火に関する知識構造がモト領域になる。これは，I. A. Richards (1936) の枠組みにおける主意（tenor）と媒体（vehicle）に当たる。

3.1.4 写像

要素の対応および要素間の関係（推論）の対応関係を写像（mapping）という。以下に《怒りは火である》メタファーの写像を記述する。なお，従来，写像は〈モト領域→サキ領域〉の配置で書かれることが多いが，《X は Y》というメタファーの名称におけ

る左右の配置と一貫性を持たせるために，本書では〈サキ領域←モト領域〉という配置で記述する[2]。

サキ領域	←	モト領域
怒り	←	火
怒りを助長するもの	←	油
怒りの大きさ	←	火の大きさ
怒りの様態	←	火の様態
怒らせる	←	火をつける
怒りを助長する	←	火に油を注ぐ
怒りが増大する	←	火勢を増す
怒りが収まる	←	鎮火する
怒りが収まる	←	冷える，冷める
怒りが残る	←	くすぶる

図1　《怒りは火》のメタファー写像

　メタファーと写像の違いは重要である．例えば，図1において，写像の一部を「怒りが収まることは鎮火することである」と表現し，メタファーと考えることも可能に思えよう．しかし，これはメタファーとは呼ばず，《怒りは火》というメタファーの一部を構成する写像である，と考える．意味は領域として構造化されているため，メタファーは領域間の構造的対応関係として把握すればよいというのが認知メタファー理論の重要な主張であり，その際，一点が決まれば他も整然と対応づけられるような関係が写像と呼ばれる概念である．その中で，「火」「炎」「燃える」「鎮火」「くすぶる」などの火に関するメタファー表現は，〈火〉領域での位置関係や因果関係を維持しながら〈怒り〉領域に適用されることになる．また，「水」「油」などの関連した用語も「火」との関係に即して調整された意味で使用される．
　さて，一見，メタファーと写像の相違は明らかであるように思われるが，そうでない例も存在する．例えば，Lakoff（1993）に記述される第8章（線と移動のメタファー）で写像とされている《困難は重荷である》や《原因は力である》は，独立のメ

---

[2] 人間の脳における古皮質と新皮質の関係，または具象と抽象の関係を反映させて，具体的なモト領域を下，抽象的なサキ領域を上に表示するのが最適と考えられるが，文書ファイルなど現代のテクノロジを前提とすれば，今回の手法が簡便な表記と考えられる．

タファーとしても機能しうる。

3.1.5 推論
領域にはもちろん特有の関係と予測が存在する。これを推論と呼ぶ。〈火〉に関する領域では，少なくとも (2) のような推論があることが想像できる。

(2) a. 火はつきにくいが一度つくと燃え拡がる
　　 b. 油などを加えると火勢が増す場合がある
　　 c. 水をかけるなどすると勢いが収まる
　　 d. 拡大すると危険である
　　 e. 近寄ると危害が及ぶ
　　 f. 消えたと思ってもまた燃え始める場合がある

3.1.6 基盤
認知メタファー理論ではメタファーの基盤を重要視している。メタファー理論における基盤（動機づけ）[3] とは，「離れた2つの領域の写像」（メタファー）がどうして存在するかというメタファーの存在理由であり，I.A. Richards の用語では根拠（ground）に当る。認知メタファー理論以前のメタファー研究では，類似性が基盤として述べられていたが，主要な問題点が2つある。第1に，類似性という概念は理論依存的である。第2に類似性に制約をかけなければ，すべてのものはすべてのものと類似しうる（Black, 1954; Tversky, 1977; Searle, 1979; Davidson, 1978; 渡辺, 1978; 中本・椎名, 2001）。Lakoff and Johnson (1980) 以来，認知言語学においてメタファーの基盤としては，類似性よりも共起性基盤（経験的基盤，身体性基盤[4] ともいう）が重要視され

---

[3] 認知メタファー理論で experiential basis, motivation of metaphor, experiential grounding, grounding などの名称で呼ばれてきたこの概念は，従来から，「動機づけ」と訳されてきたが，本書では新たに「基盤」と呼ぶ。その理由は以下である。第1に，「動機」は心理学や教育学の用語として「やる気を引き起こす要因」の意味で使用されており，研究が学際的に広がりつつある昨今，混乱を避ける必要がある。第2に，より一般的概念である「有契性」との混乱を避けるため。第3に，「構造性基盤」「共起性基盤」「評価性基盤」などの用語で複合語を作ることによって基盤の種類を表しやすい。第4に，Lakoff (1987a) 以来，「経験的基盤」という用語で「基盤」が experiential basis の訳語として定着している。本書では，必要に応じて「基盤（動機づけ）」と括弧書きを用いることにより，これまでの用語との連続性を明示するようにする。

[4] メタファーの基盤を身体性に見出すと，メタファーの普遍性がある程度予測される。怒りと体温上

てきている。《怒りは火》メタファーの基盤としては，怒りなど興奮状態になると身体の温度が上がるという共起性基盤が挙げられている (Lakoff, 1987a)。共起性基盤の用例には，他に，見ることによって情報を得る（《理解は見ること》）の場合），水位などが上にあると多いように見える（《多は上》の場合），母親の温かみと愛情を同時に感じることによって連想関係が生じる（《愛情は暖かさ》の場合）などがある。本書では，この基盤を再検討し，共起性以外にも存在することを論証する[5]。

3.1.7 定義と表記

さて，メタファーがどのようなものであるかに関して，認知メタファー理論では過去に以下のような記述がある。

> Metaphors are mappings across conceptual domains.　　　（Lakoff, 1993: 42）
> Metaphors are mappings from one conceptual domain to another.
> 　　　　　　　　　　　　　　　　　　　　（Lakoff and Turner, 1989: 112）
> …conceptual metaphors are mappings across conceptual domains that structure our reasoning, our experience, and other everyday language.
> 　　　　　　　　　　　　　　　　　　　　（Lakoff and Johnson, 1999: 47）
> メタファーとは離れた領域間の対応関係である　　　　　（鍋島，2003c: 99）

すなわち，メタファーとは領域間の写像（構造的対応関係）として**定義**されている。もちろん，この認知メタファー理論における領域間写像は，基盤，収斂する証左など，他の論理的機構を前提として考える必要がある。また，メタファーは，その言語的表出であるメタファー表現と区別される。「怒り」と「炎」の例を取って英語と日本語のメタファーの**表記**を図2に例示する。

昇のような身体反応の多くは文化から受ける影響が少ないためである。
5　イメージ・スキーマなどの構造性を基盤とする構造性基盤メタファーに関しては **4.9.2** で，評価性を基盤とする評価性基盤メタファーに関しては **4.9.3** および第 **15** 章（評価性を基盤とするメタファー）で記述する。

```
ANGER IS FIRE    《怒りは炎である》
Anger Is Fire    《怒りは炎》
```

図2　メタファーの表記

3.1.8　収斂する証左

収斂する証左（Convergent evidence）とは，メタファーの存在が，推論，多義，詩的表現，心理実験，通時研究，ジェスチャー，発達，手話，談話などさまざまな研究結果の合致によって証拠づけられているという考え方である。Lakoff and Johnson (1999: 81ff)は，収斂する証左として以下の9種類の証拠を挙げている。

(3)　収斂する証左の種類
  a. Inference generalizations　　　（推論による証左）
  b. Polysemy generalizations　　　（多義による証左）
  c. Novel-case generalizations　　（創造的な用例による証左）
  d. Psychological experiments　　 （心理実験による証左）
  e. Historical evidence　　　　　　（歴史言語学による証左）
  f. Spontaneous gesture studies　 （ジェスチャーによる証左）
  g. Language acquisition studies　（言語習得による証左）
  h. Sign language metaphor studies（手話による証左）
  i. Discourse coherence studies　 （談話の一貫性による証左）

本書では言語的な論証法である多義と推論を主に用い，必要に応じて新奇な例で補う。

3.1.9　メタファーとメタファー表現の区別

ここまでの知識を総括する一助としてメタファーとメタファー表現の区分を述べる。メタファー表現とは **3.1.1** で紹介したような多義性を有した言語表現であるが，メタファーは領域の概念を前提として定義される写像であり，これは認知機構の1つであるとされる。言語表現であるメタファー表現と認知機構であるメタファーは区分が必要である。例えば，(4)や(5)のような点に留意する必要がある。

(4) **生産性**
多義を持つメタファー表現が1つあっただけでメタファーが存在すると考えることはできない。同じ領域にまたがる複数のメタファー表現が必要である。

例えば，バスケット・ボールのダンク・シュート（*dunk shoot*）における *dunk* の原義は，アヒルが魚などを取るため水面下に首を急に沈めるように「水にドブッとつける」であり，これはメタファー表現であると考えられる。しかし，この表現1つから「バスケットのゴールは水面である」，「バスケットのコートは池である」といったメタファーを導き出すことはない，という意味である。

(5) **写像の一貫性**
2つの領域にまたがる多義が複数あっただけではメタファーを認定できない。サキ領域における要素（語）と関係（推論）が，モト領域における要素（語）と関係（推論）と一貫していなければならない。

サキ領域とモト領域が一致していても，写像が一貫していない場合は存在する。例えば，(6)の表現と(7)の表現はサキ領域およびモト領域を共有している。

(6) あいつは恋敵（こいがたき）だ
(7) もう私はあの人の虜（とりこ）

(6)も(7)も恋愛についての言説であり，そのモト領域は戦争や戦いであると思われる。しかし，(6)は，ある異性を巡って二人が戦う一方，(7)は恋愛関係にある二人が戦っている前提で，相手に「負けて」，意のままになってしまう意味である。つまり，(6)と(7)では写像が異なっているので，別のメタファーを立てる必要がある。

いずれにせよ，メタファー表現はメタファーを特定するための証拠やきっかけの1つに過ぎず，言語表現であるメタファー表現から，認知機構であるメタファーを特定するためには多面的な検証が必要である。

3.2 認知メタファー理論の変遷

前節では認知メタファー理論の基本概念を紹介した。本節では，同理論の変遷

を簡略的に紹介する。認知言語学の方向を決定づけた古典的名著である Lakoff と Johnson の *Metaphors We Live By*（Lakoff and Johnson, 1980）から，言語学におけるメタファーの新しい研究の系譜が始まったといえるが，この 30 年で認知言語学と認知的なメタファー研究は目覚しい発展を遂げ，認知言語学のメタファー研究は質・量ともに充実し，研究手法もさまざまに開発されてきている。Lakoff and Johnson (1980) によるプログラムは，その後 Lakoff (1987a) での「怒り」の研究事例，Lakoff and Turner (1989) の詩的メタファーに関する研究を経て，Lakoff (1990) の不変性仮説，Lakoff (1993) の事象構造メタファー，Grady (1997a, b) のプライマリー・メタファー理論，メタフトニミー研究へと続いていく。

3.2.1　日常言語に潜むメタファー的世界認識 (Lakoff and Johnson, 1980)

3.1 で紹介した認知メタファー理論は，Lakoff and Johnson (1980) で提唱された理論である。四半世紀以上たった今でもその価値の衰えを見せない同書には，(8)～(14) に見るように重要なメタファーが珠玉のように散りばめられている。

議論 (8)　a.　Argument Is War　　　　　　　《議論は戦争》
　　　　　b.　An Argument Is A Journey　　　《議論は旅》
　　　　　c.　An Argument Is A Container　　《議論は容器》
　　　　　d.　An Argument Is A Building　　 《議論は建物》

時間 (9)　a.　Time Is Money　　　　　　　　《時間は金》
　　　　　b.　Time Is A Limited Resource　　《時間は限りある資源》
　　　　　c.　Time Is A Valuable Commodity　《時間は価値ある商品》
　　　　　d.　Time Is A Moving Object　　　 《時間は移動物》

考え (10)　a.　Ideas Are Objects　　　　　　 《アイデアは物》
　　　　　b.　Ideas Are Food　　　　　　　　《アイデアは食べ物》
　　　　　c.　Ideas Are People　　　　　　　《アイデアは人》
　　　　　d.　Ideas Are Plants　　　　　　　《アイデアは植物》
　　　　　e.　Ideas Are Resources　　　　　 《アイデアは資源》
　　　　　f.　Ideas Are Commodities　　　　 《アイデアは商品》
　　　　　g.　Ideas Are Money　　　　　　　《アイデアは金銭》
　　　　　h.　Ideas Are Cutting Instruments　《アイデアは刃物》
　　　　　i.　Ideas Are Fashions　　　　　　 《アイデアはファッション》

		j.	Ideas Are Light-Sources	《アイデアは光源》
愛情	(11)	a.	Love Is A Journey	《恋愛は旅》
		b.	Love Is A Physical Force	《恋愛は物理的な力》
		c.	Love Is A Patient	《恋愛は病人》
		d.	Love Is Madness	《恋愛は狂気》
		e.	Love Is Magic	《恋愛は魔法》
		f.	Love Is War	《恋愛は戦争》
		g.	Love Is A Collaborative Work Of Art	《恋愛は共同芸術作品》
人生	(12)	a.	Life Is A Container	《人生は容器》
		b.	Life Is A Gambling Game	《人生はギャンブル》
インフレ	(13)	a.	Inflation Is An Entity	《インフレは存在物》
		b.	Inflation Is A Person	《インフレは人》
		c.	Inflation Is An Adversary	《インフレは敵》
その他	(14)	a.	Linguistic Expressions Are Containers	《言語表現は容器》
		b.	Communication Is Sending	《コミュニケーションは送ること》
		c.	The Mind Is A Machine	《心は機械》
		d.	The Mind Is A Brittle Object	《心は壊れやすい物》
		e.	Visual Fields Are Containers	《視野は容器》
		f.	Theories Are Buildings	《理論は建物》
		g.	People Are Plants	《人は植物》
		h.	Understanding Is Seeing	《理解は見ること》
		i.	Wealth Is A Hidden Object	《富は隠された物》
		j.	Significant Is Big	《重要は大》
		k.	Seeing Is Touching; Eyes Are Limbs	《見ることは触ること・目は手》
		l.	The Eyes Are Containers For The Emotions	《眼は感情の容器》
		m.	Emotional Effect Is Physical Contact	《感情的影響は物理的接触》
		n.	Physical And Emotional States Are Entities Within A Person	《物理・感情状態は存在物》
		o.	Vitality Is A Substance	《活力は物質》

　その膨大な量の言語データとメタファーによって，Lakoff and Johnson（1980）は言語学のみならずメタファーに対する一般の認識を大きく変化させたのである。その

中の重要な研究の1つが上下のメタファーであった。上下に関する用語（*up*, *down*, *fall*, *rise*, *sink*, *low*, *high* など）は，語だけでなく，領域全体として，さまざまな領域と構造的対応関係を示す。Lakoff and Johnson (1980) の第 4 章には，方向性のメタファーとして (15)〜(24) のメタファーと用例が挙がっている（用例は抜粋）。

(15) HAPPY IS UP; SAD IS DOWN《幸せは上・悲しみは下》
  a. I'm feeling up.（気分上々）
  b. Thinking about her always gives me a lift.
   （彼女のことを考えるといつも気分が上がる）
  c. I fell into a depression.（うつ状態におちいった[6]）

(16) CONSCIOUS IS UP; UNCONSCIOUS IS DOWN《意識は上・無意識は下》
  a. Wake up.（起きろ＝目を覚ませ）
  b. He fell asleep.（彼は眠りに落ちた）
  c. He sank into a coma.（彼は昏睡状態におちいった）

(17) HEALTH AND LIFE ARE UP; SICKNESS AND DEATH ARE DOWN
  《健康は上・病気は下》《生は上・死は下》
  a. He's at the peak of health.（彼は健康の頂点にいる）
  b. He fell ill.（彼は病におちいった）
  c. His health is declining.（彼の健康状態は下降している）

(18) HAVING CONTROL OR FORCE IS UP; BEING SUBJECT TO CONTROL OR FORCE IS DOWN《支配は上・被支配は下》
  a. He's at the height of his power.（彼は権力の絶頂にある）
  b. He is under my control.（彼は私の支配下にある）
  c. He is my social inferior.（彼は私より社会的に下だ）

(19) MORE IS UP; LESS IS DOWN《多は上・少は下》
  a. The number of books printed each year keeps going up.
   （出版される図書の数は毎年上がっている）
  b. My income rose last year.（昨年は給料が上がった）
  c. If you're too hot, turn the heat down.（暑かったら温度を下げてください）

---

6 日本語における「陥る」が「落ちる」の意味を含んでいるかに関しては，**4.7.4** で痕跡的多義として議論する。

(20) FORESEEABLE FUTURE EVENTS ARE UP (and AHEAD)
《近い未来は上（で前）》
   a. What's coming up this week?
      （今週は何がもち上がるのか→今週はどんなイベントがあるの？）
   b. I'm afraid of what's up ahead of us.
      （私達の前にあること（→未来に起きること）が心配だ）

(21) HIGH STASTUS IS UP; LOW STATUS IS DOWN
《高い地位は上・低い地位は下》
   a. She'll rise to the top.（彼女は頂点まで上り詰めることになる）
   b. He's climbing the ladder.（彼は出世のはしご（階段）を登っている）
   c. He's at the bottom of the social hierarchy.（彼は社会階層の一番下だ）

(22) GOOD IS UP; BAD IS DOWN《良は上・悪は下》
   a. Things are looking up.（状況は上向きだ）
   b. We hit a peak last year, but it's been downhill ever since.
      （昨年が山でその後はずっと下り坂だ [7]）

(23) VIRTUE IS UP; DEPRAVITY IS DOWN《美徳は上・悪徳は下》
   a. He is high-minded.（彼は志が高い）
   b. That was a low-down thing to do.（あれは程度の低い行為だった）

(24) RATION IS UP; EMOTION IS DOWN《理性は上・感情は下》
   a. The discussion fell to the emotional level, but I raised it back up to the rational plane.
      （議論は感情のレベルまで落ちたが，私が理性のレベルまで引き上げ直した）

鍋島（2003b）では軸同士の対応関係（線状性をもった二者の軸の対応）をアラインメント（整列対応）と呼んでいる。上記をまとめて（15）〜（24）をアラインメントの図式に従って表示すると図3になる。

---

[7] 「下り坂」が「下降期」と「楽な時期」の意味で多義であることは既に知られている。

幸	意識	健康	生	支配	多	未来	高	良	美徳	理性	上
｜	｜	｜	｜	｜	｜	｜	｜	｜	｜	｜	｜
不幸	無意識	病気	死	被支配	少	?	低	悪	悪徳	感情	下

図3　上下軸と抽象概念のアラインメント

　すなわち，上下という空間認知とそれにまつわる用語が，多様な異なる抽象領域に借用されていることが示されている。なお，ここでは《未来は上》に対応する下のメタファーが何かという問題が未解決となっているが，その回答を第 10 章（現実のメタファー）で示す。

3.2.2　詩的メタファーと日常的メタファーの連続性（Lakoff and Turner, 1989）

　Lakoff and Turner (1989) は，詩的の言語表現を取り上げ，Lakoff and Johnson (1980) で観察された日常言語との連続性を示した。この著書で特に興味深いのは次の 3 点である。

　第 1 に，多数の人生のメタファーを示したこと。Lakoff and Johnson (1980) で挙げられた Life Is A Journey《人生は旅》以外に A Lifetime Is A Year《人生は年》，A Lifetime Is A Day《人生は一日》のようなメタファーが記述されている[8]。

　第 2 に，存在の大連鎖を導入したこと。存在の大連鎖とは，人間（場合によっては神）を頂点とする有生階層で，人間，動物，生物，無生物という階層である。また，第 7 章（擬人のメタファー）でこのような階層が語彙のレベルでも構文のレベルでも頻出し，メタファーの形成と理解に重要な役割を果たすことを主張する。

　第 3 は《一般は個別》というメタファーの導入である。《一般は個別》とは，具体的な事例で一般的な教訓を表す諺の傾向を捉えたものである。《一般は個別》は，後にメタファー・スキーマと呼ばれたり，メタファーであることを否定する議論 (Grady, 1999: 91; 鍋島, 2002b) などがあり，ブレンディング理論の中では一般スペースとして発展しているため[9]，現在，これ自体をメタファーと考える論者は少ない。しかし，カテゴリーをメタファーの基盤として提起する点で非常に重要である。本書では

---

[8] これらが線と移動のイメージ・スキーマを共有する可能性に関しては，4.9.2.3 で再論する。
[9] 坂原・田窪・三藤による Fauconnier (1997) の邦訳では，「総称スペース」という訳語が使用されている。本書では，《一般は個別》という際の「一般 (generic)」との一貫性を保つため，便宜的に「一般スペース」と訳す。

4.9.4でカテゴリーがメタファーの基盤になるかどうかに関連するデータを考察し，第17章（ことわざのメタファー）でメタファー理論における一般スペースの意義を確認する。

3.2.3　イメージ・スキーマの導入—不変性仮説と不変性原理— (Lakoff, 1990, 1993)

Lakoff (1990) は，不変性仮説 (25a) として，イメージ・スキーマ（以下，IS）をメタファー理論に導入し，Lakoff (1993) はこれを修正，不変性原理 (25a, b) とした。

(25) a. Metaphorical mappings preserve the cognitive topology (that is, the image-schema structure) of the source domain. (,)
b. in a way consistent with the inherent structure of the target domain.

2.5で紹介したJohnson (1987) には，〈容器〉のスキーマ，〈起点−経路−着点〉のスキーマ，〈リンク〉のスキーマ，〈部分全体〉のスキーマ，〈バランス（直立）〉のスキーマなどが挙げられている[10]。

不変性仮説は，ISをメタファー理論と関連づけた点が新しい。「メタファーはISを写像する」という不変性仮説の主張を，従来からの主張である「メタファーとは領域間の写像である」という主張とすり合わせると，実質的には，領域はISによって構造化されているという主張と考えられよう。また，不変性仮説で留意するべきなのは，ISはモト領域からサキ領域に一方的に写像されるのであって，サキ領域の構造は考慮されていないことである。

不変性仮説を発展させた不変性原理には，(25b) が追加されている。(25b) は，Target domain overridesと呼ばれ，「比喩の写像に課されるサキ領域からの制約」や「オーバーライド」と訳されている。モト領域にある構造でもサキ領域に合致しなければ，サキ領域がいわば「拒否権」を発動できる，という考え方である。例えば，《人生は旅》とすると，旅における分岐点は人生における選択に対応する。旅では，一方の道を選んでも，逆戻りして他方の道を選び直せる。しかし，人生では，「髪を切る」，「自殺する」など不可逆的な選択も多い。こういった例では，「道を戻る」という推論が実現しない，というのがオーバーライドの考え方である。なお，サキ領域に固有の構造性を認めることに関して，瀬戸 (2002b: 18) は，相互作用理論への接

10　イメージ・スキーマの詳細は山梨 (2000) も参照。

近を指摘している。また，サキ領域に構造性を認めるなら，サキ領域とモト領域の構造が類似している場合も想定でき，**3.2.8** や **4.6.1** で述べるブレンディング理論の一般スペースや本書で述べる構造性基盤の考え方は，この自然な帰結といえる。

3.2.4　事象構造メタファーと《人生は旅》の解体 (Lakoff, 1993)

Lakoff (1993) は，事象構造メタファー（Event Structure Metaphors, ESM）を体系的に記述した点でも重要である。例えば，*We are spinning our wheels.* などの表現を含むメタファーは，従来《人生は旅》や《恋愛は旅》などと呼ばれていたが，より詳細には図4のように複雑な写像を示す[11]。

States are locations.	〈状態←場所〉
Changes are movements.	〈変化←移動〉
Causes are forces.	〈原因←力〉
Actions are self-propelled movements.	〈行動←自力移動〉
Purposes are destinations.	〈目的←終着点〉
Means are paths.	〈手段←経路〉
Difficulties are impediments to motion.	〈困難←移動の妨げ〉

図4　事象構造メタファー（ESM）の写像

ここで新たな問題が発生する。例えば，《原因は力》や《困難は重荷》は人生に関係なく独立したメタファーとして機能できる。すなわち，図4には複数のメタファーが共存していることが判明する。これが，後に述べるプライマリー・メタファーの考えに発展していく。

3.2.5　社会科学一般の基礎理論としてのメタファー研究へ (Lakoff, 1996)

Lakoff (1996) は，「保守の言説がどうしてリベラルに理解できないのか」という問題意識から出発して，保守の世界観を形成するメタファー群，リベラルの世界観を形成するメタファー群を描き出した創造的な研究であり，メタファー理論を実社会へ応用した好例と考えられる。Lakoff はその後，リベラルの重要な論客として，Lakoff (2004) を出すなど政治活動に強く関っている。

11　第8章（線と移動のメタファー）も参照。

3.2.6 プライマリー・メタファー理論と《理論は建物》の解体 (Grady, 1997a, b)

Grady (1997a, b) は，Lakoff and Johnson (1980) から《理論は建物》のメタファーを取り上げ，①写像の不完全性，②経験的基盤（動機づけ）の欠如，③他のメタファーとの重複，の3点にわたって問題を提起している。

第1に，(26) に見るように，建物に関するすべての属性がサキ領域で利用されるわけではない。すなわち，写像が部分的[12] である。

(26) a. ?This theory has <u>French windows</u>.
b. ?<u>The tenants</u> of her theory are behind in their rent.

第2に，《理論は建物》メタファーには Lakoff and Johnson (1980) で重要視される経験的基盤（動機づけ）が欠如している。理論と建物の共起的体験といえば，建物の中で理論を考える経験などが挙げられるが，このような経験は偶発的で頻度も低く，不十分である。

第3に，「理論」だけでなく，(27) に示すように「政府」，「結婚」などさまざまな抽象的構築物を，建造物として語ることが可能である。

(27) a. the <u>architect</u> of Nazi Germany
b. Trust is the <u>foundation</u> of marriage.

そこで，これら3点の問題を解決するために，《理論は建物》を (28) の2つのメタファーに分解し，これらにプライマリー・メタファー (Primary Metaphor，以下，PM)[13] という新しいステータスを与えた (Grady et al. 1996; Grady, 1997a, b, 1999; Lakoff and Johnson, 1999)。

(28) a. Organization Is Physical Structure (《組織は物理的構造物》)
b. Viability Is Erectness (《存続は直立》)

(28a) と (28b) の PM は合成されて，Viable Organization Is Erect Physical Structure

---

12 この写像の不完全性は，本書 **4.7.3** で述べる「まだら」問題にあたる。
13 瀬戸 (2002b: 19) は第一メタファー，山梨 (2009: 120) は根源的メタファーと呼んでいる。

というメタファーを形成する。「存続する組織」の一例が「理論」であり、「直立した物理的構造物」の一例が「建物」であるという形で《理論は建物》のメタファーが成立する。《理論は建物》メタファーの根底にあると主張される2つのPMの写像を図5に提示する。

Organization Is Physical Structure（組織は物理的構造物である）		Viability Is Erectness（存続は直立である）	
組　織	物理的構造物	存　続	直　立
複合的かつ抽象的な全体	← 複合的かつ物理的な全体	抽象的な事や状況	← 物理的なもの
組織化された全体の個々の側面	← 物理的な部分	存続	← 直立／垂直性
論理的／因果の関係	← 物理的配列		

図5　プライマリー・メタファーによる《理論は建物》の分解

PM理論では、経験的基盤の明確なもののみをPMとして認めるという立場を取る。PMの例として、Difficulty Is Heaviness《困難は重荷》、Desire Is Hunger《欲望は食欲》、Affection Is Warmth《愛情は暖かさ》、Similarity Is Proximity《類似性は近接性》等が挙げられている。100例あまりのメタファーを挙げたPMリストから抜粋して表1に示す。

表1　プライマリー・メタファーの例

サキ領域	モト領域	基盤
困難	重さ	{重いものをもつのは困難であること}
欲望	食欲	{食欲と食べ物を見つけたい欲求の相関}
行為の衝動	かゆみ	{かゆみと掻きたいという衝動の相関}
幸せ	明るさ	{明るさと安全や暖かさなどとの相関}
理解	見ること	{情報が視覚から入手される経験}
愛情	暖かさ	{愛情と接触による身体の温かさの相関}
因果	つながり	{物理的につながったものの一体化した動き}
類似	隣接	{同類は集まり、近い地域では環境が似ている}

PM理論の功績は3点挙げられる。第1に、経験的動機の欠如、写像の不完全

性（多くのギャップの存在），他のメタファーとの重複という問題意識は，理論内の整合性の見地から問題意識として正しい。第2に，実際のデータに合致したメタファーの合成と具現化という手法を導入したことで，メタファー研究の手法が拡大した点である。第3に，PMという身体的基盤に基づいた新しいメタファーのカテゴリーを提唱することにより，感覚・運動をモト領域とした新たなメタファー研究の指針を打ちだした点である。

一方，問題点も多い。PMは，データの生産性が従来のメタファーに比べて極端に低い点，Organization（組織），Viability（存続）などの抽象的な呼称と極度に抽象的な概念を使用しているため，データとメタファーの関係が不透明になる点，Risk-Taking Is Gambling《危険を冒す行為はギャンブル》など，異なる種類のメタファーが混在する点（後述）などが問題となる。さらに，合成の概念がPMと複合メタファーの関係だけに限定されている点も問題である。なにより，すべてのメタファーを創出する均質な基礎メタファー群が存在するという考え方は，還元主義的であり，認知言語学のパラダイムとそぐわない可能性が高い。

本書では，合成の概念の定義を **4.8.3** でおこない，新しい定義に従った合成の用例を第 **6** 章（水のメタファー），第 **9** 章（因果のメタファー），第 **10** 章（現実のメタファー）などで示し，さらにその優位性を **4.10** および **10.6.3** で論じる。また，**16.4** では，複合メタファーと呼ばれる従来の多くの概念メタファーを概念推論の働くレベルとして再評価し，認知言語学の理念に反する還元主義を廃すると共に，PM 理論の優れた直感を概念レベルと知覚レベルという認知のレベルに置き換える。これによって，理論特有の余分な人工的構築物を廃し，認知科学との整合性がより高い認知メタファー理論となることを主張する。

3.2.7　基盤の類型化と《人生はギャンブル》の解体 (Grady, 1999; Kövecses, 2002)

実は，Lakoff and Johnson (1980: 155) はメタファーの基盤（動機づけ）として共起性に加えて類似性を認めている [14]。しかし，その後，類似性に関する言及は影を潜め，共起性基盤が中心となった。これを全面的に推し進めたのが Grady (1997a, b) の PM 理論であったといえる。近年，基盤の種類でメタファーを分類しようとする試みが再び見られる (Kövecses, 2002; Grady, 1999) が，これは共起性基盤を絶対視する考え方に対する反省と考えられる。Kövecses (2002) は Life Is A Gambling Game《人生

14　名古屋大学，耕山洋介氏のご指摘による。

はギャンブル》を構造的類似性メタファーとして取り扱う。Grady (1999) では Risk-Taking Is Gambling《危険を冒す行為はギャンブル》と呼び，《一般は個別》[15] スキーマの一例として Glucksberg and Keysar (1993) の *My job is a jail.* の例も含めて，別のメタファー類を立てる。このような基盤の類型化はまだ始まったばかりであり，その規定は急場しのぎ的な感を免れない。本書では，**4.9** でこれら基盤の考え方を見直し，豊富な証拠から体系的に再構築する。

3.2.8　ブレンディング理論との関連 (Fauconnier and Turner, 2002)

　ブレンディング理論（融合理論）は，メタファー理論の 2 領域に対応する 2 つの入力スペースに加え，両者の上位カテゴリーとなる一般スペースおよび，2 つの入力スペースを混合する場として融合スペースを置く。メタファーを概念構造（知識／長期記憶），ブレンディングをオンライン処理として考えれば，両者の役割分担は意外に明確である (Grady, Oakley, and Carlson, 1999)。主要な相違点は，①モト領域とサキ領域の構造を抽象した上位範疇（一般）スペースの設定，②両領域に存在しなかった構造 (Emergent Structure：創発構造) を表示する融合スペースの設定である。第 1 の相違点は，メタファーの基盤がいわゆる共起性基盤だけでなく構造性に基づくものもあるという本書の主張と連続している。ブレンディング理論の用例は **4.6.1** で紹介する。

3.2.9　メタフォトニミー研究およびカテゴリー包含説

　Goossens (1990) がメタファーとメトニミー（換喩）の緊密な連携をメタフォトニミーと呼んで以来，メトニミーおよびそのメタファーとの関連に関する興味が高まっており，Panther and Radden (1999), Barcelona (2000), Dirven and Pörings (2004), Panther et al. (2009) などの研究が生まれている。取り扱う範囲は，メトニミーの分類，意味拡張，文法現象との関連とさまざまである。メタファーとの関連から興味深いのは次の 2 点である。

　まず，第 1 にメタファーの基盤がメトニミーであるという主張。Grady や後に述べる C. Johnson (1997) もメタファーの共起性基盤がメトニミーと呼び変えられる可

---

[15] 個別事例から一般的なスキーマを抽出し，他の無数の個別事例に当てはめるのが Lakoff and Turner (1989) で提唱された Generic Is Specific《一般は個別》のメタファーであるが，これ自体を Grady (1999) はメタファーと認めていない。本書も《一般は個別》はメタファーとは別に取り扱うべきであると考える。

能性に言及している．第2は，Glucksberg and Keysar (1993) の *My job is a jail.* といった例の取り扱い．「監獄」が監獄にまつわる「自由を奪われた嫌な」状況の意味で使われているとすれば，メトニミーと考えることもできなくはない．また，「嫌なもの」のカテゴリーとして「私の仕事」と「監獄」を含むとすれば，シネクドキとも思える (笠貫, 2002)．グループμがメタファーを「二重の提喩」(種→類および類→種) と分析したことにも合わせて今後の理論的な検討が更に期待される (森, 2002; 内海, 2008)．

3.2.10 多様化する研究手法

Lakoff and Johnson (1999) は，収斂する証左として 3.1.8 で紹介したように，多義性，推論，詩的言語，歴史的派生の他，心理実験的証拠 (Gibbs の一連の研究)，発達心理的証拠 (C. Johnson, 1997 などの一連の研究)，手話による証拠 (Taub, 2001 などの研究) などを挙げている．さらに，メタファーの普遍性と文化相対性の重要度を考えれば，Cienki (1998) の類型論的アプローチや，Kövecses (2005, 2006) の文化論的アプローチも注目される．

また，バークレーでは，Lakoff がコンピュータ科学の Feldman と共同で言語とコネクショニズムの学際的研究 (Neural Theory of Language: NTL) をおこなっている．その成果の1つに，*Over* などの空間認知をコネクショニズムで実装した Regier (1996) がある．

最近では，コーパスを取り入れた研究も注目される．海外では，Deignan (2005)，Stefanowitsch and Gries (2006)，Svanland (2007) などがあり，日本では大石 (2006, 2009) が重要である．Deigman (2005) は，「内省による研究とコーパスによるメタファー研究の結果に乖離があり，メタファー表現の詳細を研究するためにはコーパス研究は必須」(2005: 96, 要約) と述べている．

3.3 まとめ

本章では，認知メタファー理論について概説した．**3.1** で認知メタファー理論の基本概念を，**3.2** で認知メタファー理論の変遷の過程を見た．次章では，本書の依拠する身体性メタファー理論について概説する．身体性メタファー理論は認知メタファー理論の発展形として，発達研究の知見を取り入れ，感覚および状況認知という身体性の要素を重視した認知メタファー理論である．

第4章
身体性メタファー理論

　本章では，認知言語学（第2章）および認知メタファー理論（第3章）に基づき，これを発展させた鍋島（2007a）の枠組み（「身体性に基づく認知メタファー理論」，以下，身体性メタファー理論）を詳述する。身体性メタファー理論は，従来の認知メタファー理論に依拠し，発達研究や感覚および主観性といった身体的な要素を重視した認知メタファー理論である。身体性メタファー理論では，認知の諸機構と複数のメタファーが自由に合成されてメタファー表現を形成する生態系的な機構を想定している。この理論で新たに加わった概念，修正または発展した概念，特記する必要のある概念を本章で記述する。**4.1** で知覚レベルと概念レベルに関して，**4.2** でイメージ・スキーマと発達段階に重要な概念区分であるオントロジ・スキーマに関して，**4.3** で知覚推論に関して，**4.4** でSモードに関して，**4.5** で評価性に関して，**4.6** で構造性に関して，**4.7** で多義に関して，**4.8** でメタファーのネットワークに関して，**4.9** でメタファーの基盤に関して論じる。さらに，**4.10** でプライマリー・メタファー理論と身体性メタファー理論に関して，**4.11** で多重制約充足としての身体性メタファー理論について述べる。

　なお，本章は，理論の説明であり，やや長くなるので，具体的なデータに興味がある読者は，本章を飛ばして第5章に入っていただき，必要に応じて本章を参照していただいてもよい。

4.1　知覚レベルと概念レベル

　本書では，知覚（perceptual）レベルと概念（conceptual）レベルという区分を導入する。知覚とは何か，概念とは何かを詳細に論じることは本書の射程を超えるが，例

えば，壁の色を見た際の実際の知覚やその像，つまり，感覚記憶としてのイメージは，[aka] という音を持ち，思考や伝達を媒介する概念である〈赤〉と大きく異なることが想像される。この区分の妥当性に関して，4.1.1 で認知科学における知覚レベルと概念レベルを論じ，その後，この区分と等価と考えられる「からだ的思考」と「分析的思考」の区分（喜多, 2002）および「身分け」と「言分け」の区分（市川, 1983; 丸山, 1984）の区分を 4.1.2 および 4.1.3 で述べる。また，知覚レベルと概念レベルの区分に関連すると考えられる区分として，「知覚レベル」と「状況レベル」（山梨, 1995）の区分および，「感性的メタファー」と「悟性的メタファー」（瀬戸, 1995）の区分をそれぞれ，4.1.4 および 4.1.5 で述べる。4.1.6 で関連するその他の理論に言及する。4.1.7 では，知覚レベルと概念レベルの連続性に関して述べる。なお，この区分のメタファー理論への応用に関しては第 16 章（関係のメタファー）で詳述する。

4.1.1 認知科学における知覚レベルと概念レベル

こころと言語の発達を取り扱った Mandler (2004) は知覚と概念の区分の重要性を次のように述べている。

> A thesis of this book is that <u>perception</u> and <u>conception</u> differ in content, representational format, and methods of processing.
> （概訳：本書のテーマのひとつは，知覚と概念が異なることを，内容，表示形式，処理方法の諸点から示すことである） (Mandler, 2004: 45, 下線は著者)

知覚と概念の区分に反対する論者にタルミー (Talmy, 2000 など) がおり，彼は両者の連続性と不可分性に焦点を置いた "ception" という概念を提唱している。それでも知覚と概念の区分が心理学の領域で使用されることが多いことを認め，次のように述べている。

> Much psychological discussion has implicitly or explicitly treated what it has termed "<u>perception</u>" as a unitary category of cognitive phenomena. If further distinctions have been adduced, they have been the separate designation of part of perception as "sensation," or <u>the contrasting of the whole category of perception with that of "conception/cognition."</u>
> （概訳：心理学の分野における議論では，「知覚」というものが認知現象として

ひとつのカテゴリーを形成することを明示的または非明示的に想定していることが多い。さらに新たな区分が取りざたされる際，知覚の一部を「感覚」として区別する場合や，知覚というカテゴリー全体を「概念／認知」と対比する場合がある）
(Talmy, 2000: 139. 下線は著者)

4.1.2　からだ的思考と分析的思考

　言語人類学の分野では，喜多（喜多, 2002; 斉藤・喜多, 2002）が，からだ的思考と分析的思考という区分を確立しているので，その記述を紹介したい。喜多によれば，本書の概念レベルに対応する分析的思考は次のように説明される。

> 分析的思考とは，III 章 1 節で定義した「命題的情報」を扱い擬音語・擬態語以外の発話を生み出す基になるものである。命題的情報とは，視覚，聴覚，嗅覚，味覚，感情，運動，空間的思考などから入手した<u>情報を抽象化した心的表象</u>である。命題的情報において，情報はデジタル的に分節化され，分けられたものには一つひとつラベルがつけられる。<u>このラベルが「概念」である</u>。このラベルは，どのような情報なのかという「情報の内容」には関係なく恣意的につけられた，いわば通し番号のようなもので，この恣意性が命題情報の抽象性の根源なのである。III 章で出てきた「怒り」という抽象化された心的表象を例にとって考えてみよう。感情も，デジタル的にいくつかの種類に分節されていて，そのうちのひとつが「怒り」である。その「怒り」という概念にある恣意的な通し番号，例えば「1963」がつけられている。分析的思考は，この番号をつかって情報を操作するので，<u>番号の指し示す内容とは一歩距離をおくことができる</u>。すなわち「人は，一般にどのような状況下で 1963 を感じるのか」ということを考えるとき，実際に怒りそのものを感じなくてよいわけである。
> (喜多, 2002: 116–117. 下線は著者)

　つまり，分析的思考は，情報を抽象化した心的表象を取り扱い，情報内容に対するラベルとしての概念を使用することで，内容から切り離して情報操作できる点が特徴である。また，からだ的思考とは，この分析的思考のインプットとなる「視覚，聴覚，嗅覚，味覚，感情，運動，空間的思考」であり，本書でいう知覚レベルに対応する。なお，「からだ的思考」という命名に示されるように，このレベルは，知覚のみならず，運動や空間的思考を含むレベルであり，「知覚レベル」という

用語を使用している本書でも，知覚レベルには身体運動も含まれると考える。視覚刺激と見るという行為，触覚と触れるという行為は緊密で相補的な関係にある。アフォーダンス (Gibson, 1979; 佐々木, 1994; 本多, 2005) で研究されているような知覚と身体運動の密接な関係が存在するのが知覚レベルである。

4.1.3 身分けと言分け

日本の哲学・思想の分野においても，従来から，市川 (1983) の身分けと，これを踏まえた丸山 (1984) の言分けの区分が有名である。市川 (市川, 1983 など) は，身分けという概念を提示し，「現象としての身体」として次のように述べている。

> 私が感覚するとき，私は感覚器の表面で世界に接触するのでもなければ与えられた刺激を単に受容しているのでもない。
> ピサの斜塔が人をひきつけるのは…(中略)…意識化でおこる我々の身体への斜塔の呼びかけと我々の身体の応答が生み出す緊張が…(中略)…ドライバーの拡大した身体は，ヘアピン・コーナーのはるか手前からカーブまで拡がり…(中略)…カーブのもたらす遠心力に抵抗して傾いている。　　(市川, 1992: 81)

ここでは，ピサの斜塔の例を挙げ，視覚野における建物の傾きを自分の傾きとしての内観から捉える知覚と身体感覚の相互作用について述べている。また，レーサーの例では，身体の意識が自分の体や自分が乗る車の車体を超え，ヘアピンカーブにまで拡大して全体性を形成しているさまを見事に書き表している。市川は世界の一部として世界と連続性を持つ身体が，それ自体を通して世界を切り分けていくことを，身分けと呼んだ。これに対し，丸山は，人間とは，まず何よりもホモ・ロクエンス (コトバを話すヒト) に他ならないとし，言葉による世界文節を，「身分け」と対立させて「言分け」と呼んだ。本書の知覚レベルと概念レベルの区分も，身分けと言分けの区分に対応すると思われる。

4.1.4 知覚レベルと状況レベル

山梨 (山梨, 1995: 6, 2000: 68ff, 2004: 152) では，(1) のような例を挙げて，知覚レベルと状況レベルという区分をおこなっている。

(1) a. 駅が近づいてきた　知覚レベル　　主体 X ◀------ Y 対象 (主観的移動)

b. 駅に近づいてきた　状況レベル　主体X------→Y 対象（物理的移動）

　このような現象に関して中村 (2004) が I モードと D モードという区分を提示しており，山梨の知覚レベルと状況レベルはこの区分とも相関していると考えられる。中村の I モードと D モードはそれぞれ本書の S モードと O モードにあたる。なお，モードとレベルの関連性に関しては，**4.4.4** および **4.4.5** に論じる。

4.1.5　感性的メタファーと悟性的メタファー

　瀬戸 (瀬戸, 1995, 巻末メタファー分類表など) は，五感，内部感覚などを感性的メタファーとし，擬人，食物，戦争などの悟性的メタファーと区別している。これはメタファーの分類であり，本章におけるメタファー理論の機構の提案とは異なる。一方，具体的に例示された五感などをモト領域とするメタファー群の多くは知覚レベルで生じ，擬人，食物，戦争などがモト領域となったメタファー群は概念レベルに関わると考えられる。その意味で，瀬戸 (1995) は本書における知覚レベルと概念レベルという区分を必要とする直感と同様の直感を捉えているといえよう。

4.1.6　関連するその他の理論

　知覚レベルは，形，色，音，動きなどを感覚そのものとして捉え，感覚記憶 (感覚像，イメージ) として保持し，想起し，反芻するレベルであり，茂木が一連の著作で論じるクオリアもこのレベルの認知について述べたものと考えられる (茂木, 2003 など)。このほか，関連性理論 (Sperber and Wilson, 1987) でも，概念と知覚は異なる情報源として区分されている。本書では，知覚レベルと概念レベルを認知の二大区分と考え，第 **16** 章 (関係のメタファー) で，メタファー理論に応用する。

4.1.7　知覚レベルと概念レベルの連続性

　プロトタイプ的なカテゴリー観を前提とすれば，明確な区分が存在しないことやカテゴリー内部が均質でないことは不思議ではない。Talmy (2000: 139) が既に指摘するように両者の境界は明確でなくてもよい。抽象化やスキーマ化と呼ばれる認知過程の中でさまざまな抽象性を有するスキーマが存在することを想像するのはたやすい。よって，知覚レベルの中にもさまざまにスキーマ化された知覚や感覚記憶が存在すると考えるのは妥当であろう。一方，概念レベルが，実際の感覚や体験をすべて捨象した純粋な記号操作のレベルと考えることにも無理がありそうで，その

第 4 章　身体性メタファー理論　｜　059

概念の獲得に至った具体的場面やイメージが密接不可分に付随すると考えられる。こういったことから，本書では，知覚レベルと概念レベルという区分を重視しつつ，その連続性を前提とする。

　実際，知覚と概念の区分を主張する Mandler (2005) も，イメージが高度に抽象化された形式がイメージ・スキーマ (IS) である，として，イメージと IS を連続的に捉え，さらに知覚と概念をつなぐ前言語概念 (preverbal concepts) として IS を位置づけている (Mandler, 2005: 137)。次節では，IS および IS と類似した主要な存在論的カテゴリー，オントロジ・スキーマについて述べる。

4.2　イメージ・スキーマとオントロジ・スキーマ

　2.5 で概観したように IS は Johnson (1987) などから始まるイメージの抽象化された形式である。Mandler の一連の研究 (Mandler, 1992, 2004, 2005 など) は，発達研究に IS を導入し，IS が知覚と概念をつなぐ前言語概念として重要な役割を果たすと考える。

　一方，4.2.2 に見るが，存在物カテゴリー，すなわち，オントロジは概念発達に重要な役割を果たすことが指摘されている (今井, 1997)。本書では，すべての概念を指す場合があるオントロジという用語の代わりに，オントロジの中で，特に重要で大局的なオントロジをオントロジ・スキーマ (以下，OS) と呼ぶことにする。

　IS と OS に関して興味深い点は，両者の間にかなりの重複があることである。先行研究において，〈線と移動〉，〈力〉，〈連続体〉，〈物体〉は IS として取り扱われており，〈連続体〉，〈物体〉，〈生物〉，〈動物〉，〈人間〉などは OS と考えられている。つまり，少なくとも〈連続体〉および〈物体〉が両者のカテゴリーに入っており，両者が連続しているように思われる。さらに，例えば 4.2.1 で見るように，〈物体〉のスキーマの背景には，複雑な知識の体系が存在する。この知識の体系は通常，素朴理論，または単に理論と呼ばれる。〈物体〉の理論は互いに因果的関連を伴った特性の集合からなり，〈線と移動〉，〈力〉，〈接触〉，〈連結〉などのスキーマも関わっている。このため，IS 同士および IS と OS の関連は非常に複雑である。今後，認知心理学的観点からの IS および OS の統合，整理が望まれるが，本書では，ひとまず両者を統一的に考え，〈物体〉のスキーマ，〈線と移動〉のスキーマなどの略称で呼ぶこととする。また，IS/OS を考えるに当たって，理論という概念および，凝集性という概念は重要である。

　そこで本節では 4.2.1 で〈物体〉のスキーマを取り上げ，理論に関して概説する。

次に，4.2.2で存在論的カテゴリーとしてのOSの実在性を説き，関連して凝集性の概念を説明する。4.2.3以降，その他のスキーマとして，4.2.3で〈線と移動〉のスキーマ，4.2.4で〈力〉のスキーマ，4.2.5で〈連続体〉のスキーマ，4.2.6で〈人間〉のスキーマに関して詳述する。もちろん，ここで取り上げるスキーマは本書に関連性が深いという点から選択しており，限定的列挙ではなく，〈容器〉のスキーマをはじめとするこの他のISの存在ももちろん認めるものである。

4.2.1 〈物体〉のスキーマと理論

物体は，OBJECTという名称でJohnsonのISリストにも登場する。今井（1997: 23）によれば，スペルキー（Spelke, 1990, 1991）やベイヤルジオンら（Baillargeon, 1987; Baillargeon et al., 1989）は，乳児（一歳未満）が，物体（object）に関して，以下の(i)～(iv)のような基本特質を理解していることを記述している。

(i) 物体はそれ自身では動けず，他の力によって動かされない限り，同じ場所に存在し続ける
(ii) 物体は別の物体を通り抜けできない，つまりある物体が壁などに突き当たった場合，壁に穴をあけて突き通さない限りは壁の前で運動が止まってしまう
(iii) 物体は他の力を加えられない限り，自分自身でその形を変えることはない
(iv) ひとつの物体は全体がまとまって同時に動く（つまり物体の一部をつかめば全体がついてくる）

(今井, 1997: 23)

これは物体の素朴力学理論と呼ばれる。

落合（1999）は，章全体で乳幼児の物体に関する知識の発達とその理解の緻密さを検証している。その中で，理論という概念を領域という概念と関連づけて，以下のように説明している。

> このように，乳児は物理の領域にだけ適用できるような原理をもっている。しかし，このような原理は，数や幾何，心理学，心の領域ではかならずしも正しい推論を導くわけではない。そこで，初期の認知の特徴として考えられるのは，対象物であれば物理の領域，心であれば心の領域に関する知識が独立して，まとまりをもっているということである。このような対象物や心等を領域と呼

ぶ。そして，乳児が領域ごとにまとまった知識をもっていること，いいかえると知識がその領域特有の因果的な原理が適用できるようなまとまり方をしているとして，ある研究者たちは乳児の知識を理論と呼んでいる。もう少し正確にいうと，領域とは特定の事物や人の特性や動きなどの特徴，またそれらを含めた諸現象に関する知識が，相互にまとまりをもち，さらにそれらの現象に一貫した固有の因果的説明を与えるいわば理論（素朴理論）の適用される範囲を指す。

(落合, 1999: 218–219, 下線は筆者)

つまり，物体に関する知識は，物体および物体を含めた諸現象に関する知識である。そして，諸現象は相互に緊密な関連性を持っている。さらに，これらの諸現象には思いのほか単純で一貫した因果的説明が可能である。この因果的説明を与える原理のことを理論と呼ぶ。なお，ここでの「領域」は，認知言語学における領域と関連するが異なる専門用語と理解したい。

　乳幼児による物体の因果に関する理解を記述したこのような研究は，物体と力のやり取りに関する理解が発達認知的に非常に初期に生じ，かつ詳細にわたっている可能性を示し，〈物体〉が極度に重要なオントロジ・スキーマであることを示唆している。また，前述の〈線と移動〉のスキーマ，〈力〉のスキーマや〈連結（LINK）〉や〈接触（CONTACT）〉といったISとの関連性を示唆し，今後のISの包括的な定義づけを考えるに当たって重要な知見となる。

4.2.2　オントロジ・スキーマと凝集性

　概念の発達を日英対照で検討した今井（1997）は，存在論的カテゴリーの1つの可能性として，図1を挙げている（物理的部分を点線の円で示す）。

　この樹形図に記されるようなカテゴリー（オントロジ，存在物）の認知的実在性に関しては多くの研究がある。例えば，動物や生物のカテゴリーは，複数の特徴から成立するそれぞれの理論を構成していることが指摘されている。さらに同書は，その中の物体と物質の区分（個別性の有無[1]）が乳幼児の発達初期に観察される区分であることを論証している。こういった生物，動物，人間，物質，物体などのカテゴリーは，「黒いもののカテゴリー」や「牢屋に似たもののカテゴリー」といった，

---

[1] 個別性の有無が自然物，人工物にまたがって存在する区分であることに留意する必要がある。本書では第13章（問題のメタファー）でこの区分が生物にも存在することを主張する。

いわゆる場当たり的なアドホック・カテゴリー[2]とは大きく異なり，原初的かつ安定的なカテゴリーである。このようなカテゴリー群のことを，重要な存在論的カテゴリーという意味で，オントロジ・スキーマ（OS）と呼ぶことにする。

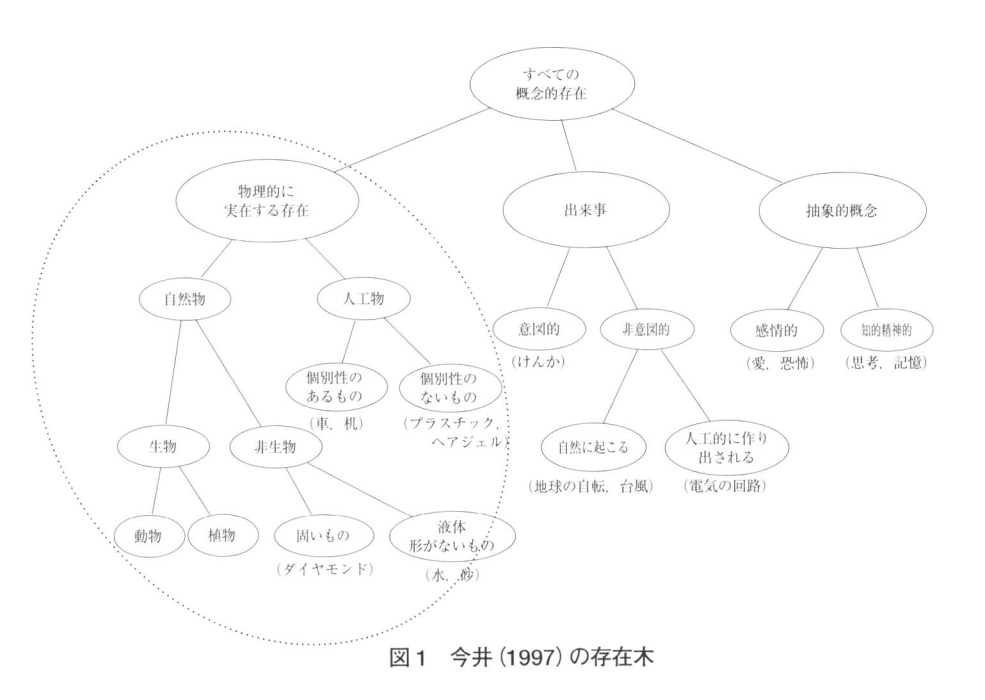

図1　今井（1997）の存在木

OSは，複数の特徴を伴っている。これに関する過去の研究を落合（1999: 213–214）から抜粋して引用する。

- 3歳までに幼児は，生き物と生き物でないものを，見かけや活動，感じる能力，心臓や骨といった内部器官の所有，自己生成的運動，人が作ったものといったさまざまな点で区別できる。　　　　　（Gelman and Kremer, 1991）
- 生物・無生物の区別について，幼児にとって見知らぬ対象の写真を示し，自分自身で坂道を上ったり下ったりすることができるかを聞いたところ，3, 4

2　Barsalou（1983）。ただし，ここでは，アドホック・カテゴリーをメタファー理論に取り入れようとするGlucksberg and Keyser（1993）らの考え方を批判的に念頭に置いている。

歳位から動くことができるかどうかの可能性を正確に推論できることを示している。　　　　　　　　　　　　　　　　　　　　　（Massey and Gelman, 1988）
- スプーンがひとりで動く場合と手で動かせる場合とでは，2ヶ月児がひとりで動くスプーンの注視時間が有意に長いことから，無生物が自発運動をしないと期待している可能性を示している。　　　　　　　　（落合・須河内, 1996）
- 3歳までに幼児は，動物における成長は身体の大きさの変化を要すること，いいかえると生き物が時間の経過にかかわらず変化しないということは期待していないことを示している。あるいは，髪の毛や枝などはまた生えてくる（再生）が，服のボタンがとれると勝手に直らないことも同様に示している。
　　　　　　　　　　　　　　　　　　　　　（Inagaki and Hatano, 1996）
- 変換可能性については，5歳児が，ヤマアラシはサボテンには変えられないこと，アライグマはスカンクには変えられるがおもちゃの犬を実際の犬に変えることはできないというように動物と無生物といった存在論的カテゴリによって変化を受け入れたり受け入れなかったりすることから，このような区別が明確であることを示している。　　　　　　　　　　　　　（Keil, 1989）
- ものと人への反応の違い（人にはコミュニケーションの相手として）に関して，応答的な人と対面すると，身ぶりで伝えたり，前言語的発声をしたりするし，またお母さんが動かない，話さない無表情な人の前では乳児は当惑することを示している。このように，乳幼児は人がコミュニケーションをすることを期待していることが分かる。　　　　　（Trevarthen and Hubley, 1978）
- 再生産について，4歳児では人工物は人は作れるが，自然種は作ることができないというように両者の区別ができていることを示している。
　　　　　　　　　　　　　　　　　　　　　（Gelman and Kremer, 1991）
- 機能・目的について，幼児は生物と非生物とをその部分や特性があらかじめ決められた機能や目的をもつかどうかで区別できるという。たとえば，植物の緑色はエネルギーを獲得するのに助けとなるが，エメラルドの緑はエメラルドにとって何の働きもしないと判断するという。　　　（Keil, 1992, 1994）

これらの先行研究の中には，人間と非人間の違い，動物と非動物の違い，生物と非生物の違い，自然種と人工物の違いなど，関連するさまざまな区分が含まれると考えられるが，存在論的カテゴリーの区分，すなわち，本書でOSと呼ぶものの実在性が認知発達的に裏付けられていると考えられる。OSを幼児がどのように使用す

るか，非常にわかりやすい印象的な記述があるので，こちらも引用しておく．

> たとえば，対象の属する領域の認知に関して，<u>生き物か否か</u>の区別がある．乳児は対象の運動の正否，場所の移動，運動の有無，顔の有無，表情の有無，反応の違いなどの特徴のいくつかを用いて，対象を生き物でないと見ると，対象の物理的な特性に焦点をあてることになる．そして，<u>無生物の特性</u>に対しては素朴物理学，<u>物質性</u>については素朴物質理論で処理するのである．そして，<u>生き物</u>と見ると生き物の生命維持活動やそれを保証する身体の特徴や身体の特徴の形成（遺伝）などの生物学的な特徴に注目する．さらに乳児はその対象が<u>人間</u>であると見れば，意図や感情，願望など心の特徴に焦点を当てる．
>
> （落合，1999: 219．下線は筆者）

一般に，複数の特徴が因果的相関関係を持つことは凝集性（coherence）と呼ばれる．例えば，鳥というカテゴリーは，「翼を持つ」「羽毛を持つ」「空を飛ぶ」など複数の特徴をもつが，これらは例えば「翼を持つ」ので「空を飛ぶ」ことができるといった因果関係があり，単なる特徴の羅列ではない．凝集性は，言語学の分野においては，他動性の特徴記述に Hopper and Thompson (1980) が用いたパラメーターの概念，使役構文の説明に中右・西村 (1998: 124) が援用した経験のゲシュタルトの概念にも例証されている．落合の記述に見るようにそれぞれの OS は複数の関連する特徴を持つので凝集性を持つといえる．

OS は，発達の初期に習得されること，複雑な推論体系を有すること，複数の感覚（例：視覚，聴覚，触覚）で認識されることといった点で，IS と類似性が高い．実際，MASS-COUNT, OBJECT などは Johnson (1987) の区分でも IS として取り扱われている[3]．また，Mandler (2005) は移動の様態など，生物，動物といった概念の知覚的特徴として IS が貢献していることを指摘している．以下，IS/OS として，〈線と移動〉，〈力〉，〈連続体〉，〈人間〉のスキーマを紹介する．

4.2.3 〈線と移動〉のスキーマ

意味論で通常，経路（PATH）と呼ばれる線は，知覚的バイアス[4]の強い形状であ

---

3 IS と OS には類似点と相違点が存在するため，本書では暫定的に名称を残す．
4 バイアスとは発達心理学の用語で傾向性を意味する．

る。視覚の構造は，線や角に注目するようにできている。また，移動も知覚的バイアスが強い変化であり，移動物は視覚上注意を引きやすい。さらに自己の移動は発達段階の早期に起こる重要な身体運動であり，それが空間認知や物体認知に大きな影響を与えることはよく知られている（本多, 2005: 47ff）。

　線は移動と関係が深い。長い線を注意深く見る際には，部分ごとに焦点を当てることになる。この際，視線の移動が発生するので，線の認知にはある意味で移動が伴うと考えられる。逆に，移動物を知覚すると，アイコニック・メモリーとして移動の痕跡をたどることができるため，移動はその軌跡である線と関連性が深い。線と移動の関係は Lakoff (1987a) の *over* の事例ではイメージ・スキーマ変換と呼ばれる。Langacker (1987) では一括スキャニング（summary scanning）と連続スキャニング（sequential scanning）の関係と考えられる。自己の移動は空間認知に重要な役割を果たす（本多, 2005）。Dodge and Lakoff (2005) は移動（自力移動）を IS として挙げている。線と移動の相互変換は，このほか，Talmy (2000) の仮想的移動や，7.5 で取り上げる William Carlos Williams の詩（Lakoff and Turner, 1989: 140–141）における見立てなど，頻繁な現象である。

　加えて，複数の個体が存在する場合，列に並べたり，何らかの順序をつけたりすると線状に捉えられる。場合によっては，線は点の集合として順に変換されることもある。こちらもイメージ・スキーマ変換（〈連続体〉⇔〈複数体〉[5]）と考えられる。移動の痕跡には方向性が関わるし，静止した線であっても，両端の非対称性や視点の位置によってなんらかの方向性を持つ場合がほとんどである。静止した線と移動に順序と方向を加えた相同性のイメージを図 2 に示す（本多, 2003: 119 も参照）。

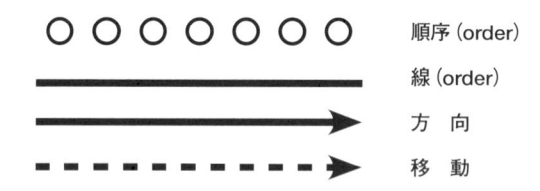

○ ○ ○ ○ ○ ○ ○　　順序 (order)
―――――――――　　線 (order)
――――――――→　　方　向
‐‐‐‐‐‐‐‐‐‐→　　移　動

図 2　線に関連する IS とその相互変換

5　Mass (MS) -Multiplex (MX) イメージ・スキーマ変換（Lakoff, 1987a: 428）

線と移動に関連する重要なメタファーとして 3.2.4 に述べた事象構造メタファー（Event Structure Metaphors，以下，ESM）がある。詳細は第 8 章（線と移動のメタファー）で紹介するが，ESM のモト領域である〈場所〉，〈移動〉，〈力〉，〈自力移動〉，〈終着点〉，〈経路〉，〈移動の妨げ〉などは，相互に強い関連を持ち，多くの推論を生む複雑な知識構造を形成している。

まず，移動には，出発点である〈起点〉と到着点である〈着点〉という場所が存在し，2 つの場所を結ぶ軌道としての〈経路〉が存在する。移動の発生には通常，力が関わる。ビリヤードボール・モデル (Croft, 1991; Langacker, 1991) がわかりやすい事例であるが，移動物は別の移動物に接触し，力を伝達することによって新たな移動を引き起こす。また，ビリヤードボール・モデルは，4.2.1 に記述した〈物体〉の素朴理論とも近い。

移動する主体が，単なる物体ではなく，動物や人間である場合，移動は〈自力移動〉となる。この際，典型的な例において，移動する主体は移動したいという欲求と意志を持っている。着点は単なる到達点ではなく，行きたい場所，目的地となり，プラスの評価性が与えられる。Mandler (2005: 142) によれば，（人間を含む）動物というカテゴリーの認知は，まさに「動くもの」である点に求められる。すなわち，自発的な移動であり，その様態はリズミカルである一方，その経路は完全に予測可能ではないといった移動の特徴が，動物というカテゴリーを形成する際の有力な要因となるという。Mandler (1992) から，動物に特徴的な動きを定式化した表記を図 3 に挙げる。

図 3 Mandler (1992) による Self-moving Animate

4.2.4 〈力〉のスキーマ

Johnson (1987) のリストでは，COMPULSION（強制），BLOCKAGE（障害物），COUNTERFORCE（対抗力），REESTRAINT REMOVAL（拘束物除去），ENABLEMENT（可能化），ATTRACTION（引力）がこのグループに入る。力と物体の関係の背後に知識の複雑な理論と凝集性があることは 4.2.1 で既に述べたが，この凝集性を記述する理論的枠組みの 1 つに Talmy (Talmy, 1985, 2000) などのフォース・ダイナミックス理論 (Force Dynamics, 以下，FD 理論) がある (松本, 2003:

60ff も参照）。Johnson (1987) も IS を挙げる際に、FD 理論の研究成果を考慮したように思われる。やや詳細になるが、順を追ってこの FD 理論を解説する。図4をご参照いただきたい[6]。

Agonist (Ago)　　　　○　　　　toward action:　　＞
（シテ：主役）　　　　　　　　　　（動きたい）

Antagonist (Ant)　　　）　　　　toward rest:　　　●
（ワキ：脇役）　　　　　　　　　　（止まっていたい）

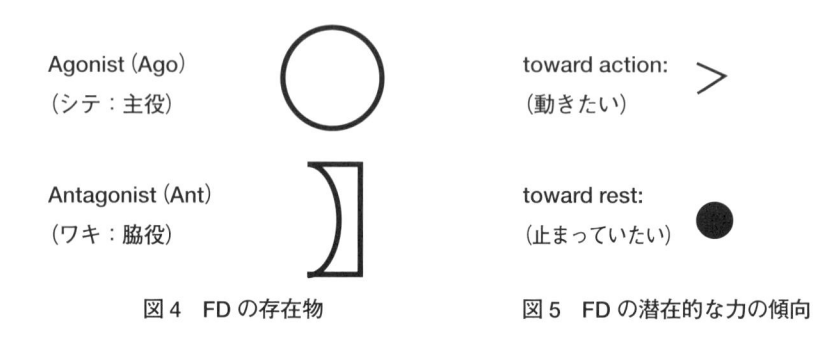

　　　図4　FD の存在物　　　　　　図5　FD の潜在的な力の傾向

　図4には、2つの参与者が描かれている。Talmy はこれを、Agonist (Ago：主役) と Antagonist (Ant：敵役) と称している。これらの用語の選択には、第1に、Agonist が一番重要な役割で、Antagonist が2番目に重要な役割である、第2に、Agonist と Antagonist が力関係で対抗、拮抗している、という2点が背景にある。日本語では両方の意味を含んだ妥当な表現が見当たらないため、第1の点を重視し、同じ演劇である能の用語から Agonist をシテ（主役）、Antagonist をワキ（脇役）と呼ぶことにする。図5にはシテとワキの移動傾向についての表記が表現されている。矢印（＞）があるものは、潜在的に移動しようとする傾向を示し、黒点（●）は潜在的に静止しようとする傾向を示す。

　次に図6は、シテとワキによる力の拮抗の結果どのような変化が起こるかを表示したものである。これはシテとワキの下に引かれた線によって表現される。線上に矢印（＞）があれば、移動が実現したということであり、線上に黒点（●）があれば、移動が実現せず、静止していることを表す。さらに、図7は、シテとワキの相対的力関係を表す記号である。必要に応じて、相対的に力の強い参与者にプラス印（＋）、力の弱い参与者にマイナス印（－）を付ける。

　図8には、これらの表記を利用して、力のやり取りの典型的な4パターンが描かれている。

6　図4から図8は、Talmy (2000) から採用した。

移動 →
静止 ●

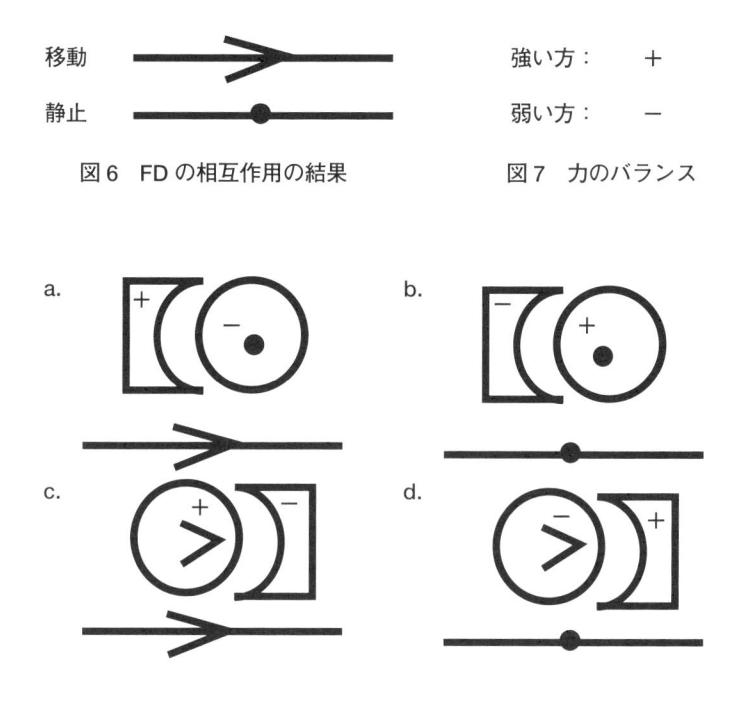

図6 FDの相互作用の結果

強い方： ＋
弱い方： −

図7 力のバランス

図8 FDの基本4パターン

　左上のaのパターンから説明する。aの初期状態でシテは静止している。一方，ワキはシテを後ろから押そうとする。ワキの上に付けられたプラス印（＋）によって，ワキのほうがシテよりも力が強いことがわかる。結果として，下線の矢印（>）が示すように，シテは移動をおこなう。これは，Johnson(1987)のISリストではCOMPULSION（強制）にあたる。

　右上のbのパターンは，aと同一の配置だが，ワキに付けられたマイナス印（−）とシテに付けられたプラス印（＋）が示すように，シテのほうがワキよりも強い。そこで，aと異なり，結果として移動が実現せず，シテ（およびワキ）は静止したままである。静止していることは下線に刻まれた黒点（●）が示している。

　下段のcおよびdは，シテとワキの位置がaおよびbと逆である。シテの進行方向上にワキが待ち構え，シテの進行を邪魔している構図である。この際，ワキはISリストのBLOCKAGE（障害物）にあたる。左下のcでは，シテに付けられたプラス印（＋）が示すように，シテのほうが強く，ワキをずるずると引きずるように前進す

るので，その移動が下線に付けられた矢印（>）で示されている。一方，右下のdでは，ワキのプラス印（+）が示すようにワキのほうが力が強い。シテはワキを押し切れずに静止したままで，これが，下線に付けられた黒点（●）で示されている。

図8の4つの相互作用が，FDの基本パターンである。この他にもさまざまなバリエーションが存在しうる。例えば，aのパターンから押していたワキがいなくなって次第に止まってしまう場合，逆に，dのパターンから，止めていたワキがいなくなって，シテが急に動き出す場合などがある。後者はISリストのRESTRAINT REMOVAL（拘束物除去）およびその抽象領域への転用としてのENABLEMENT（可能化）の例である。さらに，aのパターンでも，ワキがシテに対して一撃を食らわしてシテが勢いよく動き出す場合（初期原因，onset causation）と，ワキがシテをずるずると押しつづけていく場合（持続原因，extended causation）という区別もある。

このように力と移動は密接不可分である。また，接触していなければ力の作用が働かないため，〈接触〉のスキーマとも近い。もちろん，**4.2.1**で記述した〈物体〉の素朴理論も〈力〉に関する言及を含んでいる。なお，力は五感の中では圧覚として触覚に属するが，その検知には動き，音など他の知覚も貢献する多感覚的（multi-modal）な性質を持っている。なお，〈力〉のスキーマは楠見（1995など）が述べる情緒的類似性（**4.5.1**）の下位区分となる力量性・活動性に対応するとも考えられる。

本項で強調しておきたい最後の点は，我々にとって単純に見える力と移動の関係も，いったん精密な記述を試みると非常に複雑なことである。力と移動の理解には，さまざまな暗黙的知識（Polanyi, 1966）が動員されている。このような知識は発達段階の早い時期に凝集性として形成され，他の領域の推論に有効な知識ベースを提供しているといえる。第9章（因果のメタファー）では原因が力に喩えられる用例を紹介する。

4.2.5 〈連続体〉のスキーマ

池上（1981, 1983）は，文化類型論的に〈連続体〉志向と〈個体〉志向という区分を確立した点で重要である。池上（1981: 251ff）は，日本語で，移動が状態変化と捉えられる傾向があることを示し，その背景に，日本語の〈連続体〉志向があるという。例えば，移動において，移動物が連続体であれば，「水が流れる」や「煙が昇る」といった表現になるが，これは，「立ち昇る霧，降る雨，射す光のように，そこではいわば〈動〉と〈静〉の対立が中和された状態が生じ」（池上, 1981: 253），移動と変化が中立化することが指摘されている。すなわち，「風船が昇る」のように個体が移動する

のであれば，風船はもとにいた場所には存在せず，出来事となるが，「煙が昇る」の場合には，煙が次々と発生し同じ経路を辿るため，見た目には一種の変化，または恒常的な状態と再分析できる．

さらに，池上（1983）は，〈連続体〉と〈個体〉という意味的対立は，言語表現のレベルで「可算名詞」と「不加算名詞」という文法範疇の対立として実現することを指摘している（池上, 1983: 244–245）．英語では，名詞が〈個体〉として認識されるのが無標であり，日本語では，〈連続体〉として認識されるのが無標である可能性を指摘している．また，〈個体〉–〈個体の集合[7]〉–〈連続体〉を尺度として捉える方向性を示唆している．池上の〈連続体〉と〈個体〉の区分は Johnson（1987）の IS リストの MASS-COUNT の区分に対応する．

発達心理学における今井（1997）の物質と物体の区分も，Johnson（1987）の IS リストの MASS-COUNT の区分，および，池上の〈連続体〉と〈個体〉の区分に対応すると考えられる．今井は，物質（粘土など形状が一定でないもの）と物体（コップなど形状の固定したもの）の区分が発達的に非常に初期に発生する重要な区分であり8ヶ月の乳児が既に物質と物体を区別できることを記述している（図9）．幼児は，物体が割れると既にその物体ではないが，粘土をいくつに分けても粘土であることを理解し，また，物体は材質が変わっても形状が同じであれば，同じ物体と認識されるが，粘土は材質が変わると同じ形状でも粘土ではないことを理解しているという．

また，8ヶ月の乳児でも物体と物質は形の恒常性において異なること，「数」の果たす役割が異なることを理解しているという研究もあり（今井, 1997: 25），物質と物体の区分は認知的に十分な根拠があるスキーマと思われる．

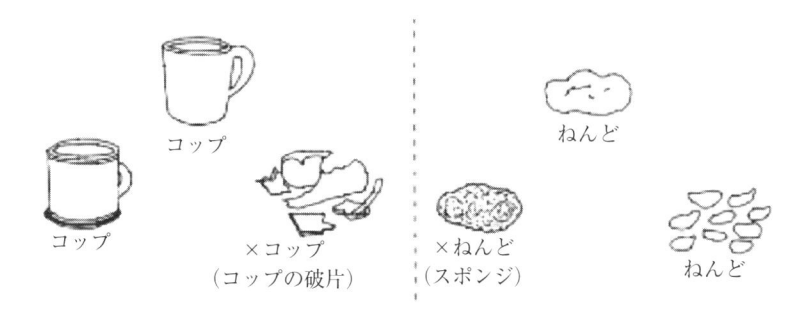

図9　物体と物質の存在論的違い

7　複数形など．

物質と物体の区分は，人工物に見られるだけでなく，自然物にも見られる（岩と砂など）。さらに，第 13 章（問題のメタファー）では，生物に対しても連続体的な概念化が存在する可能性が示唆されているので，本書では，無生物を含意する物質という用語ではなく〈連続体〉という用語を使用する。第 6 章では，水をモト領域にしたメタファーを取り扱い，水が〈連続体〉の 1 つのプロトタイプを形成していることを主張する。

4.2.6 〈人間〉のスキーマ

物質や物体が IS/OS を形成するのと同様に，人間，動物，植物，生物，自然種というカテゴリーも重要な IS/OS を形成すると考えられる。今井 (1997) も，「乳児が非常に早くから理解しているといわれるものに，動物と人工物・非生物の区別，感情を持つもの (sentient beings) と持たないもの (non-sentient beings) の区別がある」（今井, 1997: 21）と述べている。杉村・坂田 (2004: 152) は，乳児が自発的動きの有無から生物と無生物の区分を既に有しているという Poulin-Dubois et al. (1996) の研究を紹介している。このようなオントロジは，ANIMATE, HUMAN などの名称で，言語学でも古くからなじみの深い区分であり，本書でも，人間，動物，植物などがメタファーのモト領域として繰り返し登場することを見る。

一方，これらの OS が人間を中心とした階層を形成していることを示唆する研究もある。杉村・坂田 (2004) は，Carey (1985) による幼児の動物の概念に関する研究を紹介して次のように述べている。

> …(幼児が) ヒト以外の対象に動物特性を付与する割合に，一定の順序が見られることである。すなわち，"ヒト・アリクイ……ミミズ" のように人に近い動物ほど動物特性を付与しやすかった。
> 上記結果は幼児が，動物特性を最も豊富に備えているのがヒトであり，ゆえに動物カテゴリーの最典型事例（プロトタイプ）だと認識していることを示唆している。
> 　　　　　　　　　　　　　　　　　　　　　　　　　杉村・坂田 (2004: 139)

過去の言語学的研究にも，このような人間中心的概念化を示す研究事例がある。例えば，Silverstein (1976) の有生階層 (Animacy Hierarchy) に関する類型論的な研究が有名である。認知言語学の分野では，Lakoff and Turner (1989) の存在の大連鎖 (the

Great Chain of Being) がある[8]。

　　―人間：高等な性質とふるまい（思考，人格など）
　　―動物：本能的な性質とふるまい
　　―植物：生物学的な性質とふるまい
　　―複雑な物体：構造的な性質と機能的なふるまい
　　―自然物：自然の物理的な性質とふるまい

（Lakoff and Turner, 1989, 大堀訳, 1994: 185）

　存在の大連鎖では，上位のカテゴリーは下位のカテゴリーの性質を兼ね備えている。このような有生階層や存在の大連鎖のような考え方は，我々に馴染みのあるものだろう。

　このほか，啓発的な好書である森山（1987: 225）は，意志性を二分法的ではなく，連続的な概念として，「ことにする」，「わざと」，「～したい」，命令形など，22の構文や表現が，人間動作主，有情動作主（動物），自発的発生，自然現象などのグループになだらかな階層として当てはまる「主体性の段階」を記述している。

　以上，本節では知覚レベルと概念レベルをつなぐ重要な機構と考えられる，IS/OSの中から，〈物体〉のスキーマ，〈線と移動〉のスキーマ，〈力〉のスキーマ，〈連続体〉のスキーマ，〈人間〉のスキーマについて紹介した。次節では，知覚レベルで働くとともに，発達の初期的概念形成を助ける機能を持つと考えられる，知覚推論の概念を導入する。

4.3　知覚推論

　4.2 では，知覚レベルと概念レベルをつなぐ前言語的概念を形成する例として，イメージ・スキーマとオントロジ・スキーマを紹介した。知覚レベルに関連の強い機構として，本節から3節を費やして，知覚推論，Sモード，および評価性を紹介する。
　言語理解では，(2) のような論理学で取り扱うような推論が働く。通常，「帰結」，「含意」，または単に「推論」と呼ばれるこのような推論を，本書では区別のために概念推論と呼ぶ。ここでの矢印は論理的帰結（ならば）を表すものとする。

8　人間中心の階層では，表記の上下が通常のオントロジ階層と逆になる。オントロジ階層と各オントロジの特性の関係に関しては本多（2003: 95）の図12が参考になる。

(2) 概念推論　Xが落ちた　→　Xは下に移動した
　　　　　　　　XがYを殺した　→　Yは死んだ
　　　　　　　　Xは犬である　→　Xは動物である

一方，人間の思考の中には，概念推論とは異なる，非論理的とも呼べるような推論が知覚レベルで頻繁に働いている。これは確率的推論であり，これを「知覚推論」と名づける。例として(3)を挙げる。ここでの矢印は知覚推論を表し，連想的に共起するものを示す。

(3)　知覚推論　a. 黒い　　　→　汚い
　　　　　　　b. 汚れている　→　不潔である

(3a)のような知覚推論が存在する言語的傍証としては，(4)が挙げられる。

(4)　a.　健次は，顔を<u>真っ黒</u>にして納屋から出てきた。
　　　b.　<u>真っ黒</u>になったワイシャツの襟首

(4a)は，顔を汚して、という意味で理解されるのが普通であろう。(4b)も汚れの意味で理解されていると思われる。これらの例文では，言語的には「黒」であっても意味的には〈汚れ〉と捉えられている。

(3b)の〈汚れ〉と〈不潔〉は，厳密には異なる概念であろう。例えば，雑菌や病原菌が多い場合，〈不潔〉であっても，〈汚れ〉てはいない（土やゴミなどがついていない）ことはありうる。ただし，〈汚れ〉と〈不潔〉ではその判断に要する知覚的特性群が似ていることが混同の要因と考えられる。さらに，(5)のような例もある。

(5)　a.　選手のフットワークが<u>重い</u>　b.　<u>真っ赤</u>になった日本刀
　　　c.　<u>単純な計算問題</u>

(5a)では「重い」が〈遅い〉を意味している。この推論が可能になるのは**4.2.4**に述べたフォース・ダイナミックスや**4.2.1**に述べた物体・力・移動に関する物体の素朴力学理論を背景として〈重さ〉と〈遅さ〉が比例関係にあることに起因すると考えられる。

(5b)では「赤」が〈熱い〉を意味している[9]。視覚的な〈赤〉と触覚的な〈熱い〉の間の連想関係（共感覚）も知覚推論の一種とする。同様の例には，視覚的な〈黒〉と触覚的な〈重い〉が挙げられる。共感覚に似たものとして，「白は膨張色」などが挙げられる。これは視覚内の2つの要素（色と大きさ）間の連想関係であるが，同様に知覚推論と呼べる。

(5c)は〈単純〉（構造に複雑さが少ない）が〈簡単〉（行為に労力がかからない）を意味している。このほか，上述の〈汚れ〉と〈不潔〉や〈purity〉（純粋さ，物質の混じりがないこと）と〈cleanliness〉（清潔さ，汚れや黴菌のないこと）のように概念領域が近い場合もある。また，概念領域の近さが語彙の多義に反映する場合もある。日本語の「きれい」は〈美しさ〉（審美的なプラスの評価性）も，〈清潔さ〉も表す。英語の *hot* は〈熱い〉と〈辛い〉を表す。

概念領域が近い，知覚が共起する，両者を包括したような素朴理論が存在する，といったさまざまな理由で，知覚的連想が起きることは多い。〈動き〉や〈変化〉が動物や生物の認知に利用されるのも知覚推論といえよう。こういった連想は，概念推論とは多面において異なる。**表1**に知覚推論と概念推論の特性の典型的差異を挙げる。

表1　概念推論と知覚推論の特性

	決定性	対応関係	方向
概念推論	決定論的	離散的	一方向
知覚推論	確率論的	連続的	双方向

知覚推論では，ある現象A（知覚や概念を含む）と別の現象Bの関係は，確率論的であって，決定しているわけではない。またその際，その中間が連続的に存在すること（〈重い〉と〈遅い〉であれば，「非常に重い」「重い」「やや重い」「重くない」「やや軽い」「軽い」「非常に軽い」は，それぞれ「非常に遅い」「遅い」「やや遅い」「遅くない」「やや速い」「速い」「非常に速い」に対応するなど）を連続的対応関係と表現した。また，傾向として，〈赤〉を見れば〈熱さ〉を連想し，逆に〈熱さ〉からは〈赤〉を連想しやすいことから，双方向的と称した。

本節では知覚レベルで機能する機構として，知覚推論に関して述べた。次節では

---

[9] 想定しているのは刀鍛冶が刀を熱して赤くなった状態であるが，その他に，血で真っ赤になった状態，錆びて赤く朽ちた状態という解釈があった。言語に対する多視点性と文化性，および言語の解釈の多様性を考える点でも面白い用例である。

同じく知覚レベルの機構として 2.7 の主観化の概念を発展させた S モードに関して論じる。

4.4　S モード

ここでは，2.7 で紹介した Langacker (1990) の主観化の概念に依拠した S モードを取り上げる。S モードは同様に Langacker の理論を発展させた池上 (2003, 2004, Ikegami, 2005) の主観的事態把握と同じ概念で，特にその知覚的側面の理論化を試みたものである[10]。4.4.1 で，S モードを概説し，4.4.2 で，S モードにおけるさまざまな感覚情報の対応関係を述べる。さらに，4.4.3 で，S モードと O モードの比較をし，4.4.4 と 4.4.5 で O モードに関して評述する。

4.4.1　視点とパースペクティヴ

behind という語を図で表す場合，側面図と正面図で少なくとも 2 つが考えられる（図 10）。

図 10　*behind* の 2 つ図示法

左の図では，二者の関係を横から見ており，ある一定の進行方向を想定して，四角の図形が丸い図形の *behind* にある。一方，右の図は，進行方向上の前方から見た図で，*behind* の状態にある四角い図形は丸い図形と重なり，一部を覆われている。これは，視点の違い，または「見え」の違いを表している。2.7 で論じたように，この見えの振幅が最も大きいのは，自分自身が対象となる場合である。自分ではない 2 名が話している場合，図 11 の左側のような図となる一方，自分が誰かと話している

10　S モード的な認知は，状況に埋め込まれているという点で教育学における Lave and Wenger (1991) の正統的周辺参加とも関連が深い。また，AI の分野では，Schank and Abelson (1977) がスクリプトの概念は特定の参与者の視点から記述されるべきとし，本節で述べる O モードと等価である「神の視点」的なスクリプトと対比して，後者が役に立たないだろうことを指摘している。身体性と状況認知に関しては第 1 章の脚注 1 の文献を参照。

際の実際の見えに自分は登場しないので右側のような図になる。

図11　二者と話者からの見え（＝2章図6・7）　　**図12　マッハの自画像**

　図11の右図は，いわゆるマッハの自画像（図12）に対応する。視野の中に観察主体，または観察の主要部である眼自体は入らないのである。
　このように観察者が対象化されず背景化した認知形式（右側）をSモードと呼ぶことにする[11]。これは，Subjective（主観的），Situated（状況的），Self-centered（自己中心的[12]）の意味で使用しており，言語人類学における自己中心参照枠（egocentric frame of reference：井上，1998など）と等価の概念と考えられる。
　さて，図11の左側の図は，登場人物の一方を自分自身とすることも可能である。言語現象でも，AnneとBethが向かい合っている場合，Anneと私が向い合っている場合と同様の構文を取るのが通常である。

(6) a.　Anne is sitting across the table from Beth.
　　b.　Anne is sitting across the table from me.

　また，私が，Anneと向かい合っている場合，網膜には，右のようなSモードの図式しか映っていなくても，頭の中では，常に，あるいは，必要に応じて左側のような図式を同時並行的に再構築していると考えられる。このように，自己を客体化し

11　Johnson（1987:33）には，容器のイメージ・スキーマの主観的表現に関して簡単な記述がある。
12　乳児の認知は自己中心参照枠に基づいており，その後，1歳前後までに環境中心参照枠が獲得されるとする研究にAcredolo（1978），Bower（1979）などがあるが，これに関しては反論もあり（例えば杉村，2009），今後，議論の余地がある。

第4章　身体性メタファー理論 ｜ 077

た場合の左のような認識モードをOモード[13]と呼ぶことにする。Oは，Objective（客観的），Object permanent（物体永続的[14]），Ontological（存在論的）モードという意味である。

次に，遠近の認知を図13に2つのモードで見る（鍋島，2003c，名称は部分的に変更）。図13のLMはランドマーク（Landmark）の略で基準点のこと，TRはトラジェクター（Trajector）またはターゲット（Target）の略で，注意の対象のことである[15]。ここで，近い対象をTR1，遠い対象をTR2とする。観察者はLMの位置にあるとする。Oモード（左図）では，LM，TR1，TR2のいずれも対象化されて，図の中に登場する。Sモード（右図）では，観察者は対象化されず，図の枠から外れて，外枠よりもさらに外側（後ろ）に位置することになる。右図は一般になじみの深い，透視図法[16]（遠近法）になる。

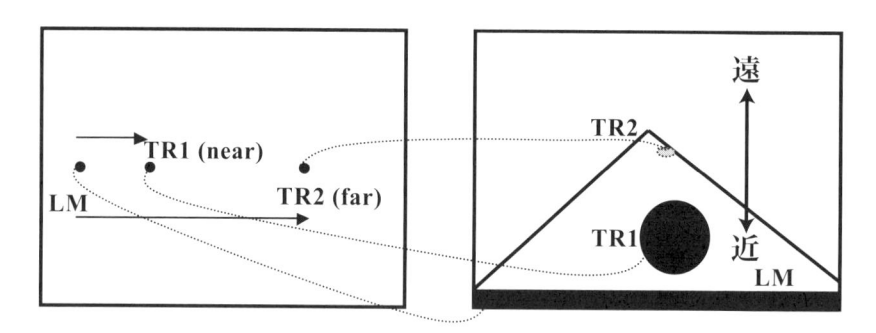

図13　遠近のOモードとSモードの対応関係

Sモードでは，遠近を特定する鍵がさまざまな感覚情報に分散されている。次項では，Sモードで観察される五感および「いま・ここ」の世界に見られる感覚情報と遠近の単調な[17]対応関係に関して論述する。

13　池上（2003，2004）では客観的事態把握と呼ばれる。
14　Piaget（1970など）におけるobject permanenceを意図している（杉村・坂田，2004も参照）。過去には「対象の永続性」と訳されてきた。〈モノ〉は視界から消えても無くなるわけではなく，どこかに存在し続けている，という信念のこと。乳児のある時点で物体の永続性が獲得され，これを境にして，現象的な自己中心世界に加えて，実在論的な世界認識が次第に形成されていくと考えられる。
15　LMとTRは，Lakoff（1987a），Langacker（1987）など認知言語学で一般的に使われる表記である。
16　瀬戸（1995）はこの図式を投射認識と呼んで前後と上下の対応を説明する際に援用している。
17　数学において写像が単調性（たんちょうせい，monotonicity）を持つ，あるいは単調であるとは，

4.4.2 Sモードにおける単調対応

遠近の認知，奥行き認知には多くの専門的研究があるが，さまざまな要素が関わっていることがわかっている。つまり，SモードではOモードと異なり，非常に複雑かつ体系的な感覚情報が利用可能である。視覚という1つの感覚刺激においても，遠くにあるものは，小さく，薄く，ぼんやりと見える。また，通常，上方に配置され[18]，その動きは小さく，動きの速度は遅い。これを図式的に示すと**図14**のようになる。

遠近	大きさ	濃淡	肌理	配置	移動	移動速度
遠い	小	薄	密	上	小	遅
近い	大	濃	粗	下	大	速

図14　Sモードにおいて遠近認知に関わる視覚的要素（遠近と視覚の単調対応）

このようにさまざまな視覚的情報が合致することによって，確証度が高くなる。これらは，他の条件が同じであるならば，例えば，遠くのものが近くのものよりも大きく見えるということはないという点で，単調対応であるといえる[19]。これらは知覚間および知覚と概念の原初的対応関係であり，絶対的ではなく傾向的であり，**4.3**で論じた知覚推論の一種といえる。

このような遠近認知の知覚的方略は言語現象の中にも反映される。例えば，「遠い」という意味合いを伝えることは(7a)の「遠く見える」という字義通りの表現だけ

以下のように定義される。

　関数 $y = f(x)$ が，x の値が増加すれば y の値も増加する，すなわち，
　　$y_1 = f(x_1)$, $y_2 = f(x_2)$ で，
　　　$x_1 < x_2$ のときつねに $y_1 \leq y_2$
　を満たすとき増加関数，これに対し
　　　$x_1 < x_2$ のときつねに $y_1 \geq y_2$
　を満たすとき減少関数という。増加関数，減少関数をあわせて単調関数という。

（一松・竹之内, 1991. 下線は著者）

18　人間の目の位置が一定の高さを持っているため，それ以下にあるものは近づけばだんだん下に見えるようになる。また，人間の首と軀は上を向くよりも下を向くほうに有利に構築されている。真下（自分のいる地点）を向いた際，通常で上方に来る視野は前方を指すことになる。

19　距離によっては，見え方がほとんど変わらないという地点は存在すると思われる。これは $x_1 < x_2$ のとき $y_1 = y_2$ となる例であり，単調性の定義を満たしている。

でなく，(7b)-(7f)のような表現でも可能である．

(7) a. 遠く見える　b. うっすらと見える　c. ぼんやりと見える
　　 d. 小さく見える　e. 僅かに見える　　　f. 微かに見える

対象と自己の距離の認知に働くのは視覚だけではない．より幅広くは空間定位という分野として研究される．自己を取り巻く位置関係の研究でも，複数の感覚情報が手がかりとなることが知られている．例えば，遠くの対象は小さく見えるだけでなく，それが発する音も小さい．においを感じるためにはある程度近くなければいけない．触覚に感知されるためには，接しているか，(風や振動を引き起こす)近くで大きな事象でなければならない．これを**図15**にまとめる．

遠近	視覚刺激	聴覚刺激	嗅覚刺激	触覚刺激
遠い	小	小	(ほとんど)なし	なし
近い	大	大	あり	あり

図15　Sモードにおいて遠近認知に関わる感覚的要素(遠近と諸感覚の整列対応)

移動がある場合には，視覚，聴覚，嗅覚，触覚(振動など)のすべてにおいて，近づくほど刺激が強くなる．大きい音のするものが視覚上の激しい動きと対応づけられるなど，感覚間の傾向的対応関係も知覚推論といえる．

4.4.3　SモードとOモード

SモードとOモードの特性の比較を**表2**に示す．

まず，自己は，Sモードでは絶対者であるが，Oモードでは基本的にどの存在にも特権的地位が存在しないので，無限の世界の中の非常に小さな一点になる．観察主体の欄は説明がやや複雑である．Sモードでは絶対者としての自己が観察主体であるが，Oモードには特定の視点からの観察という行為が存在しないので，観察主体は存在しない．別の考え方をすれば，存在物または有情物の観察視点をすべて合成したものと考えられるかもしれないし，神の視点と呼ぶこともできるかもしれない．Oモードに観察主体が存在しないとした場合，当然，視点(観察主体から眺める

方向性，すなわちパースペクティヴ）は存在しない[20]。

表2　SモードとOモードの特性比較

	自己	観察主体	視点	世界	五感	哲学の系譜
Sモード	自己中心的「絶対者」	あり	あり	いま・ここ「知覚されないものは存在しない」	すべての感覚	現象学的
Oモード	自己客体化「世界の中のちっぽけな一部」	なし	なし	無限	視覚から視点を捨象したモノ同士の位置関係のみ	実在論的

　Sモードにおいて，世界は「いま・ここ」に限定され，知覚されるもののみから構成される。これに対してOモードにおける世界とは「すべて」であり，日本にいる現在でもパリのあのアパートは存在し続けているという，想定の世界である。Sモードは五感すべてを含む。一方，Oモードは，五感から抽象化された存在物と存在物同士の図式的関係の世界である。哲学的な観点からはSモードは存在の有無に関する議論を一旦停止（エポケー）した現象学的世界，Oモードは現象学以前の，存在物の実在性を前提とした実在論的世界といえる。

4.4.4　Oモードの起源と中心視野

　Oモードは世界を対象化して見るモードであり，Sモードは世界の中にあって，自分に映る世界を切り取ったモードである。その意味で，Sモードは図12のマッハの自画像の世界に見られる視覚入力に，他の感覚および身体運動感覚を連動させたような世界認知である。

　マッハの自画像では，視覚映像の周りは自己の身体に連続している。右側に鼻が見え，上部にまぶたの裏側が見えるように，どちらの方向にも自分の身体が続いている。Sモードの配置では，対象化された世界が，中心視野（central vision）から周辺視野（peripheral vision）に移るにつれて，身体との連続性が際立ってくる。

20　あるいは逆に自己偏在的視点といえるかもしれない。いずれにせよ特定の視点がないことは同様である。

視覚，特に中心視野の特徴は，その自由度である。人間は注目したものに視点を向けることができ，さらに，そのものに対する焦点を調整することによって，対象を大きく見たり，小さく見たりすることができる。大きさの捨象は，物体が形状を中心として認知されるのと相同的である。例えば，動物園の象でも携帯ストラップについたプラスチックの象でも，同様に象と認識されるのは，物体が形状，つまり線画のようなものを中心とした相対的位置関係（トポロジー）を鍵にして認識されるからである。存在の認識において，大きさは捨象されており，これは中心視野の焦点調整機能と相補的関係にあるといえよう。

大きさを捨象するということは，遠近を捨象することにつながる。視覚の自由度はあたかも近づいたり離れたりしているかのように対象を大きくしたり小さくしたりして観察することを可能にする。つまり，中心視野において，遠近は超越されている。大きさと遠近の捨象というこの中心視野の特徴は，Oモードに引き継がれている。Oモードでは，存在と存在間の相対的位置関係のみが考慮され，物体の大きさは捨象されている。

4.4.5　Oモードと概念レベル

続いて，Oモードにおける存在物の認知に関する大きさの捨象という特性は，概念の特性と似ている。概念は実物の大きさに関わらず，均等な大きさをしている。宇宙という概念であっても蟻という概念と同様，1つの概念として同等である。概念のこの特性は，物体認知の特性，中心視野の特性，Oモードの特性を受け継いでいるといえる。

つまり，Oモードでは，Sモードのさまざまな感覚入力の中から中心視野の視覚的特性が独立し，物体が大きさを超越したものとして認識されると考える。これは同時に，物体に関する時間の超越という概念である「物体の永続性」[21]と合致する。なぜなら，物体との距離（見えの大きさ）および物体との位置関係（見えの方向）に中立的な物体を措定することは，その時々の数ある「見え」を捨象することであり，状況，すなわち時間を捨象することだからである。物体（モノ）として認識されることは，大きさや方向性を超越するとともに，時間を超越することなのだ。これら物体から構成された世界が実在論的世界であり，本書でOモードと呼ぶものである。

21　Object permanence. 対象の永続性。乳児期に形成される〈モノ〉は目の前から消えても存在し続けるという信念。杉村・坂田（2004: 84）。

概念レベルは，物体という概念の特性（超時間性および構造性）をさまざまな異なる思考対象に汎化する形で形成されるという考えを暗黙の前提としている。このようにして，O モードは概念および概念レベルと近い関係にあるといえる。ただし，本項で述べられた概略は想像の域を出ておらず，十分な検証が必要であるとともに，フレームなどの概念的機構がどれだけ身体的機構と切り離して考えられるのか，日常の営みの中で概念レベルと知覚レベルがどのように連携しあっているかなど，感情，意思，記憶，社会等も関連した複雑な問題であるため，詳細は今後の研究に譲りたい。

4.4.6　S モードのまとめ

本節では，S モードと O モードを定義した。S モードとは，Langacker (1990) の主観化の考えから自然に導出できる，自己と状況を中心とし，視点とパースペクティヴを伴った認知モードのことで，池上 (2003, 2004) の主観的把握のことである。第 10 章から第 12 章では S モードの認知を援用して，上下と前後の関係，上と未来の関係，および，上下と現実・非現実の関係を説明する。さて，次節では知覚レベルで働くと考えられる別の機構として，評価性を紹介する。

4.5　評価性

意味研究において評価性は，value, evaluation, judgement などと呼ばれ，曖昧とした周辺的なものと考えられてきた。語の評価性は客観的に判別でき，言語研究およびメタファー研究に重要な意味を持つと本書では考え，認知心理学にその基盤を求める。今後，好ましい評価性をプラスの評価性，否定的な評価性をマイナスの評価性と呼ぶ。

楠見の一連の研究は，日本における心理学的メタファー研究として非常に重要である（楠見, 1988, 1992, 1995; 楠見・松原, 1993）。誤解を恐れずに楠見の論旨を平易に述べれば，意味には，通常の辞書的意味とは別に，いい感じや嫌な感じ，大きい感じや小さい感じといった感覚的，印象的な意味が存在し，これがメタファーを構成する重要な要因となる，というものである。このような感覚的，印象的意味を「情緒・感覚的意味」と呼ぶ。情緒・感覚的意味の中で，最も重要な要素（第一因子）が，快―不快（評価性）であり，次に重要な要素が強―弱（力量性，活動性）である。本書で評価性と呼ぶのは，情緒・感覚的意味のこの第一因子のことである。4.5.1 で楠見におけるメタファー理論の中核をなす情緒・感覚的類似性の概念を紹介し，

4.5.2 で身体性メタファー理論との関わりを述べる。

4.5.1 カテゴリ的意味と情緒・感覚的意味

楠見（1995）は，比喩処理を支える多重意味構造モデルとして，意味構造の3つの区分を挙げ，カテゴリ的意味をシネクドキ（提喩）に，情緒・感覚的意味をメタファーに，スクリプト的意味をメトニミー（換喩）に対応させている[22]。

	カテゴリ的意味	情緒・感覚的意味	スクリプト的意味
関係	包含関係	類似関係	隣接関係
内容	辞書的意味	連想的意味	場面，台本に関する意味
課題	分類	連想	空間的，時系列的連想
一義性	一義的	多義的	定数と変数
構造	階層的	非階層的	階層・時系列構造
	ツリー構造	リゾーム構造	ツリー構造
比喩	提喩	直喩・隠喩	換喩
		共感覚的比喩	

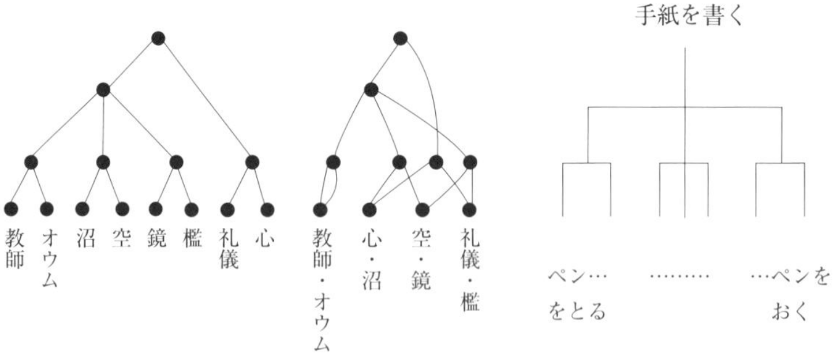

図16　比喩の処理過程を支える意味構造の区分（楠見,1995:19）

さらに，楠見は《ほほえみはさざ波である》の情緒・感覚的意味空間を**図17**のように二次元に展開している。

図17a は，通常のカテゴリーのクラスターを示している。ここでは，類似性の高いものが近い位置に配置される[23]。これに対して，情緒・感覚的意味の次元で構成し

22　この対応は，瀬戸（1995）の認識の三角形との対応が意識されているようである。なお，本節で，カテゴリという表記は原著に従っている。

23　メタファーの観点から述べれば，これは概念同士を《類似性は近さ》メタファーに従って配置した

たのが，**図17b** である。**図17b** では横軸に評価性を，縦軸に力量性を取っている。例えば，「空」は好ましく，大きいものとして考えられているので，右上に配置されている。一方，沼は嫌な印象を持つので左端だが，大きいので上側に配置されている。**図17b** では「さざ波」と「微笑」が近い位置に来ている（近い印象を持っている）ことがわかる。**図17b'** は，比喩文（例えば「微笑みはさざ波である」）内の評定を使用したものである。つまり，メタファーによって両者の類似性がさらに強調されている[24]。

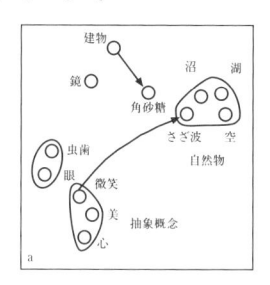

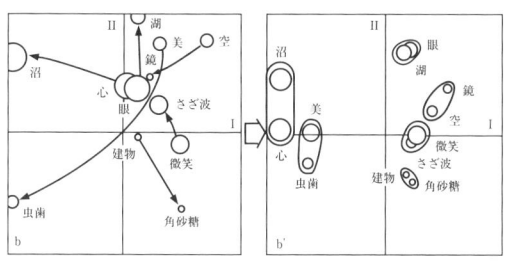

図17　「微笑」と「さざ波」のカテゴリ的意味および情緒・感覚的意味の位置と変化　（楠見, 1995: 99）

さて，過去の研究の整理とこうした一連の実験結果から，メタファーが主にカテゴリ的乖離と情緒感覚的類似によって定義されるものとし，情緒・感覚的意味に関して次のように結論づけている。

> 情緒・感覚的意味は主体が対象によって喚起された感覚，感情に依拠した意味であり，連想的意味ということができる。

ものといえる。
24　被喩辞である「微笑み」だけでなく，喩辞である「さざ波」の印象も変化しているので，いわばブラック（Black, 1954, 1979）の相互作用説を支持する結果となっている。

> 情緒・感覚的意味の基本次元は，<u>快—不快（評価），強—弱（力量性，活動性）</u>である。この次元が感覚モダリティ間で共通しているため，共感覚的比喩が成立する。（中略）さらに，情緒・感覚的意味の次元は，カテゴリを越えて，すべての語や対象に共通している。したがって，直喩・隠喩の主題—たとえる語間<u>の類似性は，情緒・感覚的意味空間上の距離で捉えることができる。</u>（後略）
>
> （楠見, 1995: 187. 下線は著者）

楠見によれば，喩えられるものと喩えるものをつなぐもの（メタファーの基盤）は，情緒・感覚的類似性であり，その情緒・感覚的類似性の第一要素となるのが評価性ということになる。以上が楠見の多重意味構造モデルの概略的紹介である。緻密な実験的研究であるため，詳細はぜひ原書でご確認いただきたい。

4.5.2 身体性メタファー理論における情緒・感覚的意味

身体性メタファー理論では，楠見の情緒・感覚的意味の枠組みを採用する。情緒・感覚的意味は，知覚レベルで働く機構の1つと考えられる。情緒・感覚的意味は，一般に，意味研究において曖昧かつ周辺的なものと捉えられてきた（連想的意味, Leech, 1974; 含蓄的意味, 国広, 1982）。しかし，第15章（評価性を基盤とするメタファー）に詳述するように，メタファー研究において重要な位置を占めるにとどまらず，コミュニケーションの中で重要な要素であり，批判的談話分析（CDA）などの社会言語学的枠組みの中でも重要な研究テーマとなっている（Martin and Rose, 2003）。

情緒・感覚的意味の中でもっとも重要な因子である評価性が，メタファー理論の中で重要な役割を果たすことは，言語的証拠からも明らかである。第15章では，言語学における評価性を定義し，評価性がメタファーの基盤となることを主張するとともに，コミュニケーション一般において重要な役割を果たすことを述べる。

一般に，評価性は人間，広くは動物一般の営みの中で，4.2.3で述べた〈線と移動〉と深い関わりを持つ。好きなものと近づくという行為は，カップリングされている。同様に，嫌いなものと逃げるという行為もカップリングされている（Robbins and Aydede, 2009: 5）。内的欲求は移動の原動力となり，主体は望ましいものを求めて移動する[25]。

---

25 このほか，情緒・感覚的意味の中で次に重要な因子である力量性・活動性も，知覚推論を形成す

本節まで，知覚レベルで働く機構として，知覚推論，Sモード，情緒・感覚的意味を考察した。次節では，概念レベルで働く機構として，構造性を検討する。

4.6 構造性

3.1で，メタファーは領域間の写像であることを見た。概念は領域の一部として定義されており，領域とは構造化された知識である。よって，概念は定義的に構造的であり，構造性は概念レベルに典型的な特質といえる。

本書では，**1.2.3**で概観したGentner (1983) 以降のアナロジー理論における構造性に基づいて概念レベルにおける構造性を形式化する。つまり，要素，属性，関係，および関係の関係という無限の埋め込みを含みうる総体が構造である。例えば，第3章で例示した〈火〉の領域は，発火から，その危険性，鎮火に至るまでさまざまな知識から構成されていた。蝋燭の炎を見つめているとき，その揺れや熱は知覚できるが，こういった多面的知識は背景化されている。知覚レベルに存在する感覚的の体験から抜け出し，1つの符号として抽象化したレベルで〈火〉を取り扱うのが概念レベルである。火という概念，火の属性，火とその他の概念の関係が火の領域の構造となる。もちろん，知覚レベルにも構造性は存在する（例えば，色の三要素「色相」「明度」「彩度」など）が，概念レベルの構造性は，感覚的で実時間的な固有の体験を離れることによって，より大局的な観点からいわば鳥瞰図的に知識を一括操作できる。これが概念レベルにおける構造性の特徴である。

また，概念レベルではさまざまな生活上の文化様式パターンを導入できる。蝋燭の炎をキャンドルライトと認識すると，誕生日や結婚式に関する知識フレームの構造性が導入される。灯明と捉えると宗教フレームや人間の生死に関するフレームの構造性の中で解釈される。これらの意味づけは単に蝋燭の炎の知覚には存在しない構造性である。医療，学校，野球，発表会，フランス料理，合コン，戦争などの文化的概念の中で，構造的でないものは存在しない。

次に視覚領域について考えてみよう。「見る」という行為は我々にとって自明の概念である。しかし，視覚に関する知識はそれだけにとどまらない。対象物との間に手をかざせば見えなくなる。近づけばより大きく見える。光源の位置，色や光の強さによっても見え方は異なる。自分が位置を変えれば，対象の見え方も変わる。レ

ると考えられ，**4.4.2**に見たSモードにおける遠近と感覚とのさまざまな対応は，遠近と強弱の対応に一般化できる可能性もある。

ンズや球面の鏡などは見えるものの大きさ，形状を変化させうる．こういった知識の中には実体験ではなく，他人からの情報として入ってくる命題的なものもある．

概念レベルにはカテゴリーにまつわる推論も含まれる．ある動物が哺乳類であると認められれば，我々はその動物が，呼吸すること，胎生であること，血液を持つこと，恒温であること，体毛があること，四肢があることなどを予測できる．これも視覚領域同様，実体験による知識と言語化された命題的知識の両者を含んだ知識体系である．

知覚レベルと概念レベルをつなぐISは，構造性の観点からも両レベルの中間にある．ISである線，力，連続体などは原初的な構造を形成している．線を例にとって見れば，起点，経路，着点という構造性を有する．また，ISは概念レベルの構造性の基礎にある．戦いには対立する二陣営が向かい合い，互いに前に移動し，力と力の衝突が見られる．恋愛にも二者と力関係が関わるが，この場合は引き合う力である．こういった概念の基礎的な方向軸や力を規定するのはISである．また，知覚レベルと概念レベルをつなぐ点ではISに類するオントロジ・スキーマも同様である．リズミカルだが予測不能な動きという知覚的特徴を端緒とする動物というオントロジ・スキーマは上述の多様な概念レベルの知識とその知覚的検証を経ながら膨らんでゆく．

さて，構造性の記述として，アナロジーとメタファー領域を既に見たが，これらと同様に，概念レベルの知識構造とその操作を取り扱ったフォコニエらのブレンディング理論を次項で紹介する．

4.6.1 ブレンディング理論

メンタルスペース理論のフォコニエ (Fauconnier, 1985) と Lakoff and Turner (1989) の共著者であるターナーは，共同でブレンディング理論（融合理論）を構築している．ブレンディング理論は概念形成の基本パターンに関する理論であり，基本形は4つのスペースを持つ．例として，Fauconnier and Turner (2002) から，(8)の例と対応したブレンディングの例を紹介する．

(8) In France, Watergate would not have hurt Nixon.（フランスだったらウォーターゲート事件（スキャンダル）はニクソンの痛手にならなかったはずだ）

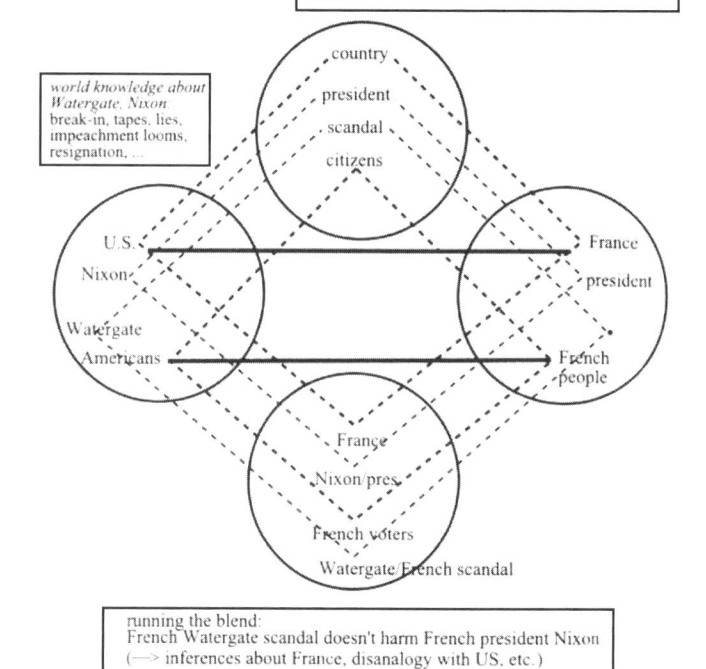

図18 ニクソンとウォーターゲートがフランスだったら
(Fauconnier and Turner, 2002: 226)

　ブレンディング理論では，図18に見るように4つのスペースを表示する。一番上が，一般スペース (Generic space) である。この例では，アメリカとフランスの2つの国の政治システムが紹介されている。名称が異なることはあれ，それぞれの国に政府があり，そのリーダーがいて，国民がいて，国民がリーダーを間接，直接の形で選ぶというシステムは共通している。この共通部分が両者をつなぐ共通性として

存在する。

次に、2段目に2つのスペースが横に並んでいる。これらは入力スペース（Input space）と呼ばれる。**図18**の例では、2つのスペースにアメリカとフランスのそれぞれの政治制度、長、国民、スキャンダルが入る。

最後の一段が融合スペース（Blend）である。このスペースでは、両者の比較の結果、生じた変化を含んだ最終結果が表示される。上述の(8)の例では、ニクソンとウォーターゲートの知識がフランスの政治および国民性と融合される。その結果、フランスに、ニクソンが大統領として存在するという仮想スペース（融合スペース）が創発（emergent）され、フランスのニクソン大統領がフランスで、ウォーターゲート事件のような事件を起こしたことが想定され、その反応としてフランス人はそれほどニクソンに対する評価を落とさなかっただろう、ということになる。

本節では構造性を中心に、ブレンディング理論およびイメージ、イメージ・スキーマ、構造性の関連に言及した。次節では、言語の側に目を移し、語の多義とそれにまつわる話題としてスキーマとプロトタイプ、「まだら」問題、痕跡的多義について概説する。

4.7 多義

2.9、**3.1.1**で紹介した多義は、**3.1.8**の収斂する証左にも挙げられたメタファーの重要な論証法の1つである。本節では、**4.7.1**で同音異義と多義について、**4.7.2**で多義の内部構造におけるスキーマとプロトタイプについて確認する。さらに、多義に関して本書で独自に提唱される概念として、**4.7.3**で「まだら」問題を論じ、**4.7.4**で痕跡的多義を導入する。

4.7.1 同音異義と多義

Ravin and Leacock（2000）は homonymy（同音異義[26]）と polysemy（多義）に関連して、次のように述べている。

> Traditionally, polysemy is distinguished from homonymy. Strictly speaking, <u>homographs are etymologically unrelated words</u> that happen to be represented by the

---

[26] ここでは *homographs* として同綴異義語について述べているが、同じことが同音異義語にも当てはまる。

same string of letters in a language. For example, *bass* the fish is derived from Old English *barse* (perch) while *bass* the voice is derived from Italian *basso*. Conversely, polysemes are etymologically and therefore semantically related, and typically originate from metaphoric usage. *Line* in a line of people and a line drawn on a piece of paper are etymologically related, and it is easy to see their semantic relation.

（Ravin and Leacock, 2000．下線は著者）

　すなわち，多義語とは1つの語に対して，語源的，および意味的に関連性のある2つ以上の語義が存在するということである．第9章（因果のメタファー）では(9)のような例が挙げられる．

(9)　a.　事故を起こす　　b.　倒れた墓石を起こす

　(9a)と(9b)は一見，無関係に感じられる反面，同じ漢字が使用されるなど，全く関連性がないとも言い切れない．さらに(10)のような例を追加して考えると，関連性は強まって見える．

(10)　a.　事件が持ち上がる　　b.　降って湧いたような災難

　すなわち，下から上に上昇する，という事柄と物事の発生という事柄の間に，体系的な多義が見出せる，ということである．以上，本章では，(9a)と(9b)のような2つの意味は偶然による同音異義ではなく，意味的な関連性を持った多義と考える．

4.7.2　スキーマとプロトタイプ

　「立つ」を例にして考えると，「木が立っている」というときの「立つ」と「田中君が立っている」ときの「立つ」をどのように関連づけるかに関しては，いくつかの考え方がある（図19）．1つは，全く関係がないとする無関係説（同音異義説）であるが，これは可能性が低い．同じ音韻形式を持ち，同じような「直立」の意味を持つ2つの用法がまったく無関係の異なる語彙である可能性は低いからである．その他には，スキーマによる多義説とプロトタイプと拡張による多義説の2種類が考え

られる[27]。

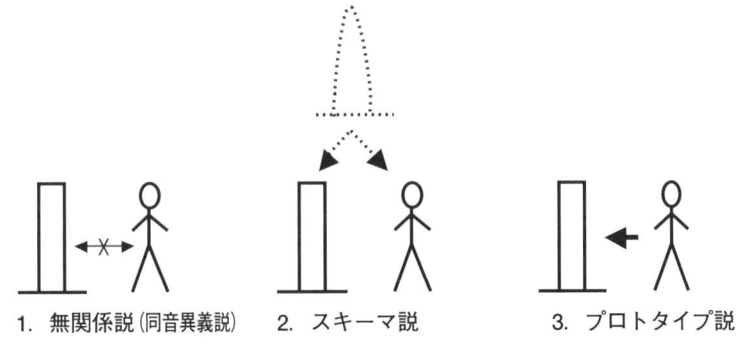

図19　「立つ」の2つの意味に関する諸説

1. 無関係説（同音異義説）　2. スキーマ説　3. プロトタイプ説

　スキーマ説では，2つの用法が，1つのスキーマを共有しており，どちらが原初的であるとか，どちらが中心的であるなどを考えない説である。この説によれば，「立つ」では，なんらかの垂直方向に長い状態がスキーマであって，「木が立っている」「ビルが立っている」「人が立っている」はそれぞれこのスキーマの具現化（instantiation）にすぎないと考える。

　プロトタイプ説では，どちらかが中心的，もしくは中核的な役割を果たしており，一方は他方からの拡張と考える。本書では，「立つ」の意味として「人間」の「立つ」意味がより中心的で，その他の「立つ」はその拡張と考えることにする。その場合，木やビルが「立つ」のは人間が「立つ」ことから拡張した擬人的用法である，ということになる。

　スキーマ説かプロトタイプ説かを考えるに当たっては，背景となるさまざまな想定が重要となるし，重要視するデータによっても回答は異なりうる。データに関しては，歴史的観点，共時的観点，発達心理的観点と少なくとも3つの考え方がありうる[28]。

27　Langacker（1987: 第10章）など。ただし，Langackerは，プロトタイプと拡張が進展してスキーマを形成していく両者の協業としての動的モデルを提唱している。スキーマとプロトタイプを対立させたのは本書の独自の単純化である。**2.9**も参照。

28　本書の立場に対して，本書第7章の前身となった2001年国語学会秋季大会での発表時に，大阪大学の金水敏氏から，「煙が立つ」などの用法は万葉集の時代から存在し，「立つ」の意味において人間が中心であることはありえないという趣旨の反論をいただいた。コメントに感謝すると共に，

現実には，スキーマとプロトタイプの両方が多義拡張に貢献するという考え方が妥当であろう。ただ，本書では，多くの場合，ある多義語の複数の意味間における重みづけは均等でないと考え，より原初的で，より具体性が高く，より使用頻度が高いものから，そうでないものへと多芯的に拡張していくという機構を想定している。つまり，プロトタイプ説を重視する。

4.7.3 「まだら」問題

4.7.1 に見たように，メタファーの存在を主張するためには，単に多義が存在するのみならず，複数の多義が構造を維持した形で存在する必要がある。同じモト領域に属する語は 100％メタファー表現を形成するというのが写像の観点からは理想的である。しかし，現実にはそのような例は皆無であろう。第 6 章（水のメタファー）の**表 3** に見るように，感情名詞と水動詞の組み合わせに対する容認可能性は多様である。これを容認度の低いほうから白～黒色を割り当てるとまだら模様になることから，メタファー表現の生産性にばらつきが出るこの現象を，「まだら」問題と呼ぶことにする。同様の現象は第 11 章（可能性のメタファー）の**表 1** にも見られる。

一般に，メタファーの非生産性を説明するモデルとしては，サキ領域におけるオーバーライド（Override, サキ領域固有の制約）による解法（Lakoff, 1993）と，プライマリー・メタファー（PM）と合成による解法（Grady, 1997b）が提案されている。本書では，PM の実在性と PM 理論の還元主義的モデルを採用することなく，合成および具現化という PM 理論の道具立てを流用して，「まだら」問題の解決の方向を探る。

4.7.4 痕跡的多義

メタファー表現の多義性を考える場合，物理的で具体的な領域と抽象的な領域の 2 つの領域にまたがる多義となるわけだが，語によっては物理的領域では既に利用ができなくなっている場合がある。(11a) の「つかむ」は今でも両義的に使えるので通常の多義である。一方，(11b) の「把握する」には字形から，手を使って「つかむ・

万葉集の時点で，「人間が立つ」意味がなかったのであれば，通時的な観点から「擬人説」に対する強い反証となるが，両者の意味が並存したのであれば強い反証にはならないと考える（ただし，「縦（たて）」が「立つ」と同語源他の証拠があるならば「立つ」の通時的な中心義が「垂直方向に長いこと」であるというスキーマ説に信憑性がでる）。また，別の機会に森山卓郎氏から，乳幼児の言語習得では人間的な「立つ」が早期に習得される可能性もあるとして，通時的拡張と発達的拡張が異なる可能性をご指摘いただいた。ここで両氏に感謝したい。

握る」という意味があることがわかるが，複合した漢語動詞としては物理的行為に使用できないことが（ ）の中の*で示されている。(11b)の例を「痕跡的多義[29]」と呼んで通常の多義と区別する。(12)〜(14)も同様である。

(11) a. 意味を<u>つかむ</u>　（石を<u>つかむ</u>）　　　　　　　　　←多義
　　 b. 意味を<u>把握</u>する　（*石を<u>把握</u>する）　　　　　　 ←痕跡的多義
(12) a. 前提を押さえて本題に入る　（鞄を押さえて「本陣[30]」に入る）　←多義
　　 b. このような前提をしっかり<u>踏まえ</u>て，本題に突入する　←痕跡的多義
　　　 （三塁ベースをしっかり*<u>踏まえ</u>て，本塁に突入する）
(13) a. 問題の<u>根</u>を引き抜く　（木の<u>根</u>を引き抜く）　　　←多義
　　 b. 問題の<u>深層</u>を掘り下げる　（校庭の*<u>深層</u>を掘り下げる）　←痕跡的多義
(14) a. 眠りに<u>落ちる</u>　（落とし穴に<u>落ちる</u>）　　　　　　←多義
　　 b. 不幸に<u>陥る</u>　（落とし穴に*<u>陥る</u>）　　　　　　　 ←痕跡的多義

痕跡的多義は，おそらく歴史的には同語源であったと考えられることから「通時的多義」と呼ぶこともできる。また，通常，形態素の中に多義的要素の痕跡があることから「形態的多義」ということもできるかもしれない。痕跡的多義もメタファーの証拠となる可能性が高いことがわかっている[31]。

4.8　メタファーのネットワーク

　前節では，多義に関する本書の立場を確認した。1つの語に対して複数の語の意味が蜘蛛の巣状にネットワークをなして関連するのと相似的に，本書ではメタファー同士およびメタファーとメタファー表現の関係に対してもネットワーク的相互関連性を想定する。これは，概念機構である複数のメタファーやメタファー表現がネットワークを構成して複雑に結びつくという考え方である。本節では，まず，ネットワークを構成するリンクとして，継承と具現化を取り上げる。次に，メタファーの合成および衝突に関して述べる。メタファーの合成とは，基本的にメタファーあるいはメタファー表現が複数のメタファーから継承を受けることであり，

29　鍋島 (2001a, 2004b) では「厳密な多義」に対する「緩やかな多義」と呼ばれている。
30　焼肉屋の名称。
31　大石 (2009) が構文とメタファーの関連について，意味拡張につれて構文化，イディオム化して別表現化する傾向があることを主張しており，今回の例と連続的だと考えられる。

一般に多重継承といわれるものである．複数のメタファーから継承を受けた場合，それぞれの形質をそのまま受け継ぐのではなく，場合によっては変容，強要が生じ，創発も起きることから，継承あるいは合成という名称ではなく，4.6.1 で紹介したブレンディング理論における融合と考えたほうが実態を正しく反映しているかもしれない．さらに多重継承を試みる際に結果として両者の特性がぶつかり合い，メタファーまたはメタファー表現が成立しなくなることがある．これを衝突と呼ぶ．以下，4.8.1 でメタファーの継承を，4.8.2 でメタファーの具現化を，4.8.3 でメタファーの合成を，4.8.4 でメタファーの衝突を取り上げる．

4.8.1 メタファーの継承

　一般に継承（inheritance）とは，コンピュータ科学においてよく利用される概念であり，下位クラスが上位クラスの性質を引き継ぐことである（コンピュータ用語辞典編集委員会, 1996）．認知言語学の分野でも Lakoff（1993），Goldberg（1995）が紹介している．まず，概念の継承を一般的に規定する．

(15)　継承
　　　概念1と概念2がカテゴリー関係にある場合，両者は「継承関係」にあるという．また，下位カテゴリーが上位カテゴリーの属性を引き継ぐことを「継承を受ける」という．

(15) によって，〈犬〉は〈動物〉から，〈スズメ〉は〈鳥〉から，〈高校〉は〈学校〉から継承を受けるといえる．例えば，〈犬〉は「走る」「四本足である」「心臓を持つ」などの属性を〈動物〉から継承する．継承は，2.6 で挙げた「A は B の一種である」，「A は B の一例である」という言語的テストで判別できる．

(16) a.　犬は動物の一種である／犬は動物の一例である
　　 b.　スズメは鳥の一種である／スズメは鳥の一例である
　　 c.　高校は学校の一種である／高校は学校の一例である

次に，(17) でメタファーのカテゴリー関係と上位カテゴリーと下位カテゴリーを定義し，メタファーのカテゴリー関係に基づいて (18) でメタファーの継承を定義する．

第 4 章　身体性メタファー理論　|　095

(17) **メタファーのカテゴリー関係**
　　メタファーAとメタファーBがカテゴリー関係にあるとは，以下の(i)～(iii)のいずれかであることをいい，この際，メタファーAを上位メタファー，メタファーBを下位メタファーという。
　(i) メタファーAのモト領域の概念が，メタファーBのモト領域の概念の上位カテゴリーであり，両者のサキ領域が同一の場合
　(ii) メタファーAのサキ領域の概念が，メタファーBのサキ領域の概念の上位カテゴリーであり，両者のモト領域が同一の場合
　(iii) メタファーAのモト領域の概念が，メタファーBのモト領域の概念の上位カテゴリーであり，
　　かつ，メタファーAのサキ領域の概念が，メタファーBのサキ領域の概念の上位カテゴリーである場合

(18) **メタファーの継承**
　　メタファーAとメタファーBがカテゴリー関係にある場合，両者は「継承関係」にあるという。また，下位メタファーが上位メタファーの写像を引き継ぐことを「継承を受ける」という。

サキ領域がカテゴリー関係を形成するものに(19)があり，モト領域がカテゴリー関係を形成するものに(20)がある。

(19) a. 《大統領選は戦い》は《選挙は戦い》から継承を受ける
　　　（「大統領選は選挙の一種」）
　　b. 《喜びは水》は《感情は水》から継承を受ける（「喜びは感情の一種」）
　　c. 《女性は機械》は《人間は機械》から継承を受ける（「女は人間の一種」）
(20) a. 《理解は見ること》は《理解は知覚》から継承を受ける
　　　（「見ることは知覚の一種」）
　　b. 《理解は消化》は《理解は身体の一部》から継承を受ける
　　　（「消化することは身体の一部とすることの一種」）

また，(21)に見るように，プライマリー・メタファー理論の合成されたメタファーと複合メタファーの関係は，モト領域とサキ領域の両者がカテゴリー関係を

形成する例と考えられる。

(21) 《理論は建物》は，《存続する組織は直立した物理的構造物》から継承を受ける（「理論は存続する組織の一種」「建物は直立した物理的構造物の一種」）

本書では，第 12 章で，希望のメタファーの多くが感情のメタファーを継承すること，第 13 章で問題のメタファーが困難のメタファーの多くを継承することを主張する。

さて，ここまで単純化のために，継承を無批判に受け入れ，論を進めてきたが，実際には注意すべき点がある。継承の概念の根底には，古典的カテゴリー観がある。カテゴリーは属性（素性ともいう）の束として規定され，上位カテゴリーは下位カテゴリーよりも属性が少なく，下位カテゴリーは属性のすべてを引き継ぐという考え方である。したがって，継承の概念を本書で利用する際には，認知言語学のカテゴリー理論に合わせて修正する必要がある。

認知言語学のカテゴリー観は，2.6 に見たように，プロトタイプ構造と基本レベルカテゴリーの概念を前提としている。プロトタイプとネットワークの前提に基づけば，カテゴリーは典型的に規定され，下位の周辺事例は上位概念の性質をすべて満たさない場合（ペンギンやダチョウは飛ばないなど）もある。このプロトタイプの考え方によれば，すべての属性が上位から下位に引き継がれると考えるのは誤りであり，具体的事例によって継承されない属性や変容される属性があることが予測される。

さらに，基本レベルカテゴリーの前提に基づけば，属性は上位から下位に引き継がれるだけではなく，基本レベルである下位から上位に引き継がれると考えられる場合もある。あるいは，上位概念の内容（イメージや推論，知識）は，実は 1 つまたは複数の下位概念によって埋められているという場合もある。このように，認知言語学における継承は計算式やルールのように厳格に働くものではなく，具体事例に応じて弾力的に変容すると考えるべきであろう。詳細は今後の課題である。

4.8.2 メタファーの具現化

本書では，メタファーは骨子のみを規定していると思われるのに，詳細化したり，肉付けられたり，その特徴を持つ典型的な事物に連想が働いたりして，メタファー表現に具体的な存在物が言及される例が多く見られる。これをメタファーの

具現化（instantiation）と呼ぶ。例えば，(22)がそれにあたる。

(22)　龍頭蛇尾

これを図示すると図 20 のようになる。

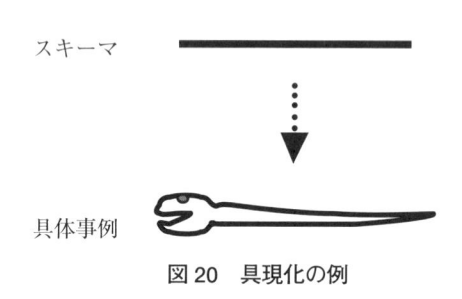

スキーマ

具体事例

図 20　具現化の例

(22)は，物語や話が線状に捉えられ，同様に線形と思われる長い動物の「龍」や「蛇」が使用されている例である。具現化は認知文法においてスキーマ化の反対で，精緻化（elaboration）ともいい，下位範疇化（subcategorization），特殊化（specification）などを含む概念である[32]。

(22)の用例から，「物語は龍である」や「物語は蛇である」といったメタファーを立てることは望ましくない。類例が見当たらないからである。このようなケースを具現化と考える。具現化には，⋯▸という表記を用いる。具現化は(23)のように定義する。

(23)　**メタファーの具現化**
　　　メタファーの具現化とは，あるメタファー A のモト領域の表現が，より具体に，より詳細なレベルの事物として表現されること

---

[32] Langacker (2008: 17)．下位範疇化（subcategorization）と特殊化（specification）が同一かどうかは議論の余地がある。カテゴリー化とスキーマ化がどのように異なるのかという設問と平行しています。現時点での予想は，下位範疇化とカテゴリー化は成員の数を考えるモデルで規定され，特殊化とスキーマ化は概念が素性から構成されるというモデルを背景として規定されるというものである。古典的カテゴリー観においては，素性の数の増加と成員の数の減少が連動しているので，カテゴリー化とスキーマ化に関して議論されることもない。

この具現化の定義によれば，モト領域の表現が具体物として表現されればすべて具現化ということになる．(22) では，それ自体がメタファーを形成しない用例を見た．しかし，具現化がメタファーを形成してもよいという考え方も同様に可能である．この考え方では，プライマリー・メタファーにおける《理論は建物》は継承と具現化の両方の用例と考えられる．

　具現化は継承と類似しており，重なりを持つが，典型的には次のような相違を念頭に置いている．具現化とはモト領域の概念のある属性から，その属性を持つ具体物が想起されることであり，典型的かつ偶発的である．これに対して継承は上位概念の持つ主要な写像が下位概念に引き継がれることであり，構造的である．

4.8.3　メタファーの合成

　合成 (composition) の例としては，**3.2.6** で，Grady (1997a, b) による《理論は建物》の分解と合成を見た．本項では，この合成に注目し，その機構を精緻化するとともに拡張する．複数のメタファーが同時に働く現象をメタファーの合成と呼ぶ．メタファーの合成の定義を (24) に挙げる．

(24)　**メタファーの合成**
　　　W IS X というメタファー A と，Y IS Z というメタファー B があり，
　　　Y と Z がそれぞれ W と X の属性などの形で，W と Y および X と Z の間に整合性があり，
　　　《Y な W は Z な X》などのメタファー C が成立した場合，C は A と B から合成されたメタファーと考える．

メタファーの合成に対しては以下のような表記も使用する．

$$\begin{array}{l} W \ IS \ X \\ \underline{Y \ IS \ Z} \\ \Rightarrow WY \ IS \ XZ \end{array}$$
　　図 21　メタファーの合成の表記例

　例えば，「不満」に関するメタファー表現を考える際，《感情は水》以外のメタファーも同時に存在する可能性があることがわかっている．(25) のメタファーは (26) のメタファーと合成されて，(27) のメタファーを形成する．

(25) a. 《良は上・悪は下》　　b. 《良は直・悪は曲》
(26) 　《感情は水》
(27) a. 《マイナスの感情は下にある水》　b. 《マイナスの感情は曲って流れる水》

(27) のようなメタファーが，(28) のような表現を可能としていると考える．

(28) a. 　不満が溜まる　　b. 　不満が渦巻く

この合成には，様態や意図性などそれ自体はメタファーでない要素も関与しうる．例えば，「不満」は自然に発生する感情であるので，「溜まる」，「漏れる」など，勢いの弱い動詞と共起しやすい．一方，「勇気」は力動性が高いと考えられるので，「ほとばしる」や「溢れる」など勢いの強い動詞と共起しやすい．様態，意図性，力動性などは，それ自体がメタファーではないので，Grady (1997b) の PM 理論における合成の概念を拡張した機構となる．また，様態，意図性，力動性といった要素は，知覚的で連続的 (continuous) であり，命題的記述になじみにくい．あえて上述の表記を使用すれば図 22 のようになる．

　　　　《勢いが強い X は勢いが強い Y》
　　　　<u>《感情は水》　　　　　　　　　　　　　　</u>
　　　　⇒《勢いが強い感情は強い勢いで流れる水》
　　　　　　　図 22　水のメタファーの合成例

本書における合成の考え方と PM 理論の合成の相違，さらに，PM 理論に対する本書の枠組みの優位性に関しては，**4.10** で検討する．
　このような合成の過程は，本書で取り扱うあらゆるメタファーに生じる．第 **6** 章（水のメタファー）では，色，流れの様態，流れの方向性などが合成される様子を見る．第 **9** 章（因果のメタファー）でも移動と方向性に対してそれぞれ異なるメタファーがかかる例を見る．第 **11** 章（可能性のメタファー）では，黒白と濃淡がそれぞれ異なるメタファーにかかり，これらが衝突するためにメタファーの生産性が極めて低くなる例を観察する．第 **14** 章（善悪のメタファー）では，複数のメタファーを取り込んだ表現がより直感に合致したメタファーとして多用される可能性を示唆する．次項では，合成の過程で生じる衝突に関して検討する．

4.8.4 メタファーの衝突

合成が生じると衝突 (clash) が起こる場合があり，これがメタファー表現の非生産性の要因として考えられる．例えば，《感情は水》メタファーとともに，上下のメタファー (3.2.1)，汚れのメタファーや乱れのメタファー (第 14 章) など，異なるメタファーが同時に働くことによって表現の生産性が低くなるという現象が生じる．また，様態，意図性，力動性などが領域間で衝突を起こすこともある．本書では「まだら」問題の多くが，メタファーの合成と衝突で解決できることを主張する．

水のメタファーではその容認可能性が「まだら」であり，一見すると生産性の予測がつかないが，これは，上下，力動性などの動詞の複雑な意味の要素が絡んでいるからであり，このような要素を説明に加えれば，予測可能性が飛躍的に向上することを主張する．

本書で想定するシステムは，語の意味の多様な側面と，メタファーなどの認知の側面が照合される多面的制約充足過程の存在を提示する．例えば，「*不満をかける」が不整合になる過程を，「不満」の諸側面と「かける」の諸側面の照合の過程として捉える本書の考え方を概略的な図式で表記すれば図 23 のようになる．

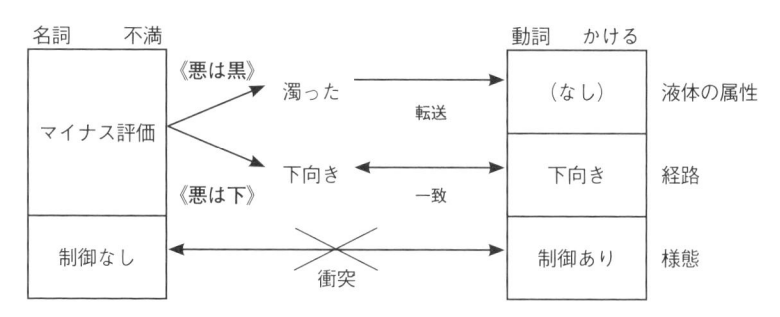

図 23 「不満」と「かける」が不整合となるモデル

つまり，不満は典型的にマイナスの評価性を持ち，制御されないという特性を持っている．まだら現象が生じるのはそれぞれの動詞や名詞が複雑な意味的側面（典型的動作主，典型的被動作主，様態，経路など）をそれぞれ有しており，それらの矛盾が起こらない場合にのみ表現が可能になることを主張している．つまり，すべて対応する必要があるわけではなく，主要な写像が成立し，矛盾するものがなければ，その共起は容認可能であるという考え方である．水のメタファーのほか，第 11 章では《可能性は濃淡》と《善は白・悪は黒》が衝突することを主張する．

第 4 章 身体性メタファー理論 | 101

4.8.5　メタファーのネットワークのまとめ

本節ではメタファーのネットワークとそのリンクに関わる概念を見た。**4.8.1** でメタファーの継承，**4.8.2** でメタファーの具現化，**4.8.3** でメタファーの合成，**4.8.4** でメタファーの衝突を導入した。次節では，メタファーの異なる領域をつなぐ，いわばメタファーの存在理由ともいえる基盤の概念に関して，本書の立場を述べる。

4.9　メタファーの基盤

認知メタファー理論にとってメタファーを形成するもとになる基盤（動機づけ）の概念が重要であることは既に指摘した通りである。本節では，本書で想定するメタファーの基盤をまとめる。認知メタファー理論では，身体的経験の同時性を意味する共起性基盤の重要性が強調されているが，本書では，**3.1.6** で見た共起性基盤以外に，本節で詳述する構造性基盤と評価性基盤を加える。さらに，カテゴリーが基盤となる可能性についても触れる。基盤の類型は (29) に見る通りである。

(29)　メタファー基盤の類型
　　　・共起性基盤
　　　・構造性基盤
　　　・評価性基盤
　　　・カテゴリー性基盤

本節では，**3.1.6** で述べた共起性基盤に関して **4.9.1** で再論し，**4.9.2** で構造性基盤について，**4.9.3** で評価性基盤について論じ，**4.9.4** でカテゴリー性基盤の可能性に関して検討する。

4.9.1　共起性基盤

3.1.6 に述べたように，基盤（動機づけ）とは I. A. Richards の用語で根拠 (ground) に当たるもので，「離れた 2 つの領域の写像」（メタファー）がどうして存在するかというメタファーの存在理由である。例えば，《怒りは火》メタファーの基盤としては，怒りなど興奮状態になると体温が上がるという共起性基盤が挙げられている (Lakoff, 1987a)。共起性基盤は，経験的基盤，身体性基盤とも呼ばれる。Lakoff and Johnson (1980) の時点では，共起性と類似性の 2 つが基盤として挙げられていたが，その後は，共起性のみが主張されるようになり，これを究極まで突きつめ，共起性基盤の

あるメタファーのみを集めたのがプライマリー・メタファー理論である[33]。3.2.6 の表1 を下記に表3 として再録する。

表3　プライマリー・メタファーにおける共起性基盤の例

サキ領域	モト領域	基盤
困難	重さ	{重いものをもつのは困難であること}
欲望	食欲	{食欲と食べ物を見つけたい欲求の相関}
行為の衝動	かゆみ	{かゆみと掻きたいという衝動の相関}
幸せ	明るさ	{明るさと安全や暖かさなどとの相関}
理解	見ること	{情報が視覚から入手される経験}
愛情	暖かさ	{愛情と接触による身体の温かさの相関}
因果	つながり	{物理的につながったものの一体化した動き}
類似	隣接	{同類は集まり，近い地域では環境が似ている}

4.9.2　構造性基盤

　本項では，共起性基盤が存在せず，イメージ・スキーマ (IS) が基盤となっていると思われる用例を見ることによって，構造性がメタファーの基盤になることを主張する。ここでの前提的想定は，IS が構造性のスキーマ的な形態であり，いわば，構造性一般のビルディングブロックとなっているという考えである。例えば，**1.2.3** で，太陽系と原子構造の例を紹介し，**4.6** でこれを構造性の例とした。太陽系は太陽を中心にし，その周辺を惑星が回っている。これは〈中心と周辺〉の IS に基づいている。**4.6.1** では構造性の例として，ニクソンとフランスの例を紹介したが，国民と国家，および元首と国家の関係は，〈部分全体〉のスキーマに基づく。また，国家という境界を持った領域の中に国民がいるという意味で，〈容器〉のスキーマも関

33　ただし **3.2.7** に見たように，プライマリー・メタファー理論を主張した Grady 自身も，Grady (1999) では (*similarity* という用語の代わりに *resemblance* という用語を使用して) 類似性メタファーを復活させている。しかし，この類似性メタファーには，イメージ・メタファー，Risk-Taking Is Gambling《危険を冒す行為はギャンブル》などの《一般は個別》スキーマによるメタファー，そして，*My job is a jail.* など Glucksberg and Keysar (1993) のカテゴリー包含メタファーを含めており，共起性メタファー以外というその他カテゴリーにしか見えない。本書では，イメージ・メタファーは構造性基盤，カテゴリー包含はカテゴリー性基盤によるメタファーとしてそれぞれ独立に地位を与え，これに加え，評価性基盤のメタファーの存在を主張し，豊富な証拠から体系的に再構築する。

連する。元首と国民の関係は〈上下〉のスキーマ[34]のメタファーによる投射であると考えられる。第7章(擬人のメタファー)の4節では，頭，肩，腹といった身体の構造が擬人によって他の構造に写像される例を見るが，ここでも，〈上下〉のスキーマと〈部分全体〉のスキーマが関わっていると考えられる。このような意味で，ISは構造性を形成する原初的要素といえる。今後，ISが基盤となるという考え方をIS基盤，形状の類似が基盤となる考え方を形状基盤[35]と呼び，IS基盤および形状基盤は構造性基盤の下位分類と考える。

本項では，まず，4.9.2.1で，従来の理論ではISは基盤と別に考えられてきたことを確認する。それ以降，ISがメタファーの基盤となる例を，4.9.2.2で〈連続体〉，4.9.2.3で〈線と移動〉，4.9.2.4で〈力〉，4.9.2.5で〈数〉と〈同一性〉として提示する。

4.9.2.1　イメージ・スキーマとメタファー

再度になるが，Lakoff(1993)では，不変性原理として，ISとメタファーの関連に関して，(30)のように述べている。

(30) Metaphorical mappings preserve the cognitive topology (that is, the image-schema structure) of the source domain, in a way consistent with the inherent structure of the target domain.

これは，(31)に見るように，2つの部分に分けられる。前半はLakoff(1990)で不変性仮説(Invariance Hypothesis)として記述されたものであり，これが強すぎるとし，修正したものとして不変性原理(Invariance Principle)で新たに付け加えられた部分が後半である。

(31) a. Metaphorical mappings preserve the cognitive topology (that is, the image-schema structure) of the source domain. (,)
　　 b. in a way consistent with the inherent structure of the target domain.

34　Johnson(1987)において，〈上下〉のスキーマは〈直立〉の意味で，BALANCE（均衡）として取り上げられている。

35　形状の類似性に関しては主に第5章（イメージ・メタファー）および第7章（擬人のメタファー）で取り上げる。

すなわち，メタファーではサキ領域で矛盾がない限り，モト領域からサキ領域へ IS が写像されるという主張である。ここで，留意しておきたい点は，IS 自体がプライマリー・メタファーの節で考察した基盤となることが主張されているわけではない点である。メタファーの基盤としては，Lakoff and Johnson (1980) で類似性と共起性が上げられていたが，その後，共起性のみが基盤として取り上げられるようになった[36]。IS と概念メタファーの関係を包括的に取り扱った Lakoff (1990, 1993) でも IS が基盤になるとは述べられていない。つまり，IS が<u>結果として写像される</u>という主張は，IS がメタファーを形成し（領域を「結び」），共起性の代わりに<u>基盤の役割を果たす</u>という主張とは，別物である。Lakoff (1990, 1993) は前者の主張のみをおこなっている。本書では前者に同意しつつ，後者まで主張する。

(31) の原理には，ともすれば矛盾となる点が含まれている。(31b) では，サキ領域にも固有の構造が存在することが前提となっている。その場合，サキ領域に固有の IS が存在する可能性は高い。そうであれば，同一の IS を有する領域同士が，メタファーとして関連づけられることがあっても不思議はない。本項では，以下にプライマリー・メタファー理論，および Lakoff and Johnson (1980) で述べられた共起性基盤が存在しないメタファーがあることを観察し，このような場合，IS 自体がメタファーの基盤となっていることを主張する。

4.9.2.2 〈連続体〉のスキーマを共有するメタファー

日本語においては，言葉や感情を流体として捉える場合が多い。本書では，第 6 章（水のメタファー）で《感情は水》，《言葉は水》，《金銭は水》を特定する。これ以外にも，《群集は水》と呼べるような，群集や多数の個体が集合している際に水のように捉えられることがある (Lakoff, 1987a; 山梨, 1995: 125)。

(32) a. They <u>flooded</u> into the room.
  b. 駅からずっと甲子園に行く人の<u>流れ</u>が続いている。
  c. コンサートホールは熱狂的なファンで<u>溢れ返っている</u>。
  d. 人<u>海</u>戦術
  e. 陽子は人<u>波</u>に飲まれていった

---

[36] **3.1.6** の基盤の項およびその脚注を参照。

(33) a. America has "lost control" of its borders but remains deeply divided over how to curb the inexorable flood of illegal immigration.
   b. The United States is receiving the largest wave of immigration in its history.
   c. This influx strains our facilities for assimilation.
   d. But America is poorly equipped with the rising tide of people seeking to come to the United Sates.
   e. Here was another Asiatic reservoir of over 300 million souls threatening to deluge the coast.

(Kövecses, 2002: 66)

　群集の基盤に関しても，群集が水に入るような事例が経験的に根源的で頻繁に起こるとは考えにくい。

　群集はいわば，多数の個体から構成される複数体（multiplex）である。水は第 **6** 章で取り扱うが，不可算名詞を形成するもととなる概念区分上の物質であり，池上 (1981, 1983) の述べる〈連続体〉の一種と考えられる。〈複数体〉と〈連続体〉は **4.2.3** で紹介したように非常に近い関係にあり，両者は，無定形である，容器に溜まるなど，**6.1** に記述した水の推論を共有している。この場合，以下の**図 24** に示すように IS 自体が両者をつなぐ基盤となっているといえるのではないだろうか。

　(34) のような表現も複数体が水のように捉えられている類例と考えられる。その流れの様態も，「一回毎には少量が」「間隔をあけながら」という点で IS 的な類似性を持っているといえよう。

(34)　テロリストは五月雨式に（→ぽつりぽつりと少しずつ順に）入ってきた

　次項以降，IS が基盤として機能している例を，〈連続体〉以外にも検証する。次項では，IS が〈線と移動〉のメタファーの基盤となっている例を考察する。

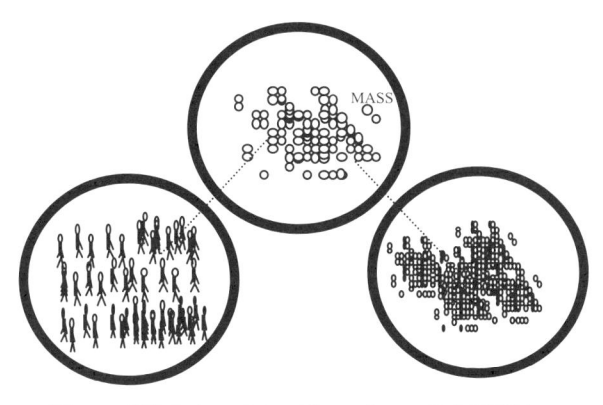

図24　群集と水，イメージ・スキーマ的な同型性

4.9.2.3 〈線と移動〉のスキーマを共有するメタファー

3.2.2 で紹介した Lakoff and Turner (1989) の人生のメタファーは，図 25 のように並べると共通性が見られる。

LIFE IS A JOURNEY《人生は旅》	出発 － 到着	
PEOPLE ARE PLANTS《人間は植物》	種 － 芽 － 茎 － 花 － 枯	
A LIFETIME IS A YEAR《人生は年》	春 － 夏 － 秋 － 冬	
A LIFETIME IS A DAY《人生は一日》	朝 － 昼 － 夜	

図 25　人生のメタファーのモト領域

すなわち，それぞれが，始まりから終わりへの基点→経路→着点という〈線と移動〉の IS を有している点である。移動や変化の推移があれば，人生のメタファー表現ができるのだろうか。この予測は (35) のような例に見るように実現される。

(35) 君もそろそろ人生の最終コーナーを回って直線に差し掛かっているから，この辺でスパートしないとな。

この場合は，(36) のようなモト領域が想定できる。

(36) スタート － 最終コーナー － 直線 － ゴール

つまり，移動や変化の推移があり，〈線と移動〉のISを構造に含んでいる領域の多くは，人生のメタファーを作ることができると考えられる。この場合，ISは写像されるのみならず，それ自体が基盤となって2つの領域をつなぐメタファーを形成していると考えてよいだろう。

物語や話なども線状の構造を持っていることは共有された理解であろう。**4.8.2**で見た「龍頭蛇尾」でも，話が，同じく長い線状の構造を持っていると考えられる「龍」や「蛇」といった動物に喩えられている。この場合，物語と蛇をつなぐ基盤は共起性には見出されない。蛇や龍が物語に頻出するからという理由であれば，熊や狼でもいいはずであるが，実際はそうでないし，初めと終りのような解釈もできない[37]。線という形状のスキーマの類似性であると考えるほうが自然であろう。また，この場合の線とは，実際の線ではなく，文や文の集合としての談話が線とみなされていることを留意すべきである。龍や蛇に関しても，通常の動物と比較して頭から尾に至る距離が長いことに注目し，線のようにみなされているのであって，実際に線ではない点で，みなしとスキーマ化が関わっている。

4.9.2.4 〈力〉のスキーマを共有するメタファー

Johnson (1987) でISの一種として取り上げられている〈力〉は，(37) に見るようにその強弱が五感に共通である。異なる感覚領域の間で力量性の近いもの同士に対応関係が生じ，類似性が感じられても不思議ではない。例えば，強い光と強い音や強い色に類似性が感じられるような場合である。さらに，物理的な力は，(38) のように抽象的な心理領域や社会領域へ拡張が可能である。

(37) a. 強い圧力　（圧覚／触覚）　b. 強い匂い　（嗅覚）　c. 強い味　（味覚）
　　 d. 強い音　（聴覚）　　　　 e. 強い光　（視覚）　　f. 強い色　（視覚[38]）
(38) a. 僕の感情は現実の大きさに押しつぶされようとしていた。（心理的力）
　　 b. 政治家が僕たちの活動に圧力をかけてきた。（社会的力）

---

37 「虎頭狐足」「狼頭狗尾」という新造熟語を考えても当該の意味にならない印象がある。「羊頭狗肉」は外見と内面に関する諺であって物語や話の進行に関するものではない。但し，中国では，「虎頭蛇尾」というらしい。

38 「??強い形」という表現の容認度が低いことも参照。形状は他の部分との相対的強さ（図と地）と相対的位置関係（図を占める部分相互の位置関係）で決まり，強さが捨象されている。このことは，**4.4.4** および **4.4.5** の視覚の特殊性に関する記述と重なり，形状は他の感覚と異なる。

これも IS を基盤としたメタファーの一例と考えられる。一般に IS は多感覚にわたっており，異なる領域をつなぎやすいことが想像できる。

4.9.2.5 〈数〉のスキーマや〈同一性〉のスキーマを共有するメタファー

Johnson (1987) では，MATCHING (合致) や SUPERPOSITION (重ね合わせ) など，〈同一性〉に関わる IS を挙げている。また，Clausner and Croft (1999) では複数性 (MULTIPLICITY) も IS に挙げており，〈数〉も IS に含まれると考えられる。Turner (1991: 177) も IS に関して "Number of entities counts, at least up to a certain fuzzy magnitude of number: that is, an image-schema of two entities is different from an image-schema of three. (事物の数も関わる。但し境界はファジーであるがある程度大規模の数字になれば関わらない。例えば，2つの事物からなる IS は 3つの事物からなる IS とは異なる。)" と述べ，〈数〉が IS の重要な要素であるという考えを提示している。(39)〜(41) の事例では，〈数〉と〈同一性〉などの IS もメタファーに関わっていることが示唆される。

(39) a. 双璧　　　　b. 御三家　　　c. 四天王
(40) a. ツインタワー　b. 双子の赤字
(41) 　　ピストン輸送

(39) のメタファー表現では，数 (UNITY/MULTIPLICITY)[39] の対応関係が鍵となっている。さらに，(40) では，2つの要素の存在に加えて，その2つの要素が全く同一であること (IDENTITY) が重要な役割を果たしている。さらに，(41) では，ピストンにおける移動 (motion)[40]，方向性 (reverse)，同一運動の繰り返し (IDENTITY, ITERATION, CYCLE) とさまざまなスキーマ的認識が関わっており，その多くが IS と呼べると考えられる。

4.9.2.6　構造性基盤のまとめ

本項では，構造性基盤として，IS が「領域をつなぐ」すなわち，メタファーの基盤となることを主張し，その用例を挙げた。**4.9.2.1** では過去の研究において IS が

---

[39] Clausner and Croft (1999) の用語。IDENTITY も同様。**2.5** を参照。
[40] Dodge and Lakoff (2005) が LOCOMOTION スキーマの形で挙げている。

モト領域からサキ領域に写像されることは主張されてきたが，メタファーの基盤となることは主張されてこなかったことを確認した。4.9.2.2 では〈連続体〉のスキーマが，4.9.2.3 では〈線と移動〉のスキーマが，4.9.2.4 では〈力〉のスキーマが，4.9.2.5 では〈数〉のスキーマや〈同一性〉のスキーマがメタファーの基盤となると考えられるデータを紹介した。

4.9.3　評価性基盤

4.5 で見た評価性の概念をもとに，本章では，過去の研究から評価性とメタファーを考察する。第 14 章（善悪のメタファー）では，政治的腐敗，性的モラルなど，倫理的善悪を取り扱う表現において，善が，清潔さ，高さ，整い，真っ直ぐさとして捉えられ，悪が，汚れ，低さ，乱れ，曲りなどと捉えられることを特定している。

(42)　《善は白・悪は黒》　　　クロ，灰色高官，黒い霧，身の潔白を証明する
(43)　《善は純粋・悪は不純》　不純な動機
(44)　《善は奇麗・悪は汚れ》　汚れた政治家，手を汚す，汚職事件，無垢な
(45)　《善は清潔・悪は不潔》　不潔な行為，クリーンな政治家
(46)　《善は上・悪は下》　　　モラルが低い，志が低い，高潔，堕落する，
　　　　　　　　　　　　　　　堕ちる，モラルの崩壊
(47)　《善は整・悪は乱》　　　モラルの乱れ，風紀が乱れる
(48)　《善は全体性・悪は欠如》モラルの欠如
(49)　《善は均等・悪は歪み》　モラルの歪，歪んだ政治
(50)　《善は新鮮・悪は腐敗》　政治の腐敗，テレビ局の腐敗
(51)　《善は健康・悪は病気》　病んだ政治
(52)　《善は直・悪は曲》　　　曲がったことが大嫌い
(53)　《善は直・悪はねじれ》　真実を捻じ曲げる
(54)　《善は軌道上・悪は逸脱》道を外れる

この際に特徴的なのは，善悪を意味するメタファー表現を形成する「不純，汚れ，低さ，崩壊，欠如，ゆがみ，腐敗，曲った，捩れた，外れた」というモト領域の用語が，ほとんどの場合，既に評価性を含んでいると思われる点である。英語にも同様の現象は存在し，*dirty, filth, pure, clean, upstanding, low, degenerate, decay, erosion, rupture, chipping, crumbling, deviant* などの用語は既に評価性を含んでい

る。これは，評価性自体がメタファーを形成する基盤となる可能性を示唆する。

第 13 章（問題のメタファー）でも，マイナスの評価性を持つ「問題」のメタファーを形成するモト領域の用語が既にマイナスの評価性を有するという同様の現象が起きている。問題は，〈敵〉，〈重荷〉，〈障害物〉として捉えられるが，これらはすべて既にマイナスの評価性を含んでいる。

《問題は敵》
(55) a. 問題に立ち向かう　b. 問題と戦う　　　c. 問題に悩まされる
　　　d. 問題にてこずる　　e. 問題が手に負えない　f. 問題に付きまとわれる
《問題は重荷》
(56) a. 問題を抱える　　　b. 問題を背負う　　c. 問題を引きずる
《問題は障害物》
(57) a. 問題にぶつかる　　b. 問題を乗り越える　c. 問題を回避する

こういった用例からも，評価性の方向が同じ概念は，メタファーを形成しやすいという可能性が示唆される。このようなことから，本書では評価性がメタファーの基盤を形成することを主張する。詳細は，第 15 章（評価性を基盤とするメタファー）をご参照いただきたい。次項では，カテゴリー性基盤の存在の有無に関して問題提起をする。

4.9.4　カテゴリー性基盤

カテゴリーが基盤となるかどうかは，現在，争点となる重要な問題である。本書では，4.2 で，オントロジ・スキーマという概念を導入し，第 17 章（ことわざのメタファー）で動物や生物というカテゴリーがメタファー形成の一助となっていることを見る。また，第 6 章（水のメタファー）では，水が〈連続体〉のスキーマのプロトタイプとしてメタファー群を形成する可能性，第 7 章（擬人のメタファー）では人間が動物のプロトタイプとしてメタファー群を形成する可能性に関して言及する。

カテゴリー性基盤に関する本書の立場は以下の通りである。本書では，動物，生物といった高次のレベルのオントロジ・スキーマがメタファーの基盤となることを認める。一方，このようなカテゴリーが基盤となりうるのは，こういった認知的に顕著なオントロジ・スキーマが，特徴の凝集性という形で，構造性を有しているからで，究極的にこのようなカテゴリー性基盤は構造性基盤に還元できると考える。

つまり，〈動物〉，〈生物〉といったオントロジ・スキーマ（OS）によるメタファー形成は，その実，構造性基盤の別名である，という考え方である。

また，カテゴリー性基盤として主張されるものには評価性が関わる場合が多い。心理学でメタファーを説明する理論として，有力な理論の1つであるカテゴリー包含説に関しても，そこで提示される用例の多くが評価性を含むと考えられる。

本項では，**4.9.4.1**で，どのようにカテゴリーが構造性に還元できるのか，動物と生物の具体例を挙げて説明する。さらに，**4.9.4.2**でカテゴリー包含説を再度取り上げ，説明を加えるとともに，批判的に検討し，その多くが評価性基盤であることを主張する。

4.9.4.1　カテゴリーと構造性

本書では，〈動物〉，〈生物〉といったOSが基盤となると考え，一般に，適切なレベルのカテゴリーは基盤になり得るとしてカテゴリー性基盤を認める。一方，このようなOSは究極的には構造性に還元でき，カテゴリー性基盤は，構造性基盤の特殊例であるとして位置づける。〈動物〉の例として，第7章（擬人のメタファー）で見るように，人間と犬を比較する。両者の身体部位は驚くほど類似している。頭，顔，目，鼻，口，歯，舌，首，肩，腹，皮膚，爪，脚，腰，尻などが構造的な位置関係を保って配置されている。主な相違点は，二足歩行と四足歩行およびこれに伴って前足を腕や手と呼ぶこと（犬も「お手」の際には手と呼ばれる），そして，尻尾があるかないか，程度ではないか。目に見えない部分に関しても，肺，心臓など主要な器官は形状および機能の面で大いに類似していると考えてよい。このような点から，〈全体と部分〉のスキーマおよびその具体的構成が合致しており，構造的に類似しているといえる。動く，走る，食べる，排泄する，眠る，遊ぶ，喜ぶ，など，動作面，生理面，感情面からも多くを共有している。こういったことから，犬と人間は構造的な類似性を持つと考えられる。カブトムシやミミズなど，いわゆる下等な動物になると類似の程度は下がるが，それでも，複数の部分と複数の機能が相互関連を保ちながら凝集的に類似している。ただ，獣類，鳥類，魚類，昆虫類とそれぞれ相違点が異なるので，異なるものに喩えられることで異なる推論が写像されることになる。

〈動物〉よりも上位に位置する〈生物〉のカテゴリーの構造性は，〈動物〉よりもやや抽象的でわかりにくいかもしれない。動物以外の生物の主要なものとしては植物が考えられる。そこで，具体例として桜と人間を考えてみよう。まず，視覚的な類似

性としては両者が直立している点が挙げられるだろう。そして重要な類似性として桜も人間も成長する。さらに，直立と成長の点が共通であることから，生まれたときは小さく，低いが，時を経るにつれて大きくなり，高くなるという共通性が生じる。加えて，養分を取り，老廃物を排出する，加齢とともに表皮が硬くなる，老齢のある時点で死亡（枯死）するなどの共通点がある。チューリップやひまわりなどの大きな花を咲かせる類の植物では，花が顔，葉が手と視覚的対応関係を持っているように見立てられる場合も多い（大堀, 2002b: 81）。

〈生物〉よりも上位に位置する〈物体〉では，抽象度がさらに増し，メタファーを形成しうるような構造性は十分でないように思われる。落下するなど，物理の法則に従う点で人間や動物にも〈物体〉としての性質は確かに存在するものの，有情物は物理的な動きに抗したり，自ら移動を開始したりする点で〈物体〉と大きく異なる。また，〈物体〉という高次のオントロジ・スキーマは，輪郭を持つ点で動物や生物と類似しているが，不定形でそれ以上の類似性を持たない。しかし，機械など，複雑な物体はその複雑な構造と複雑な機能の点で人間や動物のメタファーとなることもある。

カテゴリー性および構造性は，スキーマであるから，そこから予測されるのは対称性と双方向性である。つまり，他の条件が同じであれば，X IS Y というメタファーが成り立つ場合，その逆である Y IS X も成り立つことが予測される。〈動物〉，〈生物〉，〈複雑な物体〉の場合，(58)～(60) に見るようにこの予測は正しい。

(58) a.　アキレスは<u>ライオン</u>だ　　　　《人間は動物》（擬獣化メタファー）
　　　b.　かえる<u>君</u>は<u>言い</u>ました　　　　《動物は人間》（擬人化メタファー）
(59) a.　貴様と俺とは同期の<u>桜</u>　　　　《人間は植物》
　　　　　　　　　　　　　　　　　　（擬木化／擬草化／擬花化メタファー）
　　　b.　桜の花が<u>微笑んで</u>いました　《植物は人間》（擬人化メタファー）
(60) a.　その一言で<u>スイッチが入</u>っちゃった《人間は機械》（擬物化メタファー）
　　　b.　この PC なかなか<u>いうことをきいてくれない</u>
　　　　　　　　　　　　　　　　　　　《機械は人間》（擬人化メタファー）

4.9.4.2　カテゴリー包含説の批判的検討

メタファーを説明する理論の1つとしてカテゴリー包含説（Glucksberg and Keysar, 1993; Glucksberg, 2001 など）を紹介し，**1.4** でカテゴリー包含説がカテゴリー化とメ

タファーを区別できない点でメタファーの理論として説明を果たしていないことを述べた。Glucksberg and Keysar(1993)が挙げる用例を(61)に挙げ、(61a)の説明図を図26に挙げる(Glucksberg and Keysar, 1993: 411)。

(61) a. My Job is a jail. (私の仕事は牢獄だ)
    b. My surgeon was a butcher. (私を執刀した外科医は屠殺人だった)
    c. Cigarettes are time bombs. (煙草は時限爆弾だ)

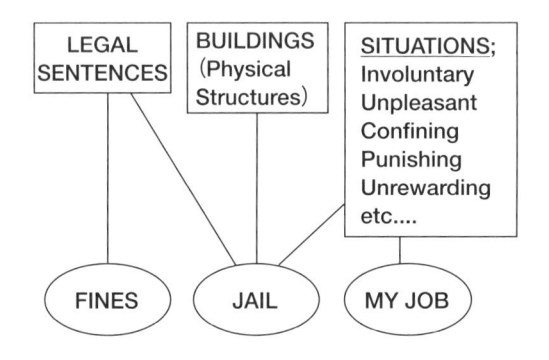

図26　My Job is a jail. のカテゴリー的共通性

　図26は、(61a)の *My Job is a jail.* (私の仕事は牢獄だ)がどのようにカテゴリー包含になるかを説明した図である。上の3つの長方形はJAIL(牢獄)に対して文脈的に変容する3つの上位カテゴリーを表している。JAILは、通常のカテゴリーとしてはBUILDINGS(建物)の部類に属する(図26上部中央)。また、法律の観点からは、LEGAL SENTENCES(判決)の一例として、FINES(罰金)と同類(JAIL = 禁固刑)となる(図26左上)。また、SITUATIONS(状況)として、Involuntary, Unpleasant, Confining, Punishing, Unrewarding(強制的で、心地が悪く、閉じ込められているようで、罰として、報われることのない)といった状態を示せるとしている(図26右上)。そういうものを示すJAIL(牢獄)カテゴリーにMY JOBが入る、というのがカテゴリー包含説の論旨である。

　カテゴリー包含説には問題も多い。まず、そのカテゴリーと呼ぶものが、Barsalou(1983)がAd hoc categoryと名づけた場当たり的なカテゴリーであって、複数の特徴の体系的合致である凝集性を前提とせず、単発の類似性に基づいている点がある。

図26に挙げられたInvoluntary以下の複数の用語も結局JAILの持っている雰囲気および印象,すなわち,楠見(1995)がいうところの情緒的類似性をさまざまに言い換えたに過ぎず,〈動物〉のオントロジ・スキーマに見たような構造性を示しているわけではなく,その点で,凝集的とはいいがたい。結局,カテゴリー包含説は比較説に還元でき,比較説と同様の欠陥を有しているといえよう。

カテゴリー包含説の第2の問題は,取り扱うデータがX IS Y型のコピュラ文に限られている点である。本書で既に詳細に見たように,メタファーは言語に関するものであるよりも認知に関するものであり,メタファー表現も名詞に限らず,動詞,形容詞,副詞,前置詞と多岐にわたる。カテゴリー包含説論者はその出自が認知心理学を中心としていることから,言語を取り扱っているのではなく,認知を取り扱っているのは明らかであるから,名詞メタファーのみを取り扱っているのはデータのバランスを不当に欠く。さらに言語学の視点から見れば,X IS Yというコピュラ文の重要な機能がカテゴリー関係を示すことであるのは,よく知られているので,カテゴリー包含説論者はメタファーの特徴を取り扱っているというよりはコピュラ文の特徴を抽出しているに過ぎない可能性が高い。

カテゴリー包含説の第3の問題点は,その循環論である。カテゴリー包含説でカテゴリーと呼ぶものは,図26で,MY JOBは,JAILのカテゴリーに入る,と主張されているように,言語の作るカテゴリーである。これが正しければ,カテゴリー包含説は循環論に陥る。これをやや文字を尽くして説明したい。まず,比較説における類似性を考える際に,言語的類似性を使用すると循環論に陥ることを説明する。「針の目」という用例を使用する。(62a)に示したように,比較説では,「針の目」が「目」と呼ばれる根拠を両者の類似性に求める。その際,類似性を言語で定義すると,(62b)に見るように循環論を起こし,何も述べてないのと同じことになる。

(62) a. 針の目はなぜ「目」と呼ばれるのか ——人間の目に類似しているから
　　 b. 針の目は,なぜ人間の目に類似しているといえるのか
　　　 ——「目」と呼ばれるから

これと同様のことが,カテゴリー包含説に起こっていると考えられる。つまり,「私の仕事」が「牢獄」と呼ばれる理由をカテゴリーに求めながら,そのカテゴリー形成の根拠に言語カテゴリーを使用しているため,(63)のような循環論に陥って,

何も述べていないことになってしまっている。

(63) a. 「私の仕事」はなぜ「牢獄」と呼ばれるのか
　　　　——牢獄のカテゴリーに入るから
　　b. 「私の仕事」はなぜ「牢獄」のカテゴリーに入るといえるのか
　　　　——「牢獄」と呼ばれるから

　カテゴリー包含説の第4の問題点は，メトニミーを考慮していない点である。言語カテゴリーはメタファーのみで形成されるわけではない。語の意味には多義構造があり，多義は通常，複雑なネットワーク構造を形成していることは，認知言語学がその創成期から注目し，分析を深めてきた分野である。その多義ネットワークを形成する重要な1つがメタファーであるが，もう1つ重要な要素にメトニミーが存在する。もし，ある語の言語カテゴリーに入るのがカテゴリー包含になるならば，(64)のような用例からメトニミーもカテゴリー包含だということになる。

(64) a. I'm coffee.（コーヒーは私だ）
　　b. She's a redhead.（あの娘は赤毛だ）

　(64)はメトニミーの用例である。「わたしは鰻だ」が日本語のうなぎ文と呼ばれる「不思議な」現象であることは知られているが，英語にも同様の表現があることが池上 (2000) に記述されている。(64a) は，レストランや機内という特定の場面の中で，「コーヒー」でコーヒーを注文した人を指す隣接性に基づくメトニミーといえる。(64b) は，「赤毛」（英語では，*red head*）という頭髪あるいは頭部で赤毛の人を指す部分全体に基づくメトニミーである。カテゴリー包含説と同様の論法で考えれば，これらメトニミー的な意味拡張もそれぞれ *coffee* や *red head* のカテゴリーに入るということが可能であり，メトニミーもカテゴリー包含だということになる。
　これ以外にも，カテゴリー包含説の問題としては，カテゴリーとメタファーの区別ができない，Kusumi (1987) らのメタファーはカテゴリー乖離であるという説と矛盾するなどの点がある。また，本書の議論に従えば，(61) に挙げられた用例はすべて，*jail*, *butcher*, *time-bomb* の〈嫌な場所〉,〈荒っぽい人〉,〈危険なもの〉という評価性基盤で説明がつく。以上のような問題点や代替案を考慮し，本書では場当たり的カテゴリーを利用したカテゴリー包含説を採用しない。

4.9.4.3 カテゴリー性基盤のまとめ

本項では，**4.9.4.1** でカテゴリーと構造性について論じ，**4.9.4.2** でカテゴリー包含を批判的に検討した。結論から述べれば，本書では〈動物〉，〈生物〉などのスキーマ化され，知識の凝集性を有したオントロジ・スキーマを中心にカテゴリー性基盤を認める。ただし，カテゴリー基盤とは究極的には構造性基盤の一種であると考える。また，カテゴリー包含説で主張されるような場当たり的カテゴリーは認めず，これらの用例は基本的に評価性基盤で説明できると考える。カテゴリー性基盤は，主に，第 **7** 章（擬人のメタファー）および第 **17** 章（ことわざのメタファー）で利用する。次項では本節のまとめとして基盤について再論する。

4.9.5 メタファーの基盤のまとめ

本節では基盤について論じた。以下に基盤の類型を再録する。

(29) メタファー基盤の類型
  ・共起性基盤
  ・構造性基盤
  ・評価性基盤
  ・カテゴリー性基盤

本書では，メタファーの基盤（動機づけ，根拠）として，従来から知られている共起性基盤（経験的基盤，身体性基盤）に加えて，構造性基盤と評価性基盤の存在を主張した。構造性とその類似性がメタファーを起動する例があるのは明らかで，水のメタファー，線と移動のメタファーからイメージ・スキーマが構造的写像を起動している例を見た。評価性に関しては，第 **15** 章で詳細に論じるが，プラスまたはマイナスの評価性を持つものが，同様の評価性を持つものに対して使用されることは多い。

カテゴリー性基盤の信憑性に関しても論じた。本書では〈生物〉，〈動物〉という重要で高次のスキーマを形成するオントロジ・スキーマがメタファーの基盤となることを主張した。これらのカテゴリー性基盤は，双方向のメタファーを持ちうる点が特徴であり，これはカテゴリー性メタファーのテストとなりうる。また，そのほかの既知の用例の多くは，評価性基盤と構造性基盤で説明がつくことを論じた。

次節では，本書の枠組みとプライマリー・メタファー理論の相違，および本書の優位性をまとめる。

4.10 プライマリー・メタファー理論と身体性メタファー理論

合成に関して，本書の立場と 3.2.6 で紹介したプライマリー・メタファー(PM)理論との相違，および本書の優位性は主に以下の3点である．まず，第1に，本書では，複合メタファーに対する PM の特権的地位を認めない．4.1 に述べたような知覚レベルと概念レベルの区分を前提にすれば，PM と複合メタファーの区分は解消する．つまり，PM と複合メタファーというグループは必要なくなり，これらと独立して合成というメタファー操作(メタファー同士のリンク)のみが残ることになる．そして，PM 理論の「より感覚的なメタファーが存在する」という正しい直感は，知覚レベル，概念レベルという，認知的により一般的な道具立てに吸収される．

第2に，メタファーの合成の元になるメタファーは PM である必要はない．メタファーの合成は異なるレベルで何重にも作用する可能性がある．例えば，熱愛状態かと思えば喧嘩をしたりまたすぐ仲直りしたりする二人を称して「あのカップルはジェットコースターだ」といえるだろうし，この表現はメタファー表現だと思われる．ここでは《恋愛は旅》と《良は上・悪は下》が合成されていると考えられる．この際，《恋愛は旅》は PM ではない．合成はむしろブレンディング理論(3.2.8 および 4.6.1)における概念融合と等価で，概念操作では頻繁かつ再帰的に生じる現象だと思われる．この意味で合成を PM に結び付けた PM 理論はデータにそぐわない．本書で例証するような合成の広範な使用を考えれば，本書の立場のほうがデータから支持される．

第3に，本書では，メタファーの基盤に知覚的基盤と，概念的基盤が存在し，その双方がメタファー表現の形成に重要と考える．PM 理論では，概念メタファーの多くは単に PM を複合した例として，PM メタファー群に還元できると考えるが，この考え方は，例えば，融合した結果，創発構造が出現するとするブレンディング理論のような考え方になじまない．認知文法でも，構成素構造(component structure)と合成構造(composite structure)の概念で単体の集合が実際に合成されると変容することを想定している(Langacker, 2008: 60)．構成性の原理(principle of composition)に対する認知言語学の否定的な立場を考えても，本書の立場のほうが認知言語学の他の理論や理論的前提の総体とより整合的だと思われる．

2つの上位カテゴリーから同時に継承を受けることは，継承の理論一般で多重継承と呼ばれるものに該当するが，多重継承では，合成後の形は厳密に予測できないことが知られている．多重継承を受けると，その性質は，継承元の両者の性質の組み合わせによって，衝突，オーバーライド(書き換え)，変容を含んだ創発的形式とな

る。例えば，《悪は曲》と《感情は水》が合成された場合，〈曲がっていること〉と〈水〉がどのように融合するかが問題となる。水自体は不定形であるため釘や傘の柄のように曲がることはない。(27b)では，その流れ方に〈曲がっていること〉を当てはめ，「渦巻く」に対応付けている。このように合成された結果は創発的に変容している。

次節では，さまざまな基盤や認知システムが，協業してメタファー表現の容認性やメタファーらしさを決定する多重制約充足的メタファー観を素描する。

4.11　多重制約充足としての身体性メタファー理論

人間にはさまざまな認知機構（イメージ・スキーマ／構造性の認知，カテゴリー性の認知，近接性）による共起リンクがあり，メタファーもそのシステム全体の中で考える必要がある。評価性などの認知機構は，基盤として働くとともに，制約として働く。メタファー同士の連携，合成，衝突もあり得る。本章における「困難」ファミリーの例では，マイナスの評価性のものにはすべてメタファーを形成する素地があるが，部分的に衝突のあるもの（例えば，(69)，(70)）だけがメタファー表現を形成できないという多重制約充足的システムが考えられる。

(65)　貧困と戦う　　　　　（《貧困は敵》）
(66)　問題を抱える　　　　（《問題は重荷》）
(67)　弾圧を乗り越える　　（《弾圧は障害物》）
(68)　病に蝕まれる　　　　（《病は害虫》）
(69)　??害虫に冒される
　　（??《害虫は病》：具体的で身体的なものがモト領域となる傾向に反するため）
(70)　??重荷と戦う
　　（??《重荷は敵》：重力軸である上下軸と戦いの基本方向軸である前後軸が不整合なため）

もちろんこれは構想に過ぎず，今後精緻な検証が必要となろうが，第 6 章（水のメタファー），第 11 章（可能性のメタファー），第 17 章（ことわざのメタファー）などを中心に，このような複数の機構が動機づけ合い，制約しながらメタファー表現を形成する機構を提示する。またその中の一部として評価性を第 15 章（評価性を基盤とするメタファー）で考察し，その重要性を主張する。評価性は，領域をつなぐものの

中でも重要な成員であり，形状の類似，イメージ・スキーマの類似といった構造性とともにメタファー表現を作る。例えば(71)のような「八事」[41]と「自由が丘」の類似性の検出は，構造性と評価性の協業によると考えられる。

(71) 八事は名古屋の自由が丘だ。
　　　(中心から少し離れていて(構造的)いい雰囲気(評価的))[42]

4.12　まとめ

　本章では，認知言語学(第 2 章)および認知メタファー理論(第 3 章)に基づき，これを発展させた鍋島(2007a)「身体性に基づく認知メタファー理論」の枠組み，身体性メタファー理論について述べた。身体性メタファー理論は，認知の諸機構と複数のメタファーが自由に合成されてメタファー表現を形成する多重制約充足的な機構を想定した理論である。この理論の基本概念として，**4.1** で知覚レベルと概念レベルに関して，**4.2** でイメージ・スキーマとオントロジ・スキーマに関して，**4.3** で知覚推論に関して，**4.4** でSモードに関して，**4.5** で評価性に関して，**4.6** で構造性に関して，**4.7** で多義に関して，**4.8** でメタファーのネットワークに関して，**4.9** でメタファーの基盤に関して，**4.10** でプライマリー・メタファー理論と身体性メタファー理論に関して，**4.11** で多重制約充足としての身体性メタファー理論について述べた。本章第 1 節から第 9 節で述べた概念が，第 2 章(認知言語学)および第 3 章(認知メタファー理論)で述べた概念とどのように関連するかを，**表 4** に概略的に示す。( )は同一ではないが関連する問題意識を示す。また，空欄は従来の理論に存在しなかったことを表す。

41　名古屋の繁華街の 1 つ。本例のご教示は名古屋大学籾山洋介氏による。
42　当初，「八事は東京でいえば自由が丘だ」という例文であったが，2002 年日本認知言語学会での発表の際，光延明洋氏から「『でいえば』を使用するとシミリでメタファーではないから惜しい」とのご指摘を受けたので念のため変更した。**1.2.1** で述べたようにメタファーとシミリを一括して扱うことに問題はないと考えるが，光延氏のご指摘はいつも念頭にあり，それに対する返答を鍋島(2009b)に述べたつもりである。

表4　身体性メタファー理論と認知言語学および認知メタファー理論との関連

本章の話題	第2章	第3章
4.1　知覚レベルと概念レベル		(3.2.6　プライマリー・メタファー)
4.2　イメージ・スキーマとオントロジ・スキーマ	2.5　イメージ・スキーマ	3.2.3　イメージ・スキーマの導入
4.3　知覚推論		
4.4　Sモード	2.7　主観性	
4.5　評価性		
4.6　構造性	2.8　領域	3.1.2　領域, 3.1.4　写像
4.7　多義	2.9　多義	3.1.1　多義
4.8　メタファーのネットワーク		(3.2.6　プライマリー・メタファー)
4.9　メタファーの基盤	(2.2　有契性)	3.1.6　基盤

　第5章以降は実際のデータに入る。まず，見た目が似ていることから喩えに使われるイメージ・メタファーについて検討する。

第 5 章

イメージ・メタファー

サキ	基盤	モト
形状類似（構造性）		
イメージ ←――――― イメージ		

キーワード
イメージ・メタファー
イメージ・スキーマ
認知文法

"My wife... whose waist is an hourglass."　　Lakoff and Turner (1989)

5.1　はじめに

　本章では，メタファーの中でも非常に感覚的なメタファーであるイメージ・メタファー (IM) を取り扱う。メタファーにおけるイメージの重要性は従来の研究でも指摘されてきたが，IM の性質を網羅的かつ理論的に研究したものはあまり存在しなかった。本章では，モト領域とサキ領域が，まったく「同じ」あるいは非常に「似ている」と思われがちな IM にも，理解の背景に Langacker (1987: 116ff) および Langacker (2008: 55ff) が選択 (selection[1])，視点 (perspective)，スキーマ化 (schematicity) と呼ぶさまざまな認知機構が作用していることを主張する。

　イメージ・メタファーに関する最も重要な言及は Lakoff (1993) であろう。同書では，冒頭の例に見られるような IM は，視覚的な類似性をもとにして形成される

1　Langacker (2008) の枠組みでは focusing に含まれる (Langacker, 2008: 57)。

一度きり('one-shot')のメタファーであるとして，概念メタファーとは区分している（Lakoff, 1993: 229）。一方で，概念メタファーとIMは同様にイメージ・スキーマ構造に制約を受けるという（Lakoff, 1993: 231）。本書では，一歩進めて，IMとイメージ・スキーマによるメタファーの連続性，さらに進んで，IMと概念メタファーの連続性を検証する。本書で主張するようにIMが概念メタファーと連続的であるならば，メタファーの基盤として形状の類似性や構造の類似性（イメージ・スキーマの共有）を認めざるを得ず，認知メタファー理論には重要な変更となるが，メタファー全般を統一的に取り扱えるようになる点で理論的には望ましい。

冒頭の例以外に，以下もIMの例と考えられる。なお，用例を写真で示す際，メタファーの表示に合わせて，左にサキ領域，右にモト領域を配置する。

ponytail　　　　　　　　　　白魚の指

*ponytail*はその視覚的類似性から髪型を「子馬の尻尾」と呼ぶものであり，確かに視覚的印象は大変類似しているが，よく考えると身体に対する位置づけはまったく異なり，どの部分から対応づけるかは恣意的である。「白魚の指」は白く細長い指の形容としてよく使用される喩えであるが，実際には太さ，透明度，目がついている点など，厳密な意味での視覚的類似性は乏しい。

本章の構成は，以下の通りである。**5.2**で視覚的類似性が高いIMを，**5.3**で選択を含んだIMを，**5.4**で視点の変換を含んだIMを，**5.5**でスキーマ化を含んだIMを，**5.6**で質感を含んだIMを，**5.7**で概念メタファーに近い構造的で複合的なIMを取り扱い，**5.8**をまとめとする。

5.2　視覚的類似性が高いIM

視覚的類似性が高いものでも，機能性（わたあめ），大きさ（わたがし雲，ぺんぺん草），温度（氷砂糖），色（フィッシュボーン，目玉焼き），質感（フィッシュボーン），向き（フィッシュボーン）に関してなんらかの相違がある場合がほとんどである。

わたあめ　　　　　　　　　　　　　わたがし雲

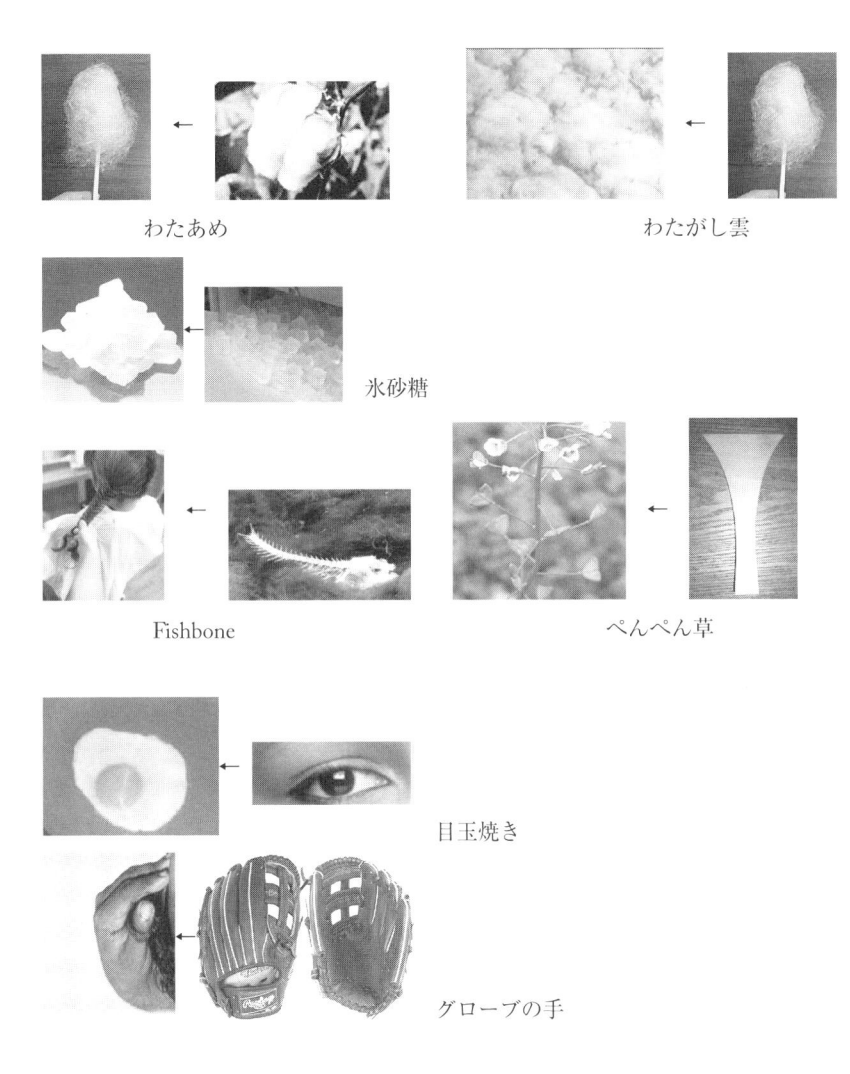

氷砂糖

Fishbone　　　　　　　　　　　　ぺんぺん草

目玉焼き

グローブの手

図1　視覚的類似性が高いイメージ・メタファー

5.3 選択を含んだIM

あるイメージが別のイメージにたとえられる際，選択(selection, 部分的焦点化)には，モト領域の部分を選び出すもの(大根の緑部分の無視)，サキ領域の部分を選び出すもの(pear-shape の人の頭，手足を無視)などがあるが，ほとんどの場合に両方

第5章　イメージ・メタファー | 125

がかかわる。選択の極端な例は、「ワシ鼻」で、対応しているのは人間の鼻とワシの「くちばし」の形状であると思われる。これは、形状などのある類似性を鍵にして関連した部分だけを切り取って対応づけられている点で、人間の認知の柔軟性を表している好例に思える。

大根足　　　　　　　　　　　a pear-shaped man

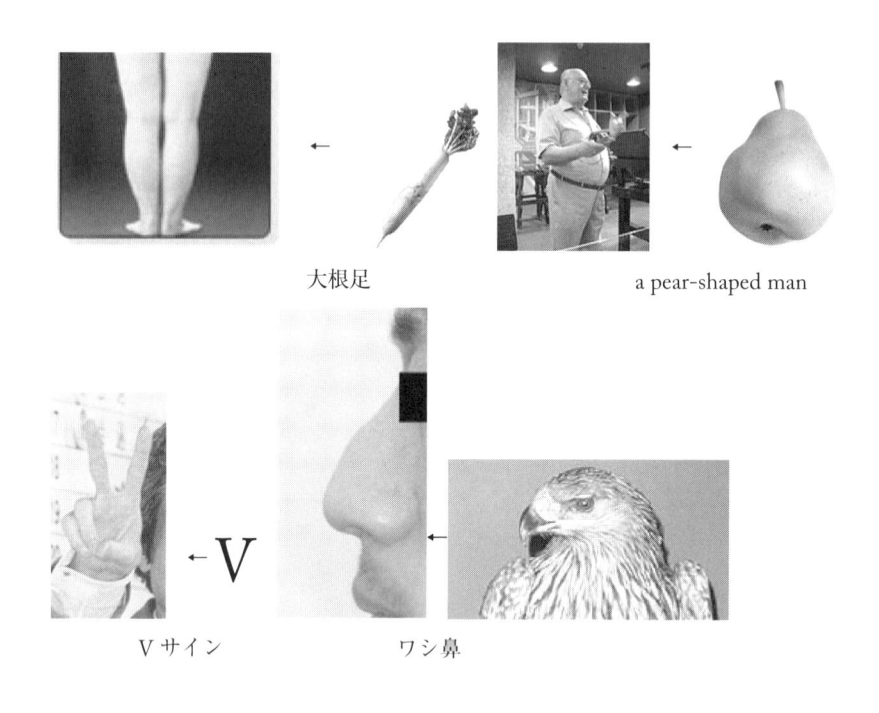

Vサイン　　　ワシ鼻

図2　選択を含んだイメージ・メタファー

5.4　視点の変換を含んだIM

　視点 (perspective) の中には、メンタル・ローテーションも含まれる。「逆三角形」の例は、三角形とは到底いえないが、この形を「逆」と考えるのは、頂点を上にした△が通常の方向と考えるからである。「燕尾服」の例では、鳥の背中と人間の背中に対応関係が取られる。「猫背」の例でも、背筋の方向性はまったく異なるが、動物の背と人間の背の方向性を捨象して対応させている。

燕尾服

猫背

図3　視点を含んだイメージ・メタファー

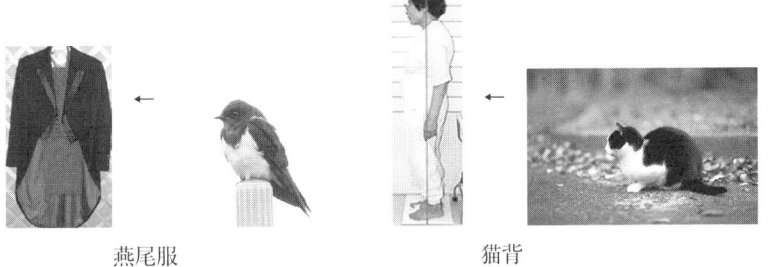

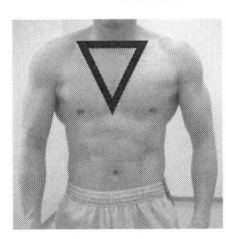

逆三角形

5.5　スキーマ化を含んだIM

　IMにおいて，イメージが高度にスキーマ化されているものは少なくない。丸（＝容器：ドーナツ，ちょうちん，水玉），長いもの（＝線：蛸足配線），薄いもの（ミルフィーユ），複数性（水玉模様，ミルフィーユ，もみじの手），中心周辺（蛸足配線，もみじ），部分全体関係（蛸足配線，もみじ，すし詰め），遠近（すし詰め，ミルフィーユ），力動性（すし詰め）などといったイメージ・スキーマに類する高度なスキーマ化が複合しながら作用していることが，図4の例に見て取れる。さらに，もみじのような手では愛らしい感じ，蛸足配線では「うざったさ」のような気色悪さが共起しているとしたら，そこには評価性が関わることになるとともに，5.7に述べる複合例とも重なる。

第5章　イメージ・メタファー　｜　127

5

5.5 スキーマ化を含んだI−M

ドーナツ盤　　　　　　　　　ちょうちん袖

ボールパイソン　　　　　　　水玉模様

蛸足配線　　　　　　　　　　もみじのような手

すし詰め　　　　　　　　　　ミルフィーユ (mille-feuille)[2]

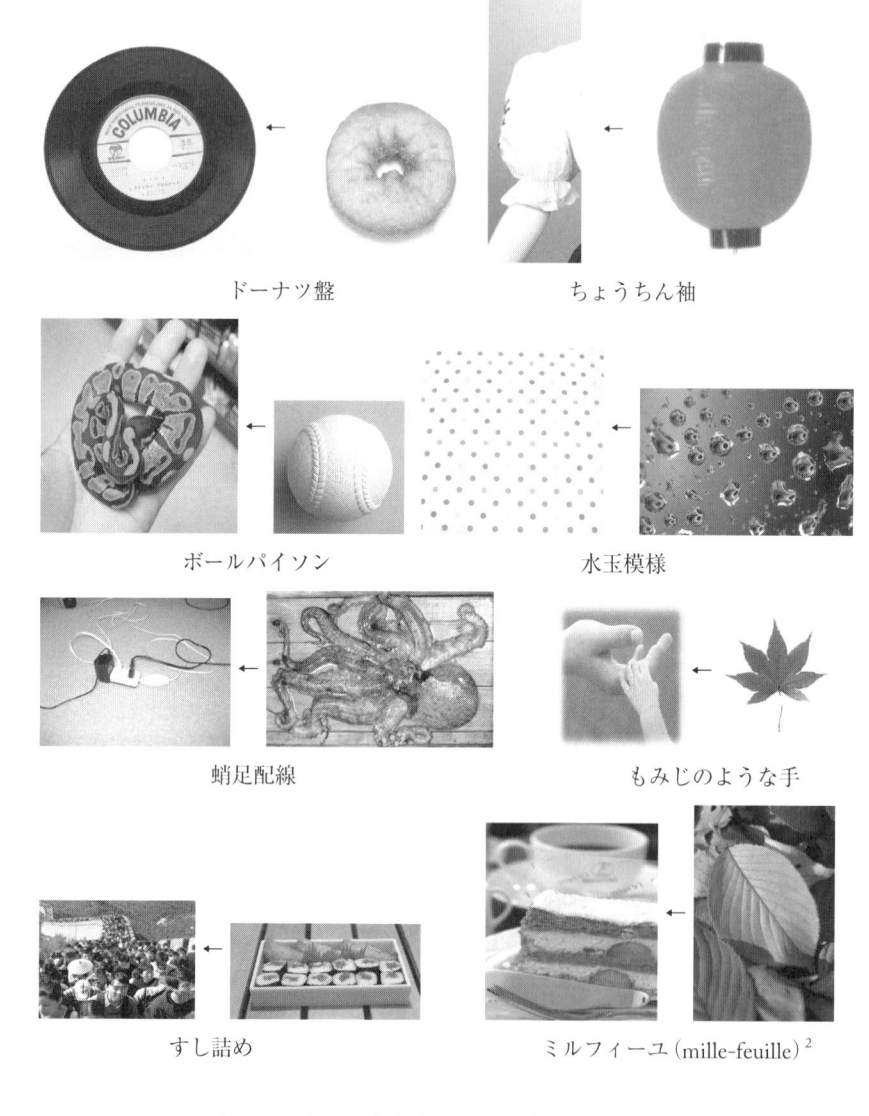

図4　スキーマ化を含んだイメージ・メタファー

2　ミルフィーユ (mille-feuille) の mille は，「千」，feuille は「葉」を意味し，葉を多く重ねた状態に見立てたメタファーと考えられる。

5.6 質感を含んだIM

Lakoff (1987: 444) は，イメージという用語が視覚イメージのみならず，聴覚イメージ，嗅覚イメージ，圧覚的イメージを含むことを述べている。「たらこ唇」(色，形，ぽってりとした感触)，もち肌(白い，丸い，肌理細やか)など，つやつや感，しっとり感，すべすべ感，もっちり感といった視覚と触覚などを含む質感が基盤となって形成される IM も存在する。

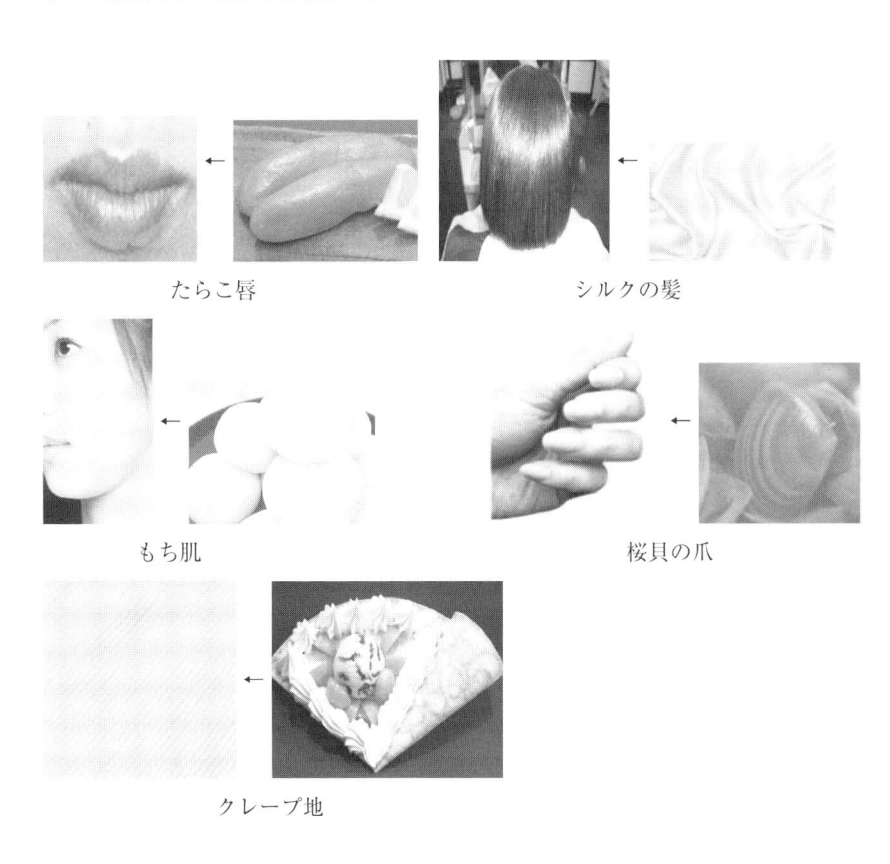

たらこ唇

シルクの髪

もち肌

桜貝の爪

クレープ地

図5　質感を含んだイメージ・メタファー

第5章　イメージ・メタファー | 129

5.7　概念メタファーに近い複合的 I M

　最後に複合的な例を挙げる。「ノートパソコン」の例では，ノートの形状，書きこむという機能，持ち運びやすさなどの手軽さなど，視覚的類似性以外に複数（機能[3]，情緒[4]）の類似性が関わっている。

ノートパソコン

タコウインナー

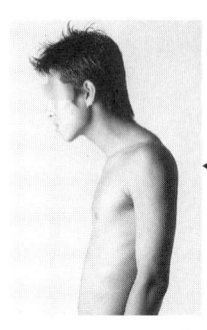

もやしっ子

図6　概念メタファーに近い複合的イメージ・メタファー

---

[3] 松本 (2000) は類似性の種類として，視覚的類似性，位置的類似性，機能的類似性を挙げている。位置的類似性は本書の構造的類似性に当たる。

[4] 楠見 (1995) はメタファーの基盤として情緒的類似性を挙げる。**4.5.1** および第 **15** 章（評価性を基盤とするメタファー）を参照。

「タコウインナー」の例において，本当のタコはあまり赤くないし，グネグネしていて直立しておらず，必ずしも足が下にあるわけではない。タコウインナーは，食用として茹でて赤くなった状態のタコと，人間に模して足を下にして直立した体勢で戯画化された「タコ」が融合されてモト領域を形成する人間中心的な概念化といえよう。

「もやしっ子」の例では，細い，色が白いという視覚的類似性以外に，陽に当たらないことの評価的な意味合い（不健康，弱い），陽に当らないことと白さの因果的相関などが構造的に写像されていると思われる。

5.8　まとめ

本章では，イメージ・メタファー（IM）を対象に取り上げ，従来，カテゴリーとしては明確な位置づけを与えられながらも十分な考察がなかったこのメタファー類を本格的に検討し，包括的な分析をおこなう第一歩とした。

5.1 では，Lakoff (1993) から従来の IM の位置づけを確認し，Langacker (1987) の認知能力の概説から選択，視点，抽象化を確認し，用例の検討に入った。通常，見た目が客観的に似ていて，その同定にはなんら困難も恣意性もないと考えられる IM であるが，「見た目が似ている」と感じられるその背景にはさまざまな認知的な「下地作り」があることがわかった。実際，「氷砂糖」「目玉焼き」*fishbone* などの例でも，客観的に同じに見える IM は皆無に等しく，ほとんどの場合に選択，視点の変換，抽象化といった要素が働いていることがわかった。

特に，**5.5** のスキーマ化では，通常，見た目が似ていると思われるような例でも実はかなりスキーマ化が進んだ構造性が関わっていることを示している。「ドーナツ盤」「水玉模様」「蛸足配線」などの例は，単なる形状の類似ではなく，線，面などスキーマ的な類似や，数，中心周辺，遠近などの構造の類似が関わっていた。度合いの相違はあれ，IM には必ずといっていいほどスキーマ化が作用しており，IM と IS 基盤のメタファーは連続的である。

また，イメージという用語が視覚映像のみを表す語でないことは，Lakoff (1987a) が述べる通りである。**5.6** では，「たらこ唇」（色，形，ぼってりとした感触），「もち肌」（白い，丸い，肌理細やか）など視覚と触覚が同時平行的に写像されるように思われる例が複数認められた。

最後に，**5.7** で見た，「ノートパソコン」「タコウインナー」「もやしっ子」のような複合的な例では，視覚的類似性にとどまらず，「持ち運びが簡単」といった機能性，

第5章　イメージ・メタファー

5.8 まとめ

「不健康な」といった評価性も IM の重要な基盤になっているように思われた。

以上のように，本章では IM の考察を通して，IM と IS メタファーが連続的であること，および複数の類似性が合成的に作用して IM を形成していることがわかった。次章に考察するように水のメタファーは概念メタファーと考えられるが，〈連続体〉という IS に基づいた IS メタファーでもある。IM と IS メタファーが連続的であり，IS メタファーが概念メタファーと連続的であることから，IM を概念メタファーと統一的に取り扱う方向性が有望に思われる。この際，共起性基盤以外に，**4.9.2** で見た構造性基盤を認めることが合理的である。次章では，〈連続体〉の IS が関連する水のメタファーについて考察する。

第 6 章

水のメタファー

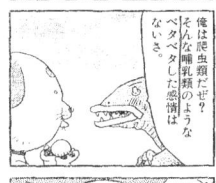

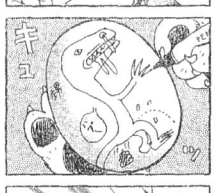

サキ	基盤	モト	キーワード
感情 ←			「まだら」問題
言葉 ←	→	水	メタファーの合成
金銭 ←			構造性基盤
			イメージ・スキーマ

「殴るぞ」吉田戦車　『週刊スピリッツ』
2004 年 4/19 号　小学館

6.1　はじめに

(1)　a.　勇気がほとばしる　　　b.　*勇気を垂らす
(2)　a.　?不満がほとばしる　　　b.　不満を垂らす

　冒頭の吉田戦車の漫画では,「感情」を「べたべたした」と表している。感情は液体に喩えられやすいのだろうか。(1) と (2) の「勇気」も「不満」も感情に関する用語であり,「ほとばしる」と「垂らす」のどちらも水に関する用語である。これらから《感情は水》というメタファーが存在することが考えられる。

　しかし,「ほとばしる」は「勇気」と一緒に使いやすいが, (2a) に見るように「不

6

6.1 はじめに

満」との使用にはやや違和感がある。一方,「垂らす」は「不満」と共起するが, (1b) に見るように「勇気」とは共起しない。これはどうしてだろうか。本章では, 水をモト領域としたメタファーを, 感情, 言葉, 金銭に分類し, 用例を検討する。本章は, モト領域を固定して, どのようなサキ領域があるかを検討する手法の一事例となる。

《感情は水》があるとしても (1) と (2) に例示されるように個別の感情と動詞によって容認度が振れる。4.7.3 ではこのような現象を「まだら」問題と命名した。本章では, まだら問題 (表 1 参照) に対して 4.8.3 で提示したメタファーの合成による解法が妥当であることを主張し, これを例証する。容認度は《感情は水》は《良は上・悪は下》,《善は直・悪は曲》,《善は清・悪は汚》,《変化は移動》などが合成されることによって大きく変わる。また,「活き活きとしている」,「だらりとしている」,「力強い」,「弱い」など様態の力量性も容認度に影響を及ぼす。

また, メタファー研究に重要な基盤の観点からは, 従来の共起性基盤だけでなく,《金銭は水》では 4.9.2 で述べた構造性基盤のみが作用していることを主張する。加えて, 主要な水のメタファーである《感情は水》,《言葉は水》,《金銭は水》を比較し, 基盤とメタファーの生産性に関して検討する。

さて, 4.2.5 で述べたように,〈連続体〉(水, 砂, ジェルなど) の一般的特性に関して, 我々は乳幼児の頃からはっきりとした認識を持っている。その中でも特に生活に密着した水は, 私たちの暮らしに欠かせないものであり, これに関わる身体経験には事欠かない。水を飲む, 水に入る, 水を流す, 水を容器に入れる, 水が袋から漏れるなどの事象を生活の中で実体験していく中で, 水についての知識を獲得していく。水の音, 水の変幻自在な見え, 水鉄砲, 泥遊び, 飛び込み板から腹を打つと意外に痛いことなど, 知覚レベル, 概念レベルで私たちが水に対して持つ知識は豊富である。本章で取り上げる水の動詞も数十に及ぶ。これは様態や動き, 容器との関わりなどの面で異なる意味を持つ。水を中心とする液体等に関する推論の一部を記述すれば (3) になる。

(3) a. 定形を持たない　b. 重力に従って下方に流れる　c. 容器に溜まる
　　d. 布などにしみる　e. 他の物質を溶かす
　　f. 自分より比重の軽い物体を浮かす

水と関連性の深い容器もイメージ・スキーマ (IS) として頻繁に取り上げられてい

る (Johnson, 1987: 37–40; Lakoff, 1987a: 271–273)。内部が見えない，推移性[1]が働くなど容器に特有の推論が記述されている。水と容器の相互作用は，さらにさまざまな推論を生む。(4) に例証されるように《身体は容器》というメタファーも関連する。感情や言葉が水であることは，身体が容器であることと構造的に対応する。

(4)　a.　食べ物を身体に取り入れる　　b.　溜まった毒素を身体から出す

本章の構成は以下の通りである。導入である 6.1 に続いて，6.2 で水にまつわる動詞と感情を中心とした名詞群の容認度判定の結果を示す。6.3 では，《感情は水》メタファーのデータを詳細に分析する。その後，水をモト領域とする他のメタファーとして，6.4 で，《言葉は水》メタファー，6.5 で，《金銭は水》メタファーを取り扱う。6.6 は 3 つの水のメタファーの基盤を検討し，6.7 をまとめとする。

6.2　水の用語と容認度判定

本節では，水のメタファーを考えるための元データとして，水の用語と容認度判定を確認する。水に関する動詞として表1の用語を取り上げるが，これらの用語は，水だけに当てはまるもの，「浸す」などもっと幅広く液体一般に当てはまるもの，「こぼれる」など砂やご飯粒など集合体に当てはまるものなど，適用範囲に差がある。これらの動詞群を一律に扱ってよいのか，今回のメタファーが〈水 (water)〉，〈液体 (liquid)〉，〈流体 (fluid)〉(気体を含む)，個体と比較した〈連続体 (mass)〉のいずれに関するものなのかは検討の余地がある。本書ではこのメタファーの一般化として，〈水〉が妥当であると考える。

メタファー表記のレベルを決定する要素は 3 点あると考えられる。過去のメタファー表記の慣習，イメージと推論の明確さ，データとの整合性である。まず，過去のメタファー表記の慣習としては，《関係は乗り物》，《アイデアは食べ物》など，基本レベルカテゴリーより 1 つ上のレベルで記述されることが多い (Lakoff, 個人談話) という。その意味でいえば，基本レベルである〈水〉よりも，〈液体〉または〈流体〉というレベルが望ましいと考えられる。Nomura (1996) も〈流体〉という名称を使用している。一方，Kövecses (2002) の研究では，多くの言語で感情が通常液体と捉

---

[1] R が推移的であるとは，a と b に R が成り立ち，b と c に R が成り立つならば，a と c にも R が成り立つこと。

えられるが，中国語では〈気体〉と捉えられることが指摘されており，〈流体〉を使うとこのような詳細な比較ができなくなる可能性がある。

イメージと推論の明確さの観点からは，〈水〉が一番想起しやすいだろう。生活に密着した水という物質に関して，その色，音，性質を我々は熟知している。身体的な経験も多く推論も明確である。後のデータに見るように，水はほとんどすべての用語に当てはまるのに対し，流体に含まれるはずの〈空気〉の容認可能性は低い。水は，液体，流体，連続体，物質に関する推論を扱う最も典型的な物質，いわばプロトタイプになっていると思われ，むしろ液体や物質という概念自体が〈水〉の経験を基にして構成されている可能性もあるとさえ思われる。水に関する動詞としてまず以下の39語を挙げた。

表1　水に関する動詞①

> こぼれる，こぼす，漬ける，漬かる，満ちる，満たす，溜まる，溜める，浸す，浸る，浴びる，浴びせる，流れる，流す，漏れる，漏らす，濁る，濁らす，濁す，かかる，かける，垂れる，垂らす，溢れる，渦巻く，滴る，しみる，澄む，ほとばしる，淀む，湧く，すすぐ，浮く，溺れる，滲む，搾り出す，注ぐ，撒き散らす，撒く

これらの中から，表2に見るように，自動詞と他動詞のあるものをどちらかのみに絞った。その一般的な選択基準として，できるだけメタファー表現の使用可能性が高まることに留意した。

表2　水に関する動詞②

> こぼれる，漬かる，満ちる，溜まる，浸る，浸す，浴びせる，流れる，漏れる，濁る，かける，垂らす，溢れる，渦巻く，滴る，しみる，澄む，ほとばしる，淀む，湧く，すすぐ，浮く，溺れる，滲む，搾り出す，注ぐ，撒き散らす，撒く

「こぼれる」と「こぼす」,「満ちる」と「満たす」,「漏れる」と「漏らす」

「感情がこぼれる」は容認度が高いが，「感情をこぼす」には違和感があるように，自然さを表す自動詞のほうが適用範囲が広いので，自動詞「こぼれる」,「満ち

る」,「漏れる」を採用する。

「浸る」と「浸す」,「漬かる」と「漬ける」
　「感情に浸る」は容認度が高いが,「感情に浸す」には違和感があるように,自らおこなう行為を表す自動詞のほうが適用範囲が広いので,自動詞「浸る」,「漬かる」を採用する。なお,自動詞と他動詞の差を見るため「浸す」も採用する。

「浴びる」と「浴びせる」,「かかる」と「かける」
　容認度合いは大体同じである。しかし,「言葉をかける」は可能だが,「言葉がかかる」には違和感があるように,他動詞のほうが適用範囲がやや広いので,他動詞「浴びせる」,「かける」を採用する。

「Xが垂れる」,「Xを垂らす」　および　「Xを垂れる」
　「垂れるままにしている」の意味で,「Xを垂らす」および「Xを垂れる」が多いが,「Xを垂れる」は自動詞の形態で「を」格を取る特殊な構文なので,他動詞「Xを垂らす」を採用する。

「濁る」,「濁らす」および「濁す」,「流れる」と「流す」
　両者の容認度はほとんど同じに思われるので,項構造の単純な自動詞「濁る」,「流れる」を採用する。

「溜まる」と「溜める」
　容認度は「溜める」のほうが高いが,「溜める」には,「ボールをためて打つ」など,「出さないようにする」の意味があり,「溜まる」に対応する水の用語とは異なると思われるので,自動詞「溜まる」を採用する。

　このようにして選ばれた動詞群と名詞群の共起可能性を示したものが**表3**である。名詞に関しては,感情の用語「感情」「気持ち」「不満」「勇気」,言葉関連で「言葉」「情報」,その他「金銭」に加えて,統制群として,「水」「油」「砂」「空気」「岩」を入れてある。

第6章　水のメタファー | 137

6.2 水の用語と容認度判定

表3 水の動詞の容認可能性表に見る「まだら」問題

	水	感情	言葉	情報	気持ち	油	不満	金銭	砂	勇気	空気	岩	計
Xが溢れる	4.0	3.7	3.5	3.8	3.8	1.7	3.8	2.8	2.0	3.3	2.0	0.7	35
Xがこぼれる	4.0	2.5	3.2	3.2	2.7	3.5	3.2	2.2	3.0	1.0	0.7	2.5	32
Xを撒き散らす	3.8	3.2	3.0	2.8	2.8	2.3	3.5	3.0	3.2	1.2	1.0	0.7	31
Xが溜まる	3.5	3.0	1.3	2.3	2.7	3.2	4.0	2.8	3.3	1.8	1.8	0.6	30
Xが漏れる	4.0	3.0	3.0	3.8	1.3	2.7	3.8	1.2	1.5	1.0	3.2	0.8	29
Xが満ちる	3.0	3.7	1.5	3.2	3.2	1.2	3.8	1.8	1.3	3.7	1.8	0.8	29
Xを搾り出す	3.0	3.3	4.0	2.8	2.7	2.3	1.7	3.7		3.5	0.5	0.9	29
Xが渦巻く	2.8	3.5	2.2	3.8	3.0	0.7	3.0	2.3	1.8	1.2	2.7	1.1	28
Xが湧く	3.7	3.5	3.0	1.5	3.2	0.7	3.5	2.5	0.3	4.0	0.7	0.8	27
Xが流れる	4.0	2.0	2.0	3.3	1.2	2.5	1.2	3.2	2.3	0.5	2.5	1.3	26
Xに溺れる	4.0	3.5	2.7	3.8	2.7	1.0	1.7	3.7	0.5	0.7	0.5	0.7	25
Xをかける	3.8	0.5	4.0	0.8	1.2	3.2	1.2	2.7	3.5	1.0		1.6	25
Xを注ぐ	3.3	2.5	2.3	1.3	2.7	3.8	1.2	1.3	1.2	1.0	0.7	1.2	23
Xに浸る	3.3	3.7	1.7	2.2	3.0	1.0	1.8	2.5	0.7	1.0	1.5	0.7	23
Xを浴びせる	3.2	1.7	3.7	2.5	1.0	1.5	2.5	1.0	2.3	1.5	0.7	1.1	23
Xが濁る	4.0	2.2	3.7	2.0	2.8	1.8	0.3	0.3	0.5	0.2	2.7	0.6	22
Xが淀む	3.2	2.2	2.7	1.5	2.3	0.8	0.7	1.2	0.3	1.0	4.0	0.4	20
Xを撒く	3.0	1.2	1.3	2.7	1.0	2.3	1.2	2.0	3.2	1.0	0.3	0.7	20
Xが澄む	3.8	2.2	3.0	1.3	3.2	0.8	0.2	0.2	0.2	0.5	4.0	0.2	20
Xがしみる	3.3	2.7	2.8	0.5	3.0	1.8	1.0	0.3	0.8	1.0	1.0	0.5	19
Xに浸す	3.5	1.5	1.3	1.5	1.3	3.3	0.7	1.0	0.8	0.7	0.5		17
Xがほとばしる	2.3	3.5	1.0	1.3	1.5	1.3	1.3	0.3	0.2	2.5	0.5	0.5	16
Xを垂らす	3.5	0.8	1.3	1.8	0.3	2.5	2.7	0.5	1.0	0.3	0.3	0.5	16
Xに漬かる	3.0	2.7	0.8	2.2	1.5	0.8	0.8	1.5	0.5	0.7	0.3	0.5	15
Xが滴る	3.3	1.3	0.8	0.7	0.7	1.8	1.3	0.5	0.5	0.2	0.2	0.5	12
Xに浮く	4.0	0.3	0.0	0.0	0.2	2.8	0.0	0.7	0.3	0.0	0.7	0.1	9
Xが滲む	1.8	1.2	0.8	0.5	0.5	0.7	0.8	0.0	0.3	0.3	0.0	0.0	8
Xですすぐ	3.7	0.5	0.3	0.2	0.5	0.0	0.5	0.2	0.2	0.2	0.0	0.0	7
合計	96	65	61	58	56	53	51	46	36	38	36	20	616

対象：21-23歳の大学生6名

方法：上記28の動詞と12の名詞の組み合わせを無作為に並べ，これに対して1から5までの5段階評定をしてもらう。この評定を平均し，0から4へ4等分したスケールに変換した（色は，1未満を白，1以上2未満を薄い灰色，2以上3未満を濃い灰色，3以上を黒で示した）。

表示：容認度の高い順を左上として，この結果を並べ替えた。つまり，より使用範囲が広い動詞を上側に，より使用範囲が広い名詞を左側に表示している。

以上を前提とし，次節から，《感情は水》，《言葉は水》，《金銭は水》の3つのメタファーに関して考察を加える。

6.3 《感情は水》メタファー

不満は感情の一種である，勇気は感情の一種であるといえることから，勇気や不満は感情の下位カテゴリーに属する。本節では，感情のメタファーに関して **6.3.1** で「勇気」，**6.3.2** で「不満」，**6.3.3** で「感情・気持ち」，**6.3.4** で外にある水，**6.3.5** で感情の色，**6.3.6** で散布の様態の各側面から，生産性を考察する。

6.3.1 プラス評価の感情 ―「勇気」―

(5) a. 勇気が　あふれる／満ちる／湧く／ほとばしる　　b. 勇気を搾り出す
(6) a. 勇気が　*流れる／*こぼれる／*漏れる／*溜まる
　　b. *勇気を垂らす　　c. *勇気が滲む
(7) a. 勇気を奮い起こす　　b. 勇気を奮い立たせる

「勇気」に関しては (5) のような動詞が共起可能である一方，(6) のような動詞との共起には違和感がある。水に限らず (7) のような表現があることから，勇気は上方向の動きと馴染みが深い。勇気がプラスの評価性を有する語であり，プラスの評価性を表すメタファーに《良は上・悪は下》メタファー (Lakoff and Johnson, 1980) があることから，下向きの動きを表す (6b) のような表現は容認性が低いと思われる。また，上に行くためには，重力に抗する必要があるため，勢いのよさも推論に含まれることになる。下向きではないが，じわじわとしたゆっくりの様態をあらわす「にじむ」も勇気とは共起性が低いことが予想できる。これらの事実は，**4.8.3** で見たメタファーの合成が水のメタファーと評価性のメタファーの間に作用している可能性を支持する[2]。

---

[2] 松本 (2007) に生産性に関する興味深い議論があるのでぜひ参照されたい。ここでは，「勇気が漏れる」に関して，「漏れる」が必ずしも下向きにならないことなどから，「まだら」問題に対する別の解法（「オーバーライド：モト領域に課せられるサキ領域からの制約」に似たもの）が挙がっている。そのデータおよび指摘に同意し感謝する一方，(i) 下向き以外の例が存在しても典型的に下向きの可能性はある，(ii)「漏れる」以外の用例では一般化が成り立っている，(iii) 勢いがないことと下向きになることに傾向的相関がある，(iv)「勇気」が「みなぎりあふれる」というとき既にそこには水としての見立てが入っており，厳密な意味でのサキ領域固有の制約ではなく創発的である，といった理由から本書の論旨の瑕疵にはならないと考える。生産性に関しては，黒田 (2005)，それに対す

6.3.2 マイナス評価の感情 ―「不満」―

(8) a. 不満が あふれる／満ちる／湧く／こぼれる／漏れる／溜まる／にじむ
    b. 不満を垂らす
(9) 不満が *ほとばしる／*滴(したた)る／*流れる
(10) どろどろの不満

「不満」は(8)のような動詞と共起し，(9)のような動詞との共起は容認可能性が低い。また，(10)のような表現が可能であることから，「不満」からは自然にゆっくり下に溜まるようなイメージが感じ取られる。「不満」はマイナスの評価性を伴う用語であるため，この現象は「勇気」と同様，《良は上・悪は下》と整合性がある。また，力強さ・弱さといった様態（力量性・活動性：楠見，1995）の観点からは，緩さ，弱さが顕著である。(10)はさらに，汚れをイメージさせることから《善は清・悪は汚》の用例と考えることも可能である。

ここで興味深いのは，「滴(したた)る」との関係である。「滴る」は，その発音が示す通り，下に垂れることであり，下向きの動きであるから「不満」と整合性が高いことが予測される。しかし，(9)を見る限り容認可能性は低い。これはどういうことか。辞書を確認すると，「滴る」の意味は(11)であるとされる。

(11) 滴る （水が垂れて来そうであるというところから）みずみずしい鮮やかさが現れる　　　　　　　（『国語大辞典（新装版）』小学館, 1988）

(11)を是とすれば，どちらかといえば弱く緩慢な印象のある「不満」と，生命力に溢れたみずみずしいイメージの「滴る」が不整合となる可能性がある。また，「滴る」の用例とこの分析が正しいとすれば，メタファーの適用可能性の間に興味深い現象が見られる。すなわち，「滴る」と「勇気」は「みずみずしい感じ」という点で合致しているが，上下軸が逆転しており，衝突している。一方，「不満」と「滴る」は，上下の方向性で合致しているが，「みずみずしい」という力動性の点で衝突している。どちらも表現として成立しないという観察は，メタファー表現の成立には，不整合な要素があってはいけないことを意味する。これは **4.11** で考察した多重制約充足の一例として興味深い。

る反論の鍋島（2007b）．構文との関連に関しては大石（2006, 2009）も参照。

加えて，不満や嫉妬などマイナスの評価性を有する感情には，(12)のように「渦巻く」という表現が可能である。もちろん「渦巻く」や「渦巻き」という用語は(14)に見るように必ずしもマイナスの評価性を伴っているわけではないが，善悪のメタファーを経由してマイナスの評価性を帯びる。

(12)　不満／嫉妬／欲望が渦巻く
(13)　*勇気／*悦びが渦巻く
(14) a.　水が渦巻く　　　　b.　渦巻き型銀河系

Cienki (1998) は，(15)，(16)のような用例から GOOD IS STRAIGHT というメタファーの存在を主張している。日本語にも(17)のような表現があり，14章（善悪のメタファー）にも《善は直・悪は曲》が記述されている。「渦巻く」が「まっすぐではない状態」を例示していると考えれば，「不満が渦巻く」「嫉妬が渦巻く」などの形で，マイナスの評価性を持った表現と整合性が高く，プラスの評価性を持った「勇気」のような用語とは衝突を起こす。

(15) a.　to <u>straighten</u> out what someone else did wrong.（他人の間違ったことを直す）
　　 b.　That's not at all what I meant. Let me set the record <u>straight</u> by saying...
　　　　（それは私が言ったことと全く違う。次のように述べて記録を正しくしよう…）
(16) to follow the <u>straight</u> and narrow path.　（聖書から：まっすぐで細い道を行く）

（Cienki, 1998: 125, 127）

(17) a.　<u>曲がったこと</u>は大嫌いだ　 b.　<u>ねじれた関係</u>　 c.　<u>まっすぐな人</u>

(8a)で予測がつかないのは，「不満が湧く」である。合成の考え方では，上向きの動きである「湧く」は「不満」との共起が困難であることが予測されるが，今回の調査結果の容認度は **3.5** と高かった。Googleで似たページを除外してフレーズ検索すると「不満が湧く」51件，「不満が沸く」40件，「不満がわく」24件と比較的数が少なかった (2010年7月調べ，「勇気が湧く」は675件) ので，調査法を多面的に検討する必要があろう。

6.3.3　一般的な感情 ―「感情」と「気持ち」―

(18) a.　感情が溢れる／満ちる／湧く／滲む／ほとばしる　　b.　感情を搾り出す
(19)　　 感情が　?漏れる／?溜まる
(20) a.　不満の気持ちが漏れる　　b.　嫉妬の感情が溜まる

「感情」と「気持ち」は，水の動詞に対してほとんど同じ容認可能性を示す。(19)で容認可能性に疑問符がつく「漏れる」「溜まる」も，(20)のようなマイナスの評価性を持つ感情であれば容認可能である。

　また，(21)に見るように，感情や気持ちは，「感情の流れ」「気持ちの流れ」のように，「流れ」が使用できる。一方，「??不満の流れ」「??勇気の流れ」には違和感がある。これはどのように考えればよいだろうか。「流れ」に似た表現で，「動き」という用語がある。これも感情や気持ちに使用できる。

(21) a.　感情／気持ちの流れ　　b.　*不満／*勇気の流れ
(22) a.　感情／気持ちの動き　　b.　*不満／*勇気の動き
(23)　　 彼の言葉に　感情／気持ち／心　がぐらっと動いた。今まで嫌いだったのに，好きという感情が芽生えてきた。

「不満」や「勇気」には(21b)や(22b)に見るように「動き」や「流れ」が使用できない。「感情」や「気持ち」が「動く」という際，その意味はどのようなものであろうか。(23)のように，感情の変化を表すのではなかろうか。変化と動きの関連性に関しては，《変化は移動》(第8章)が知られている。「感情の流れ」というときは，時間の経過にそって変化する感情の起伏を表しているように思われる。この考え方に基づけば，勇気，不満自体は，他の感情に変化しないので，「動き」や「流れ」が使用できないことが予測できる。

(24) a.　感情／気持ちの変化　　　a'.　感情／気持ちの動き
　　　b.　感情／気持ちの変化　　　b'.　感情／気持ちの流れ
　　　c.　*勇気／*不満の変化　　　c'.　*勇気／*不満の動き
　　　d.　*勇気／*不満の変化　　　d'.　*勇気／*不満の流れ

6.3.4 外にある水 ―「漬かる」と「浸る」―

(25)　　感情／気持ちに　浸る／溺れる／漬かる
(26) a.　感情／気持ちに流される　　b.　感情の海　　c.　感情の洪水

　感情や気持ちの場合，(25)のように外にある状況として表現することが可能である。この場合，感情は身体の中にあるものではなく，自分の周りにあるものとして理解されている。あるいは，認識が自分の感情の世界の中に入り込み，その中で別の自分がその大きな水としての感情の中にいるのであろう。このような概念化と整合性があるのが(26)のような表現である。
　さらに，「浸る」と「漬かる」に関して，(27)，(28)に見る興味深い非対称性がある。「浸る」はプラスの評価性を持つ感情と整合性が高く[3]，「漬かる」はマイナスの評価性を持つ感情と整合性が高い。

(27) a.　*喜び／*懐かしい気持ち／*感傷／*幸せな気分 に漬かる
　　　b.　苦しみ／嫌な気持ち／不幸な気分 に漬かる
(28) a.　喜び／懐かしい気持ち／感傷／幸せな気分 に浸る
　　　b.　*苦しみ／*嫌な気持ち／?不幸な気分 に浸る

(29)と(30)に見るように，通常の使い方ではこの差が生じない。

(29) a.　きゅうりを水に浸す　　b.　きゅうりを水に漬ける
(30) a.　服をたらいの水に浸す　　b.　服をたらいの水に漬ける

辞書には以下のような相違が記載されている。

　　ひたる【浸る・漬る】〔自ラ五(四)〕液体，またはその類のものの中にはいる。
　　　　　　　　　　　　　　　完全ではなく一部がつかる。
　　つかる【漬かる】〔自ラ五(四)〕液体の中にひたる。
　　　　　　　　　　　　　　　　　　（『国語大辞典(新装版)』小学館, 1988）

---

[3]　「悲しみに浸る」が例外として挙がっている。

第6章　水のメタファー ｜ 143

6.3　《感情は水》メタファー

以上の辞書記述からは，大きな相違点はみつからない。唯一「浸る」は，「一部の」と書かれているように，「漬かる」に比べて「水に入る部分が少ない」ことが挙げられるかもしれない。確かに，「漬かる」には「どっぷりと」と共起するなど，深くまで入った印象が強い。一方，「浸る」には，「ひたひたの水」の例で感じられるように，一部が出るか出ないかの状態を意味する。この小さな差からどうして「浸る」と「漬かる」のメタファー的用法の大きな相違が生じるのだろうか。「浸る」は一部が出ており，「漬かる」が水没していることを含意しているとすると，「漬かる」のほうには《困難は重荷》(Lakoff, 1993, 本書第 8 章) がかかっていることが考えられる。つまり，水の中に沈んでいる状態を意味する「漬かる」には，《困難は重荷》メタファーが適用される素地があり，その結果，(27) と (28) の間に大きな差異が生じている，と説明できる。しかしながら，これは仮説に過ぎず，検証が必要である。このように類義語の物理的な用法で判別できない微妙な差が，メタファー表現では大きな相違として表出することが時にある[4]。

6.3.5 感情の色 ―「淀む」と「澄む」―

(31) 感情／気持ちが淀む／澄む／濁る

(32) どす黒い不満／嫉妬

(33) a. 燃え上がる勇気
　　　b. 赤々とした闘魂，情熱を燃え上がらせる
　　　　　　　http://blogs.yahoo.co.jp/yoshiokono/38064276.html[5]

気持ちや感情は「淀んだ」り，「澄んだ」りする場合がある。これは，「黒」や「汚れ」が「悪」であるというメタファー (Good Is Light; Bad Is Dark《良は光・悪は闇》, Grady, 1997b および第 14 章の《善は清・悪は汚》) と通じる。それでは，不満や勇気が，淀んだり，澄んだり，濁ったりすることがないのはどうしてだろうか。これは説明がつきにくい。しかし，「不満」などのマイナスの評価性の名詞を，「汚

---

[4] 類例としては，「重ねる」と「積む」がある。「罪を重ねる」と「善行を積む」など前者はマイナスの評価性に，後者はプラスの評価性になることが多い。その理由の 1 つに，「重ねる」のは二次の平面を前提とし，上に積みあがることが含意されないのに対し，「積む」は三次元の物体を前提とし，積むに従って上昇することが含意され，これが《善は上・悪は下》メタファーによって解釈を受けることが挙げられよう。

[5] 検索日：2010 年 3 月 9 日

れ」や「黒」とする表現は(32)に見るように可能である。また(33)に見るように，「勇気」「闘魂」「情熱」などプラスの評価性を持つ強い感情は，「炎」として捉え，「赤々としたもの」と考えることはありそうである。

6.3.6 散布の様態 ―「注ぐ」と「かける」および「浴びせる」と「撒き散らす」―

（34） 愛情／温かい気持ちを　注ぐ／かける
（35） 感情を ?? 浴びせる／?? 撒き散らす
（36） 不満を 浴びせる／撒き散らす

「感情」，「気持ち」，「愛情」を「注ぐ」ことは(34)のように可能である一方，(35)で見るように「浴びせた」り，「撒き散らした」りすることはできない。しかし，(36)に見るように，マイナスの評価性を有した語であれば可能である。これは，丁寧に制御されず，激しく荒っぽい様態が，マイナスの評価性を持つからだと考えられる。これは，第 14 章の《善は整・悪は乱》というメタファーと整合性がある。

6.3.7 《感情は水》メタファーのまとめ

　本節では，感情に関する生産性として 6.3.1 で「勇気」，6.3.2 で「不満」，6.3.3 で「感情・気持ち」，6.3.4 で外にある水，6.3.5 で感情の色，6.3.6 で散布の様態に分けて考察した。「勇気」「不満」では，上下などの方向性や力強さなどの様態が重要な役割を果たしていることがわかった。また，色，重みなどの力関係，よく制御されているかなどの行為の様態も重要な役割を果たしている。さらにメタファー表現には方向性，色，形，様態などに関する多くのメタファーの合成が関わっており，合成に際する衝突と多重制約充足的機構が容認可能性を左右しているようである。次節以降では，感情以外の領域として，《言葉は水》と《金銭は水》を考察する。

6.4 《言葉は水》メタファー ─────────────

　本節では，水のメタファーの新たな例として，言葉の領域を見る。なお，言葉に関しては，Nomura (1996) および野村 (2002) が日本語と英語の「言葉」の捉え方を論じており，文化的な観点から論じた興味深い論文となっている。言葉は，(37)に見るように，容器を前提とした表現が使用されやすい。言葉は容器（心・体）から勢いよく出るもの，または意志の力によって出すもの，というように容器の強い抵抗が想定されているように思われる。(38)のような表現は，筆者にとって違和感があ

るが，前述の調査（**表3**参照）によれば容認可能性は高いようだ。(39)のように修飾語などを加えると容認度はさらに上がる。

(37) a. 言葉が　溢れる／こぼれる／漏れる／搾り出す／湧いてこない
　　　b. 言葉が堰を切ったように出る　　　　　　　　　　　(Nomura, 1996)
(38)　　言葉を　撒き散らす／浴びせる
(39) a. 卑猥な言葉を撒き散らす　　b. 痛烈な批判の言葉を浴びせる

(40b), (41b)に見るように，「撒く」や「流れる」は情報や噂であれば容認可能である。このほか，流れ方に関しても(42)のような表現なら可能である。

(40) a. *言葉を撒く　　　b. 情報／噂を撒く
(41) a. ??言葉が流れる　　b. 情報／噂が流れる
(42) a. 立て板に水のように話す　　b. 言葉が流れ出る　　c. さらさらと話す
　　　d. 淀みなく話す

このように「撒く」「浴びせる」「流れる」などでは，様態を示す修飾があること，その修飾が名詞句の示す特性や様態と合致していることが重要なようである。

ここまでの分類に入らない(43a)（「かける」）はどうして可能なのか，説明がつきにくい。鍋島(1997)は，Affection Is Covering（《優しさは包むこと》）を立てており，そのようなメタファーが存在すればこの表現を説明する方向性が開ける。確かに(43b)のほうが(43c)よりも容認度が高そうである。

(43) a. 言葉をかける　　b. 優しい言葉をかける　　c. ??厳しい言葉をかける

6.5 《金銭は水》メタファー

(44) a. 金が　溢れる／流れる／溜まる　　b. 金を　撒き散らす／搾り出す
　　　c. 金に溺れる
(45)　　金が　*満ちる／*ほとばしる／*漏れる／*滲む／*垂れる／*滴る／
　　　　　　　*しみる
(46)　　金は湧き物（金銭は思いがけないところから入ってくることもある）
(47) a. 金が*澄む／??淀む／??濁る

　　　　b.　汚れた／きれいな／黒い／闇の 金
(48) a.　金が浸透する　　b.　その金で地域が潤う

　金銭に関しては，(45)に見るように使用できない表現も多い。(46)のような表現は可能である。(47a)のような表現の容認可能性は低いが，(47b)のような表現は可能である。つまり，金銭は水と捉えられており，汚れたもの，黒いものとして捉えることも可能であるのに，両者の共起は不可能という複雑な例である。これは，「不満が淀む」，「不満が濁る」がいえないケースと類似しているかもしれない。「金がしみる」という表現はピンとこないが，(48)は可能である。

　このほか，経済用語で，長期資産(生産設備など)を「固定資産」，短期資産(現金，当座預金，短期の定期預金など)を「流動資産」と呼ぶのも《金銭は水》の一例といえよう。短期資産が多いことを「流動性(*liquidity*)が高い」といい，固定資産を現金化することを「流動化する(*liquidate*, 直訳：液化する)」という用法もある。

6.6　水のメタファーの基盤

　ここまで，水をモト領域とした3つのメタファー，《感情は水》，《言葉は水》，《金銭は水》の表現とその生産性を考察した。本章では，それぞれの基盤に関して考察し，基盤と生産性の関係に関して初期的観察を加える。

　従来の認知メタファー理論では，共起性が唯一の基盤と考えられてきた。水のメタファーのうち，最も使用例が多い《感情は水》メタファーに関しては，感情的になったり興奮したりする際に，身体から汗，涙，鼻水などの形で液体が体表に出ることから，感情と水の間に共起関係があり，このメタファーの基盤は，感情の起伏と表出する体液の増減の相関であることが想像できる。その意味で認知メタファー理論の共起性基盤の考え方は支持される。《言葉は水》に関しても，言葉を，意図や感情を運ぶ伝達の道具だと考えて感情と関連づければ，共起性基盤があると議論することも可能である。

　一方，《金銭は水》などの場合，このような共起性基盤は考えにくい。金銭を水や液体と同時に扱うような経験は，瑣末的であり，重要な共起体験とは考えられないからである。しかし，金銭の場合，量的であり，複数的かつ連続体的な特質を有している。金銭と水は，**4.9.2.2**で見た《群集は水》と同様に，〈連続体〉のスキーマを基盤としているといえる。

　立ち返って，言葉は無数に存在し，不定形であり，身体という容器から出てくる

点で水と構造の類似性がある。容器と水の関係を，身体と感情の関係に置き換えれば，感情にも構造性基盤の素地があるといえる。つまり，構造性基盤のみを有するメタファーもあり，共起性基盤のあるものに関しても，同時に構造性基盤が存在する可能性があろう。このような基盤に関する考察に加え，本章で見た用例の多寡を加えてまとめたものが表4である。

表4 水のメタファーの基盤および生産性のまとめ

基盤 メタファー	構造性基盤	共起性基盤	生産性
《感情は水》	△	◎	高
《言葉は水》	○	○	中
《金銭は水》	○	×	低

ここでは，◎を大変強い基盤，○を強い基盤，△を弱い基盤，×を基盤なしとして表示している。生産性，すなわち表現の豊富さの観点からは，《感情は水》に用例が最も多く，次いで《言葉は水》，最後に《金銭は水》であるといえよう。興味深いのは，この生産性が共起性基盤と相関が高いことである。水のメタファーのデータから観察する限り，メタファー表現の生産性は共起性基盤の強さに左右されるという予測が成り立ち，これは認知メタファー理論で従来から重視されてきた共起性基盤の考え方に根拠があることを示唆していると考えられるが，今後の検討が必要である。

6.7 まとめ

本章では，6.2で抽象名詞と水に関する動詞の共起可能性を紹介し，6.3では《感情は水》メタファーの詳細な表現に関する分析を，6.4では《言葉は水》メタファーを，6.5では《金銭は水》メタファーを取り扱った。メタファー表現の生産性は，ある程度予測可能である。《感情は水》だけでなく，水の形状，様態，属性（色），経路（上下）に加え，《良は上・悪は下》，《善は直・悪は曲》，《善は清・悪は汚》，《変化は移動》など複数のメタファーが合成および衝突することで，容認度の差が出るという合成による解法を主張した。この際，「活き活きとしている」，「だらりとしている」，「力強い」，「弱い」など様態も，容認度に影響を及ぼす。一方，「不満が湧く」の容認度が予想外に高いこと，「漬かる」と「浸る」の評価的差異の理由づけが十分でないこと，「不満が淀む」，「濁った金」がいえないなどの点は，予測不可能であり，100%

の予測は難しい。それぞれの用語の使用の慣用性と歴史，類義語などの語義の体系性と経済性（松本, 2007），使用される社会など，複雑な要素が関わってくるものと思われる。

6.6 では水のメタファーの基盤と生産性を検討した。《感情は水》は共起性基盤を有するが，《金銭は水》は共起性基盤を有しないため，共起性基盤以外に構造性基盤を認める方向性が示唆された。一方，メタファー表現の生産性は共起性基盤と最も相関が強く，共起性基盤の重要性が示されるという複雑な結果になった。

次章では，同じくモト領域を固定した研究事例として，人間を中心とした擬人のメタファーについて考察する。

第7章
擬人のメタファー

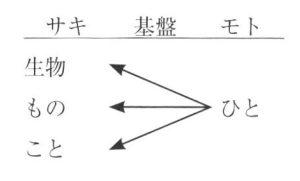

サキ	基盤	モト	キーワード
生物	→		擬人法
もの	→	ひと	形状の類似性
こと	→		IS 基盤
			構造性基盤
			オントロジ・スキーマ
			評価性基盤
			カテゴリー性基盤
			具現化

「なでしこ DIARY」 羽崎やすみ 『まんがタウン』
2004 年 12/9 号 双葉社

7.1 はじめに

(1) a. リュクセンバーグ公園では黄水仙たちがぺちゃくちゃとお話をしていた。僕が近づくとみんな明るい笑顔を投げかけてきた。
b. 靴さん，ちゃんとそろえてあげないとエーンエーン泣いちゃうよ。

冒頭の4コマ漫画では，花を顔，茎を体に見立てて，「後ろ姿が哀愁」と述べている。漫才やコントのネタでも擬人はよく使われる。ピン芸人井上マーは永遠の青春アイドル歌手，尾崎豊風に登場し「おでんの鍋の中で，昆布巻きが叫んでる。『俺だけが縛られるのはいやなんだぁあああ』」と絶叫する（鍋島, 2009a）。これらは擬人

7

7.1 はじめに

の用例である。事物を人間に見立てる擬人は，かわいさを生むと同時に視点の大きな転換によるおかしみを生む。広告や商品におけるキャラクターの使用および商品のキャラ化は重要なマーケティング戦略であり，最近では，円滑な人間・機械のコミュニケーションというヒューマン・インタフェースの観点からも擬人が注目されている（竹内, 2009）。

本章では，人間以外の存在を人間のように見立てる擬人法または擬人化（personification）を取り上げ，人間に対する認識，語彙，構文が，いかに人間以外に適用されているかを検討する。擬人は事物を人間に喩える点でメタファーの一種であり，《Xは人》という形式で表現することができる。(1a)では，黄水仙「たち」が「ぺちゃくちゃお話」をしたり，「みんな」「明るい」「笑顔」を「投げかけ」たりと，人間のように捉えられているので擬人化の用例である。(1b)は幼稚園における幼児への語りかけだが，靴を人のように見立てて，「靴さん」「エーンエーン泣いちゃう」と述べる擬人化が使用されている。

すべてのものに魂があると考えるアニミズムも，擬人的な世界観といえよう。擬人は子どもの発達段階でも早く発生する比喩として知られている。人間が知悉している自分やその身体を通し，他の動物や物体を理解していくという擬人的方略の重要性は，佐伯(1978)の擬人的認識でもさまざまな事例から強調されている。**4.2.6**では，人間がオントロジ・スキーマの一種として，動くものや感情を持つカテゴリーの典型例となっている可能性を示唆した。

人間を中心とした認識は言語の観点からも興味深い。**4.2.6** では Lakoff and Turner (1989)の存在の大連鎖や Silverstein (1976)の有生階層および森山(1987)の意志性の階層を紹介した。語彙においても人間にまつわる用語は，身体部位，思考，行為と多岐にわたっている。このような用語は，人間以外と共有されたり，それらへ拡張したりする場合も少なくない。

(2) a. 私の口　　　b. 猫の口　　　c. カマキリの口
　　d. ?ミミズの口　e. 牛乳ビンの口
(3) a. 猫が眠る　　b.?ミミズが眠る　c. 大金が金庫に眠る
(4) a. 人が立っている　　　　　b. 木が立っている
　　c. 電信柱が立っている　　　d. ビルが立っている

(2)の「口」という用語を例にとって見ると，視覚的類似から構造の類似へと変化

している。(3) の「眠る」という用語の場合も，猫が眠るのは普通であるが，「ミミズが眠る」となると，やや無意味（アノーマリー）に近くなり，特定の名詞の場合，(3c) のように無生物でも比喩的な意味で使用が可能になる。有生の周辺になると容認度が下がり，有生から無生になると逆に今度はメタファーの容認度が上がる場合はよくある。これは楠見 (1995) がメタファーの成立条件の1つとする「カテゴリー乖離」[1] をよく例証している。また，(4) のような例では，「立つ」という語の意味がスキーマ的に直立性を表すのか，人間をプロトタイプとした拡張なのか，見方が分かれるところである（**4.7.2**）。なお，感情を持っていることを有情と呼び，非情と対比され，自ら動くことを [Animate] と呼び，[Inanimate] と対比される。[Animate] の訳語として，「有生」がよく使用されているが，有生は，命あるものという意味で，植物を含む生物を表すのか，動物をあらわすのか曖昧である。

表1 に見るように，人間の身体部位や人間の行為の多くは，動物にも共有されている。また，動物の中でも段階があり，犬，昆虫，ミミズと哺乳類から生物学的な距離が大きくなるにつれ，身体的な相違も増加し，共通の語彙が少なくなる点は，**4.2.6** で紹介した杉村・坂田 (2004) の指摘するところと合致している。なお，**表1** の上位項の用語は上位項のみに当てはまるものとし，下位項の用語は原則的に上位項にも当てはまるものとする。

表1　語彙の有生階層

種類	身体部位	行為
人間	腕，手	話す，笑う，泣く，悩む，恥ずかしがる，説得する，議論する，など
動物（犬）	鼻，耳，股，脇，首，歯，爪，肩	喜ぶ，伝える，考える，決める，甘える，怒る　?威張る　?笑う　?示す
（昆虫）	ひげ，目，口，足	聞く，嗅ぐ，眠る，戦う，?歩く
（ミミズ）	頭，胴，背，腹，?尾	いる，生まれる，死ぬ，苦しがる，食べる，這う，?群れる
植物	なし（枝，葉，根，など部位の用語が完全に異なる）	生きる，成長する，元気がある，（水を）やる，栄養を与える，?病気になる

ミミズのように手も足も顔もない生物では，表情もなく，歩くこともないが，犬などでは，人間同様と考えられる動作も多い。ペットなどになると，人間と同じよ

1　**4.5.1** の楠見 (1995) の概説を参照。

うなしぐさや表情を実際にしたり，飼い主が読み取ったりする。

　植物では，「死ぬ」ではなく「枯れる」という用語が用いられたり[2]，生長が始まる前の状態は「卵」ではなく「種」という用語が用いられたりする。構造的に対応する現象や部位も少なくないが，異なる用語が用いられることが多い（おしべとめしべの受粉など）。

　本章は，前章（水のメタファー）に続いて，モト領域を固定したメタファーの研究事例となる。**7.2**で擬人化と混同しやすいメトニミーについて述べ，**7.3**，**7.4**でそれぞれ形状の類似性および構造の類似性に基づいた擬人化を取り扱う。オントロジ・スキーマに関連して，**7.5**では動物と動きに，**7.6**では植物と自律的変化に基づいた擬人化を取り扱う。**7.7**で評価性に基づいた擬人化の用例を紹介した後，**7.8**で擬人化の基盤として構造性基盤，カテゴリー性基盤，評価性基盤を挙げる。また，同節では，動き，自律的変化，評価性が具体物として肉付けされる過程である，具現化に関しても考察し，基盤の類型を提示する。

7.2　擬人化に似たメトニミー

　有情に関する日本語の話題で興味深いのは「いる」と「ある」の区別であろう。(5)に見るように有情物には「いる」を，非情物には「ある」を使うのが原則である。(6)に見るようにタクシーなどの車の場合，非情であっても，「いる」を使用できるが，原沢(1993)によれば，(7)のように壊れた状態で，運転手が乗っていない場合には「いる」が使用できない。

(5) a. そこに犬が<u>いる</u>　　　　　b. そこに犬の人形が<u>ある</u>
(6) a. あそこに車が<u>いる</u>　　　　b. あそこに車が<u>ある</u>
(7) a. *あそこに壊れた車が<u>いる</u>　b. あそこに壊れた車が<u>ある</u>　　（原沢, 1993）

　そこで，(6a)のような用例は，「車」という用語が近接する「車の運転手」の属性を引き受けたメトニミー（**1.2.2**参照）の一種と考えられる。Lakoff and Johnson (1980: 35) は，メトニミーと擬人法の区分に関して(8)の例を挙げている。(8a)がメトニミーの例，(8b)が擬人の例である。

---

[2] 英語ではどちらも *dead* で表現できる。日本語では，存在に関して有情と非情を分ける（「いる」と「ある」）など，有生，有情に関する文化的考察も興味深い。

(8) a. Ham sandwich left without paying!
　　　　　　　　　（ハムサンド（を注文した奴）が支払いをせずに去った！）
　　 b. Inflation robbed me of my savings.　　（インフレが私の貯金を奪った）

　どちらも，非情の主語と有情の動詞の組み合わせである点で同一であるが，(8a)では，無生物であるハムサンドという用語によってハムサンドを注文した人を指示しているので，料理名でその注文者を指したメトニミーといえる。一方，(8b)におけるインフレは現象自体であり，その現象があたかも人間のように捉えられている点で擬人法といえる。擬人に似たメトニミーの他の用例には，(9)～(11)がある。

(9)　ワシントンは爆撃を命じた
(10)　地域電子図書館は，公立図書館自身の努力によって実現されるべきものである。　　　　　http://www.mext.go.jp/b_menu/houdou/12/12/001260b.htm[3]
(11)　業界の動向はアップル社の双肩にかかっている

　(9)～(11)も，擬人のような効果を醸し出しているが，実際の指示対象は人間であると考えられるのでメトニミーといえる。ただし，(11)のような例では，アップル社の経営陣一人ひとりの双肩というよりは，会社自体が1つの身体を持った人間のようなイメージで捉えられていると考えれば，擬人化に近い例ともいえる。

7.3　形状の類似性による擬人化

　第5章（イメージ・メタファー）で見たように，形状の類似はメタファー表現を形成する。ただし形状は常にある程度スキーマ化されており，**7.4**に見る構造の類似性と連続的である。以下は辞書記述[4]からサマリーした記述である。

目　　目，特に眼球を思わせる形状のもの。
耳　　器物の把手（とって）など，形が耳殻に似ているものの称。「鍋の耳」
歯　　器具，機械などの縁に細かく並んだ刻み目。鋸（のこぎり）や歯車などのぎざぎざになっている部分，櫛の髪を梳（す）く部分など。

3　本章のWebは，特に記載のない限り，2008年12月に検索したものである。
4　本書における日本語の辞書記述は特に記載のない限り『国語大辞典（新装版）』小学館（1988）である。

首　物の、首に似た形。また、首に該当する部分。一般的にいう。「びんの首」
腹　物のふくらんだところ。「指の腹で押す」
足　足のように、物の下部にあって、それをささえる用をなすもの。また、線状をなして下へ出ているもの。「机のあし」「門のあし」など。山の裾。麓。

なお、詳細度によって容認度も変わる。(12b)は可能だが、(12c)になると根元の部分が脚の形状をするなど、図1のように特殊な形でなければ違和感があろう。

(12) a.　木が立っている
　　 b.　木が大地をしっかりと踏みしめている
　　 c.　??木が仁王立ちしている

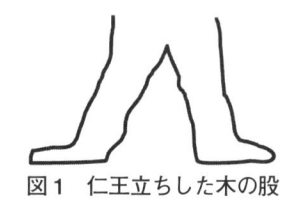

図1　仁王立ちした木の股

7.4　構造の類似性による擬人化

　身体部位の場合、形状自体が似ているというよりは、構造的位置づけが類似している場合も考えられる。構造の類似は高度にスキーマ化した、イメージ・スキーマ的な類似性と考えてもよい。松本(2000)は位置の類似(本書でいう構造の類似)に基づく拡張として、「頭」の用例を挙げている。

(13)　釘の頭、針の頭、杭の頭、彗星の頭、列の頭、鼻の頭　　　(松本, 2000: 319)

以下は再び辞書からの抜粋である。

頭　物の先端。上の部分。「釘(鼻)の頭」「瓜を頭からかじる」。物事のはじめ。最初。はな。「頭から読む」
肩　器物や山、道などで、人体の肩に相当する部分。山頂から少し下がった所で、肩のように平らになった所。鉱山で、鉱脈または鉱層の傾斜に従い、上部にある部分。物の上部の右側。「余白の肩に番号を入れる」
腹　物の中央部の広いところ。山の頂と麓の中間の部分や建造物の内部など、人体の腹にあたる部分とみなしていう語。壺・びんなど、胴部のふくらんでいる容器。

頭を「物事のはじめ」と見なす例では，物理的上下と時間的前後が対応づけられている。第5章（イメージ・メタファー）でも見たように，一般に，形状（イメージ）の類似は，構造（イメージ・スキーマ）の類似と連続的である。図2に見るように，「指の腹」は膨らんだ部分だが，「山の腹」となると位置づけが真ん中という点だけが似ている構造の類似性と思われる。「つぼの腹」は通常膨らんでいようが，そうでない場合もありうる。構造的には真ん中にある必要があり，両者の中間例と考えられる。

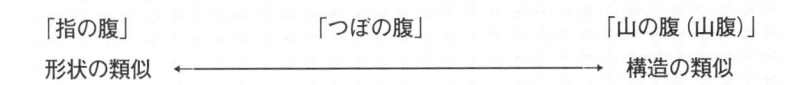

「指の腹」　　　　　「つぼの腹」　　　　　「山の腹（山腹）」
形状の類似　←――――――――――→　構造の類似

図2　形状の類似性から構造の類似性への連続性

身体以外にも，高度にスキーマ化された枠組みが対応している点で，構造の類似性の一種と考えられる例は存在している。(14)は動物や人間の成長段階が出来事の発展段階に見立てられる例，(15)は関係一般が人間の親族関係に見立てられる例である。さらに，(16)の表現に見るように，人間関係を表現する「誘う」「手を貸す」「許す」なども，異なる出来事の関連に関して擬人化を可能にする。二者が存在して，一方が他方に働きかけたり，なんらかの物理的，心理的やり取りをするという人間関係が，出来事同士の関係に適用されている点で構造の類似といえる。

(14) a. エネルギー危機から生まれた数々の問題
　　 b. 避妊反対論がブッシュの新しいスローガンを産んだ
　　 c. 市場自由競争がロシア通信市場を育てた
(15) a. 必要は発明の母　（cf. Turner, 1987）
　　 b. ワシントンは建国の父だ
(16) a. 彼の死は，その後の議論を誘った
　　 b. 書類の紛失が事件の混迷に手を貸している / 一役買っていることは間違いない
　　 c. 出生率の下落がこれほどまでの人口減少を許している

始まり←誕　生
発　展←成　長
終わり←　死

図3　成長段階の写像

第7章　擬人のメタファー

7.5　動物と動き

　動物の擬人化は巷に溢れている。最も顕著なのがアニメや幼児向けのキャラクターだろう。ミッキーマウス，プーさん，ジャングル大帝，ニモなど，主人公の動物が人間のように振る舞い，言葉を話し，他の仲間達と冒険ドラマを繰り広げる例は数え切れない。これは現代に始まったことではなく，例えば日本の御伽草子でも猿，猫，をこぜ，鼠，鶴，ハマグリらが人間になったり，そのまま人間の格好をして登場したりして縦横に活躍する。もちろん現代の言語的用例にも事欠かない。(17)では「男の子」という表現がオスのライオンに使用されている。(18)では蛇に，(19)ではカブトムシに，(20)ではミミズに感情が付与されて，人間のように扱われている。死んだ動物には通常「死骸」という用語が使われるが，(21)では「死体」と述べている。(22)では，ミミズが土壌改善することを「大地を耕す姿」と描写し，イメージのズレから面白みを醸し出している。

(17)　ライオンのシンヤは多摩で生まれています。<u>男の子</u>なのに一番奥でこっそり気味。
http://zoo.kokage.cc/blog/log/eid707.html[5]

(18)　腕の中の蛇が<u>嬉しそうに</u>瞳を光らせて舌をチロリと出した。
http://kagaminoyakata.secret.jp/jyabaku2.html

(19)　カブトムシ<u>君</u>たちはひっくり返ってしまうと，自分で起き上がるのがとても<u>苦手</u>なのです。最悪の場合，起き上がろうと必死に動いて<u>疲れて</u>しまい，死んでしまうと言った事もあるのです。
http://kabukabu2005.fc2web.com/siiku7.html

(20)　今日は久しぶりの日照で，暑さに<u>耐え切れなかったのか</u>，<u>逃亡</u>ミミズが数匹<u>ミイラ</u>になっていた。
http://plaza.rakuten.co.jp/kuwago/diary/200906230000/

(21)　自宅の前の道路は干からびたミミズの<u>死体</u>だらけです。
http://qa-honpo.com/index.php?action=detail&qid=85

(22)　強いて申し上げると，太いミミズには，その豪快に大地を<u>耕す姿</u>に<u>漢</u>（おとこ）の<u>生き様</u>を感じる。
http://kotonoha.cc/no/55796

　4.2.6で見たように，自発的動きの有無から1歳未満で既に生物と無生物が区別で

---

[5] 本節および次節のWebは，2009年9月に検索したものである。

きるという研究もある (Poulin-Dubois et al., 1996)。動物以外でも，動きがあると擬人的表現が許容されやすくなる。第8章（線と移動のメタファー）で見るように，出来事が移動物と捉えられることがあるが，移動表現の一種として歩行，走行なども出現し，これが結果として擬人的になる場合もある。(23)～(25) はすべて進行に関する《活動は移動》のメタファー表現であるが，擬人とも理解できるものに下線を施した。

(23) a. プロジェクトが進む　　b. 結婚話が進む
　　 c. 新しい都市政策が進行している
(24) a. 計画が 1／3 までいったところで
　　 b. 計画が折り返し地点まで来た
　　 c. (プロジェクトの) ゴールは<u>目の前</u>だ
　　 d. <u>もう一歩</u>のところで完成まで来た
(25) a. プロジェクトがとんとん拍子で進む
　　 b. プロジェクトが転がりだす
　　 c. プロジェクトが，<u>一歩一歩ゆっくりと進む</u>
　　 d. プロジェクトが行き詰まる
　　 e. プロジェクトが<u>足踏み状態</u>だ
　　 f. プロジェクトが<u>立ち往生</u>した

また，Lakoff and Turner (1989) が取り上げた，Williams Carlos Williams の美しい詩は，仮想的移動と考えられるが，この詩におけるイメージの推移には本章の観点から，興味深いものがある。

(26) **The Jasmine Lightness of the Moon**　　　　(by William Carlos Williams)
　　　…（前略）

Rather grasp	とらえよ
how the dark	暗い尖塔の
converging lines	合流する線が
of the steeple	
meet at the pinnacle —	頂点で重なるのを—
perceive how	目に映せ

第7章　擬人のメタファー　|　159

its little ornament	その小さな飾りが
<u>tries to stop</u> them ―	重なる線を<u>止めん</u>とするのを―
See how it <u>fails</u>!	<u>失敗</u>するのを見よ！
See how the converging lines	六角形の突端の
of the hexagonal spire	合流する線が天を向いて<u>逃れる</u>のを見よ
<u>escape</u> upward ―	離れ，別れるのを！
receding, dividing!	
（後略）…	

(Lakoff and Turner, 1989: 140ff)
（大堀俊夫 訳：151ff．下線は著者）

ここでは，尖塔の形状を眼で追うところから，「合流する線」，「頂点で重なる」など，輪郭を上向きの移動と捉えている。この移動を，「小さな飾り」が「止めんとする」として，あたかも意志を持った主体のように描かれ始めている。さらに，合流する線は，「逃れる」。これはまさに意志主体としての人間か動物のように捉えられている。すなわち，静的な線が，線をたどる視線から移動物として捉えられ，この移動がさらに擬獣化，擬人化された例である[6]。

図4　尖塔から伸びる仮想移動

このように動物は擬人化されやすく，動きも擬人的表現を形成する素地となる。これを動きというイメージ・スキーマに基づく構造性基盤メタファーと考えるのがよいのか，動物というオントロジ・スキーマに基づくカテゴリー性基盤メタファーと考えるのがよいかに関しては，**7.8** で検討する。

7.6　植物と自律的変化

植物も擬人化されやすい。直立している点，自ら変化して生長する点で生物としての共通性を有している。(27)，(28) では，植物に対し「元気」「嬉しそう」「喜ぶ」

---

[6] Lakoff（個人談話）はこの例を取って，イメージ・スキーマ変換もメタファーの一種であるか，という問いを立てていたが，筆者は，静的な線が移動と捉えられる部分がイメージ・スキーマ変換で，移動物が生物に見立てられるのがメタファー的具現化であって，2段階の機構が関与していると見る。

といった感情が付与されており，(29)では大きな山桜が歴史の生き証人として温かいまなざしを投げかける老人のように描写されている。

(27) ベランダに引越しさせていたゼラニュウムが元気を取りもどして，また花をつけてくれました。冬の柔らかい陽射しをうけて，うれしそうに微笑んでいます。http://kazekoibito.cocolog-nifty.com/blog/2008/12/post-c3ef.html
(28) 暖かい時期には，朝夕に霧吹きで葉水を掛けてやると，喜ぶようです。
http://homepage2.nifty.com/nhp/sekkoku-02.htm
(29) 檜枝岐歌舞伎の舞台を見守るようにヤマザクラがどっしりとたたずんでいる。樹齢は約100年。
http://www.minpo.jp/pub/topics/hanakikou/2009/05/post_36.html

冒頭の4コマ漫画もこういった用法の一例である。植物は通常の意味で自ら動くことはないので，自律的変化や直立性が擬人の鍵となっていると考えられる。
また，無生物であっても，自然に変化するものは人間を中心とした語彙や構文と馴染みがよい。日本語における語彙的使役と統語的使役の区分は，文法の現象としてたびたび注目を浴びてきたが，井上(1976)は，(30), (31)のような用例を紹介している。語彙的使役である(30a), (31a)は相手の意志に関わらずおこなわせたことになり，統語的使役である(30b), (31b)は，相手の自発的な意志にまかせておこなわせたことになるという。

(30) a. 私は妹を壇から降ろした　　b. 私は妹を壇から降りさせた
(31) a. ジョンは妹を部屋に入れた　　b. ジョンは妹を部屋に入らせた
(井上, 1976: 68，下線は筆者)

したがって，目的語が意志を持たない無生物の場合，通常，統語的使役は使用できない。しかし，変化が自律的に起きる(32), (33)の場合，統語的使役が使用できる。統語的使役の対象が一般に有情物のため，(32), (33)は，自律的変化が意志を持っているように見せるという分析の可能性を示唆する。

(32) a. ゼリーを早く固める
b. ゼリーを早く固まらせるには，冷蔵庫に入れるとよろしい

(33) a. 傷を早く塞ぐ
　　 b. 傷を早く塞がらせるには，この薬が一番よろしい　（bのみ井上, 1976: 69）

　さらに，自然現象など自律的変化を起こすものは，他の無生物に比べ，意志性を要求する命令形や，「ようとする」，「たい」などの構文に入りやすい。(37)では，「女心」と「秋の空」が並置されており，類似性に注目させるメタファーのような構造になっている[7]。(39)におけるコンピュータは，**4.2.6** に見た存在の大連鎖の「複雑な物体」にあたり，無生物の中では比較的人間に近い位置にあるが，これも自己制御が特徴である。

(34)　日が暮れようとしている
(35)　風よ，吹け！
(36)　何かがおこりたければ，おこればいい
　　　　　　（『ねじまき鳥クロニクル　第1部　泥棒かささぎ編』　村上春樹著）
(37)　女心と秋の空
(38)　今にも泣き出しそうな空
(39)　コンピュータの機嫌が悪い

　(34)～(37)がメタファー表現かどうかは議論の余地があるが，少なくとも有情によく使われる構文に無生物が入ることによって，奇妙な効果を生んでいる点は，同意が得られるであろう。(32)～(33)で人間的使用が可能になるのは，ゼリーや傷が自律的に変化するからであると考えられる。同様に，(34)～(39)のような，自然現象や複雑な物体が擬人化されやすい理由も，自律的な変化の存在にあることが想像できる。

7.7　評価性基盤の擬人化

　本節では，**7.7.1** と **7.7.2** でプラスの評価性を有する「連れる」と「達」の拡張を紹介し，次に **7.7.3** でマイナスの評価性を有する《問題は敵》など，無生物を敵と見立てるメタファーを考察する。

---

[7]　大森(2008)は《感情は自然現象》という上位メタファーを設定している。

7.7.1 「連れる」

「連れる」「連れて」の目的語は，通常人間を中心とした有情物に限定されているが，どれだけ愛着を持っているかでその使用域が拡大する。「連れていく」の用法は，(40)～(42)で，ぬいぐるみ，虫，天候に拡大している[8]。

(40) 私ももっと堂々とぬいぐるみで遊びたいですが，外でぬいぐるみ連れてたりすると変な目で見られそうで勇気が出ないです(´・ω・`)

　　　　　http://nyamotan.cocolog-nifty.com/blog/2008/08/post_9046.html[9]

(41) 昨日連れて帰ったアゲハの幼虫

　　　　　http://blog.goo.ne.jp/ayu432/c/3249e846131c821cde95898bc41960ed

(42) 五月の雨はなんだか切ない。太陽の陽光が肌に当たり，肌を焼いていく。そして今度は風とともに雨を連れてくる。まわりはアスファルトの匂いがあふれ… http://www.geocities.co.jp/Bookend-Shikibu/6960/kiryuu.htm

7.7.2 「達(たち)」

「達(たち)」は通常，有情，特に人間に使用されるとされているが，近年その使用域が若年層を中心に拡大しつつあるように思われる。(43)～(52)では，有生のシカ，鳥，魚，ミミズ，ばかりではなく，カビ，桜，さらに，雲，本，コイン，石といった無生物にまで使用されている。

(43) 鹿たちが せんべいめがけかけていく　修司

　　　　　http://chemchem.ld.infoseek.co.jp/ensoku5.htm

(44) 野鳥図鑑6／海に舞う鳥たち　　解説：飛び立つことが苦手なオオミズナギドリ，夜に口一杯の魚をくわえてくるウトウ，奇妙な繁殖行動をとるアジサシの仲間たち。絶滅が懸念されているアホウドリ…

　　　　　野鳥図鑑宣伝コピー　NHKソフトウェア1995　山と渓谷社

(45) 2008/10/6，もう秋ですね～。魚たちも色が上がってきてめっきり金魚らしくなってきました。　　http://www.mkc.zaq.ne.jp/ks-souko/d8-10.html

(46) 私たち人間がこの地球に誕生したのは一万数千年前といわれていますが，

8　接続助詞化している以下の用例も興味深い。(i) 秋が深まるに連れて，日没が早くなる
9　**7.7.1** のWebは，2009年3月に検索したものである。

第7章　擬人のメタファー　| 163

はるか4億年も前から，ミミズたち土壌動物は，地球の表面をせっせと耕し続けてきました。 http://www.mmjp.or.jp/mimichan/contents/mimizu.html

(47) キケン！身体に悪影響を与えるカビたち
http://www.health.ne.jp/library/5000/w5000150.html

(48) それは，重たそうに狂い咲く桜たちの下。
http://toworu3.blog31.fc2.com/blog-entry-36.html

(49) 『高度1万メートルから見た雲たち』
http://www.seizando.co.jp/htdocs/kishou/10000.html

(50) 私が出会った本たち：私が読んできた本たちを紹介します。
http://motherly.biz/

(51) 前にクォーターコインを集めているってお話したけど，あれからも着々と集まってきましたよ。今回新たにゲットしたのは，この写真，左がフロリダ州で，右がテキサス州のコインたち。
http://blog.livedoor.jp/cotu156/archives/6362128.html

(52) カメラマンの黒澤俊宏さん，石たちの表情を自然にとらえて美しく撮影してくれました。 http://www.hikarigaoka.jp/~mercy/blue/book.htm

「たち」は，愛着の湧いた動物，植物，自然物，コレクションとしてのコインや石にまで使用されている。コインや石の例はマニアの記述で，愛着という情緒性が無生物に適用されていると考えられる。無論，愛着の対象はプラスの評価性を有する。また広告には擬人が多いように思われるが，愛着感を醸し出そうとして，「パンたち」を使用するパン屋の戦略もわからないではない。このような見立てでひとたび擬人化されると，「石」であっても(53)のようにさまざまな人間的特徴を付与できる。

(53) a. 石にも表情がある　　b. 石自身の重みで　　c. どっしりと構えた石
　　　d. 石はそこから動こうとはしなかった
　　　e. 石はそこから動きたいようなそぶりを見せなかった

7.7.3 〈敵〉メタファー

第13章(問題のメタファー)，第15章(評価性を基盤とするメタファー)で詳しく見るように，問題などマイナスの評価性を持った出来事が〈敵〉と捉えられることは

少なくない．(54)はそのようなマイナスの評価性に動機づけられた擬人に思える．

(54) a. 貧困と<u>戦う</u>　　　　b. 不良債権は現代日本経済の<u>敵</u>だ
　　　c. 爆発する危険性が<u>潜んでいる</u>　d. 不安感に<u>つきまとわれる</u>
　　　e. 恐怖に<u>襲われる</u>

古典ともいえる久野（久野, 1973; Kuno, 1973）は，悪天候など悪いことの場合には「会う」が使用でき，良いことの場合にはできないと述べ，(55)，(56)の謎を挙げている．否定的な事物が敵として概念化されやすい傾向を考えれば，この謎の解法に見通しが与えられる．マイナスの評価性を持った出来事は敵対者に見立てられ，「会う」の使用が自然になるという考え方である．

(55) a.　嵐に<u>あう</u>　　b.　吹雪に<u>あう</u>　　c.　悲しい目に<u>あう</u>
(56) a. * そよ風にあう　b. * お天気にあう　c. * 嬉しい目にあう

（久野, 1973: 64; Kuno, 1973: 107．用例は抜粋）

7.8 擬人化の基盤

本節では，まとめとして 7.8.1 で構造性基盤に関して，7.8.2 でカテゴリー性基盤に関して，7.8.3 で評価性基盤に関して，7.8.4 で具現化に関して，7.8.5 で基盤の類型に関してまとめる．

7.8.1 構造性基盤

7.3 では形状の類似性を，7.4 では構造の類似性を取り扱った．第 5 章（イメージ・メタファー）で見たようにイメージと IS は連続的であり，本章でも，「指の腹」「つぼの腹」「山の腹（山腹）」など，形状の類似性，IS 的類似性および構造の類似性は連続的であることを確認した．形状の類似と構造の類似の連続性を考えると，形状の類似性，イメージ・スキーマ的な類似性，構造の類似性は，すべてまとめて構造の類似性（構造性基盤）と考えることができよう．これは第 5 章（イメージ・メタファー）および第 6 章（水のメタファー）の研究結果と同様の方向性を示唆している．また，構造的位置関係が「頭」「腹」などと呼ばれる場合，例えば人間の「頭」と「針の頭」の間に共起性（身体性）基盤はないと考えられるので，構造性自体が領域をつなぐ基盤となりえることを主張した 4.9.2 を支持する新たな証拠といえる．

7.8.2 カテゴリー性基盤

7.5 では動物や動きが擬人化されやすいことを，動物の用例や，《活動は移動》および尖塔の詩のイメージから検証した。7.6 では植物や自律的変化が擬人化されやすい傾向を，植物の擬人的用例や，意志性を要求する統語的使役が自律的変化を受け入れる先行研究に言及し，自然現象や複雑な物体など，自ら変化する場合に擬人化が容易であることを指摘した。

ここで気になるのは，これらのメタファーの基盤である。7.5 において，〈動物〉が基盤となると考えるならば，4.9.2 で論じたカテゴリー性基盤となる。一方，〈移動〉が基盤となるのなら，〈線と移動〉のスキーマを基盤とした IS 基盤，すなわち，構造性基盤といえる。7.6 においては，〈生物〉のスキーマを基盤としたカテゴリー性基盤か，〈変化〉を基盤とした，なんらかの特徴的類似性に基づいた新規の基盤なのかを決定する必要がある。本書では，既に 4.9.4.1 で，カテゴリー性基盤とは，究極的には構造性基盤に還元されるという考えを述べた。よって，〈動物〉か〈移動〉かの違いは大きな意味は持たないかもしれない。例えば，〈動物〉というカテゴリー自体，その名の示すように，動くという特性を中心に形成されたカテゴリーとも考えられる。それでも，〈動物〉というカテゴリーを基盤にしているのか，〈移動〉を基盤としているのかによって，具体的に対象となる構造性が異なってくる。また，〈植物〉か〈自律的変化〉かは，〈自律的変化〉が IS リストにないことから，より大きな争点となる。

まず，〈動物〉か〈移動〉かに関してであるが，例えば(18)を〈線と移動〉のスキーマに基づいた構造性基盤であるとすることはデータから支持されない。

(18)　腕の中の蛇が<u>嬉しそうに</u>瞳を光らせて舌をチロリと出した。

(18)では，「嬉しそうに」という語を元になんらかの擬人的見立てが存在すると考えた。話者が，蛇を「嬉しそう」と感じたのは，瞳を「光らせ」たことと「舌をチロリと出した」ことからである。瞳を光らせたと感じたのは，なんらかの生理的要素で瞳孔が開いたのかもしれないし，単に太陽光を反射して輝いて見えたのかもしれない。舌を出したのもなんらかの生理的要素から出したのかもしれないし，単に頻繁に出しているだけかもしれない。「舌を出した」のは動きであっても移動ではないし，「瞳を光らせ」たのは動きですらなく，変化である。このような小さな変化に人間らしさを見出すのは，人間と他の動物（この場合は蛇）が「瞳」や「舌」を共有し

ており，人間について働く解釈機構が他の動物に対しても（拡大的に）援用される傾向にあるからだろう。これは，〈動物〉というカテゴリー自体がメタファー形成を可能にするというカテゴリー性基盤を支持する用例である。

7.6 で述べた植物と自律的変化の場合，事情はもっと複雑であるが，カテゴリー性基盤を支持する証拠から見てみたい。まず，第1に確認しておくべきこととして，ここでいう〈変化〉が，変化一般ではなく，自律的変化であることである。これは，単なる知覚的要素ではなく，生物というカテゴリーに依存した特性ではないか。これはカテゴリー性基盤を支持する証拠である。第2に，7.6 には，〈植物〉，〈自然現象〉，〈複雑な物体〉という3種類の例が挙げられている。7.5 で取り上げた〈動物〉も図式の中に取り入れて考えてみると，〈動物〉から（植物を含む）〈生物〉，〈自然〉，〈物体〉の順で，擬人化メタファーの用例が少なくなっているように思われる。〈動物〉の擬人化は日常的におこなわれ，ほとんど，字義的に思われるほどだが，植物になるとその頻度はやや下がる。自然現象に関しては，定型的な慣用句が中心である。これは存在論的に近いほどメタファーになりやすいという法則性を示唆している。これもカテゴリー性基盤を支持する証拠である。

一方，カテゴリー性基盤とすることに反証となるデータもある。まず，第1に用例の分布に基づく議論である。7.5 および 7.6 では動物，植物というカテゴリーのみならず，動きを有するもの，自律的変化を有するものが擬人化されやすいことを指摘した。カテゴリー性基盤の考え方であれば動物と植物の擬人化は裏付けられるが，《活動は移動》の用例，尖塔の詩，および自然現象や複雑な物体が擬人化されやすい理由を，別に検討しなければならない。その点で，〈移動〉や〈変化〉という知覚的カテゴリーの IS 基盤と考えれば統一的に扱える。第2の理由はメタファーの条件の1つと楠見が述べる，カテゴリー乖離（4.5.1）との関係である。メタファーの条件がカテゴリー乖離であるならば，メタファーをつなぐものがカテゴリーであるとするのは理論上，齟齬が生じる。

オントロジ・スキーマの概念形成には知覚的特徴が重要である。自ら動き始める，リズミカルだが予測不可能な経路を取るといった移動の特徴が，動物の認知に重要であることは，4.2.2 および 4.2.3 で既に言及した。自発的かつ自律的な変化も，生物の認知に重要な鍵となっている可能性がある[10]。また，力と移動の関連に関

---

10 人間の特徴を自らエネルギーを発する点にまで抽象化して考えれば「彼女は輝いている」「あの人は光っている」などの表現まで1つのグループになろうが，現時点ではデータ不足である。

しては，第9章（因果のメタファー）で考察するが，自力移動，自律的変化と並んで，自力移動を可能にする力としての認識も，擬人および有情の認識にかかわっている可能性もある。固有の理論を有する特定のカテゴリー（オントロジ・スキーマ）が，高度に自動化した知覚検知器を持っていても不思議はなく，このような検知機構がメタファー的認識の基盤となることは十分に考えられることである。このようなことから，7.5および7.6の用例は，〈動物〉や〈生物〉に基づいたカテゴリー性基盤の用例，およびその知覚的側面に基づいて拡張した拡張事例と考えたい。

　最後に，プロジェクト等を移動や人として捉える表現に関してであるが，メタファーとして一般化するべきなのは，《活動は移動》であって，《活動は人》でないことには留意しなければならない。この意味で，動きを鍵とする表現には，4.8.2で述べた具現化が関わると思われる。

7.8.3　評価性基盤

　7.7で見た「連れる」や「達」の愛着感の拡張の例は，明らかに情緒的類似性が擬人的見なしを起動している例に思われる。4.5で述べたように，情緒的類似性の最も重要な要素は評価性であり，「コイン」や「石」を「愛しい」と思う気持ちは，情緒であるとともに，明らかにプラスの評価性を含んでいると考えられる。これらはメタファーの基盤としての評価性の存在を示すといえよう。

　7.7.3における「敵」「つきまとわれる」などは，情緒的類似性（「怖い」「憎い」など）を基盤としており，マイナスの評価性を持つと考えられる。マイナスの評価性はさらに，敵対という推論，行動パターンおよび身体運動的準備（「身構える」「対峙する」「戦う」など）を起動すると思われる。10.5.2で見るように，力のメタファーがあると，多くの場合，敵のメタファーも存在する。これは，力を持っているように見なされると，次に，敵対者としての認識に具現化する可能性を示唆している。

7.8.4　具現化

　このほかにも具現化と考えられる例は多かった。

(25c)　プロジェクトが，<u>一歩一歩</u>ゆっくりと進む　　　（《活動は移動》の具現化）
(54a)　貧困と<u>戦う</u>　　　　　　　　　　　　　　　　（マイナスの評価性の具現化）

　(25c)のような例は，擬人化というよりは，明らかに《活動は移動》の具現化と考え

てよいだろう。用例を見ると，活動が動くものとして捉えられており，その一部として，一見擬人化に見える表現が部分的に存在するだけだからである。
　(54a)のような例はどのように考えればよいだろうか。貧困に対する推論を考えると以下のようなものが思いつく。

(57) a. 貧困は嫌だ　　　　　　　　　　b. 貧困は生活を圧迫する
　　　c. 貧困によって死んでしまう可能性がある　d. 貧困はなくなったほうがいい
　　　e. 貧困に対する対策としてなんらかの行動を取らなければならない

これらは，(58)の「敵と戦う」推論と非常によく似ており，(58)のほうが，具体的イメージが浮かべやすく，行動に結びつきやすい。

(58) a. 貧困は嫌だ　　　　　　　　　　b. 貧困は攻めてくる
　　　c. 貧困に殺される可能性がある　　d. 貧困は退治したほうがいい
　　　e. 貧困に対する戦略を立てて戦わなければならない

　つまり，〈貧困〉と〈敵〉はマイナスの評価性を基盤として知覚レベルでつながり，〈敵〉として具現化されることで，概念レベルで敵と戦いにまつわるさまざまな推論が導入されると考えられる。〈貧困〉に対する漠然とした印象が，〈敵〉と認識することで構造化されるのだといえよう。
　それでは，「貧困は敵である」は具現化であって，メタファーではないのか。具現化であれば，メタファーではないのだろうか。本書では，具現化であっても，用例が豊富で，具現化されたサキ領域の推論が多く使用されていれば，メタファーであると考えることにする。《貧困は敵》の例では，貧困に対して，人間的イメージを付け加えることで，恐ろしさや憎さが増し，戦いのフレームを導入することで，戦略，防御，侵攻，攻撃，勝利など新たな推論が可能となるからである。《貧困は敵》の基盤に関しては，第13章（問題のメタファー）および第15章（評価性を基盤とするメタファー）でさらに論じる。
　具現化は，評価性の例だけでなく，幅広く作用していると思われる。例えば，動きや自律的変化の例にも具現化が関わっているだろう。動きや変化を自律的と捉えれば，動物や意思主体として捉えやすく，そのもっとも顕著な具体例である人間が登場しやすい。また，直立する点に注目すると，人間の身体部位との対応が取りや

すくなる。具現化を図示して**図5**に表示する。

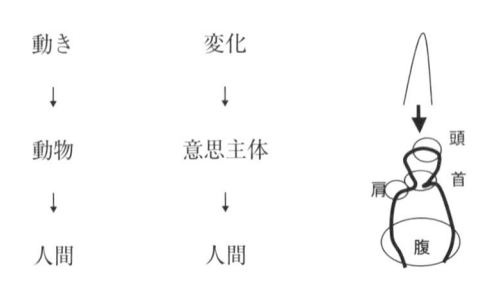

図5 具現化の事例

7.8.5 基盤の類型

基盤に関しては，形状の類似，IS 的類似を構造性基盤として扱うことを既に述べた。このほかに，動きや自律的変化という特定の特徴および評価性が擬人のメタファーの基盤となっていることを確認した。概略を**図6**に示す（構造性およびカテゴリー性は概念レベルから，動き，自律的変化および評価性は知覚レベルで機能すると考え，両者の方向性を逆にした はオントロジ・スキーマにまつわる知覚推論と考える）。

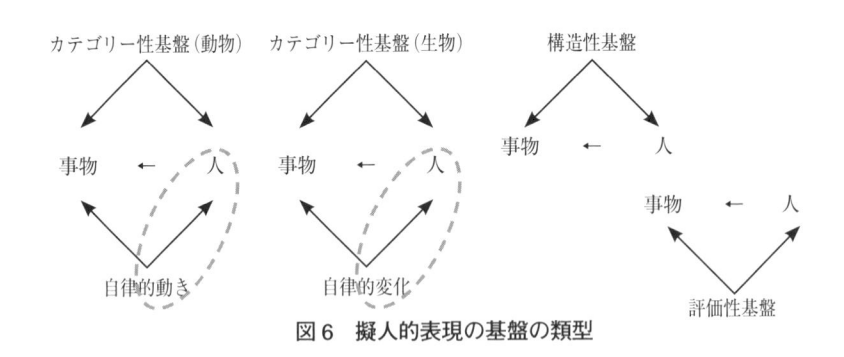

図6 擬人的表現の基盤の類型

7.9 まとめ

本章では擬人のメタファーを取り扱った。**7.2** でメトニミーとの違い，**7.3** で形状の類似性に基づいた擬人化，**7.4** で構造の類似性に基づいた擬人化，**7.5** で動物と動きに関連する擬人化，**7.6** で植物と自律的変化に関連する擬人化，**7.7** で評価性に基づいた擬人化の用例を紹介した。**7.8** では，それぞれの擬人化の基盤を検討し，構造

性，評価性，カテゴリー性（およびこれに基づいた知覚的類似性）を挙げた。

　残された課題の1つは，第6章（水のメタファー）で見られたような表現の予測可能性の向上である。例えば(59)のような表現は不適切である。

(59) a.　?? ビルの頭（「屋上」を意図して）
　　 b.　?? 店が眠る（「閉店中」を意図して）

　このような問題の解決には，それぞれの用例を詳細に検討する必要がある。また，語義とメタファーの相互作用や，合成のパターンを考慮するとともに，メタファーと慣用性の問題に取り組む必要がある。次章では，線と移動に関連して事象構造メタファーを紹介し，日本語における《活動は移動》メタファーを取り上げる。

第8章

線と移動のメタファー

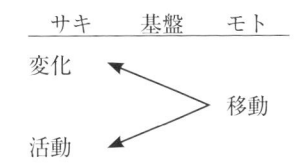

```
  サキ    基盤   モト
  変化  ↘
           移動
  活動  ↗
```

キーワード
イメージ・スキーマ
事象構造メタファー
メタファー写像

8.1 はじめに

本章では，線と移動のメタファーを検討する。4.2.3で述べたように，線はさまざまなイメージ・スキーマ変換を経て，移動，方向，順序，程度などと関わる。また，発達面からも動物の知覚推論に関わるなど，意義深い分野である。この分野のメタファーとしては，3.2.4で言及したLakoff (1993)における事象構造メタファー (Event Structure Metaphors, 以下，ESM) が重要である。本章では，8.2でこのESMを先行研究として紹介する。これに基づいて，8.3で日本語の《活動は移動》メタファーを記述する。さらに，8.4で日本語のESMに対する強い制約を紹介する。

8.2 事象構造メタファー

事象構造メタファー (ESM) とは，線と移動，力および人間の移動に関連した複合領域をモト領域とするメタファーである。ESMは，空間の論理に基づいて，状態，変化，因果[1]という事象の生起や，行為，目的，手段，困難，予定という人間的営為を構造化している。名称は混乱を生じやすいが，サキ領域である出来事（言い換えれば，「事象」）から採用されている。「線と移動」とはモト領域に基づいた命名である。

Lakoff (1993) は，ESMの写像を図1のように記述している[2]。

---

[1] 第9章（因果のメタファー）参照。力と移動に関しては，4.2.4で見たフォース・ダイナミックス (Talmy, 1985, 2000) が重要な役割を果たしている。

[2] Lakoff (1993) でも語頭が小文字で取り扱われており，メタファーとは区別されている。なお，こ

States are locations.	〈状態←場所〉
Changes are movements.	〈変化←移動〉
Causes are forces.	〈原因←力〉
Actions are self-propelled movements.	〈行動←自力移動〉
Purposes are destinations.	〈目的←終着点〉
Means are paths.	〈手段←経路〉
Difficulties are impediments to motion.	〈困難←移動の妨げ〉
Expected progress is a travel schedule.	〈進捗←旅程〉
External events are large, moving objects.	〈外部事象←大きな移動物〉

図1　事象構造メタファーの写像

　ESMの基礎は〈状態←場所〉,〈変化←移動〉である。線および移動は，起点，経路，着点という3つの項からなる構造を有している。起点と着点は場所であるため，移動と場所は緊密な構造的関係にある。移動物には，同時に2つの場所に存在できないという論理的制約がかかる。経路は順序づけられた無数の場所から構成され，途中の場所を通過することなく着点に到着することはできない。このような論理が状態と変化に対して写像される。つまり，起点が変化前の状態，着点が変化後の状態に対応し，移動が状態の変化に対応する。変化物は同時に2つの状態であることができない。変化の過程は順序づけられた無数の状態から構成され，途中の状態を経過することなく最終状態になることはできない，などである。

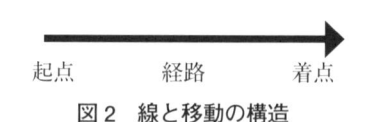

起点　　　経路　　　着点

図2　線と移動の構造

　このように〈状態←場所〉と〈変化←移動〉は構造的な対応関係にあるが，その基盤は，〈変化←移動〉にあると考えたい。Sモードで考えると，移動は常に変化を伴う。移動時の主観的体験は一定の規則に従った視野の変化（オプティカル・フロー）とし

れらが単独のメタファーなのか写像なのかは曖昧であり，個別に検証する必要がある。本章では写像と考えて写像の表記（〈A ← B〉）を使用するが，他所ではメタファーと取り扱う場合もある。

て認識されるからである。また，概念的に考えても，移動は，あるものが別の場所に移るという意味で変化の一種であり，視覚的に目立つ変化である。このような点から，〈変化〉と〈移動〉には共起性基盤がある。そこで，これと構造的な関係にある〈状態〉と〈場所〉も対応すると考えられる。

その他の写像の基盤に目を向けると，〈原因←力〉は，自らが力を使って手足を動かし，積み木を崩したり，移動をしたりする因果を引き起こす主体となる点に共起性がある。力は第9章（因果のメタファー）で詳細に見るように移動と密接不可分である。また，人間を移動物として想定すると，一層，複雑になる。まず，移動物が自ら状態変化を引き起こすため，〈行動←自力移動〉という写像が加わる。さらに，どこかに行きたいという欲求が付け加わり，さらにその欲求の実現が目的地として設定されるので，〈目的←終着点〉の写像が加わる。進行の努力と障害とのせめぎ合いは〈困難←移動の妨げ〉となり，移動の妨げの種類によって，〈困難←重荷〉，〈困難←障害物〉，〈困難←ガス欠〉などさまざまに具現化する。このような一連の写像から《人生は旅》，《恋愛は旅》が生まれるとされる。恋愛メタファーでは，〈関係←乗り物〉が加わり，その乗り物もさまざまに具現化し，異なる推論が付け加わる。

以下，英語の具体例を紹介しながら，主要な写像の説明を詳細化する。8.2.1で〈状態←場所〉と〈変化←移動〉を，8.2.2で〈原因←力〉を，8.2.3で〈行動←自力移動〉と〈目的←終着点〉を，8.2.4で〈手段←経路〉を，8.2.5で〈困難←移動の妨げ〉を取り扱う。

8.2.1 〈状態←場所〉と〈変化←移動〉

〈状態←場所〉と〈変化←移動〉が事象構造メタファー（ESM）の基本的枠組みを構成する。例を(2)に示す。(1)は場所，移動，使役移動に関わる構文であるが，これと並行する形で，(2)に見るように状態，変化，使役変化が存在する。

(1) a. John is in the office.　　　　　　存在と場所
　　b. John got into the office.　　　　　場所の移動（始動相：inchoative）
　　c. Mary pushed John into the office.　場所移動の起因（使役相：causative）
(2) a. John is in trouble.　　　　　　　　存在と状態
　　b. John got into trouble.　　　　　　状態の変化（始動相：inchoative）
　　c. Mary pushed John into trouble.　　状態変化の起因（使役相：causative）

(1), (2) は, (3) に見るように旧来の英文法などでも場所移動の *into* と変化の *into* などとして知られる場所と状態および変化と移動の多義的用法を体系的に捉えたものである。

(3)　a.　Mary moved into the beautiful room.（場所移動の *into*）
　　 b.　Mary changed into a beautiful woman.（状態変化の *into*）

用例は第 9 章（因果のメタファー）でも見るが, (1)〜(3) 以外にも状態変化を場所移動として表す例は少なくない。

(4)　a.　He went from fat to slim in a matter of weeks.
　　　　（彼は太った（状態）から痩せた（状態）へ数週間で変化した）
　　 b.　The water came to boil.（お湯が沸いた）
　　 c.　I brought her out of trance.（私は彼女をトランス状態から引き戻した）
　　 d.　Communism sent the USSR into chaos.（共産主義はソ連を大混乱に陥れた）
　　 e.　Mark flew into rage.（マークは一瞬で激怒した）

（Taub, 1996: 450–455）

日本語において, こういった動詞の多義が少ないことは **8.4** に述べるが, 格助詞の「から」や「へ／に」の使い方はこのメタファーに関連していると議論できる可能性もある (菅井, 2000)。

(5)　a.　彼は東京から出発して, 大阪へ向かった
　　 b.　彼は手術から立ち直り, 快方へ向かった

8.2.2 〈原因←力〉

移動と力に関連する動詞が, 変化を引き起こす意味に拡張している。上述の (2c) がこれにあたる。Lakoff and Johnson (1999) は (6) のような用例を挙げている。

(6)　a.　FDR's leadership brought the country out of the depression.

(直訳[3]：ルーズベルト大統領のリーダーシップは米国を恐慌から引っぱり上げた)

b. The home run threw the crowd into a frenzy.
(直訳：そのホームランは観客を熱狂に投げ入れた)

(Lakoff and Johnson, 1999: 184)

(6)では，*bring* や *throw* に代表される他動詞が場所移動を引き起こす構文で，状態変化が表現されている。

8.2.3 〈行動←自力移動〉と〈目的←終着点〉

〈状態←場所〉，〈変化←移動〉，〈原因←力〉だけでは，移動の方向性が発生しない。移動を人間自身の移動と捉え，人間を一定の志向性を持つ自律的機構と考えると，人間は常に「どこかへ向かおう」としていると考えられる。人間を含む動物は，欲求に基づいて移動する。欲しいものには近づこうと移動し，嫌なものからは離れようとする。移動するのは欲求を実現するためである。このような理解を背景に，移動に対する着点は行為に対する目的として位置づけられる。

(7) a. We've reached the end. (直訳：やっと終わりに到着した)
b. We are seeing the light at the end of the tunnel.
(トンネルの向こうに光が見える)
c. She's drifting aimlessly. (直訳：彼女は目的もなく漂流している)

(Lakoff and Johnson, 1999: 190)

また，目的がないことは，「行くあてもなく」，「ぶらぶらしている」ことで表現される。(7c)では，自力で移動していないことが，目的をもって行動していないことを意味している。

8.2.4 〈手段←経路〉

〈目的←終着点〉であるならば，そこまで到達する手段は経路になる。経路上にあ

3　この種の日英差は，〈する〉言語と〈なる〉言語(池上，1981)の差を明瞭に表わしていると思われる。詳細は第 **9** 章(因果のメタファー)を参照。

ることはまだ目的を実現していないことである．1つの着点に達する経路は複数存在する．同様に，1つの目的に達する手段は複数存在する．

(8) a. Do it this way.（こういうやり方でやってください）
    b. She did it the other way.（彼女は違う道（方法）でやった）

(Lakoff and Johnson, 1999: 191)

場合によって，様態が経路になることもある．手段（means）と様態（manner）は近い概念である．構文文法の重要なメルクマールとなった Goldberg の研究によれば，way 構文の2つの類型は，手段と様態である（Goldberg, 1995: 202）．また，手段と様態の近さは，how の多義を利用したなぞかけ（Fillmore, 個人談話）にも現れている．麻酔銃，槍，網など，トラを捕獲する〈手段〉を問うているように思わせて，答えでは「慎重に」という〈様態〉を挙げることで，語の多義を利用したジョークとなっている．

(9) Q: How do you catch a tiger?（問：トラはどうやって捕まえたらいい？）
    A: Carefully.　　　　　　（答：慎重に，だ）

8.2.5 〈困難←移動の妨げ〉

移動が変化で，目的が着点である世界では，よい状態が実現しないことが，順調に進まないことで表現される．移動の妨げとしては重要な具体例が2つある．〈困難←重荷〉と〈困難←障害物〉である．

〈困難←重荷〉

(10) a. She's weighed down by a lot of assignments.
        （宿題がいっぱいで彼女は押しつぶされそうだ）
    b. He's been trying to shoulder all the responsibilities.
        （彼は責任を全部背負おうとしている）

(Lakoff and Johnson, 1999: 189)

〈困難←障害物〉

(11) a. Harry got over his divorce.（ハリーは離婚を乗り越えた）

b. She's trying to get around the regulations.
　　　（彼女は規制を迂回しようとしている）
　　c. We ran into a brick wall.（我々はブロック塀に直撃した）
　　　　　　　　　　　　　　　　　　　　　　（Lakoff and Johnson, 1999: 189）

　以上，8.2.1で〈状態←場所〉と〈変化←移動〉を，8.2.2で〈原因←力〉を，8.2.3で〈行動←自力移動〉と〈目的←終着点〉を，8.2.4で〈手段←経路〉を，8.2.5で〈困難←移動の妨げ〉を考察した。次節では，事象構造メタファー（ESM）の発展として，日本語の《活動は移動》メタファーを紹介する。

8.3　日本語の《活動は移動》メタファー

　前節では，Lakoff（1993），Lakoff and Johnson（1999）を中心に事象構造メタファー（ESM）を考察した。本節では，その変種の1つと考えられる《活動は移動》メタファーを日本語で考察する。本節で取り扱う主なデータは，(12)のようなプロジェクトなどの出来事を移動物として考えるメタファーである。これに類する表現は，(13)のように英語にも存在する。Lakoff and Johnson（1999）は，Activities Are Moving Object メタファーとして(14)の例を記述している。本節では，このような種類の移動のメタファーを取り扱う。

(12)　プロジェクトが進む

(13)　It was hard to get the project started, but once it got going,
　　　It picked up momentum and reached a successful conclusion.

(14) a.　The project has slowed to a crawl.
　　 b.　The book is moving right along.　　　（Lakoff and Johnson, 1999: 203）

　《活動は移動》メタファーの主要な写像を図3に示す。
　図3の写像に対応する用例について，以下に項を分けて検討する。8.3.1で〈変化←移動〉を，8.3.2で〈原因←力〉を，8.3.3で〈進捗←進んだ距離〉を，8.3.4で〈進捗の様態←進み方〉を，8.3.5で〈完成←終着点〉を，8.3.6で〈困難←移動の妨げ〉を，8.3.7で〈手段←経路〉を，8.3.8で〈外部事象←大きな移動物〉を，8.3.9で移動物のさまざまな具現化を取り上げる。

Changes are movements.	〈変化←移動〉
Causes are forces.	〈原因←力〉
Progress is distance.	〈進捗←進んだ距離〉
Manner of progress is manner of motion.	〈進捗の様態←進み方〉
Completion is reaching destination.	〈完成←終着点〉
Difficulties are impediments to motion.	〈困難←移動の妨げ〉
Means are paths.	〈手段←経路〉
External events are large moving objects.	〈外部事象←大きな移動物〉

図3 《活動は移動》メタファーの写像

8.3.1 〈変化←移動〉

プロジェクトなどが未完成な状態から完成状態に変化していくことが「進む」,「進行する」などの用語で表現されている。

(15) a. プロジェクトが<u>進む</u>　　b. 改革を<u>進め</u>ている
　　 c. 結婚話が<u>進む</u>　　　　 d. 新しい都市政策が<u>進行</u>している

8.3.2 〈原因←力〉

「引っ張る」,「押す」,「力を入れる」など,力に関わる用語が変化の原因を意味する。また,プロジェクトを「引っ張る」ことと「後押し」することでは,プロジェクトの進行に対する役割が異なる。ここでは,前後に関する解釈が合成されている。

(16) a. プロジェクトを<u>ひっぱる</u>　　b. プロジェクトの<u>後押し</u>をする
　　 c. <u>力</u>を入れて改革を<u>押し進める</u>

8.3.3 〈進捗←進んだ距離〉

移動に関して起点,中間点,終点を意味する表現が,それぞれ,活動の進捗に関してスタート時,中間時,終了時を意味する。

起点 (17) 　a.　新政策に<u>一歩踏み出す</u>
　　　　　　b.　政治改革はうまく<u>滑り出した</u>
経過点 (18)　a.　1/3まで<u>いったところ</u>

　　　　　b. プロジェクトは折り返し地点まで来た
着点 (19) a. プロジェクトのゴールは目の前だ
　　　　　b. 完成に近づいてきた
　　　　　c. もう一歩で完成という地点まで来た

8.3.4 〈進捗の様態←進み方〉

「とんとん拍子」,「転がる」,「一歩一歩」[4],「行き詰る」,「足踏み」,「立ち往生」など,動きの様態は,進行の様態のそれぞれ「スムーズなさま」,「勢いがあるさま」[5],「ゆっくりだが確実なさま」,「うまく変化していないさま」,「変化が停滞しているさま」,「変化がまったく停止してしまったさま」というように,変化の意味に理解される。

(20) a. プロジェクトがとんとん拍子で進む
　　 b. プロジェクトが転がりだす
　　 c. プロジェクトが，一歩一歩ゆっくりと進む
　　 d. プロジェクトが行き詰まる
　　 e. プロジェクトが足踏み状態だ
　　 f. プロジェクトが立ち往生した

8.3.5 〈完成←終着点〉

移動物が着点に到着することは,活動が予定通り完了することを意味する。「こぎつける」は「漕ぎ」「着ける」であり,水上の移動の後,陸上の移動が継続されるように,新たな活動への節目となることを意味する可能性もある[6]。

(21) a. 目標に辿り着いた　　　b. やっと空港のオープンにこぎつけた
　　 c. 工場完成までの道は遠い

4　第 **7** 章 (擬人のメタファー) の具現化を参照。
5　移動における「勢い」が変化における「勢い」に理解されるためには,Gibbs and Colston (1995) で述べられるようなモメンタムの IS,楠見 (1995) で述べられるような力量性・活動性という情緒的類似性などの,異なる感覚を超える機構が必要となるはずである。**9.3.1** の速度と移動に関する脚注も参照。
6　以下のような容認度の差が正しければ信憑性が高まる。
　(i) a. やっと契約にこぎつける　　　b. ?やっと販売にこぎつける
　(ii) a. 店舗のオープンまでこぎつけた　b. ?店舗の閉鎖までこぎつけた

8.3.6 〈困難←移動の妨げ〉

移動に対する妨げにもさまざまな種類がある。「障害物」,「重荷」,「悪い地形」などが主要な用例として挙げられる。

障害物 (22) a. <u>壁</u>を取り除かなければこのプロジェクトは進まない
     b. プロジェクトが乗り越えなければならない<u>ハードル</u>は高い
重荷 (23) a. プロジェクトの<u>足を引っ張る</u>
    b. 計画は問題を<u>引きずっている</u>
    c. アイツはプロジェクトの<u>お荷物</u>だ
    d. 改革が問題を<u>抱える</u>
地形 (24) a. 超えなければならない問題が<u>山積み</u>
    b. <u>暗礁に乗り上げる</u>
    c. プロジェクトが<u>泥沼に陥る</u>
    d. 総合棟の建築は<u>峠を越えた</u>

8.3.7 〈手段←経路〉

ある手法を取ることは経路として表現される。特定の「線」や「軌道」に沿うことは「予定されたやり方」に従っておこなうことを意味する。

経路 (25) a. プロジェクトが<u>遠回り</u>をする   b. プロジェクトが<u>近道</u>を通る
    c. プロジェクトが<u>横道</u>にそれる   d. プロジェクトが<u>軌道</u>に乗る
    e. <u>この線で進む</u>   f. <u>この線に沿って進む</u>

8.3.8 〈外部事象←大きな移動物〉

Lakoff (1993) では,外的な要因が移動する大きな物体であることを意味する写像が挙げられており,これは奇妙な感じがするが,実際の用例を見ると,「波」,「流れ」,「風」など外的要因が自然環境に喩えられることが多いことがわかる。

(26) a. 波に乗る / 流れに乗る   b. 流れに逆らう   c. 追い風を受ける

8.3.9 移動物のさまざまな具現化

活動はさまざまな移動物として捉えられている。特定の移動物に具現化すること

によって，その移動物に特有のフレーム構造，知識，推論が導入される点が興味深い．

- 自動車 (27) このプロジェクトはなかなか<u>エンジン</u>がかからない
- 馬 (28) プロジェクトの<u>手綱さばき</u>
- 籠 (29) 計画の<u>お先棒</u>を担ぐ
- 船 (30) a. <u>順風満帆</u>　b. <u>船出</u>　c. プロジェクトの<u>舵取り</u>
- 電車 (31) a. <u>発車</u>　b. <u>軌道</u>に乗る
- 人間 (32) a. プロジェクトのゴールは<u>目の前</u>だ
　　　　　b. <u>もう一歩</u>で完成のところまで来た
　　　　　c. プロジェクトが，<u>一歩一歩</u>ゆっくりと進む
　　　　　d. プロジェクトが<u>足踏み状態</u>だ
　　　　　e. プロジェクトが<u>立ち往生</u>した

8.3.10 《活動は移動》のまとめ

本節では，日本語における《活動は移動》メタファーを検討した．**8.3.1** で〈変化←移動〉を，**8.3.2** で〈原因←力〉を，**8.3.3** で〈進捗←進んだ距離〉を，**8.3.4** で〈進捗の様態←進み方〉を，**8.3.5** で〈完成←終着点〉を，**8.3.6** で〈困難←移動の妨げ〉を，**8.3.7** で〈手段←経路〉を，**8.3.8** で〈外部事象←大きな移動物〉を，**8.3.9** で移動物のさまざまな具現化を取り上げた．日本語の《活動は移動》メタファーは，英語の ESM と同型の詳細なメタファー表現を有していることがわかった．次節では，日本語の ESM 一般に対して存在する奇妙な制約を紹介する．

8.4　日本語の事象構造メタファーの謎

日本語に《活動は移動》メタファーが存在することは前節で見たが，《状態は場所》，《変化は移動》等の ESM 一般は存在するのだろうか．日本語において，状態が場所，変化が移動として捉えられる例は意外に少ない．存在する場合も，(33b)〜(35b) に見るように「孤独の淵」「不幸のどん底」「幸せの絶頂」というイディオム的な形式で明示する必要がある．

〈状態←場所〉
(33) a. ??孤独にいる　　b. 孤独の<u>淵</u>にいる

第 8 章　線と移動のメタファー | 183

(34) a. *不幸にいる　　　b. 不幸のどん底にいる
(35) a. *幸せにいる　　　b. 幸せの絶頂にいる
〈変化←移動〉
(36) a. *孤独に行く　　　b. ??孤独に入る
　　 c. ??孤独に落ちる　d. 孤独の淵に落ちる
(37) a. *不幸に行く　　　b. *不幸に入る
　　 c. ?不幸に落ちる　　d. 不幸に陥る　　　e. 不幸のどん底に落ちる

　この解決として考えられる1つの方向性は，日本における名詞の類の区分の厳格さである。久島(1999)には，ものと場所の区分が論じられているが，(38)のように人間が場所になれないことはよく知られている。

(38) a. *明日，先生に行く　　　b. 明日，先生のところに行く

　今回の制約がそのような〈モノ〉と〈コト〉にかかわる制約である可能性もあるが，詳細は今後の研究に譲る。

8.5　まとめ

　本章では日本語の《活動は移動》メタファーを中心に，線と移動に関連するメタファーをまとめた。導入部である 8.1 に続き，8.2 では Lakoff(1993)で《恋愛は旅》，《人生は旅》を再分析して提示された事象構造メタファー(ESM)を論じた。8.3 では，ESM ファミリーの一角をなす《活動は移動》メタファーに関して，日本語の用例を紹介した。その中で，移動物がさまざまな形で具現化される様子を見た。こういった用例は，移動という特徴から発展的に具体的な乗り物を想起できる，メタファーの創造性を示す好例と思われる。異なる乗り物の具現化によって，イメージと推論が全く異なる点は興味深い。8.4 では日本語の ESM 一般にかかる制約を紹介した。「?不幸に落ちる」は容認度がやや落ち，「不幸のどん底に落ちる」という形で他のメタファー表現を加えた構文的な形であれば容認可能になるという，英語にはない珍しい現象が特定された。この解法に関しては日本語の名詞役割制約を1つの方向性として挙げたが，まだ十分に議論されているとはいえない。
　次章では，移動とも関連の深い「力」のメタファーを中心として「因果のメタファー」を論じる。

第9章

因果のメタファー

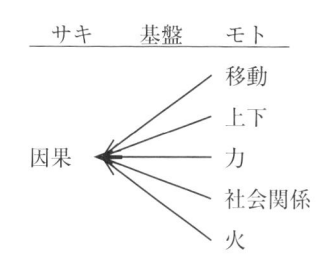

サキ	基盤	モト	キーワード
因果		移動	通訳翻訳理論
		上下	フォース・ダイナミックス
		力	合成
		社会関係	具現化
		火	普遍性と文化性

9.1 はじめに

　英語は「する」型言語，日本語は「なる」型言語であると言われる（池上, 1981; 影山, 1996）．特に，(1)のような対訳において，英語では使役構文，日本語では因果関係を表す構文が使用されている．

(1) a. The introduction of the new technology increased the output.
　　b. 新しい技術を導入したので，産出量が増えた．

　(1a)のような構文は，無生物主語の使役構文として，中右・西村（1998: 136ff）でも取り上げられている．(1a)，(1b)はどちらも，新技術の導入と産出量の増加という2つの出来事の関連を表している．しかし，英語では他動詞を使用したSVO形式の単文を取っており，日本語では「新しい技術を導入した」という文と「産出量が増えた」という文を，因果関係を表す「ので」という接続詞で結ぶ複文が使用されている．このように，英語で使役構文が使用され，日本語で因果の接続詞で結ばれるような2つの出来事の関係を *Causation*，日本語で「因果」と呼ぶことにする．

　本章は，第6章（水のメタファー），第7章（擬人のメタファー）のモト領域を固

185

9.1 はじめに

定した研究と逆に，サキ領域を固定し，因果という抽象的な領域を取り上げ，それがどのようなモト領域から形成されているかを検討するという手法を用いる。これによって異なるモト領域を持つ因果のメタファーが，異なる推論を写像する様子がよくわかる。因果のモト領域としては，力，移動，連結，作成，植物，動物など，さまざまなものがある。因果に関しては Lakoff and Johnson (1999: 170ff) に広範に取り上げられているが，本章では同文献に述べられていない因果のメタファー（火，植物，前後など）の存在を特定している。中でも，力をモト領域とした因果のメタファー（以下，力のメタファー）は重要で，この表記に **4.2.4** で紹介したフォース・ダイナミックス（FD）理論を用いる。ただし，FD 理論による表記は万能ではなく，植物，動物などをモト領域にしたメタファーは多くの場合，FD と独立である。さらに，表記の方向を変えるだけで重力の影響など，異なる推論が生まれることから，力のメタファーが関わり，FD が有効な場合でも微調整が必要なこともある。

理論的観点からは，合成，具現化という概念が有効であることを見る。第 6 章（水のメタファー）では色や流れの方向が《感情は水》などと合成する事例を考察したが，本章でも移動の方向性が移動自体とは独立に異なるメタファーと合成される例を見る。例えば，移動が上方向である場合，《知覚できることは上》，《多は上》，《終りは上》，《機能状態は上》など，さまざまな上下メタファーと合成される。第 7 章（擬人のメタファー）などで考察した具現化も重要である。**9.8** では，一見，動物のメタファーに見える *unleash* が具現化である可能性を論ずる。また，人間関係の数々の例（*allow, invite, motivate*）では，許す，誘う，その気にさせるなどの人間関係がモト領域となる用例を考察する。

また，この章では，日本語の試訳を提示することで英語と日本語のメタファーと構文を対照している。これは対照研究，類型論的研究，および翻訳通訳理論の発展にも貢献する。構文の観点からは，無生物主語の使役構文をそのまま使役的に訳すと違和感があることは既に知られており，日本語は「なる」型言語であり，英語は「する」型言語であることが知られているが（池上，1981; 影山，1996），本章のデータはそれを追認する形となる。一方，メタファーは選択に注意する必要があるものの，レパートリーとしてのモト領域は日英で非常に似通っていることがわかった。

本章の構成は以下の通りである。まず，**9.1** における序論の後，**9.2** 以降，力，移動，経路，連結，作成，植物の生長，動物の成長，火および熱，人間関係，その他の 10 種類のモト領域を，主に英語の引用データから概観する。英文データの後には，1 種類から数種類の日本語試訳を付け，日本語における因果関係の表現を考える

一助とする．さらに，主要な項の終わりには，それぞれの写像を簡単に図示する．**9.12** で因果のメタファーの基盤に関して考察を加え，**9.13** をまとめとする．

9.2 力

力は，因果の概念化に非常に幅広く使われており，以下では因果の表現として，*force*（強いる），*drive*（無理にさせる），*stranglehold*（首を絞めること），*relax*（緩める），*keep X out of Y*（X を Y に入れない）などが使用されている．

(2) Mickelson's 25-foot curling birdie attempt, which could have either <u>forced</u> a playoff or given Mickelson the outright win, ... "Toms endures PGA pressure" SFC20C1[1]
(試訳 マイケルソンのカーブのかかった 25 フィートのバーディ・トライが成功す<u>れ</u>ば，プレーオフに<u>なる</u>か，そのままマイケルソンが優勝するはずだったが…)

(3) The booming of fiber optic technology has <u>driven</u> the price of traditional long distance voice connections so low that... "Unnatural Monopolies" SPEC P.13
(試訳 光ファイバー技術の急成長<u>で</u>，既存の長距離音声接続が非常に低価格に<u>なり</u>…)

(4) ... and the <u>stranglehold</u> on economic development was not <u>relaxed</u>.
(試訳 a 経済成長に対する<u>締め付け</u>は<u>緩められ</u>なかった．)
(試訳 b 経済成長に対する<u>障害</u>は<u>取り除かれ</u>なかった．)

(5) (Consumer spending) <u>kept</u> the country <u>out of</u> a full-blown recession.
"Jobless claims rise to a 9-year high" SFC24 B2
(試訳 消費支出によって，アメリカ経済は全面的景気後退局面に<u>陥ることを免れ</u>ていた．)

(2) から (5) を FD で表現すると，(2) および (3) はワキがシテを押して移動が起こ

---

1 出典の記号は以下を表す．
SFC20: *San Francisco Chronicle Monday,* August 20, 2001
SFC23: *San Francisco Chronicle Thursday,* August 23, 2001
SFC24: *San Francisco Chronicle Friday,* August 24, 2001
SPEC: *The American Spectator Volume* 34, No. 6 July/August 2001
FP: *Foreign Policy* July/August 2001

る典型的なパターン（図1），(4) と (5) はワキがシテの移動を止める典型的なパターン（図2）と思われる。これらの例では，移動を強いるということが変化を引き起こすことを意味し，移動を許さないことが変化を妨げることを意味している。

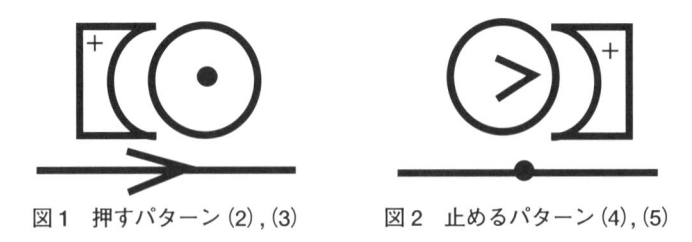

図1 押すパターン (2), (3)　　図2 止めるパターン (4), (5)

(6) のようなケースでは，「電車が近くを走っていく」ことが，「ビルの崩壊」の引き金となる，つまり，出来事の最初の時点で力がかかり，その後は枠の重みで崩壊という変化が自律的に進行する。このような因果を Talmy は初期原因 (onset causation) と呼んでいる (Talmy, 2000: 418)。(7) も，成長が自律的に起こる点で初期原因だと思われるが，印象はかなり異なる。*stimulate*（刺激する）という用語を使用した場合，シテは生物のように捉えられている。(6) と (7) は，同じ初期原因であってもニュアンスが大きく違う。このような相違に代表されるように，我々は力に対して細やかな理解を有しており，これが因果関係の理解を豊かなものにしているといえよう。

(6)　There is concern that trains rumbling by the building could <u>trigger</u> the framing to collapse.　　　　　　"Engineer to study Richmond pool" SFC24 A23
　　（試訳　ビルのそばを電車がガラガラ通っていくことで枠が崩れるのではないかという懸念がある。）
(7)　Hydroelectric stations have been constructed and mineral resources exploited to <u>stimulate</u> the growth of modern industry.
　　（試訳a　?水力発電所が建設され，鉱物資源が開発され，近代産業の成長が<u>刺激</u>された。）
　　（試訳b　水力発電所の建設および鉱物資源の開発が，近代産業の成長を<u>促進した</u>。）

(2)～(7) のメタファー表現では，コトがモノとして捉えられ，力の強さは因果関

係の強さと捉えられる。移動距離は変化の大きさに対応するであろう。《因果は力》の写像を図4に示す。

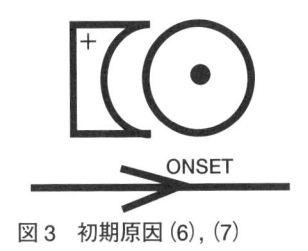

図3　初期原因 (6), (7)

原因となる事象　←　モノ1
影響を受ける事象　←　モノ2
因果　←　力
変化　←　移動

図4　《因果は力》のメタファー写像

　このような英語のメタファーを日本語に試訳した場合，直訳にはかなり違和感がある。他動詞を使用した力関係の表現は，2つの「なる」的表現を接続詞で結ぶ複文に変更されるに伴って，力の意味合いが極端に減少する。次節では，「力」の関係に関連の深い「移動」を取り上げることにする。

9.3　移動

　因果を移動で表す表現もある。移動の種類として，9.3.1で一般的な移動，9.3.2で上方への移動，9.3.3で前方への移動を紹介する。

図5　一般的な移動

9.3.1　一般的な移動

　移動は多くの場合，力による因果と共起する。本項では，*send*（送る），*accelerate*（加速する），*slow*（遅くする），*leave*（去る），*lead*（導く）などの例を挙げている。*send* は "send A to B" といった形式で，力と移動の両方を表すが，ここでは，「送る」ときの距離が長いという意味で移動の分類に含めた。*accelerate, slow* はスピードに関する用語であり，スピードは移動を前提とする[2]。

---

[2] 「作業のスピード」といった表現では移動を前提としないが，作業や変化の速度よりも移動の速度のほうがプロトタイプ的という直感がある。作業にも移動にも「早い」「遅い」「ゆっくり」「加速」などは使用可能であるが，自動車に乗っている人に対して，「減速しなさい」はいえるが，作業者に対して「？減速しなさい」ということにはやや違和感がある。これは，籾山 (1995) を発展させた語彙的自由度の観点である。ただしこの判断も非常に微妙なので，「速度」の意味が，「時間当たりの進

(8) Higher profits <u>send</u> stock prices up and...

"The Wealth Effect Is a Myth" SPEC P. 20（図6）

（試訳a　より高い利益が株価を大きく押し<u>上げる</u>）
（試訳b　利益の増加で，株価が大きく<u>上がる</u>／急騰する）

(9) In a bid to <u>accelerate</u> research on human stem cells,

"Agency to speed research" SFC24 B1（図7）

（試訳a　ヒトの幹細胞に対する研究を<u>加速</u>するために）
（試訳b　ヒトの幹細胞に対する研究のスピードを<u>上げる</u>ために）
（試訳c　ヒトの幹細胞に対する研究を<u>強力</u>に推進するために）

(8) は，(6)，(7) で見た初期原因の一例であると思われる。(9) では，加速のために継続的に力が加わる。このように継続して力を加える使役を，Talmy (2000) は持続原因 (extended causation) と呼んでいる。初期原因と持続原因は図の表記は同様になるので，ONSET および EXTENDED の文字を加えて図6と図7で示す。

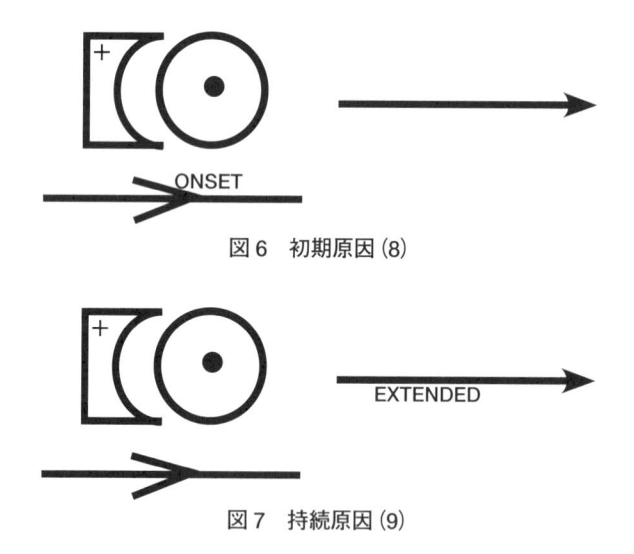

図6　初期原因 (8)

図7　持続原因 (9)

行距離」をプロトタイプにするのか「時間当たりの変化」というスキーマを持つのか，**4.7.2** で論じた「立つ」の事例と同様，興味深い問題である。

(10) ...as with DSL, open-access fetish has <u>slowed</u> the cable Internet rollout dramatically.　　　　　　　　　　　　　"Unnatural Monopolies" SPEC P.14
（試訳　DSL と同様，オープンアクセスに対して固執する<u>ことで</u>，ケーブル・インターネットの導入が大幅に<u>遅れた</u>。）

(11) California added no generating capacity after 1994, <u>leaving</u> the state "woefully short of power"　　　　　　　　　"CALIFORNIA DREAMING" SPEC P.22
（試訳　カリフォルニア州は 1994 年以降，発電能力を増強しておらず，同州は「悲惨な電力不足」に<u>陥っている</u>。）

(11) では「州」自体は移動していないが，「置いていかれる」という意味合いで<u>相対的に後ろ向きの移動になると考えられる</u>。後ろ向きの移動は，悪い方向への変化（《悪は後ろ向き》）[3] が合成されている。

(12)　　NASCAR <u>takes foot off pedal</u> on safety.　　　　　　　　SFC23 D2
（試訳 a　??NASCAR[4] が安全対策を<u>軽減／緩和</u>）
（試訳 b　NASCAR が安全面で<u>後退</u>）

(12) は非常に複雑な例である。まず，移動物として，車が採用されている。移動関係に関しては，文面だけを見ると *takes foot off pedal* であるから，障害物がなくなったように思われる。しかし，実際にこの表現で意味されるのは，安全対策が推進されなくなる，ということである。すなわち，この「ペダル」はアクセルのことで，今までアクセルを踏んでいた（つまり，推進していた）ものを，踏むのを止めた（つまり，推進するのをやめた）という解釈になる。

(13)　　The <u>spark plug</u> for this development are low taxes, stable money, ...
　　　　　　　　　　　　　　　　　　"The Wealth Effect Is a Myth" SPEC P.20
（試訳 a　?このような発展に<u>火をつける</u>のは，低税率，安定した通貨の供給…）
（試訳 b　?このような発展を<u>引き起こす</u>のは，低税率，安定した通貨の供給…）
（試訳 c　このような発展の<u>呼び水</u>となるのは，低税率，安定した通貨の供給…）

3　Good Is Forward（《良は前》）の写像。Grady (1997b) を参照。
4　ナスカー（National Association for Stock Car Auto Racing）。アメリカ合衆国のモータースポーツ統括団体。

spark plug（点火プラグ）というのはエンジンに関わる部品であるから，ここでも車かそれに準ずる移動物の存在が暗示される。また，この部品はエンジンの点火器なので，初期原因の一種である。

（14） …such an artificial supply would not solve the problem and would <u>lead</u> to dependency.　"New Mexican bears looking for a full cupboard" SFC24 A11

（試訳a　このように（野性の熊に）人間が餌を与えることは問題の解決にならず，依存に<u>つながる</u>。）

（試訳b　このように人間が餌を与えると，問題は解決せず，熊は次第に（<u>徐々に</u>）人間に依存<u>するようになる</u>。）

（14）の *lead to* において，原因と結果に距離があることは，因果が間接的であることを示す[5]。つまり，実現まで時間がかかる，使役の力が弱いという意味になる。《因果は移動》の写像を図8に記述する。

変化	←	移動
変化前の状態	←	起点
変化後の状態	←	着点
変化の大きさ	←	移動の距離
変化のスピード	←	シテの移動のスピード

図8　《因果は移動》のメタファー写像

9.3.2　上方への移動

移動は，方向性に関して中立な移動だけでなく，次元と視点によって，上下，前後，左右に詳細化される可能性がある。上方向への移動には，上下メタファーが合成されている場合がある。以下に，More Is Up《多は上》，Finish Is Up《終りは上》，Perceivable Is Up《知覚できることは上》，Functional Is Up《機能状態は上》の用例を見る。なお，上への移動の場合，FDの図も横ではなく，縦に修正する必要が生じる。

---

[5] 日本語の「遠因」という用語を参照。移動の場合，移動距離が長いことは，通常，変化が大きいことを示す。（14）の推論は特殊であり，**9.5**で紹介する連結の用例である可能性もある。

More Is Up《多は上》

　Lakoff and Johnson (1980) でおなじみのメタファーであるが，(15) などの用例で「上げる」ことは，単に「上にある」という状態ではなく，変化と変化の起動を意味しているので，一種の因果と考えられる。

(15)　Higher productivity boosts incomes, expected profits, and investment.
　　　　　　　　　　　　　　　"The Wealth Effect Is a Myth"　SPEC P. 20.
　（試訳a　?高い生産性が所得，期待利益，および投資を向上させる。）
　（試訳b　生産性が高まると，所得，期待利益が高まり，投資が増加する／加速する。）

Finish Is Up《終りは上》

　こちらも Lakoff and Johnson (1980) でおなじみのメタファーである。(16) の例で，cap は「帽子」のように一連の出来事の上部に位置することを意味する。一般に，以下に見るように前提となる出来事は下で，後から起こる出来事は上である（《前提／原因は下・結果は上》）と概念化されることは少なくない。これを図示したのが，図9である。このほか，set up, stage, soil など，地面や台に当たる表現が前提を意味する例は少なくない。日本語でも，「布石を置く」「お膳立て」「土壌」などが同様の意味を持つ。

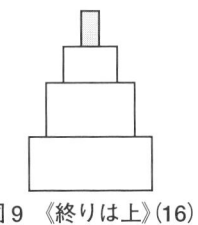

図9　《終りは上》(16)

(16)　Gannon led a 14-play, 80-yard march on Oakland's first possession, capped by his 4-yard TD pass to Napoleon Kauffman.
　（試訳a　オークランドの最初の攻撃で，ギャノン (QB) は 14 プレーで陣を 80 ヤード進め，ナポレオン・カウフマンへの 4 ヤード TD パスでこの攻撃を締めくくった。）
　（試訳b　オークランドの最初の攻撃では，ギャノン (QB) が 14 プレーで陣を 80 ヤード進めた。最後はナポレオン・カウフマンへの TD となる 4 ヤードパスだった。）

(17)　Porter's 34-yard catch set up for 4-yard TD run by Garner.
　（試訳a　ポーターの 34 ヤード・キャッチは，ガーナーの 4 ヤード TD ランの布石となった。）

(試訳b　ポーターの34ヤード・キャッチの後，ガーナーが4ヤードTDランを決めた。)

(18) With the Fed's aggressive easing bias and the recent airing of negativity on the corporate earnings front, <u>the stage is already set for</u> a continuation of the current upturned the markets are currently experiencing.

(試訳　連邦準備制度理事会(FRB)が強い金融緩和傾向であり，企業業績悪化のニュースも出尽くしてきた感があるため，現在の回復局面が続く<u>お膳立て</u>が既にできている。)

(19) Saber rattling <u>set the stage for</u> war.

(試訳a ??武力誇示が戦争の<u>舞台</u>を造った／<u>お膳立て</u>をした)

(試訳b　武力誇示が戦争に<u>つながった</u>)

(20) fertile <u>soil</u> for crime

(試訳　犯罪の肥沃な<u>土壌</u>)

(20)は，《因果は植物》とも関連するが，ある種の状態が発生しやすい状況が「土壌」として下部に配置されている点で，Finish Is Up《終りは上》や《原因は下・結果は上》の一例と考えたほうがいい。

Perceivable Is Up《知覚できることは上》

(21)は，昔の録音からオーソン・ウエールズの声を細分化し，その断片から新しい発話を作り，コマーシャルに使う，という内容であるが，この場合の *raise* には，問題を人々に感知できるようにする，という意味で Perceivable Is Up《知覚できることは上》というメタファー[6]が働いていると思われる。

(21) This emerging technology <u>raises</u> issues regarding ownership of voices, dead and alive,… "Computerized voices may sound familiar"　　　　SFC20 D3

---

[6] Lakoff(個人談話)。このメタファーはGrady(1997a, b)においてACCESSIBLE TO PERCEPTION/AWARENESS IS "UP" という名称で，次のような例文とともに挙げられている。

(i) Why did you have to *bring that up* again?

(ii) A couple of interesting facts turned *up* during the discussion.

また，日本語でも，「声を上げる」，「音を立てる」，など，《知覚できることは上》となるメタファー表現がある。

（試訳a　この新しい技術は，過去あるいは現在の人物の声に関する所有権の問題を発生させる。）
（試訳b　この技術の登場によって，過去あるいは現在の人物の声に関する所有権が問題となってくる。）

Functional Is Up《機能状態は上》

国や組織など機能する実体は直立した建造物として捉えられるメタファーがある（「法律を打ち立てる」「建国」）[7]。(22)の「組織立った」運動もまた上方と捉えられる例であろう（日本語でも「立つ」という表現を使用することに注意）。

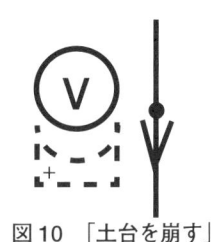

図10　「土台を崩す」

(22) The department was abolished in 1880 by Gen. M.T. Loris-Melikov, who was appointed by Alexander II to assume many executive responsibilities and to undermine the revolutionary movement by instigating a series of moderate reforms.　（図10）

（試訳a　その部門は，1880年にMTロリス・メリコフ将軍によって廃止された。彼はアレクサンダー二世によって多くの重職に登用され，また，一連の穏健な改革を推進することによって，?革命運動の土台を崩す任務を与えられていた。）
（試訳b　（一部）革命運動の勢いをそぐ）

上方への移動に共通した特徴として，(23)の例に顕著なように，FDの図式の向きを上下に変えると，自然に内在的な力関係が発生する。すなわち，シテに対しては重力によって下向きに動こうとする力が常に働く。これは，方向性を変化させるだけでも新たな推論が付け加わることを意味している。

(23)も「金融関連株が好調」と捉えればGood Is Up《良は上》の一例として考えられるだろうが，「金融関連株が堅調で安定している」と捉えればうまく機能している

7　Lakoff（個人談話）。日本語でも，「コンピュータが立ち上がった」など《機能状態は上》と考えられるメタファー表現はある。プライマリー・メタファー理論で《理論は建物》を分解した際に発生するViability Is Erectness《存続は直立》の原型。一般に「立つ」こと（物体を前提）と「上に行く」こと（移動を前提）のどちらの表記がよいのかも検討が必要である。

第9章　因果のメタファー | 195

建物のようなイメージで捉えることもできる。

(23) That assumption was a <u>supportive</u> factor for the financial shares... (**図 11**)

(試訳a この憶測は金融関連株を<u>下支える</u>要因となった。)

(試訳b この憶測は金融関連株にとって<u>追い風</u>となった。)

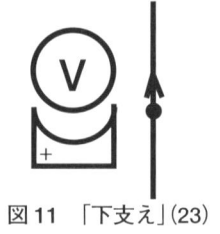

図 11 「下支え」(23)

9.3.3　前方への移動

FD のシテとワキの関係が上下になる場合を **9.3.2** で見た。これは，メンタル・ローテーションの一種といえる。メンタル・ローテーションには前後もある。例えば，(24)，(25) の例では，*behind* という用語から，出来事の原因である力が，こちらの視点と反対側にある《原因は後ろ・結果は前》という概念化が示唆される。後ろにある要因は，(24) の *get a look at*（見てみる）や，(25) の *understand*（理解する）という用語の使用から，「見えないもの」，「理解しにくいもの」という視覚のメタファーに関わる推論が付加されていると想像できる。(24)，(25) の *behind* は進行方向に対して後方であるとともに，我々の視点から見て後ろ側である，という前後の概念化を図にしたのが**図 12** の右図である。

側面図　　　正面図

図 12　*behind* の 2 つの図示法 (24)，(25)

(24) ACLU program allows students to get a look at <u>forces</u> <u>behind</u> prostitution
　　　　　　　　　　　　　　　　　　　　　　　　　　SFC20 A13

(試訳 ACLU プログラムによって学生は売春の<u>背後/裏側</u>[8]にある<u>要因</u>を見ることができる。)

(25) but I didn't understand the economic <u>dynamics</u> <u>behind</u> it　　SFC20 A14

---

8 《原因は後ろ》といったメタファーの存在がうかがわれる。

（試訳 しかし，私はその裏にある経済的要因が理解できなかった。）

本節では，ここまで，**9.3.1** で一般的な移動，**9.3.2** で上方への移動，**9.3.3** で前後方向の移動を見た。また，上方への移動に関しては，《多は上》，《終りは上》，《知覚できることは上》，《機能状態は上》など，複数の上下メタファーが合成されている場合があることを確認した。次節では移動と関連の深い経路（〈起点－経路－着点〉）のデータを検討する。

9.4　経路

(26)～(29)には，*from*（〜から），*origin*（原点），*source*（起点）など，出発点を表す用語が使用されている[9]。これらは，一見，移動の一種に思える。しかし，**図13**に見るように推論が異なる。移動の場合は，起点は変化前の状態，着点は変化後の状態であった。(26)～(29)の例では，起点が原因，着点が結果になっている。

(26)　It suffers <u>from</u> all the problems of low salaries, ...　　"RUSSIA" FP P.23
　　　（試訳　低賃金，…などのさまざまな問題<u>から</u>苦しんでいる。）

(27)　Americans believe that international disputes result either <u>from</u> misunderstandings or ill will.　　"ASIA: World in Balance" SPEC P. 42
　　　（試訳　アメリカは国際紛争が誤解または悪意<u>から</u>生じると信じている。）

(28)　President Bush's description of an embryo has anti-abortion <u>origins</u>. SFC20 A1
　　　（試訳a　ブッシュ大統領の胎児の描写は中絶反対論に<u>起源</u>がある。）
　　　（試訳b　ブッシュ大統領が胎児をこのように表現した<u>背景</u>には中絶反対論がある。）

(29)　That may be the real <u>source</u> of Kristol & Co.'s hostility, ...
　　　　　　　　　　　　　　　　　　　　　　　"The Warrior Class" SPEC P.12
　　　（試訳　それがクリストル社の敵意の本当の<u>理由</u>かもしれない。）

このメタファーと力関係を伴わない移動は同一に思えるが，実際には写像が異なる。**図8**と**図13**を比較していただきたい。《因果は移動》では，起点が変化前の状態で着点が変化後の状態であり，両者の距離は変化の大きさであるが，この《因果は経路》メタファーでは，起点が原因で着点が結果，両者の距離は逆に因果の間接性を意

9　Causes are Sources（Lakoff and Johnson, 1999）

味する。

原因となる事象	←	起点
影響を受ける事象	←	着点
因果の間接性	←	起点と着点の距離

図 13　《因果は経路》のメタファー写像

日本語にも，「起源」「から」など，理由や原因を起点とする概念化は少なくない。

9.5　連結

経路が非対称な線状性だとすると，連結は対称的な線状性である。モト領域での経路と連結は，サキ領域ではそれぞれ因果関係と相関関係に対応するといえよう。Lakoff and Johnson (1999) では，Causes Are Links というメタファーを挙げて (30) のような例を挙げている。(30) では，*tie*（結ぶ）という用語，(31) では，*link*（つなぐ）という用語で関連性が表現されている。

(30)　AIDS is tied to the HIV virus.
　　（試訳　AIDS は HIV ウィルスと関連している。）

(31)　DeCODE recently used its powerful database to isolate genes linked to diabetes and stroke.　　　　　　　　　　　　　"Your DNA or Your Life?" SPEC P.18
　　（試訳 a　DeCODE 社は，最近，同社の優れたデータベースを用いて，糖尿病と脳卒中に関連する遺伝子を特定した。）
　　（試訳 b（一部）　糖尿病と脳卒中の原因となる遺伝子）

相互に結ばれているとお互いに力が伝達される。連結の強さは関連性の強さを意味する。日本語でも「結びつく」「つながる」など連結が因果のモト領域となることは多い[10]。

10　第 **16** 章（関係のメタファー）では，人間関係に《関係は線》メタファーが存在することを考察する。

事象1	←	モノ1
事象2	←	モノ2
関係	←	連結
関係の強さ	←	連結の強固さ
関係の強さ	←	モノ1とモノ2の近さ

図14 《因果は連結》のメタファー写像

9.6 作成

make（作る），*create*（創造する），*produce*（制作する）など，作成を表す動詞も因果の表現に使用される[11]。

(32) Only steady pressure from ranger patrols induced gangs to relocate, <u>making</u> the beaches safe once more for families."Shortage of rangers hit critical point" SFC23 D9
（試訳 警備官のパトロールを継続して圧力をかけることだけが，不良集団の追放を可能にし，再びビーチを安全で家族が遊びにこられる場所に<u>した</u>のだ。）

(33) Meanwhile, failing to build plants <u>creates</u> dangerous power failures.
"The Safety Nazis" SPEC P. 17
（試訳 一方，発電所の建設を怠ると，危険な停電が<u>起こる</u>。）

(34) while the "negative wealth effect" is blamed for <u>creating</u> a slowdown in 2001.
"The Wealth Effect Is a Myth" SPEC P. 20
（試訳「負の資産効果」が2001年の経済減速を<u>生んだ</u>と非難を受ける一方，）

(35) Privatization has <u>generated</u> corruption,.. "RUSSIA" FP P. 21
（試訳 個人所有の解禁によって，腐敗が<u>生まれた</u>。）

(36) …the interposition of the American Seventh Fleet in the Taiwan Strait <u>produced</u> a period of nearly a quarter-century in which the two countries had no diplomatic relations and very little contact of any kind.
（試訳 米国第7艦隊を台湾海峡に投入したことで，四半世紀近くも両国の間に外交関係が結ばれず，接触がほとんどない状態が<u>生まれた</u>のである。）

また，(37) は，作成の中でも，料理という特定の領域をモト領域としたメタ

---

11 Causing Is Making（Lakoff and Johnson, 1999）

ファーである。

(37) This is a <u>recipe</u> for disaster.　　"The Wealth Effect Is a Myth" SPEC P. 20
（試訳a　これは災害が起こる<u>元凶</u>になる）
（試訳b　このような要素が重なると災害が<u>起こり</u>やすい）

日英対照の観点からは，日本語で作成動詞が因果のモト領域になることは非常に少ない。この場合,「生まれる」などの動物の成長に訳すというスキルがある。作成の写像を図15に記述する。

原因となる事象　←　ヒト
結果となる事象　←　モノ
因果　　　　　　←　作成

図15　《因果は作成》のメタファー写像

9.7　植物の生長

cultivate（耕す），*seeds*（種），*fruits*（果実），*soil*（土壌）など，植物の生長過程の変遷に関する用語も因果を表す場合がある。

(38) The comic book mentality positively <u>cultivates</u> the illusion that the people of previous generation were just like us, ...
"Sneak Attack: Hollywood vs. History" SPEC P. 117
（試訳a　コミックブック的な考え方は，いい意味で，以前の世代も僕達と同じだ，という幻想を<u>醸成</u>する。）
（試訳b　（一部のみ）<u>培養する／育む／築く／生む</u>）

(39) sow (plant) the <u>seeds</u> of war
（試訳　戦争の<u>種</u>をまく）

(40) Denying these hungry people the <u>fruits</u> of modern agricultural biotechnology, ...
"The Safety Nazis" SPEC P.17
（試訳　これら空腹な人々に現代農業のバイオテクノロジーの成果を与えないということは，…）

(41) fertile <u>soil</u> for crime

（試訳 犯罪の肥沃な土壌）

日英対照の観点から見ると，日本語にも植物をモト領域とする因果の概念化は多い。図16に因果を植物で表すメタファーの写像を示す。

事象	←	植物
発端（原因）	←	種
展開	←	生長
帰結	←	開花，結実

図16 《因果は植物の生長》のメタファー写像

9.8 動物の成長

be born（生まれる），*mother*（母），*foster*（養育する），*harm growth*（成長を妨げる），*revive*（蘇らせる）など，動物の成長過程をモト領域とするメタファーの一群がある[12]。

(42) Legislature attempts to resolve several issues born from the state's energy mess.
"Legislature digs into mountain of work" SFC20 A1
（試訳 国会は，州のエネルギー問題から生まれたさまざまな問題の解決を試みている。）

(43) Abortion foes gave birth to Bush slogan.　　　　　　SFC20 A11
（試訳 中絶の反対論者がブッシュのスローガンを生んだ。）

(44) But even this valuable database is not the mother lode.
"Your DNA or Your Life?" SPEC P. 18
（試訳a？しかし，このように価値のあるデータベースも無限の泉ではない。）
（試訳b　しかし，このように価値のあるデータベースも万能ではない。）

mother lode には，「万能の泉」という訳があるが，すべてを生み出すもの，という

---

[12] Lakoff and Johnson (1999) では，Causation Is Progeneration と呼ばれ，*seed* の例もここに入っている。これに対して，本章では，以下の2点を提案したい。(i) *progeneration*（再生産）という発生部分のみならず，促進，消滅までの流れを構造的に捉える。(ii) 用語が大きく異なる動物と植物を分けてメタファーを立てる。

意味で *mother* が使用されている点[13] が興味深い。

(45) Free-market competition has <u>fostered</u> an incredible expansion in the telecommunications "RUSSIA" FP P.22
（試訳 自由市場の競争によって，通信市場が驚くほど<u>拡大</u>／<u>成長</u>した。）

(46) ...ignoring that such taxation <u>harmed growth</u> in both places. "RUSSIA" FP P.22
（試訳 どちらの場所でもこのような課税が成長を<u>阻害</u>したことを無視して…）

(47) Today, privatization and market pricing have <u>revived</u> much of the country's infrastructure. "RUSSIA" FP P.22
（試訳 今日，民営化と市場の価格設定によって国家のインフラストラクチャの多くが<u>蘇った</u>／<u>息を吹き返した</u>。）

日英対照の観点から見ると，この生物の生長をモト領域とした因果のメタファーは比較的日本語にもなじみがよいといえそうである。**図17** に，動物の成長メタファーの写像を表現する。

事象	←	動物
発生	←	誕生
展開	←	成長
消滅	←	死

図17　《因果は動物の成長》のメタファー写像

次に，一見，動物の成長メタファーのように思われるが，実際はFDの具現化と考えたほうがよい例を挙げる。(48) では，*unleash*（紐などから解き放つ）という用語が使用されている。これは一見動物のメタファーであるような印象を受ける。しかし，(42)～(47) の動物の成長過程の段階を述べた成長メタファーとは写像が異なる。確かに *unleash* は動物に関連する表現である。しかし，実際には，潜在的に動く傾向をもっている参与者を別の参与者が止めている状態から，その歯止めをなくした状態を示していると見たほうがよい。そこで，(48) は**図18**のようにFDの一例と

13　もちろん，片割れの「泉」の部分には，発生は上方への移動であるという概念化がある。*mother* のメタファーに関しては，Turner (1987) も参照。

して分析し，動物に関する用語が登場するのは，具現化に過ぎないと考えたい．

(48) ...Pretty soon, they won't have that defense any more," proclaimed Gary Cohen, national coordinator for Health Care Without Harm, <u>unleashing</u> a national campaign against vinyl medical devices.
　　　　　　"The Safety Nazis" SPEC P.16（図 18）
（試訳「近々，相手は守りきれないようになるよ」とヘルスケア・ウィズアウト・ハームの全米コーディネーターであるゲイリー・コーヘンは述べている．ビニール製の医療機器に対する全国的反対キャンペーンを<u>展開する</u>予定だ．)

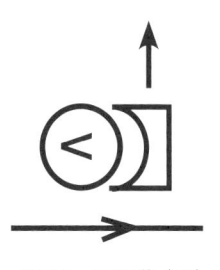

図 18　可能化 (48)

9.9　火および熱

overheat（過熱させる），*spark*（火花を飛ばす），*fuel*（燃料を注ぐ）など，火や熱に関する用語も，出来事の発生およびその推移を表現する際にメタファーとして利用できる．

(49) The so-called "wealth effect" is blamed for <u>overheating</u> the economy in the Late 1990s, ..."　　　　　　　"The Wealth Effect Is a Myth" SPEC P. 20
（試訳　いわゆる「資産効果」が 1990 年代後半の経済<u>過熱</u>の犯人とされているが，…)

(50) New book <u>sparks</u> debate about the princes' privacy.
　　　　　　　　　　　　　　　THE TIMES Monday, August 27, 2001 D
（試訳 a　新著が王子たちのプライバシーに関する議論に<u>火をつける</u>)
（試訳 b　新著の出版で，王子たちのプライバシーに関する議論に<u>火がつく</u>)

(51) Bush's last best chance for a successful presidency depends on <u>re-igniting</u> the New Economy.　　　　　　"Unnatural Monopolies" SPEC P.14
（試訳 a ? ブッシュが大統領として成功する最後で最良の機会は，ニュー・エコノミーに<u>再び火をつける</u>ことに依存している．)
（試訳 b ? ブッシュが大統領として成功する最後で最良の機会は，消えてしまったニュー・エコノミーの火を<u>再び燃え上がらせる</u>ことに依存している．)
（試訳 c ? ブッシュが大統領として成功する最後で最良の機会は，止まってしまっ

たニュー・エコノミーを再発進させられるかどうかである。)
(試訳d　ブッシュが大統領として成功する最後で最良の機会は，ニュー・エコノミーを復活させられるかどうかである。)

(52)　The downside is he got beat on a deep pass that fueled Dallas' second scoring drive.
(試訳　その一方，悪かった点は，彼のミスでディープ・パスを決められ，これが元でダラスの攻撃が勢いづき，2つ目のTDを決められたことだ。)

これらの用法から気が付くことは，このような火や熱の発生と推移で語れる出来事はそれ自体，興奮などを含む，熱を持っていることである。日英対照の観点から見ると，火や熱をモト領域とした因果のメタファーは日本語には意外に少ない。図19に火および熱を使用した出来事のメタファー写像を簡略に記述する。

```
活気あるモノ・コト　←　火
開始　　　　　　　　←　火がつく
促進　　　　　　　　←　火に油を注ぐ
終焉　　　　　　　　←　火が消える
```

図19　《因果は火》のメタファー写像[14]

9.10　人間関係

invite（招待する），*motivate*（やる気にさせる），*allow*（許す）など，人間同士のやりとりを表す用語も因果のメタファーに利用できる。

(53)　In fact, his philosophy was neglected for a century after his death and was in any case too much of a self-contained system to invite debate.　"Spinoza"
(試訳　実際，彼の哲学は彼の死後100年も無視された。議論を呼ぶにはあまりにも自己完結的なシステムだったのだ。)

(54)　Similar social change efforts motivated the "Designated Driver campaign..."
　　　"'ASK' and save a kid's life" SFC20 A17 (図20)
(試訳a　同様の社会変革運動が「ドライバー指定キャンペーン」を動機づけている。)

14　モト領域としての火の推論に関しては，第3章（認知メタファー理論）の用例が詳しい。

（試訳b 「ドライバー指定キャンペーン」の背後にも同様の社会変革運動がある。）

(55)　Investigators found that the plane was missing a bolt in the right part of the tail, allowing a part called a "push rod" to separate.
"Cargo jet in crash missing tail bolt" SFC24 A3（図21）

（試訳　調査によれば，同機は尾翼の右側にボルトが1つ欠けており，これによって「プッシュ・ロッド」と呼ばれる部品が外れたという。）

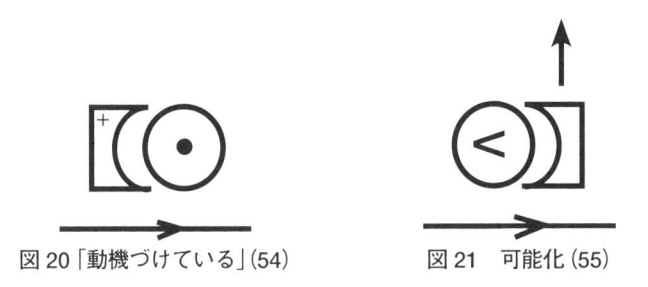

図20 「動機づけている」(54)　　　図21　可能化 (55)

　このように，人間関係が因果のメタファーと利用されることはどのように理解すればよいのか。1つの解釈方法は，図20，図21に示すように，人間関係がFDの一例になっているということである。*may, can, must* などの法助動詞や，*have, make, let* などの使役動詞がFDを介して理解されていることは，既に研究されているので（Sweetser, 1990など），対人的行為が物理的相互作用を元に理解されていることも想像に難くない。

　日英対照の観点から見ると，「キャンペーンを動機づける」，「議論を呼ぶ」，など，「キャンペーン」，「議論」といった，背後に人間の存在が感じられるシテは日本語でも使用できる。一方，「*部品が外れるのを許す」の「部品」など無生物の場合には不可能である。

原因となる事象　←　働きかけるヒト
影響を受ける事象　←　働きかけの対象となるヒト
因果　　　　　　←　人間関係

図22　《因果は人間関係》のメタファー写像

9.11　その他

　その他として，日本語で「影響」という言葉があるように，「影」，「響き」なども

因果のモト領域となりうる。

(56) The early period was dominated by the Thirty Years' War and the shadow it cast over life.
（試訳 a （17世紀の）初頭は，30年戦争とそれが人々の生活に落とした影に支配されていた。）
（試訳 b （17世紀の）初頭でなんといっても重要なのは，30年戦争と人々の生活に対するその影響である。）

(57) Such a radical position, however, has little resonance in poor countries, ...
"Reluctant Missionaries" FP P.21
（試訳 このような極端な立場は，貧困国からはほとんど支持を得られていない。）

(56), (57) を一般化して考えると，なんらかの因果関係や依存関係があれば，因果のモト領域として利用できる可能性が示唆される。

9.12　因果のメタファーの基盤

本章では，因果のメタファーのモト領域として，力，移動，経路，連結，作成，植物の生長，動物の成長，火および熱，人間関係，その他を検討した。まず，第1に気がつくのはモト領域の推論の豊富さである。FD理論は，力関係を記述する有効な道具であり，初期原因と持続原因 (extended causation) などの区分は有効である。一方，同じ初期原因であっても，*trigger*（引き金を引く）で表される力関係と，*stimulate*（刺激する）で表される力関係は細やかな知覚的相違と推論の相違を伴っている。また，植物，動物，火をモト領域としたメタファーは，力をモト領域としたメタファーとはまったく異なる推論とイメージを導入する。さらに，移動の方向が異なれば重力や視覚などの推論が異なりうる。

このような多様なメタファーの基盤はどのように考えればいいだろうか。9.7～9.9で見たように，植物の生長，動物の成長，火の状態の経時変化はモト領域になることが可能である。さらに，9.10，9.11で見たように，人間関係，影，音響までもが因果のメタファーを形成できることから，状態推移やなんらかの関係は因果のメタファーのモト領域となれることが予想される。これらは参与者の数や推移といった線状性が基盤となっていることが考えられるため，構造性基盤であると考えられる。一方，力のメタファーには，自己の力の行使と状態変化の発生という共起性基

盤が存在する。移動に関しても 8.2 で《変化は移動》に共起性基盤があることを述べた。因果のメタファーにおいても複数の基盤の存在が例証された。

9.13 まとめ

本章では，因果を表すメタファー表現を，そのメタファーのモト領域の種類に従って分類した。メタファーの例として，**9.2** 力，**9.3** 移動，**9.4** 経路，**9.5** 連結，**9.6** 作成，**9.7** 植物の生長，**9.8** 動物の成長，**9.9** 火および熱，**9.10** 人間関係，**9.11** その他の10種類に分類してデータを検討した。

メタファーの合成は頻繁に見られる。移動のメタファーでは，上方向の移動が，《多は上》，《終りは上》，《知覚できることは上》，《機能状態は上》などさまざまなメタファーによって解釈されることを見た。さらに，《原因は後ろ・結果は前》では，「背後」に《理解は見ること》メタファーが合成され，原因は見えないものであるといった推論が働くさまを **9.3.3** で見た。さらに，《因果は火》では，推移が因果に対応するだけでなく，熱が興奮に対応している（**9.9**）。このようにメタファーの合成は因果のメタファーにおいても頻出した。

メタファーの具現化と思われる用例もいくつか観察された。**9.8** の *unleash* という用例では，「鎖を解き放つ」という意味で動物が想定されているが，実際に重要になってくるのは FD で表示されるような力関係である。また，構造性基盤でモト領域とサキ領域がスキーマ化された構造性で結ばれる **9.11** の人間関係のような場合は，2者の関係スロットにたまたま人間が入っただけの具現化であると考えることも可能である。

日英対照を意味の観点から見ると，英語のメタファーは概して日本語でも使えるが，力，作成，火という領域は因果のモト領域となりにくいようである。一方，日英対照を構文の観点から見ると，英語は他動詞による SVO 構文，日本語は2つの文を組み合わせた複文（「SV 接続詞 SV」構文）を好む傾向がある。これは，因果の表現全般に成立しており，これまでの研究（池上，1981；影山，1996 など）と合致している。

残された課題としては，日英で類似しない，力，作成，火などの例をどのように説明するかということ，そして，データを積み重ね，日本語から英語の対応を見るなどして，対照研究のデータを増やすことなどが挙げられる。

次章から，異なる事態把握で線と移動を見るSモードの概念を中心に，現実のメタファー（第 **10** 章），可能性のメタファー（第 **11** 章），希望のメタファー（第 **12** 章）に関して検討する。

第 10 章
現実のメタファー

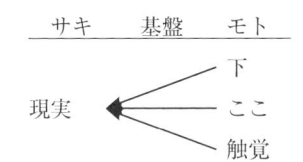

サキ	基盤	モト
現実	←	下
		ここ
		触覚

キーワード

SモードとOモード

継承

合成

普遍性と文化性

10.1　はじめに

(1) 　Getting your feet wet
　　　（始める，初めて試みる）

(1)が実際に始めるという意味になるのはどういういわれであろうか[1]。水のいとわしさなのだろうか。肌に触れる感触なのだろうか。それとも，足に関わることなのか。あるいはもっと抽象的に，下であることなのか。確かに，*foot* を使った慣用句は現実，実行を意味するものが多い[2]。

(2) 　get off on the right [the wrong] foot
　　　（うまく［まずく］始める，出だしをうまくやる［誤る］）
(3) 　have [keep] one's [both] feet on the ground
　　　（足が地に着いている，実際的である）[3]

1　瀬戸賢一氏（個人談話，第 21 回日本英語学会コメント）から「（川を渡るとき）足を水に踏み入れて濡らす」の意であろうとのコメントをいただいている。
2　Mundane Reality Is Down《日常的な現実は下》(Lakoff and Johnson, 1980: 19)．
3　『プログレッシブ英和中辞典 第 3 版』小学館 (1980, 1987, 1998)

本章では、〈現実〉とその対概念の1つである〈理想〉に関するメタファー表現を検討し、その背後にあるメタファーを考察する。結論を先取りすれば、現実と理想に関する日本語と英語の主要なメタファーは、《現実はここ・理想は彼方》(遠近メタファー)、《現実は下・理想は上》(上下メタファー)、《現実は触覚的》(触覚メタファー)の3種類にまとめられる。さらに、4.4で述べたSモードの概念を前提とすれば、上下メタファーは遠近メタファーの異なる側面として関連づけられる。さらに、触覚は「近いこと」のメトニミー的表現と考えることができ、触覚メタファーも遠近メタファーの変奏であることを主張する。

本章は、第9章に続き、サキ領域を固定したメタファー研究の事例となる。本章の構成は以下の通りである。**10.2**で、現実に関する日本語のメタファー表現を紹介する。**10.3**では、現実と対になる概念の1つと考えられる理想を意味するメタファー表現を紹介する。**10.4**は現実と理想を合わせて考察し、遠近メタファー、上下メタファー、触覚メタファーを特定するとともに、それぞれの基盤を検討する。**10.5**では、鍋島(2008a)から、英語の表現を検討に加え、対照研究の意義、文化相対性に触れながら、日英の相違を論じる。**10.6**では、身体性と普遍性および文化相対性と対照研究に関して再論する。**10.7**はまとめである。

10.2 日本語における現実のメタファー表現

本節では、日本語の現実に関するデータを提示する。データの出典は、おもにインターネットおよび新潮の100冊である。インターネット検索にはGoogleを用いた。また、一般的な表現と思われる場合には作例も用いた。

方法としては、まず、「現実」および「理想」という用語を中心に検索をおこなった。次に「現実」や「理想」に関連すると思われる類語に関しても検索し、適宜補った[4]。本章で採集された用例は、現実と理想のメタファー表現を必ずしもすべて網羅するものではないが、その主要なものは大部取り扱っているものと考える。以下、現実に関連するメタファー表現を**10.2.1** 現実は下、**10.2.2** 現実逃避、**10.2.3** 現実に戻る、**10.2.4** 現実に縛られる、**10.2.5** 現実の重み、**10.2.6** 冷たい現実、**10.2.7**

---

[4] 篠原和子氏(個人談話、第21回日本英語学会コメント)によれば、ある単語の多義を研究することは、ある概念の研究とは異なるとDan Slobinから指摘を受けたという。筆者はこの指摘に基本的に同意する。本稿では、「現実」「理想」realty, idealなどの語の多義を中心に見るが、①対概念の多義をそれぞれ検討しその系統的な関係を見ている。②必要に応じてこれらの用語以外の語や成句も勘案している。以上の2点からこの批判をある程度免れると考える。

甘くない現実，**10.2.8** 汚れた現実，**10.2.9** 目の前にある現実，**10.2.10** 現実を受け入れる，の 10 種類に分けて紹介する．その後，**10.2.11** で初期的なまとめを図示する．

10.2.1 現実は下

現実が下であると考えられる用例は多い．(4)～(7)において「地に足がついている」の具体的意味は必ずしも明確ではないが，行動に関連しており，着実であり，「机上の空論」でないことが読み取れる．

(4) きちんとした仕事をする人は単なる憧れを持っているだけでなく<u>地に足がついている</u>． kengo.preston-net.com/archives/000038.shtml[5]
(5) …鉄道にせよ自動車にせよ，すべてのテクノロジーはまずバブルが発生し，クラッシュした後に<u>地に足のついた</u>成長を見せました．インターネットもそうだと思います．
www.itmedia.co.jp/enterprise/interview/2004/int010.html
(6) …我々納税者市民が生活している<u>現実の地べた</u>の上では，上に列記した人々が吐く猛毒の成分が雑じったガスが空気中に充満しており…
www2s.biglobe.ne.jp/~MARUYAMA/letter/kato1.htm
(7) …私たちが生きるのに必要なのは，悟るとか高みに到達することじゃなくて，理想や夢とともにもっとどろどろした<u>現実の地べた</u>でじたばたする…
www.geocities.jp/nm_nt/nikki.htm

関連して，行動や実践の開始の意味で，「第一歩」もよく使用される．

(8) …今から作ろうとしているものの正体も知らずに，<u>第一歩</u>を踏み出せるはずもありませんよね．…HP を作るために必要な最初の<u>第一歩</u>は，HP 作成のための道具を準備することです．　　　　　　　www.7key.jp/hp/
(9) …ソニー，UMD の公開に向けた<u>第一歩</u>．SCEI の久夛良木社長は，映画・音楽 UMD をオープンにして，他社が対応プレーヤーを製造できるようにする計画を語った．　www.itmedia.co.jp/news/articles/0501/20/news076.html

---

[5] 本章の Web は，特に記載のない限り，2003 年 10 月に検索したものである．

10.2.2　現実逃避

「現実逃避」「逃げ出す」など，現実から逃げることに関連する表現も多い。

(10)　ちょっとだけ現実逃避したいあなたへ　　　www.fides.dti.ne.jp/~come/touhi
(11)　逃げ出せ現実から　　　　　　　　　　　　www6.ocn.ne.jp/~areti/hal01.htm
(12)　童話には心を勝手に空想の世界へつれ出す魔力があり，また現実逃避を可能にする力をもっている。　　　（赤川次郎『女社長に乾杯！』p.929[6]）

10.2.3　現実に戻る

「現実に戻る」「現実に帰る」など「現実」が戻るべき場所であることを意味した表現も少なくない。

(13)　「そうだ，津上明子という少女がいたのだ」遠い昔のことを考えるように，彼はそうおもい，一瞬の後，現実に戻った。
　　　　　　　　　　　　　　　　　　　（吉行淳之介『砂の上の植物群』p.184）
(14)　「アニメファンは現実に帰れ」というメッセージ
　　　　　　　　　　　　　　　　　　plaza6.mbn.or.jp/~kazuhisa/eva15.html

10.2.4　現実に縛られる

「現実に縛られる」「現実のくびきから解き放たれる」など，現実が束縛のように捉えられる表現も見られた。

(15)　現実こんなにやりたい事があるのにこんなにやるべき事があるのに時間と現実に縛られたままで動くことすら出来ませんただただ息をしてるだけそれでもいつか必ずと…　　　　　　　　　　　　　orange-c.net/p-17.htm
(16)　聞き手を集中させ，子どもたちの心を現実のくびきから解き放つことは必要。　　　www.geocities.co.jp/Hollywood/ 9448/how-to-1-yomikikase.htm

最終検索日：2005年10月31日

6　CD-ROM『新潮の百冊』のページ番号。

10.2.5 現実の重み

「現実」が重いものに擬される表現も見られる。

(17) 現実は重いものです。現実は理想無きところには成り立たない。そう思っています。しかし，その現実は，ときに理想や…

        http://twikk.cool.ne.jp/colum-7.htm

(18) キャリアにしても，パートナーのスペックにしても，自分の外見にしても，理想を高く掲げれば掲げるほど，イケてない現在の現実がずっしりとのしかかってくる。理想のことを考えるたびに，一瞬不幸になっている。全部手に入れたいと強く思えば思うほど，…

     www.cafeglobe.com/about/fromeditor/fe040831.html
         最終検索日：2005 年 10 月 31 日

10.2.6 冷たい現実

「現実」は「冷たい」という用語と共起することが多い。

(19) …冷たい現実に触れ，多くのアツイ若者は苦悩している。みなさんは，現実を見て，なにを感じてますか？ plaza.rakuten.co.jp/1ketsu/

(20) …しかし現実の社会では，私が女性として職業をもつとなれば，やはり夜のお仕事しかありえないという冷たい現実がありました。夜のお仕事が私に合っていれば，それはそれでよいのですが，…

     www008.upp.so-net.ne.jp/miyazaki/SHOUKAI.htm

10.2.7 甘くない現実

「現実は甘くない」という表現はある種の慣用句として多数見られる。

(21) 初遠征！…現実は甘くなかった本日の釣果（2000.6.10）チヌ…ボウズグレ…キープ 30cm，31cm2 枚マダイ…。

     www.enjoy.ne.jp/~yuumi/p091-2000-6-10.htm

10.2.8 汚れた現実

「汚れた」「どろどろした」「手垢に汚れた」など現実を汚れたものとする表現も多

い。なお、「どろどろした」は、地面と関連することから「下」とも関連性が強く、さらにその感覚は触覚的ともいえる。

(22) …自由や夢を象徴するかのような風景の中で繰り広げられる権力闘争、愛憎、葛藤、そして裏切りという<u>汚れた現実</u>。
www.nodamap.com/03presents/06_97kiru/01gaiyou.htm

(23) …一時的な絶望感に苛まれた14歳の視点から描く、<u>暗く汚れた現実世界</u>、リアルである。この映画に登場する中学生達はみんな純粋だ。だからこそ、初めて<u>現実</u>に触れた時、そこが酷く<u>汚れた世界</u>に見え、堪えられなかったのだろう。
www.amazon.co.jp/exec/obidos/ASIN/B000066FWV

(24) …そう、私にとって『おしん』は"<u>汚れた現実の中にある理想</u>"ではない、ということですね、きっと。それに、確かに宝塚の舞台においては視覚美は必須であって、"<u>汚い現実</u>"とは外側ではなく、内側のことを指して言ったつもりでした…
www.venus.dti.ne.jp/~yoko3/ousetuma2.htm

(25) …それを「現実への〈真実〉を垣間見る」と定型で示したくはないのだが、<u>手垢に汚れた現実世界</u>の真実ではなく、数式のように「在る」というだけのものが想像の先にはあるような気がする。もっとも、そんなことを考えずに楽しむのが一番なのだが。…
www.marenijr.net/book/book0608.html

(26) …家族間に渦巻く<u>どろどろとした現実</u>を浮き彫りにしたこの作品は、オニールが自らの体験を基に書いた自伝的要素の強い戯曲だ。
www.ocsworld.com/ocsnews/home/707/theater.asp

(27) …<u>どろどろとした現実</u>の中に埋もれてしまうような、辛く悲しい物語りなのです。ところがそのような物語の中に、きらりと光る宝物が埋まっている。なくてはならない大切な命が輝いている。
www.incl.ne.jp/sirayuri/kamado0412.htm

10.2.9 目の前にある現実

現実は、「目前」にあり、「直視」したり、「向き合っ」たり「しっかり見つめ」たりしなければならないものとして表現される。

(28) 現実を<u>直視</u>した生データ教育
www.shijokyo.or.jp/LINK/journal/0002/01_04.html

(29) 現実に向き合う。　　　　　　　　danbell.jp/si603.html
(30) 現実を見つめ「よし，今日も…」
　　　　　　　　www2.ocn.ne.jp/~love/tokimemo/novel/ss10.html
(31) 第4回「混沌とした現実を見据える」　ovelypop.kir.jp/shu_note/10131.html
(32) 現実から目を背けずに　http://www.suzume.com/~yoheisan/top/live/live02.htm
(33) 突きつけられた現実　　　http://suminest.hoops.ne.jp/novel/dana3.htm
(34) 欧州は能うかぎりこの世のややこしい現実面に背を向け，
　　　　　　　　　　　　　　　　　　　　　　（北杜夫『楡家の人々』p.967）

10.2.10　現実を受け入れる

目の前にある現実を認め，それに対する抵抗をやめることを「受け入れる」という。

(35) 現実を受け入れる能力幸せになるための第一ステップは現実を受け入れることだと思います。不幸になる人は，現実を受け入れられずに，…
　　　　　　　　　　　　　http://cgi.din.or.jp/~honda/yousei7.htm
(36) 受け入れられない現実　　http://www.ktv.ne.jp/~uri/koramu9.html

10.2.11　現実に関するメタファー表現のまとめ

まず，「現実は下」は独自のメタファーを形成することが予想できる。上下がさまざまな概念のモト領域となることはLakoff and Johnson (1980) でも詳細に記述されており，現実と理想に上下が関わっていても不思議ではない。

「現実逃避」「現実に戻る」「現実から遠ざかる」には移動が関わっている。いずれの場合も，現実とは「ここ」であり，現実から離れることは，「ここではない場所」に移動することとして概念化される可能性が高い。また，「現実に縛られる」は，移動に対する拘束と考えることもできる。

「現実に縛られる」，「現実の重み」，「冷たい現実」は，現実が触覚に感じられるものであることを示しているように思われる。触覚は主に，圧覚，痛覚，温覚などからなり，「重み」は圧覚に，「冷たさ」は温覚に対応するからである。現実が触覚と関連性が深いことは，(23)の「現実に触れる」という表現からも確認できる。

性質を示す「現実を受け入れる」は，現実が身近なものであり，それと一体化することを示しているが，類例が多くない。「甘くない現実」は，現実が味覚に感じら

れるものであることを示しているように思えるが，これも類例が少ない。また，「甘い」という語のこの用法は既に味覚の表現から離れて，「度を越えて寛容な」といった意味で定着していると考えられる。

「目の前にある現実」は視覚的要素なのか，「眼前」すなわち，「非常に近い」ことを示しているのか，2つの可能性がある[7]。「汚れたものとしての現実」も「どろどろとした」などの用例を見ると，「触覚的」と「汚れ」の2つの可能性がある。以上を簡単にまとめると図1のようになる（ここで，実線の矢印は強い関連，点線の矢印は弱い関連を示すものとする）。

表現		まとめ
現実は下	→	現実は下
現実逃避		
現実に戻る	→	現実はここ
現実に縛られる		
現実の重み		
冷たい現実	→	現実は触覚的
甘くない現実	→	現実は味覚的？
汚い現実	→	現実は汚れたもの？
目の前にある現実	→	現実は視覚的？
現実を受け入れる	→	現実は押し付けるもの？

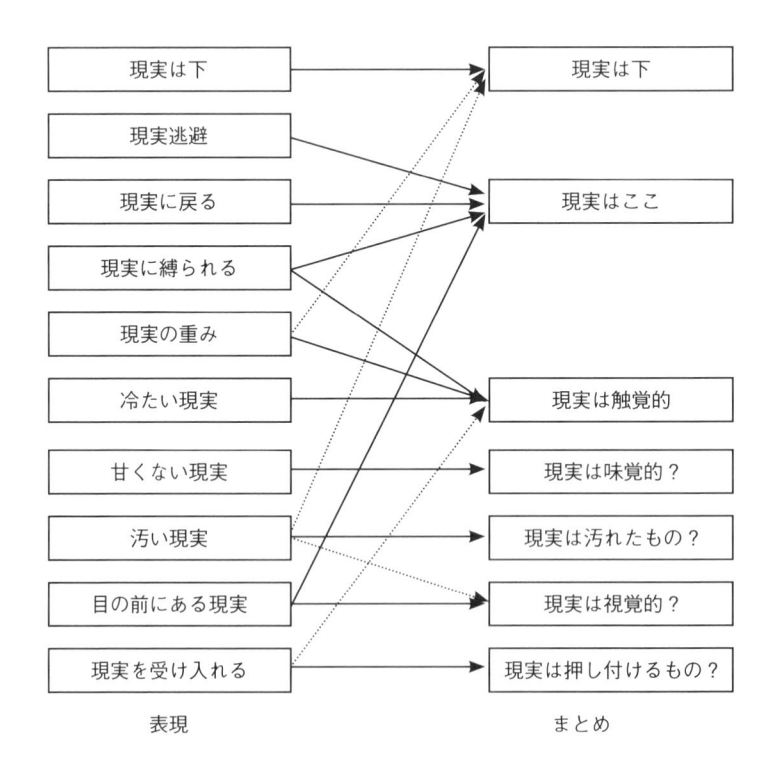

図1　現実のメタファー表現の初期的まとめ

図1からわかることの1つは，メタファー表現の多くが，《現実は下》，《現実はこ

7　両方が並立する可能性もある。

こ》,《現実は触覚的》の3種類にまとめられることである。もちろん,メタファーとは構造的写像関係(**3.1.7**)であるから,対概念は基本的に同様の領域に対応関係を持つことが望ましい。つまり,現実の1つの対概念を理想であるとするならば,現実のメタファーとして実際に上述のメタファーが実在するかどうかは,理想との関連で検討されるべきである。そこで次節では,日本語における理想に関するメタファーを検討する。

10.3 日本語における理想のメタファー表現

本節では,理想を記述するメタファー表現を挙げる。調査方法は,現実のメタファーと同様である。10.3.1 で高い理想,10.3.2 で理想を追う,10.3.3 で遠い理想について検討し,10.3.4 をまとめとする。再度になるが,これらは「理想」に関して一次調査をした結果,補足的に追加調査しているため,必ずしも網羅的ではない。しかし,理想に関する重要なメタファーは概して収められていると考えられる。

10.3.1 高い理想

「高望み」「理想が高い」「理想を掲げる」など,理想は高く掲げられるもののように捉えられる。

(37) ぼくは理想が高いんです　　　pcweb.mycom.co.jp/news/2000/08/04/01.html
(38) 理想 理想といってもそれほど高望みしていると思っていないので
　　　　　　　　　　　　　kanazawa.cool.ne.jp/cannondale/consider/ideal.htm
(39) この団体が掲げる理想は高い。　　page.freett.com/gpwn/e20010715.htm
(40) 理想をかかげて現在を批判することは良い。しかし批判だけで生活は豊かにはならないのだ。　　　　　　　　(石川達三『青春の蹉跌』p.48)

(41)のように「理想」は「上空に浮かぶもの」であり「現実」は「地上に転がるもの」であるかのように表現するものもある。

(41) …ラジオの終わった真夜中,エンドレスで流しているCDの一節が焼き付く。自分の道を歩んで,後悔が1/3。それが多分,深みや重みを伴ってふわふわとした理想を一つひとつこうやって現実という石ころに変えている…
　　　　　www.geocities.co.jp/Hollywood-Miyuki/ 9119/darkwhisper/199910.html

10.3.2 理想を追う

「追い求める」「追いかける」「向かって」「求めて」「近づいて」「追求して」など，理想はそちらに向かって進んでいく対象や場所として概念化される。

(42) 理想と現実 人は常に理想を追い求めて arekuku.tripod.co.jp/koramu/risou.htm
(43) 人は自らの理想を一生をかけて誇りと共に追いかけていくものだ。
　　　　　　　　　　　　　　home.att.ne.jp/red/bunsyousekai/imanobokura.htm
(44) 人は高い目標（理想）を持つからこそその理想に向かって努力…
　　　　　　　　　　　　　　www.kyoto.zaq.ne.jp/dkaqw906/spopsy32.htm
(45) 「まさか，昔の日本のような教育勅語や，海外の理想を目指すという一党独裁の国のように思想教育するのでしょうか。」www3.ocn.ne.jp/~my-angel/1251.htm
(46) それを探りとって，理想とするところに近づける。
　　　　　　　　　　www.watsonwyatt.co.jp/publications/wwreview/wwr24/2405/index.html

10.3.3 遠い理想

「遠い」「遠大な」「遠いはるかな」など，理想が遠いものと概念化されていることを示すような表現もある。

(47) 『狭間の迷路』遠すぎる理想　近すぎる現実
　　　　　　　　　　　　　　www4.ocn.ne.jp/~nakahata/hazamanomeiro.htm
(48) つまり ABCC と云うもので，原爆被害者を対象に遠大な理想をもって研究調査している施設である。　　　　　　（井伏鱒二『黒い雨』p.497）
(49) 彼は現実主義者であったから，三宅のような遠いはるかな理想にあこがれたりはしなかった。　　　　　　　　（石川達三『青春の蹉跌』p.243）

10.3.4 理想に関するメタファー表現のまとめ

以上，理想とこれに関連する用語から，「高い理想」「理想を追う」「遠い理想」という3種類のメタファー表現群を概観した。ここから得られる暫定的な考察は以下の通りである。まず，理想に関連するメタファー表現が現実に関するメタファー表現よりも単純であることに気づく。対概念であっても，メタファー表現の数や種類に非対称性が見られるのは興味深い。

次に，「高い理想」に関連しては，Good Is Up《良は上》メタファー(Lakoff and

Johnson, 1980) が思い浮かぶ。理想とは概してプラスの評価性[8]を伴い，プラスの評価性に関しては《良は上》メタファーが働くため，理想に関するメタファーもこのメタファーから継承[9]を受けることは想像に難くない。

「理想を追う」に関しては，目的に関する事象構造メタファー(ESM: Lakoff, 1993)が参考になる。Lakoff (1993) では，Changes Are Motions などの一連のメタファーを論じる中で，次の 2 種類のメタファーを挙げている。

(50)　Purposes Are Destinations　　（例：We finally arrived where we want to be.）
(51)　Purposes Are Desired Objects　（例：I am hunting for a job.）

つまり，目的は「行きたい場所」や「手に入れたいもの」として理解されるというメタファーである。「理想」は，行動目標や求める状態として，まさに，それに向かって前進したり，追いかけたりするべきものと概念化される[10]。以上をまとめたものが**図 2** である。

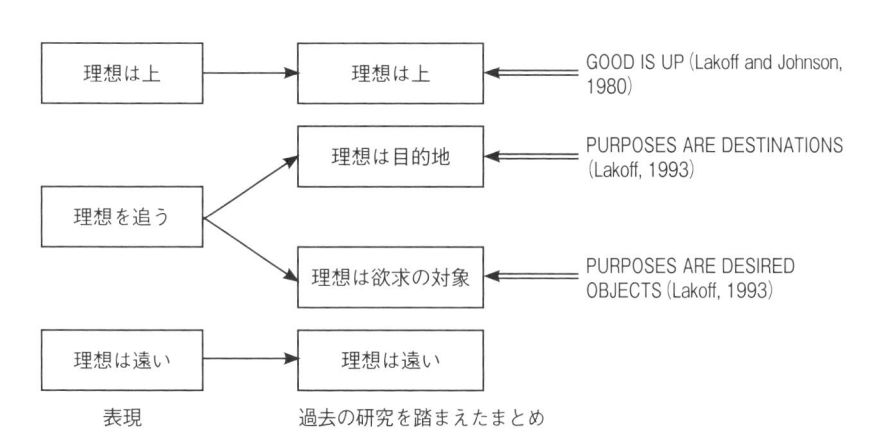

図2　理想のメタファー表現の初期的まとめ

8　(i)の表現が不自然なため，理想は固有のプラスの評価性を持つと考えられる（第 **15** 章参照）。
　　(i)　??(この状況は)理想的で，しかも，最悪だ。
9　メタファーの継承に関しては，**4.8.1** 参照。
10　これは継承と考えられる。すなわち，「目的」の一例となりうる「理想」は**図 2** の Purposes Are Destinations および Purposes Are Desired Objects から継承を受けて，《理想は目的地》，《理想は獲物》というメタファーを持つと考える。

10.4 現実と理想のメタファーの基盤

10.2 で日本語の現実に関するメタファー表現,10.3 で日本語の理想に関するメタファー表現を類型化して考察した.本節では両者をまとめ,そこで挙げられた《現実は下・理想は上》(以下,上下メタファー),《現実はここ・理想は彼方》(以下,遠近メタファー)および《現実は触覚的》(以下,触覚メタファー)という 3 つのメタファーの関係に関して述べる.10.4.1 で全体のまとめ,10.4.2 で遠近メタファーの基盤,10.4.3 で上下メタファーの基盤,10.4.4 で触覚メタファーの基盤を述べる.

10.4.1 現実と理想のメタファーのまとめ

表 1 に現実のメタファーと理想のメタファーの対応関係を示す.

表 1　日本語における現実と理想のメタファー概略

略称	現実	理想
上下	下	上
遠近	ここ	彼方
触覚	触覚的	—
	汚れ	—
	受け入れるもの	—
	(眼前)	—
	(味覚)	—

現実に関する用例と理想に関する用例を合わせて検討すると,《現実は下》と《理想は上》は対応しているといえる.「現実の地べた」「高い理想」といった表現もこの対立軸で考えられる.

次に,《現実はここ》と《理想は欲求の対象》《理想は目的地》《理想は遠いもの》は,場所の論理が関連している点から 1 つにまとめることが可能である.遠近と「ここ・彼方」の関係に関する詳細は次項 10.4.2 で述べるが,現実と理想を遠近と捉えると,軸が発生し線の論理が適用されるようになる.つまり,近と遠の間は程度問題となり,その間のどの地点にも近さの度合いが与えられるような連続性の論理が発生する.

さて,触覚メタファーであるが,現実が触覚的であることを思わせる表現は多い.また,《現実は汚れ》という表現は少なくないが,これらには,「どろどろ」や「手垢」などが含まれ,多くは触覚的ともいえる.《現実は触覚的》に対応して理想を

視覚的と捉えたメタファー表現は日本語では見られなかったが，**10.5.2** で述べるように英語には存在した．

　現実が目の前であることを示す表現は，これが視覚に関するものなのか，近さに関するものなのかが不明である．さらに，味覚に関する表現は，「甘くない」という慣用句に偏っており，重要なメタファーとして考えるべきかどうか，疑問符がつく．

　このようなことから，上下メタファー，遠近メタファー，触覚メタファーを現実と理想に関する主要なメタファーと考える．**10.4.2** で遠近メタファーの基盤，**10.4.3** で上下メタファーの基盤，**10.4.4** で触覚メタファーの基盤に関して論じる．

10.4.2　遠近メタファーの基盤

　遠近メタファーの基盤は比較的簡単である．まず，中心となるのは《現実はここ》である．我々は現在，自己および自己を取り巻くものを自己の知覚入力を通して現実として認識する．よって〈ここ〉という場所概念と〈現実〉という概念の間には明らかに共起性基盤が存在する．《現実はここ》であることから，《非現実はここ以外》と推論される．さらに，〈ここ以外〉という概念化は，〈遠いところ〉や〈彼方〉とする概念化に具現化される．これによってここかここ以外か，という二価的で離散的な論理から，遠近という距離を持った連続的な論理へ，推論の変化が生じる[11]．

　彼方には前後左右という方向性がありうるが，用例を見ると前方のようなイメージが強い．時間のメタファー[12]には，2 つの主要なメタファーとして自己移動メタファーおよび時間移動メタファーがあり[13]，自己移動メタファーにおいて前が未来を示すことは早くから知られている．詳細は譲るとして，自己の移動の経験の中で未来は前と自然に結びつく．《未来は前・過去は後ろ》であることから，未来に起こりうる非現実状態（未実現）は前方に概念化される．つまり，《未来は前》と《非現実は彼方》は合成され，《未来の非現実（未実現）は前の彼方》というメタファーを生む．

　さらに，未実現の一種として理想や目的が存在するため，《理想は前の彼方》，《目

11　この段階の詳細は，**16.5.4** で再論する．

12　Lakoff and Johnson (1980, 1999)，Shinohara (2000)，碓井 (2002a, b, 2003, 2005)，Moore (2006)，篠原 (2008)，Iwasaki (2009)．

13　Lakoff and Johnson (1980) の時代から，時間のメタファーには，この 2 つのメタファーが立てられている．筆者には両者の関係は空間移動における自己移動（「塔に近づいてきた」）と仮想的移動（「塔が近づいてきた」）の関係と相似に思える．さらに両者はそれぞれ O モード認知と S モード認知に対応すると考えられる．

的は前の彼方》といったメタファーが形成される。理想は未実現の下位概念と考えられるため，ここでのリンクは継承となる。ここまでの説明を図3に示す。

```
          《現実はここ・非現実はここ以外》
                      ┊具現化
                      ▼
    《未来は前》          《非現実は彼方》
         継承   合成   継承
         ↘     ↓     ↙
         《未来の非現実は前の彼方》
                  ┃継承
                  ▼
              《理想は前の彼方》
              《目的は前の彼方》
```

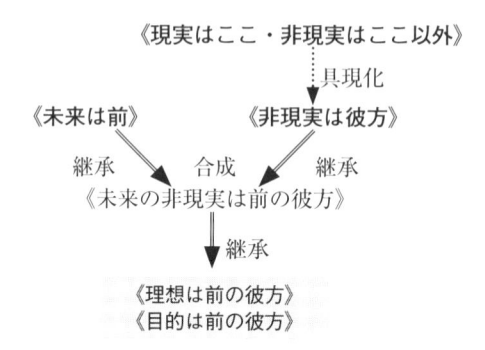

図3　《現実はここ》から《理想は前の彼方》までのメタファー・ネットワーク

ちなみに，《理想は前の彼方》という概念化は，第8章で考察した事象構造メタファーと関連性が強い。実は，未来を〈前〉と概念化した時点で既に，〈移動〉の概念が導入されている。一般に，〈前〉の概念には，何に対して前なのかという参照枠が必要となる（井上, 1998）。前は知覚器官の配置されている面，または移動の方向であり，通常，両者は合致している（Fillmore, 1997: 32ff）。人間の身体も，ほとんどの動物と同様，知覚器官が進行方向に面して配置されているため，視野が進行方向と合致している。このような経緯で，〈前〉を設定するということは，そこに向かって進むという〈移動〉を同時に暗黙的に設定することになる。

《理想は前の彼方》メタファーは事象構造メタファーの一連の写像と合成され，自力移動と目的実現に関するさまざまな推論が適用されるようになる。これを図4に示す（灰色部分が図3の灰色部分と合致する）。

図4では，右上に示された現実と未実現（理想や目的）の距離という遠近の論理に対して，事象構造メタファー（ESM）がその距離を縮める努力と自力移動の推論を付け加える。これによって「到着したい」という感情と志向性，およびその感情と志向性を動力とした移動と線の概念化が重ね映される。結果，《理想の実現のための活動は前の彼方へ向かっての移動》という合成が成立する。

事象構造メタファー
〈活動←自力移動〉

《理想は前の彼方》
《目的は前の彼方》

継承　　合成　　継承

〈理想・目的←終着点〉
〈実現（現実化）←到着〉
《理想の実現のための活動は前の彼方へ向かっての自力移動》
《目的の実現のための活動は前の彼方へ向かっての自力移動》

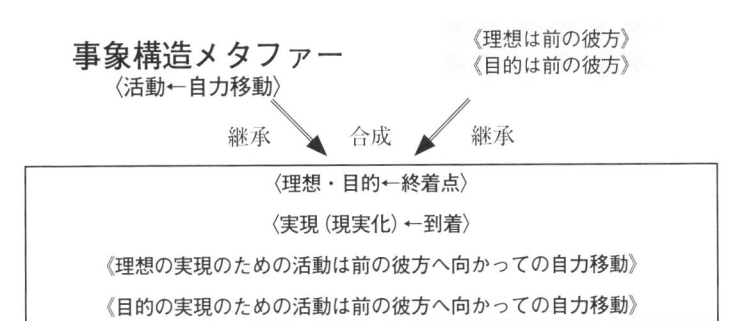

図4　《理想は前の彼方》と事象構造メタファーの合成

10.4.3　上下メタファーの基盤

　SモードとOモードの対応関係を前提にすれば，上下メタファーは遠近のSモードにおける側面となる．本項では，上下メタファーは遠近メタファーに還元できることを主張する．

　Sモードにおいて上下は遠近と対応関係を持っている．

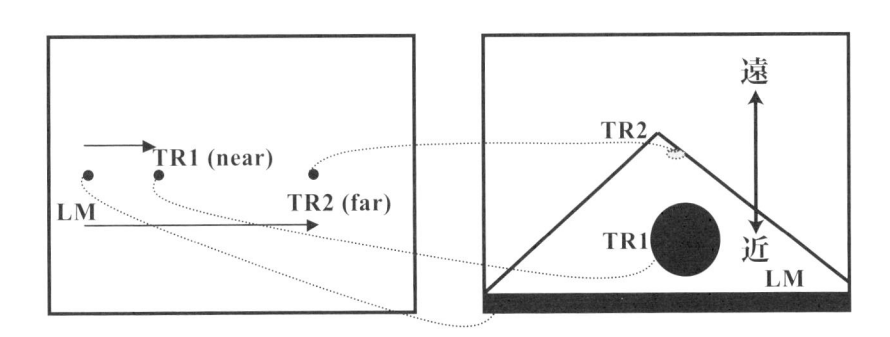

図5　遠近のOモードとSモードの対応関係

　Sモードでは，近い対象は下に見える，遠い対象は上に見えるという対応関係が存在する．Sモードを想定すれば，遠近と上下の対応関係は自明であり，上下メタファーは遠近メタファーの1つの側面として考えられる．

　上下に関連して，Sモードでの移動についても考察を加える．図5の右図は，移動のSモードとして捉え直すこともできる．これを3.2.1で導入したアラインメント

（整列対応）で図示すると図 6a のようになる。

前後	上下
前方	上
ここ	下

図 6a　上下と前後のアラインメント

　さらに，人間の移動では，自分の足元がメトニミー的に現時点を指し，視界の中心よりやや上方が未来の方向を示す。**3.2.1** に見たように，Lakoff and Johnson (1980) において《未来は上》に対応する「下」は不明であった。ここにおいて，この「下」は「過去」ではなく，「現在」であり，その基盤は S モードにおける上下と前後の対応関係に求められることが判明する[14]。さらに一般化すると，「今・ここ」である現時点が現実と考えられ，それ以外すべてが非現実となり，特に前方は，これから起こりうる，未実現の非現実領域となる。これを図示すると図 6b のようになる。

上下	前後	時間	現実
上	前方	未来	未実現（未来の非現実）
下	ここ	今	現実

図 6b　上下・前後・時間・現実のアラインメント

　前方の遠くは S モードで上に見えることから，《未実現は上》というメタファーも生じる。《未実現は前の彼方》および《未実現は上》というメタファーから，継承を受けて，《理想は前の彼方》および《理想は上》が成立する。S モードに関する部分を図 7 に表示する。

---

[14] ただし，日本語で《未来は上》というメタファーが見当たらないことが篠原和子氏（個人談話）によって指摘されており，事実であれば本書の議論に対して反例となるので重要である。これを回避するために視覚内の未来は《存在は見えること (Existence Is Visible)》("Whales are disappearing." 「鯨は消えつつある」など）と《未来は上》の両方がかかって，「視覚で捉えられる程度の遠い存在」→「ある程度，形を伴った未来」という不安定なカテゴリーを形成し，メタファーの衝突が起こっているという解法の方向性があると思われる（第 **11** 章，可能性のメタファー参照）が，データの確認と詳細な検討が必要である。「来週上がってくる課題は重要だ」等，未来を上と捉える言語表現が発掘できる可能性もある。

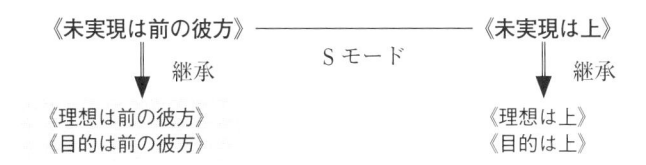

図7 《理想は前の彼方》と《理想は上》のメタファー・ネットワーク

図3, 図4, 図7を統合して図8に表示する。

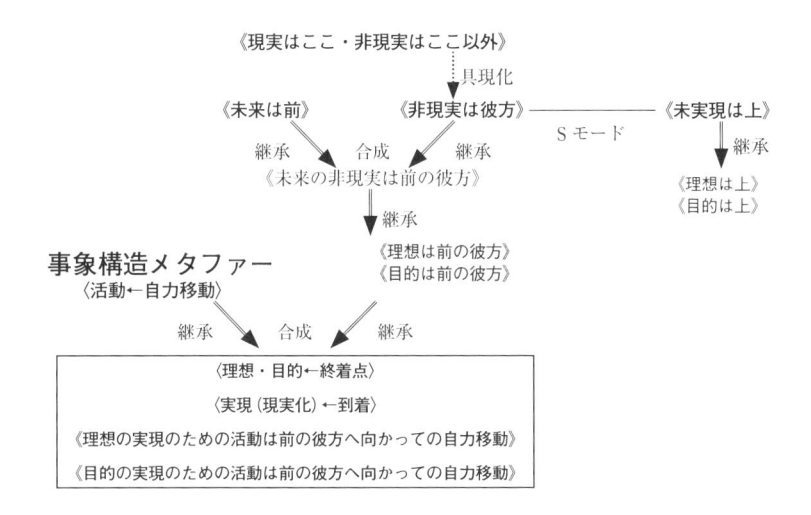

図8 現実と理想のメタファー・ネットワーク （統合版）

図8は，第12章（希望のメタファー）にもまったく同じように当てはまる。すなわち，〈希望〉は未実現な理想状態の1つとして，〈理想〉や〈目的〉とまったく同じ位置に入る。

10.4.4 触覚メタファーの基盤

触覚メタファーはまず，遠近メタファーにおける遠近軸のような軸が存在しない点で構造性を欠いているように見える。しかし，感覚は，楠見（1995）などに見るように，線上に並べて考えることができ，触覚は近感覚と呼ばれている（図9参照）。知覚と遠近の関係は深く，触覚は近さのメトニミー的表現であると考えられる可能性がある。

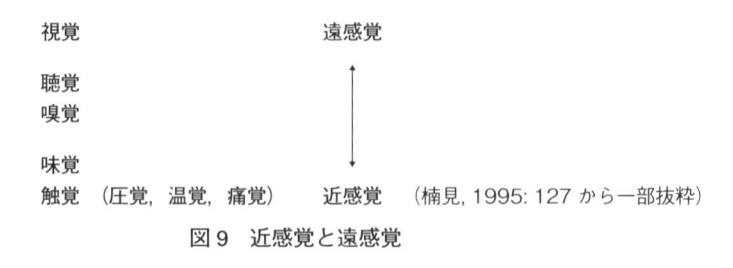

```
視覚                     遠感覚
聴覚                       ↑
嗅覚                       │
                          │
味覚                       ↓
触覚 （圧覚，温覚，痛覚）   近感覚   （楠見, 1995: 127 から一部抜粋）
```
図 9　近感覚と遠感覚

　その根拠であるが，まず第1に，「現実に縛られる」「現実がずっしりとのしかかる」「冷たい現実」「現実に触れる」「手垢に汚れた現実」等の表現の存在が挙げられる。これらの表現は「現実を受け入れる」「現実と戦う」といった表現と連続的で，自分と境界を接し常に自分に対して立ち現れるものとしての現実を表しているように思われる。第2に，同じく接触感覚と考えられる「甘い」「甘くない」などの味覚も現実を表す際に使用されている。これは，触覚という感覚が特別な地位にあるというよりは，接触や近接が重要な要素であることを思わせる。第3に，視覚表現にも現実を表す表現が存在し，かつその表現が「目の前にある現実」など近さを強調するものであることである。これは，触覚，味覚，視覚といった感覚の違いが重要なのではなく，遠近が重要であり，たまたま，触覚が近接の代用として使用されるというメトニミー的分析に信憑性を与える。最後に，**11.4.1** で詳細に見るように，嗅覚に〈可能性〉を表す用法があることである。近感覚と遠感覚の中間と考えられる嗅覚が，現実と非現実の中間的カテゴリーと考えられる〈可能性〉を表すことは，感覚が遠近の軸に従って現実と非現実に対応づけられているという分析の傍証となる。

　本節では，日本語における現実に関するメタファー表現と理想に関するメタファー表現を併せて考察した。日本語において，《現実は下・理想は上》(上下メタファー)，《現実はここ・理想は彼方》(遠近メタファー)，《現実は触覚的》(触覚メタファー) を主要なメタファーとして特定した。また，それぞれの基盤を考える中で，上下メタファーと触覚メタファーは，ともに遠近メタファーから派生したと考えられることを主張した。さらに，《未来は前・過去は後ろ》など，事象構造メタファーなどと合成されて，複雑なメタファー体系がその表現の背後にあることがわかった。次節では，REALITY と IDEAL を中心に検討した英語の考察 (Nabeshima, 2004a; 鍋島, 2008a) と合わせて，日英のメタファー表現に分析を加えるとともに，対照研究の意義を検討する。

10.5　現実と理想のメタファーにおける日本語と英語の対照

本節では，現実と理想のメタファーに関して，日本語と英語を対照して検討する。**10.5.1** ではメタファーを対照的に論じるとはどういうことかを考え，文化的メタファーと普遍的メタファーの区分を提示する。**10.5.2** では文化的メタファーを論じる。

10.5.1　メタファーと対照研究

異なる言語のメタファーを対照的に研究する（あるいは言語類型論的に研究する）とはどういうことか。その目的は，言語間の類似性と相違を明らかにすることであろう。以下に文化的メタファーと普遍的メタファーの区分を明示的に述べる[15]。

普遍的メタファーとは，異なる言語や文化を通じて幅広く観察されるメタファーである。その普遍性の起源は人間の身体的制約の普遍性，あるいは，環境・経験の普遍性に求められる。環境・経験は文化によって変動があるため，それ自体が文化的である場合があることに留意する必要がある。例えば，高度経済社会には，奴隷社会や農耕社会と異なる文化的環境が共有されていることが考えられる。

文化的メタファーとは，ある文化（あるいはある文化群）に特有のメタファーである。仮に対照研究でそのような特性が見出された場合，これは文化の他の要素や既存の知見として述べられた文化的要素との関連において研究が試みられるべきであろう。具体的には〈する〉と〈なる〉，〈モノ〉と〈コト〉（池上, 1981），〈連続体〉重視と〈個体〉重視（池上, 1981, 1983; 野村, 2002）などが挙げられる。

10.5.2　文化相対性

さて，それでは，現実と理想のメタファーに関して，ここまで考察した日本語の例を鍋島（2008a）の英語の例と比較し**表2**に示す。

日本語と英語の現実と理想のメタファーは，《現実はここ・理想は彼方》（遠近メタファー），《現実は下・理想は上》（上下メタファー），《現実は触覚的》（触覚メタファー）という3つのメタファーが一致している[16]。この点で，この三者が主要なメタ

---

[15]　メタファーの普遍性と文化相対性に関する議論は Kövecses (2002: 第12章, 第13章), Kövecses (2005, 2006) を参照。

[16]　《現実は触覚的・理想は視覚的》も傾向性として対応関係が存在するようであり，《現実は汚いもの・理想は美しいもの》に関しても同様である。しかし，これらは傾向性であり，実際の表現は，両者の交差に評価性が加わった「どろどろ vs. きらきら」の対立となっているイメージがある。

ファーであることが検証されたと考えられる。

表2 日本語と英語における主な現実と理想のメタファー

メタファー	日本語	英語
《現実はここ・理想は彼方》	○	○
《現実は下・理想は上》	○	○
《現実は触覚的》	○	○
《現実は汚れ》	○	△
《現実は受け入れるもの》	○	×
《現実はつかむもの》	×	○
《現実は敵》	×	○
《?? 現実・理想は視覚的》	現実は目の前	理想は整ったもの

　文化的に興味深いのは，現実との接触のあり方である。日本語では，「受け入れる」「屈する」など，受身的な表現が大半である。《現実は受け入れるもの》というメタファーは，日本語にあって英語には頻出しない。一方，英語では *grip*（手でしっかり掴む）など能動的な意味が多く，《現実はつかむもの》というメタファーは英語にあって日本語に存在しないようである。これは，文化的見地から，受身的な日本語および日本文化に対して，能動的な英語および英語圏文化という分析の可能性を示唆する。

　さらに《現実は敵》と思われるメタファーも英語に多い。この理由であるが，〈つかむもの〉から，力のやり取りとなり，ここから〈敵〉が具現化によって転換するのではなかろうか。敵のメタファーが重力や力のメタファーとよく一緒に現れることは過去の研究（Lakoff, 1993; Kövecses, 2002; 鍋島・菊池, 2003）などから知られている。

(52) a.　Difficulties Are Burdens　　（《困難は重荷》）
　　 b.　Difficulties Are Opponents　（《困難は敵》）

(Lakoff, 1993)

(53) a.　HAPPINESS IS A NATURAL FORCE　（《幸せは自然の力》）
　　 b.　HAPPINESS IS AN OPPONENT　　　（《幸せは敵》）

(Kövecses, 2002: 86–87)

(54) a. Problems Are Burdens 　　《問題は重荷》
　　 b. Problems Are Opponents 　《問題は敵》

(鍋島・菊地, 2003)

　次に視覚に関して述べる。日本語では，現実が「目の前に迫った現実」など近くにあることを示す視覚表現がある。英語は，理想が *eroded*（欠けた），*shattered*（砕けた），*battered*（打ちのめされた），*tarnished*（汚された），*corrupt*（腐敗した），*butchered*（動物のようにばらばらにして殺された），など，整ったものが崩される意味で使用される一群があり，その多くが視覚的なイメージを伴っている。また，これらは評価性に関連するものが多い[17]。つまり，視覚は日本語では現実の表現に出現し，英語では理想と関連しており，日本語と英語で反対になっている。しかし，その関わり方も両言語でまったく異なるため，写像に一貫性がなく，現時点では，特に文化的特徴を示しているとは思われない。

10.6　考察

　本節では，ここまでに触れなかった点や追加的な説明を考察として述べる。**10.6.1** で，身体性と普遍性について，**10.6.2** で文化相対性と対照研究の意義について，**10.6.3** でメタファーの合成について論じる。

10.6.1　身体性と普遍性

　日本語と英語の対照研究から，現実と理想のメタファーには，《現実は下・理想は上》（上下メタファー），《現実はここ・理想は彼方》（遠近メタファー），《現実は触覚的》（触覚メタファー）という3つの主要なメタファーの存在が特定された。これらのメタファーは偶然存在するのではなく，直立し，前に進むという人間の根源的な身体運動感覚に基盤があることを主張した。《現実はここ》であり，非現実はここではない場所で，我々は好ましい状態を目指して自力で近づこうとするのである。本章における議論が正しければ，第 **10** 章（現実のメタファー）における〈理想〉，第 **11** 章（可能性のメタファー）における〈可能性〉，第 **12** 章（希望のメタファー）における〈希望〉もすべて未実現の一種として一般化できる。

17　理想形が良いもの一般を意味するメタファーに関しては，第 **14** 章（善悪のメタファー），評価性に関しては第 **15** 章（評価性を基盤とするメタファー）を参照。

上下メタファーに関連して，遠近と上下を結ぶ際にSモードが重要な役割を果たすことを見た。Sモードという概念を本章のように利用すれば，遠近という空間概念が，上下という別の空間概念と体系的に対応することが明示的に表現できる。一般に，認知メタファー理論では，常に身体性が重要視されてきた。Sモードとは，五感の入力も含めてさまざまな入力とそれらの相互関連性の関数を有した身体的世界のことである。「立つ」，「歩く」，「ボールを打ち返す」などというきわめて複雑な作業を人間はいとも容易くおこなっている。こういった複雑だが身体に深く刻まれて自由度を獲得し，ほとんど無意識化した感覚・運動の諸知識が，メタファーなど高次の認知活動に利用されないと考えること自体に無理があろう。本書のようにSモードの概念を援用すれば，メタファー研究にあらたな光を投じられる可能性がある。

10.6.2 文化相対性と対照研究の意義

メタファーの類型論的視点は，人間の認知に共通の言語体系を考察する認知言語学においては，大変重要となろう。本書では，多言語比較ではなく，日本語と英語を対照して研究している。メタファーをある言語の体系内で見るにとどまるのではなく，異なる言語と対照し，検討することにより，普遍性と文化相対性の視座が生まれる。

具体的にいえば，異なる言語であるにも関わらず，日本語と英語のメタファーには多くの共通点が見られた。この結果は，第9章（因果のメタファー）の結果に合致しており，さらに第13章（問題のメタファー）でも検証される。今回，上述の3つのメタファーが日英語の両方で見られたことは，メタファーが偶然の産物ではないということ，すなわちモト領域とサキ領域の間には，なんらかの普遍的基盤が存在することを示唆している。3つのメタファーの関係については，メタファー同士の関係の背景に，OモードとSモードという普遍的な認知機構が存在していること，および，遠感覚と近感覚という人間の感覚に関する普遍的構造が関与していることに触れた。

一方の文化相対性であるが，これは，第1に，普遍性との関連で述べる必要があるものである。すなわち，日本語と英語において見られた共通性を除くと，文化的傾向には過去の研究で考察されてきた日本語と英語の特徴に対応すると思われる差異が浮き彫りになった。具体的には，日本語における受動性と英語における能動性がある。「ありのままの現実を受け入れる」など，《現実は受け入れるもの》というメタファーが日本語には存在すると考えられる。一方，《現実はつかむもの》，《現実は

敵》というメタファーは，英語にあって日本語に存在しない．後者は人間の主体的働きかけを重視していると思われ，文化的見地から興味深い．すなわち，受動的な日本語および日本文化に対して，能動的な英語および英語圏文化という分析の可能性を示唆する．

10.6.3 メタファーの合成

10.4.2 の遠近メタファーの基盤および 10.4.3 の上下メタファーの基盤の考察に関連して，理論的な観点から留意しておきたいのは，本書とプライマリー・メタファー（PM）理論における合成に対する考え方の相違である．4.10 では，身体性メタファー理論は，合成を再帰的にした点，メタファー理論固有の区分を認知一般の区分に還元した点，ブレンディング理論など認知言語学全体と整合性が高い点の三点で PM 理論よりも優れていることを論じた．

本章でも確認できたように，合成は何重にも働きうる再帰的なプロセスである．このような考え方はデータにも合致しているし，理論的にも柔軟性があって望ましい．これは，「合成されたものは『複合メタファー』であって，PM とは異なる」という PM 理論の考え方となじまない．合成によって，より定着度の高い表現が生まれることもある（14.6.3）．さらにいわゆる PM と呼ばれるもの自身も合成を受けている可能性もある．合成は PM の優位性と切り離して利用できる機構であり，切り離して考えるほうがデータに合致している．合成はむしろ，フォコニエらのブレンディング理論と整合性の高い考え方である．そこで，本書では，合成をプライマリー・メタファー理論から独立した形で採用する．また，身体的で基盤の明確なメタファーをそれ以外のメタファーから区別するという Grady（1997b）の優れた着眼には，第 16 章（関係のメタファー）でその適用を詳述する知覚レベルと概念レベルという区分の利用で対応する．

10.7 まとめ

Getting your feet wet（始める，初めて試みる）という慣用表現から始まった本章は，10.2 で，日本語における現実に関するメタファー表現を，10.3 で，日本語における理想に関するメタファー表現を，10.4 で，現実のメタファーと理想のメタファーを併せて検討し，《現実は下・理想は上》（上下メタファー），《現実はここ・理想は彼方》（遠近メタファー），《現実は触覚的》（触覚メタファー）という 3 つの主要なメタファーの存在を特定した．10.5 では英語のメタファーと比較をおこなった．日

10.7 まとめ

本語と英語を対照し，英語には能動的なメタファーが多いことを確認した。**10.6** では考察として，身体性に基づく普遍的メタファーの存在，文化相対性と対照研究の意義，さらにメタファーの合成について論じた。

本章で留意したい点は，合成とプライマリー・メタファーとの関係である。**10.6.3** で見たように，合成は何重にも働きうる再帰的なプロセスである。このような考え方は，理論的にも柔軟性があって望ましい。本書では，合成をプライマリー・メタファー理論と切り離して取り扱う一方，身体的で基盤の明確なメタファーを選別する Grady (1997b) の着眼には，第 **16** 章の中で知覚レベルと概念レベルという区分で対応する。次章では，同じく S モードを利用して「可能性」が「薄い」などの表現の非生産性の背後にあるシステムを検討する。

第 11 章
可能性のメタファー

サキ	基盤	モト
可能性	←———	濃淡

キーワード
合成
衝突
「まだら」問題
Sモード

11.1 はじめに

　本章では，可能性にまつわるメタファーの中でも，特に(1)〜(7)などの，「濃淡」に関連する表現に注目する．本章は，モト領域とサキ領域それぞれ1つの領域を指定した単独のメタファーを検討する研究事例となっている点で，モト領域のみを指定した水のメタファー(第6章)，擬人のメタファー(第7章)，線と移動のメタファー，(第8章)や，サキ領域のみを指定した因果のメタファー(第9章)，現実のメタファー(第10章)と異なる．

　さて，「可能性」は，「高い／低い」，「大きい／小さい」，「ある／ない」などと共起するが，場合によって，「薄い」や「濃い」が使用される場合がある．これはどうしてか．本章は，この問いと，これに関連する疑問に対して，認知メタファー理論の枠組みで回答を試みる．可能性と濃淡を表す用語の共起としては，以下の例がある．

(1)　うっすらとした可能性　　(2)　疑いが濃い
(3)　敗色濃厚　　　　　　　　(4)　ほのかな気配が感じられる
(5)　見込み薄　　　　　　　　(6)　淡い期待がかかる
(7)　あいつと戦っても勝ち目が薄い

　このように，「可能性」と「濃淡」に関する組み合わせの類例がいくつも挙げられ

11

11.1 はじめに

ることから，認知メタファー理論の観点からは《実現可能性が大きいことは濃いこと・実現可能性が小さいことは薄いこと》といったメタファーの存在が想像される（以下，このメタファーを略して《可能性は濃淡》と呼ぶことにする）。しかし，このメタファーの存在に関連して，いくつかの疑問が浮かび上がる。まず，最初に，その生産性の低さである。(1)〜(7)の組み合わせを少し変えると，(8)〜(14)のように容認不可能になってしまう。

(8) ??うっすらとした疑い　　(9) ??見込みが濃い
(10) ??期待濃厚　　(11) ??ほのかな敗色が感じられる
(12) *疑い薄　　(13) ??淡い気配
(14) ??あいつと戦ったら勝ち目が濃い

　メタファーが存在してもさまざまな理由ですべての表現が可能となるわけではないことは「まだら」問題として第6章で論じたが，本章のデータは第6章のデータよりもさらに生産性が低く思われる。これだけ生産性が低いと，本当にメタファーが存在するといえるのかどうか自体に疑義が生じる。これが第1の疑問である。さらに，仮にメタファーが存在するとしたら，どうしてこのように生産性が低くなるのか。これが第2の疑問である。

　さらに，どうしてこのようなメタファーが存在するに至ったのか。これは，メタファーの基盤の問題である。例えば，(15)に「薄い」の語の代表的な用法を列挙する。

(15) a. 紙が薄い／厚い（厚さ）　　b. 髪が薄い／ふさふさしている（髪の分量）
　　 c. 霧が薄い／濃い（気中の濃度）　　d. 紅茶が薄い／濃い（液体の濃度）
　　 e. 色が薄い／濃い（視覚的な強度）　　f. 味が薄い／濃い（味覚的な強度）

　「可能性が薄い」の対極が「厚い」ではなく，「濃い」であることから，(15c)〜(15f)の用法のどれかの拡張と考えられるが，どの用法から拡張したと考えるのがよいのか。これが第3の疑問である。本章では，このようなメタファーの認定の問題，メタファーの生産性の問題，メタファーの基盤の問題を取り扱う。

　以下に本章の構成を述べる。まず，本章の課題と手順を述べた11.1に続き，**11.2**では，可能性に関する用語と，濃淡に関する用語の組み合わせをデータとして提示

する。**11.3** では，このデータを分析する。一見複雑に見える容認可能性のばらつき（「まだら」問題）も，一定の操作をおこなえば，規則性が見出せることを論じ，低生産性は 2 つのメタファーの合成と衝突によって生じていることを主張する。すなわち，第 2 の疑問に回答することによって，第 1 の疑問にも同時に回答する。**11.4** では，《可能性は濃淡》の基盤について論じる。《現実はここ・非現実は彼方》，《存在は見えること》，《可能性は気体》という 3 つのメタファーを候補に挙げ，《可能性は濃淡》の背景にあるメタファーが S モード的認知を背景とした《非現実は彼方》および《存在は見えること》であることを論じる。これは，第 3 の疑問に対する回答の試みである。最後に **11.5** で，結論を述べ，今後の研究の方向性を付記する。

11.2 「可能性」と「濃淡」の共起性に関するデータ

本節では，**11.2.1** で，取り扱うデータを挙げ，**11.2.2** で，データの初期的分析をおこなう。

11.2.1 取り扱うデータ

データとしては，(16a) の形容詞群と (16b) の名詞群を取り扱うものとした。

(16) a. 濃淡を表す形容詞群　　ほんのりとした，ほのかな，淡い，
　　　　　　　　　　　　　　うっすらとした，薄い，濃い，濃厚な
　　 b. 可能性を表す名詞群　　期待，見込み，気配，可能性，敗色，疑い

名詞 (N) と形容詞 (A) の組み合わせには，修飾用法と叙述用法があり，どちらの構文を利用するかによって容認可能性が異なるため，両方の判断をおこなった。以上より，形容詞 7 つ，名詞 6 つ，構文 2 つの組み合わせとして，7 × 6 × 2 通りの容認可能性を検討した。判断は筆者の直感による。名詞「期待」に関する判断を例として以下に示す。

(17)　　　　　　　　　　　　　(18)
（形容詞─名詞）　　　　　　　（名詞─形容詞）
　a. <u>ほんのりとした期待</u>が拡がった　a. *そのチームに対する<u>期待はほんのりしている</u>
　b. <u>ほのかな期待</u>を寄せる　　　　　b. *そのチームに対する<u>期待はほのかだ</u>
　c. <u>淡い期待</u>を抱く　　　　　　　　c. *そのチームに対する<u>期待は淡い</u>

d. うっすらとした期待を抱く　d. *そのチームに対する期待はうっすらしている
e. ?薄い期待を抱く　　　　　e. そのチームに対する期待は薄い
f. *濃い期待を抱く　　　　　f. *そのチームに対する期待は濃い
g. *濃厚な期待を抱く　　　　g. *そのチームに対する期待は濃厚だ

11.2.2 「可能性」と「濃淡」の共起性に関するデータの分析

容認可能なものを○，容認不可能なものを×，疑問となるものを△としてまとめたものを以下に示す。**表1**は複雑であり，傾向が読み取れない。まさに「まだら」問題を提示している。

表1　《可能性は濃淡》の容認度判定①

		期待	見込み	気配	可能性	敗色	疑い
ほんのり	ほんのりとしたN	○	×	×	△	×	×
	Nがほんのりとしている	×	×	×	×	×	×
ほのか	ほのかなN	○	△	○	○	×	△
	Nがほのかだ	×	×	×	×	×	×
淡い	淡いN	○	×	○	△	×	×
	Nが淡い	×	×	×	×	×	×
うっすら	うっすらとしたN	○	△	○	○	△	×
	Nがうっすらとしている	×	×	○	×	×	×
薄い	薄いN	△	×	×	△	×	×
	Nが薄い	○	○	○	○(は)	×	△
濃い	濃いN	×	×	×	×	×	△
	Nが濃い	×	×	○	○	○	○
濃厚な	濃厚なN	×	×	△	×	×	×
	Nが濃厚だ	×	×	○	○	○	○

構文がメタファーの出現に制約を加えることは既に知られている（大石，2009）。そこで，1つの加工方法として，構文を捨象する。「淡い期待」など，修飾用法に出やすい形容詞もあれば，「敗色が濃い」など，叙述用法に出やすい形容詞もあり，構文によって容認可能性が制限されると思うからだ。構文を捨象する方法としては，選言（論理和，ORや「または」で結ばれる条件）を使う。すなわち，どちらかの構文が容認可能であれば，容認可能と見なす。これが**表2**である。

表2 《可能性は濃淡》の容認度判定②

	期待	見込み	気配	可能性	敗色	疑い
ほんのり	○	×	○	△	×	×
ほのか	○	△	○	○	×	△
淡い	○	×	×	△	×	×
うっすら	○	△	○	○	△	×
薄い	○	○	○	○	×	△
濃い	×	○	○	○	○	○
濃厚な	×	×	○	○	○	○

網掛け部分にご注目いただきたい。「期待」「見込み」を良い可能性のグループ，「敗色」，「疑い」などを悪い可能性のグループとすると，表3が得られる[1]。

表3 《可能性は濃淡》の容認度判定 推測される方向性

可能性 \ 良し悪し	良い可能性 （見込み，期待など）	中立	悪い可能性 （疑い，敗色など）
薄い系	○	○	×
濃い系	×	○	○

一体，「薄い」と「良い」の共起を許し，「濃い」と「悪い」の共起を許しながらも，逆の組み合わせを許さない要因とは何なのであろうか。

11.3 《可能性は濃淡》の「まだら」問題を解決するモデル

本節では，《可能性は濃淡》メタファーの生産性が低いのはなぜかを説明するモデルを提示する。**11.3.1** で過去の研究事例，**11.3.2** で低生産性を説明するモデルを提示する。

11.3.1 過去の研究事例

ここまでの分析で，この容認可能性が完全に生産的でないことは，全くの偶然ではなく，何らかの傾向があることがわかった。このモデルを検討するにあたり，本

---

[1] ここでは，「淡い」がプラスの可能性を持った「見込み」や中立の「気配」と共起しないことが反例となるが，「淡い」がプラスの評価性を伴っており，共起する名詞にもプラスの評価性を要求すると考えると「気配」との共起不能は説明できる。(i) a. 淡い初恋，b. 淡い香り

項では，関連する研究事例を紹介する。

まず，このような「まだら」問題に取り組んだ先行研究として，鍋島 (2000, 2003c) および本書第 6 章の水のメタファーに関する研究がある。この研究では，水をモト領域とするメタファーを取り上げ，感情，言葉，金というサキ領域でどのように使われているかを検討しているが，その中で，メタファーの合成によって衝突が起こり，容認不可能な表現が生じることを主張している。(19) は，「勇気」を「水」と捉えた例である。

(19) a. 勇気が満ちる／溢れる／湧き上がる／ほとばしる
　　 b. *勇気が垂れる／溜まる／漏れる

すなわち，ここでは，《感情は水》というメタファーが働くと共に，《良は上》というメタファーが働き，力強い感情である「勇気」は，下向きで否定的な「垂れる」，「溜まる」，「漏れる」とは共起しないことがわかる。

合成が要因だとすると，具体的にどのようなメタファーが働いているのか。モラルに関するメタファーを日本語に関してまとめた鍋島 (2001a) および本書第 **14** 章 (善悪のメタファー) では，(20) に見られるように白黒と善悪の対応関係を挙げている。

(20) a. 彼はクロだ (犯人だ)　　b. 灰色高官
　　 c. 黒い霧事件　　　　　　 d. 身の潔白を証明する

合成というメタファーの機構と，白黒メタファーというこれら 2 つの先行研究を考慮に入れ，次項では，《可能性は濃淡》の「まだら」問題を解決するモデルを提示する。

11.3.2　可能性の「まだら」問題を解決するモデル

11.3.1 の考察から，「可能性」と「濃淡」の共起に関する低生産性には，2 つのメタファーの合成と衝突が関わっている可能性が提起された。また，そのメタファーの片方としては，《善は白・悪は黒》の存在が予想された。本節では，ここまでの知見を統合し，「可能性」と「濃淡」の共起に関する低生産性を説明するモデルを構築する。まず，濃淡に関して，次の 2 つのメタファーが合成されている，と考える。

両者の写像を図1と図2にそれぞれ記述する。

メタファー1:《可能性は濃淡》
メタファー2:《善は白・悪は黒》

実現可能性が高い　←　色が濃い
実現可能性が低い　←　色が薄い

図1　《可能性は濃淡》のメタファー写像

良いこと　←　白
悪いこと　←　黒

図2　《善は白・悪は黒》のメタファー写像

ここで、〈薄い〉や〈淡い〉は色味が少ないことを意味する。その極限値は白に通じる。また、「濃い」は色味が強いことを意味し、その極限値は黒に通じる。そこで、「薄い」と「白」は近い関係にあり、「濃い」と「黒」も近い関係にあると考える。すると、「薄い」と「黒」および「濃い」と「白」は矛盾する関係になり、衝突を起こす。この2つのメタファーの衝突を図式に表すと図3のようになる。

	良いこと	悪いこと
実現可能性小	薄い○白い	薄い×黒い 衝突
実現可能性大	濃い×白い 衝突	濃い○黒い

図3　〈淡〉と〈善〉および〈可能性小〉、〈濃〉と〈悪〉および〈可能性大〉の共起関係図

メタファーの衝突によって、容認可能性に差がでるというのは、やや意外で突飛な印象があるかもしれない。しかし、こう考えれば、表1の、一見、無秩序に思える容認可能性を説明できる。水のメタファーでも合成が「まだら」問題を起こすことが指摘されているので、これは第6章の結果と整合性がある。さらに「期待」と「濃い」の共起不可能性に似た(21)の例も存在する。

第11章　可能性のメタファー | 239

(21) a. この試合はどうも負け臭いな
　　 b. ?* この試合はどうも勝ち臭いな

　(21)の表現の背景には，**11.4.1**の(25)の用例に見るような可能性を匂いで表す概念化があると考えられるが，「臭い」という匂いを表す語は，マイナスの評価性を持つため(21b)に示される通り，「勝つ」と共起しにくい。

11.4 《可能性は濃淡》の基盤

　本節では，《可能性は濃淡》メタファーの継承関係と基盤を探る。これは，**11.1**で挙げたさまざまな〈濃淡〉の多義の，どの意味が関わっているかという多義拡張の問題にもつながる。以下，《可能性は濃淡》メタファーの起源の3つの候補を考える。第1の候補は，第**10**章で取り扱った《現実はここ・非現実は彼方》である。第2の候補はこれに関連が深いと思われる《存在は見えること》(Grady, 1997b)である。第3の候補は《可能性は気体》である。**11.4.1**で《現実はここ・非現実は彼方》を，**11.4.2**で《存在は見えること》を，**11.4.3**で《可能性は気体》を検証する。

11.4.1 《現実はここ・非現実は彼方》

　第**10**章(現実のメタファー)で述べたように，現実は〈いま・ここ〉であるため，非現実はそれ以外となる。非現実の一種が目的や理想であることは既に**10.4.2**で述べた。可能性は，起こりうる非現実状態であるから，非現実の一種と呼べる。さらに，今後起こりうるという点では未来に位置するため，モト領域で考えると前方になる。《現実はここ・非現実は彼方》というメタファーは(22)の用例にも現れている。遠近と実現度の対応関係は，英語でも，(23)のような表現に見られる。(23)では，実現可能性が低いことを距離が遠いという表現で示している。

(22) a. 勝利の可能性が近づいてきた　b. 勝利の可能性が遠のく
　　 c. 勝利を手に入れる　　　　　d. 勝利を逃す／勝利が手からすり抜ける
(23)　It's a long shot.（それはなかなか実現不可能なことだ）

　遠近が濃淡と単調な対応関係にあることはSモードとの関連で**4.4.2**に述べた。遠くにあるものは，小さく，薄く，上方に見えるという知覚的特徴が遠近認知の鍵となっていることは知られており，《可能性は濃淡》メタファーの基盤も，この現実と

非現実の遠近メタファーに基づき，Sモードにおける遠近の知覚推論を通したメトニミー的表現であることが考えられる。

ただし，この分析にはいくつかの問題点も存在する。例えば，「実現は近い／遠い」とはいえるが，「可能性が近い／可能性が遠い」といえないこともその1つである。また，遠近メタファーであれば，現実のメタファーで見たように，遠近，上下，触覚等のメタファーが並存することが予測されるが，上述のように遠近メタファー自体は存在するものの，生産的ではない。上下メタファーは存在せず（「可能性が高い」というと逆の意味になる），触覚で表したメタファー表現も多くはない。(24)は可能性を触覚で表すと思われる用例である。

(24)　首相は辞任するという感触を得た

この他，(25)に見るように嗅覚に可能性を表す表現がある。

(25) a.　次の犯行としては今夜あたりが匂うな
　　 b.　これはどうも殺人事件くさい
　　 c.　事件の真相を嗅ぎ回る
　　 d.　アイドルの結婚話を嗅ぎつける
　　 e.　警察は犯人がすでに関東から出ている可能性を匂わせた

嗅覚は，感覚の中で中間に位置し，その感覚のもととなる対象物はここにあるものではないが，さほど遠くもない。これと平行して，〈可能性〉は，その状態や対象の存在が確たるものではないが，まったくの事実無根でもないという点で，現実でも非現実でもない中間的であいまいなカテゴリーのようにも思える。

11.4.2　《存在は見えること》

《存在は見えること》(Existence Is Visible) は Grady (1997b) に記述され，日本語でも (26b)，(26c) のような表現が見られる。

(26) a.　Gray Whales are disappearing.　（コククジラは消え始めている）
　　 b.　新しい恐竜の出現
　　 c.　&透明人間が現わる！　（&は多義を表す）

11.4 《可能性は濃淡》の基盤

　(26a), (26b)では，見えなければ存在しない訳ではないにもかかわらず，種としての存在が，*disappear*や「出現」といった視覚に関する用語で語られている。昔懐かしい歌謡曲の一節にも使われているが，(26c)は透明人間が見える，ということと，透明人間が存在する，という「現わる」の多義を利用したジョークである。

　《存在は見えること》自体の基盤は，発達研究に求めることができる。著名な発達心理学者であるピアジェは「物体の永続性（object permanence）」という概念を提起しており，これは「対象を実体のある永続的なものとして捉えるということ」（杉村・坂田, 2004: 84ff）である。つまり，物体は目の前になくても存在し続ける，という信念のことを物体の永続性と呼ぶ。この獲得の月齢に関しては諸説あり，その過程も段階的で，徐々に形成されていくと考えられるが，生まれて間もない乳児は物体の永続性を獲得していない。すなわち，目の前から消えれば存在がなくなると思っていることになる。つまり，存在という抽象的な概念を，見えるという知覚的証拠に基づいて決定していることを示す。すなわち，物体の永続性を獲得する以前の乳児は《存在は見えること》というメタファーに似た世界観をもっている。

　このメタファーが《可能性は濃淡》の基盤であると考えた場合，「薄い」の多義との関連では，(15e)色が薄い／濃い（視覚的な強度）からの拡張といえる。この写像を図4に示す。

存在する　　　← 　見えること
存在が不明確　← 　はっきり見えないこと
存在しない　　← 　見えないこと

図4　《存在は見えること》のメタファー写像

　《存在は見えること》が起源であることを示すような証拠はあるだろうか。まず，第1に，可能性と視覚表現の関連性の強さが挙げられる。可能性の表現には (27)のような表現が目につく。

(27) a.　可能性が開ける／出る／潜む　　b.　可能性をはらむ／秘める／内在する

　(27)はいずれも，容器と視覚に関連する用語と考えられる。「開ける」も視界がよくなるの意味であろう。こういったことから，「可能性」には「存在はするがはっきりと見えないもの」という概念化があるといえよう。(28)に見るように「見える」

などとの共起可能性を見ても，視覚表現となじみがよい．この場合，11.4.1 の遠近の概念化とも整合的である．

(28) a. 勝利の可能性がはっきりと見えてきた
    b. 勝利の可能性がうっすらと遠くに見える

11.4.3 《可能性は気体》の検討

もう1つの候補として《可能性は気体》を挙げる．このメタファーは，Unknown Is Up; Known Is Down《未知は上・既知は下》(Lakoff and Johnson, 1980: 20)，Undecided Is Up Hanging《未決定なことは宙に浮いているもの》(鍋島, 1997) や Certain Is Firm《確かさは固さ》(Grady, 1997b) に動機づけられていると思われる．図5にこのメタファーの写像を挙げる．

可能性	←	気体
確定していない	←	地面についていない
実在ではない	←	捉えどころがない

図5　《可能性は気体》のメタファー写像

「薄い」の多義との関連で，拡張という面からいえば，(15c) 霧が薄い／濃い（気中の濃度）からの拡張といえる．それでは，《可能性は気体》を《可能性は濃淡》の基盤と考える方向性はあるだろうか．まず，「吸う」「流れる」「漂う」といった，「気体」を表す用語との共起性を検討する．

(29) a. *期待を吸う　　　b. *見込みを吸う　　　c. *気配を吸う
    d. *可能性を吸う　　e. *疑いを吸う
(30) a. *期待が流れる　　b. *見込みが流れる　　c. ?気配が流れる
    d. *可能性が流れる　e. ?疑いが流れる
(31) a. ?期待が漂う　　　b. *見込みが漂う　　　c. 気配が漂う
    d. ?可能性が漂う　　e. *疑いが漂う

「吸う」に関しては容認不可能，「流れる」に関しても容認度は低い．「漂う」の容認度がやや上がるが，詳細に見ると，用法に制限が多いことがわかる．ただ，「気

配」はその文字の中に「気」という字が入っていることからもわかるように容認度が高い．(33a)に見るように,「敗色」は「漂う」と共起するが，その解釈は，敗北が雰囲気としてまさにその試合の場に漂っているという意味であり，抽象的な可能性の意味では，(33b)に見るように容認可能性が低い．

(32) a. タイガースの敗色が濃厚だ
　　 b. タイガースが最下位になる可能性が濃厚だ
(33) a. タイガースの敗色が漂っている
　　 b. ??タイガースが最下位になる可能性が漂っている

このようなことから，可能性が気体として概念化されているとしても，流れたり，吸ったりできるものではなく，その場の雰囲気として概念化されているようである．また，その意味では，肌に触れる触覚メタファーの一種と見なす方向性もある．

11.4.4 《可能性は濃淡》の基盤に関するまとめ

《現実はここ・非現実は彼方》，《存在は見えること》，《可能性は気体》に関してそれぞれ用例および類例を検討し，《可能性は濃淡》メタファーの継承関係と基盤について考察した．本項では，そのまとめをおこなう．

まず，《可能性は気体》という記述は，一般には正しくないように思われる．用例が少なく，気体の属性である「吸う」「流れる」などの用語を使うことができない．「敗色が漂う」などは可能であるが，その場の雰囲気という意味に限定され，抽象的に可能性を表すことはできない．

次に，《現実はここ・非現実は彼方》であるが，可能性を遠近と捉える表現は《可能性は濃淡》とは独立して存在し，第10章で見たように，基盤のはっきりしたメタファーであるので有力である．ただし，遠近であれば，上下メタファーや触覚メタファーの存在も予測されるが，これらの予測は当たらないため詳細な検討が必要である．

最後に《存在は見えること》であるが，この基盤は発達研究から明らかであり，さらに，可能性が視覚的に捉えられていることを示す用例も多い．また，「遠くにうっすらと」など，遠近メタファーとの整合性も高いことは，見えにくいことが遠いことの知覚的鍵の1つになっていることからも明らかである．

以上のことから，《可能性は濃淡》メタファーの基盤は，《現実はここ・非現実は彼

方》と《存在は見えること》を合成した形態に求めたい。ただし，嗅覚メタファーに見たように，〈可能性〉とは，存在と不在，現実と非現実の間の不安定なカテゴリーのようである。視覚メタファーに関しても，見えるけれど見えにくいという不安定なカテゴリーを形成しているといえる。

11.5 まとめ

　本章では，「可能性」と「濃淡」の用語の共起性を題材に取り，認知言語学のメタファー理論に基づいて検証をおこなった。本章では，3つの設問を立てた。第1はこのように生産性の低いデータに対してメタファーが存在するといってよいのか，というメタファー認定に関する設問である。第2は，仮にメタファーが存在するとしたらどうしてこのように生産性が低いのか，という「まだら」問題に関する設問である。第3はどのようにしてこのようなメタファーが存在するにいたったか，というメタファー基盤の問題である。

　11.2では，データを検討し，この非生産性には一定の傾向があることを特定した。つまり，単に無差別的に生産性が低いのではなく，一定の予測可能性が存在するということであった。具体的には，良い可能性は薄いことと共起し，悪い可能性は濃いことと共起する。これは，この背後にメタファーが存在すると考える方向性を示唆する。

　11.3では，これらの傾向性がメタファーの合成と衝突という考え方で説明できることを主張した。つまり，《可能性は濃淡》メタファーと《善は白・悪は黒》というメタファーの両者が同時にかかっており，これらを同時に満たせるのは一定の組み合わせだけという主張である。これは，一見，ありえない方向に思えるが，第6章では，既に衝突が「まだら」問題を引き起こすことを見ており，「この試合は負け臭い」は言えるが，「この試合は勝ち臭い」とは言えない，といった類例もあることを指摘した。

　11.4では《可能性は濃淡》の基盤として，《現実はここ・非現実は彼方》，《存在は見えること》，《可能性は気体》を検討し，《現実はここ・非現実は彼方》，《存在は見えること》が整合的に作用しているという立場を取った。11.1 の (15) でいえば，「色が薄い／濃い」という視覚的な強度を表す用法といえる。この主張に関しては今後十分な検証が必要であるが，概念としての〈可能性〉が存在と不在の中間的な複雑で不安定なカテゴリーであるらしいことがわかった。

　本章から気づかされる今後の重要な研究方向性としては，構文とメタファー分布

11.5 まとめ

がある。大石 (2009: 426ff) が主張するように，メタファーの顕現はイディオムや構文に依存している場合が多い。本章では，**11.2.2** のデータの分析の項で，データからパターンを見出すために叙述用法と限定用法などの構文的要因を捨象したが，メタファーと構文の共起パターンを考察し，その一般化を検討することも重要な課題と思われる。次章では，希望という概念がどのようなメタファーから形成されているか，用例を検討する。

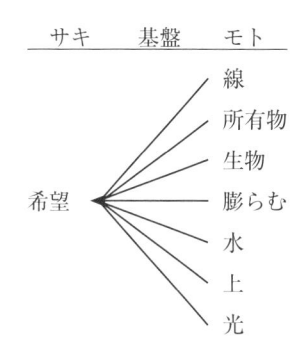

第 12 章
希望のメタファー

```
 サキ    基盤    モト              キーワード
                 線                継承
                 所有物             Sモード
                 生物
 希望            膨らむ
                 水
                 上
                 光
```

12.1 はじめに

本章では、〈希望〉にまつわる概念がどのように構成されているかを検討する。(1) は、〈希望〉を表すさまざまなメタファー表現を示している。

(1) a. 希望をつなぐ　　b. 希望を捨てる　　c. 希望が生まれる
　　d. 希望が芽生える　e. 希望が膨らむ　　f. 希望が湧いてくる
　　g. 希望の光が差す

〈希望〉は、どのようなメタファー認識に支えられているのか。さらに、希望のメタファーは第 10 章 (現実のメタファー) で述べた S モードの移動を含む日本語のメタファー・システム全体の中にどのように位置づけられるのか。これが本章の問題意識である。結論を先取りすれば、希望のメタファー群は事象構造メタファーから継承を受けるとともに、感情のメタファーからも継承を受ける。両者の継承によって、希望のメタファーは、単純で有機的に構成されたネットワークの一部となる。

本章の構成は以下の通りである。まず、**12.2** で「希望をつなぐ」「希望を掲げる」などの希望のメタファー表現を紹介する。**12.3** では、特に《希望は線》および《希望

は上》と，先行研究に挙げられたメタファーとの関連を分析する．**12.4**はまとめである．

12.2　希望のメタファー表現

本節のデータは，主にインターネットを利用して収集した．日本語は主にGooとGoogleを利用している．**12.2.1**から順に，線，所有物，生物，膨らむもの，水，上，光としての希望の概念化に関する用例を挙げる．

12.2.1　線としての希望

(2)に見られるように，「沿う」，「つなぐ」など，希望は紐，糸，道など，線状のものとして概念化されることがある．

(2) a.　希望に沿う　　　b.　希望をつなぐ　　　c.　希望が断ち切れる
　　d.　希望を絶つ　　　e.　希望通り

12.2.2　所有物としての希望

希望はまた，「持つ」，「失う」，「捨てる」など所有物として概念化されやすい．

(3) a.　希望を持つ　　　b.　希望をなくす　　　c.　希望を失う
　　d.　希望を心に抱く　e.　希望を与える　　　f.　希望を託す
　　g.　この門をくぐる者，すべての希望を捨てよ

　　　　　　　　blog.goo.ne.jp/emerald-wind/e/c86f3d49b06309b78ab601d8e36431ed[1]

12.2.3　生物としての希望

「生む」，「芽生える」，「育む」など，希望は生き物として捉えられる場合がある[2]．

(4) a.　希望を生む　　　　b.　希望を生み出す
　　c.　希望が芽生える　　d.　希望が芽吹く
　　e.　夢と希望を育む教育活動

　　　　　　　　www.nisimuta.kurume.ed.jp/gakkou.files/H15-1.htm

---

[1] 本章のWebは，特に記載のない限り，2009年1月に検索したものである．
[2] 「*猫を育む」，「*乳児を育む」といえないため「育む」は**4.7.4**で紹介した痕跡的多義にあたる．

12.2.4 膨らむものとしての希望

「膨らむ」,「満ちる」,「胸一杯」など,膨らむものとしての希望もある。

(5) a. 希望が<u>膨らむ</u>　　b. 希望に<u>胸を膨らませる</u>　　c. 希望に<u>満ちる</u>
    d. 希望に<u>あふれる</u>

12.2.5 水としての希望

「あふれる」,「満ちる」,「湧く」など,液体や水としての概念化もある。

(6) a. 希望に<u>満ちる</u>　　b. 希望に<u>あふれる</u>　　c. 希望が<u>湧いてくる</u>

12.2.6 上にあるものとしての希望

希望が空間的に上にあるものとして捉えた(7a)のような表現があり,(7b)に見られるように楽曲の詞などには,希望と上を関連づけて捉える概念化がある。

(7) a. 希望を<u>掲げる</u>
    b. 両手には<u>飛び立つ</u>希望を　　　（ゲームソフト AIR 主題歌『鳥の詩』）
    c. 希望を胸に<u>羽ばたく</u>

しかし,一般に《希望は上》を表すと思われる言語的用例は多くない。そこで,**表1**のような用例を挙げ,アンケートをおこなった。

表1　希望のイメージ調査

表現	評定平均
希望は右の方にある	2.7
希望は下の方にある	1.2
希望は宙に浮いている	4.4
希望は後ろの方にある	1.1
希望は地についている	2.1
希望は上の方にある	4.7
希望は左の方にある	2.1
希望は前の方にある	5.0

1 を「ぜんぜんそんな気がしない」5 を「すごくそんな気がする」とした評定平均。
回答者は 20 代男女 11 名

その結果,「希望は上」は,「希望は前」に続き,評定平均が高かった[3]。また,「希望は下」がイメージに近いという回答はほとんどなかった。

12.2.7 光としての希望

「希望の光」,「明るい希望」,「一筋の希望」など,光としての概念化は多い。

(8) a. 希望の光が差す
b. 明るい希望
c. 希望の光をともす人工角膜 wiredvision.jp/archives/199912/1999121007.html
d. そんな時,暗闇に一筋の光明,希望を回復させてくれるもの。
www.cosmos.ne.jp/~nkameya/kibou.html
e. このチェックは,あなたが人を励ましたり,人の心に希望の灯をともせる人かどうかの度合い,また逆境に耐える力,生命の免疫力の有無を推測するものです。　www.usio.co.jp/html/oyakudachi/kibou_3.html

これに関連して,(9)の「希望の扉」,「開ける」という表現も,視界の拡がりを示しているように思われる。さらに,(10)では等位接続で「光」と「希望」がつながれている。等位接続は,形式的および意味的に類似したものを接続するのがその機能の基本であるから,両者の関係を示す1つの傍証となる。

(9) a. 新アジア発見　希望の扉を開きたい～バングラデシュ・ダッカ～
archives.nhk.or.jp/chronicle/B10001200999905300130016/
b. 希望が開ける
(10) SHINE ～光と希望に包まれて～高機能自閉症の息子の不思議な世界を紹介
www.ayachanti.com/links02.htm

12.2.8 その他の希望のメタファー表現

その他の表現としては次のようなものが存在する。

---

3 このような実験を補足的におこなうことに対する是非はある。ただ,一点のみ確認するならば,言語には現れないが,社会に共有されたイメージが存在する可能性は非常に高いということである。

(11) a. 君は僕達の<u>希望の星</u>だ
　　b. <u>希望の鐘</u>が鳴る朝に　　　　　　（音楽グループ　アルフィーの曲名）
　　c. 愛と<u>希望の小窓</u>　　　　　　　　www2.wbs.ne.jp/~rutu
　　d. <u>希望に燃える</u>

よく耳にする(11a)の「希望の星」という表現は，下の図1にも見るように，光としての希望と，高いものとしての「希望」が合成されたと考えられる。

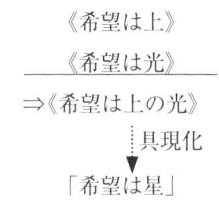

$$
\begin{array}{c}
《希望は上》 \\
\underline{《希望は光》} \\
\Rightarrow《希望は上の光》 \\
\downarrow 具現化 \\
「希望は星」
\end{array}
$$

図1　「希望は星」の合成

(11b)の「鐘」も，明らかに「輝く」もので「高い」ところにある場合が多い。鐘が「<u>高らかに鳴る</u>」という音声的高さの連想も関与しているかもしれない[4]。(11c)の「希望の小窓」も，「窓」が光を取り入れることから光のメタファーに関連しており，なおかつ，それが「小窓」であることは「高い」というイメージを伴っていることが想像できる。(11a)～(11c)の各例は《希望は上》というメタファーと，《希望は光》というメタファーが合成された表現例である可能性が高く，これは間接的に《希望は上》という概念化を支持する用例と考えられる。(11d)は，一見，希望を「火」のように捉えるメタファーの用例に見える。この点は，12.3.5で再考する。

12.2.9　日本語における希望のメタファー表現のまとめ

ここまでのデータを簡単に表にまとめると表2のようになる。

4　この意味には2つの解釈がありえる。周波数が高いという意味と音が大きいという意味である。後者に関しては第17章(ことわざのメタファー)で音声的な強度が高さで表されている事例を挙げる。

表2　日本語における希望のメタファー表現

番号	モト領域	用例
1	線	「希望をつなぐ」
2	所有物	「希望を持つ」
3	生物	「希望が生まれる」
4	膨らむ	「希望が膨らむ」
5	水	「希望が湧く」
6	上	「希望を胸に羽ばたく」
7	光	「一筋の希望の光」

　本節では，日本語において，「希望」がどのようなメタファーから構造化されているのか，インターネットなどの言語データから考察した。その結果，希望には，少なくとも7種類の概念化があることが特定された。すなわち，線，所有物，生物，膨らむもの，水，上，光である。次節では，本節のデータをもとに，継承関係と基盤を特定する。

12.3　希望のメタファーの基盤

　本節では 12.2 で概観した日本語における希望のメタファーに対して分析を加える。まず，12.3.1 で《希望は線》が事象構造メタファー(ESM)から継承を受けることを述べる。12.3.2 では《希望は光》が《幸せは光》から継承することを主張する。12.3.3 では感情のメタファーの継承に関して述べる。12.3.4 では《希望は上》の継承元として事象構造メタファーの《未来は上》以外に《幸せは上》を挙げ，両者の合成を提案する。12.3.5 で《希望は火》がメタファーとして成立しないことを主張する。12.3.6 は希望のメタファーの基盤のまとめである。

12.3.1　事象構造メタファーからの継承

　12.2.1 で，《希望は線》の用例を見たが，線と移動に関連するメタファーは，第 10 章（現実のメタファー）で，《現実はここ・非現実は彼方》として，非現実一般が遠いところとして概念化される可能性を示唆した。《希望は線》はこれに当てはまるといえる。また，希望は，未来に対して持つものなので，《未来は前》より，〈前〉と概念化され，前方の遠方は，Sモードで上方に位置するので《希望は上》も説明がつく。第 10 章の図3および図4に《希望は上》を加えてこの概略の一部を図2に示す。

```
        《現実はここ・非現実はここ以外》
                    ┆ 具現化
                    ▼
  《未来は前》  《非現実は彼方》─────《未実現は上》
        │     ┃            Sモード        │
      継承  合成  継承                    継承
        ▼  ▼  ▼                          ▼
    《未来の非現実は前の彼方》           《理想は上》
              │                         《希望は上》
            継承                         《目的は上》
              ▼
        《理想は前の彼方》
        《希望は前の彼方》
        《目的は前の彼方》
```

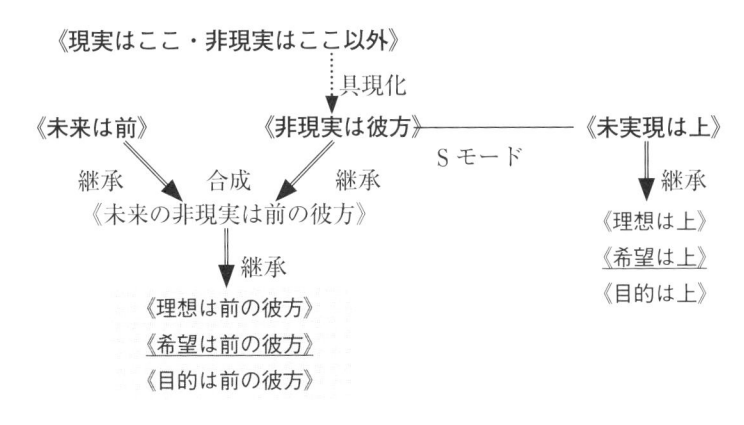

図2 《現実はここ》から《希望は前の彼方》および《希望は上》までの継承関係

これら現実と未実現の遠近の距離関係に対して，事象構造メタファー（ESM）がその距離を縮める努力と自力移動の推論を付け加える。これによって「到着したい」という感情と志向性，およびそれを動力とした線と移動の概念化が重ね映される。結果，《希望の実現のための活動は前の彼方へ向かっての移動》という合成が成立し，(12)のような表現が可能になる。

(12) a. 希望の実現に近づいている
　　　b. 希望の実現への道は遠い

この説に従えば，厳密には未来にあるのは希望自体ではなく，希望の実現された状態である。希望は，現在と未来を繋ぐ線のように概念化される。(13)に見るように，「希望をつなぐ」という表現には「明日／次回へ」という表現が着点として共起可能であり，時間との関わりが深い。

(13)　希望を明日／次回へつなぐ

このように希望は《現実はここ・非現実は彼方》，《未来は前・過去は後ろ》および事象構造メタファーの複合したSモード的図式を背景に自然に理解される。
　さて，《現実はここ・未実現は彼方》をSモードで考えれば，《現実は下・未実現は上》となるため，《希望は上》はここから継承すると考えられる。但し，身体性メタ

ファー理論においては，合成が常態と考えられるので，上下に関するメタファーの特定は他の上下メタファーを同時に基盤とする可能性を妨げない。《未実現は上》以外に《希望が上》の基盤となるメタファーはあるだろうか[5]。《未来は上》，《良は上》，《幸せは上》について 12.3.4 で検討する前に，12.3.2 で《幸せは光》を，12.3.3 で感情のメタファー一般を取り扱う。

12.3.2 《幸せは光》からの継承

(14) に見るように，Kövecses (2002) は Happiness Is Light《幸せは光》を記述している。(15) に見るように同様のメタファーは日本語でも観察される。

(14) a. He radiates joy.（彼は喜びに光り輝いている）
  b. There was a glow of happiness in her face.（彼女の顔には喜びの光があった）
  c. When she heard the news, she lit up.
    （ニュースを聞いて彼女はぱっと明るくなった）
  d. Nothing to worry about, brighten up.（心配ないさ，明るくなれよ）
  e. She was shining with joy.（彼女は喜びに輝いていた）
  f. Her face was bright with happiness.（彼女の顔は喜びで明るかった）
     (Kövecses, 2002: 85, 下線は筆者)

(15) a. 彼女は輝く笑顔をこちらに向けた
  b. 仕事が充実しているのか，この頃彼女は光っている

希望は明るい感情の一種であり，幸せと類似しており，未来のよい状態を考えると幸せになることから，《希望は光》は《幸せは光》から継承を受けていると考えられる。一般に多くの評価的な用語は同じ評価性を持つ別の用語のメタファーを形成することが可能である。また，「輝く」「明るい」「光っている」などの用語で，幸せ以外の良い状態や性格を表すことも可能に思われる。評価性基盤は，第 15 章（評価性を基盤とするメタファー）で一般化して取り扱う。

---

[5] やや話が逸れるが，「歌い上げる」「書き上げる」などの日本語の用例では，FINISH IS UP と GOOD IS UP が合成されているといえる。英語では別のメタファーが，日本語の複合動詞後項「-上げる」では合成された形でのみ存在する点は，文化的差異とメタファー理論の枠組みに関わる興味深い謎である。

12.3.3　感情メタファーからの継承

所有物，生物，膨らむもの，水は，感情からの継承と考えられる。抽象概念をモノとして捉えるメタファーは広範に存在し，Lakoff and Johnson (1980: 26) にも存在論のメタファーとして，Inflation Is An Entity《インフレは存在物》が挙げられている。感情は内にあるものとして概念化されることから，感情を所有物として捉える表現も多い。

(16)　《感情は所有物》
　　　a.　<u>好意</u>を持つ　　b.　<u>やる気</u>をなくす　　c.　<u>熱意</u>を失う
　　　d.　勉強の第一歩は，<u>恥ずかしさ</u>を捨てること　　www.happylifestyle.com[6]

感情が生物であるという捉え方も頻繁に見られる。

(17)　《感情は生物》
　　　a.　勇気／不満／やる気／愛が<u>生まれる</u>
　　　b.　勇気／やる気／愛が<u>芽生える</u>
　　　c.　やる気／愛を<u>育む</u>
　　　d.　やる気／愛／勇気を<u>育てる</u>
　　　e.　正義と勇気を<u>育てる</u>教育メールマガジン
　　　　　　　　　　　　　　　www3.yomogi.or.jp/nakap/toiro/seigi.htm

また，感情を膨らむものとして捉える類例も多い。

(18)　《感情は膨らむもの》メタファー
　　　a.　買ったぜ iBook！<u>期待膨らむ</u>「箱からの取り出し」
　　　　　　　　　　　　　www.zdnet.co.jp/macwire/9910/16/r_hako.html
　　　b.　岡山畜産便り 96 年 2 月号<u>夢膨らむ</u>「ひるぜんジャージーランド構想」
　　　　　　　　　　　　　okayama.lin.go.jp/tosyo/9602/tks02.htm
　　　c.　「間口は広がり<u>欲望は膨らむ</u>」www.ceres.dti.ne.jp/~ggm/note/maguchi.html
　　　d.　『コード・レッド』対策用パッチは<u>不安で一杯</u>
　　　　　　　www.hotwired.co.jp/news/news/technology/story/20010806301.html

---

6　2009 年 10 月検索

《感情は水》は，第 6 章（水のメタファー）に記述されている。

(19) 《感情は水》
    a. 勇気が<u>溢れる</u>／<u>満ちる</u>／<u>湧く</u>／<u>ほとばしる</u>
    b. 勇気を<u>絞り出す</u>
    c. 不満が<u>こぼれる</u>／<u>漏れる</u>／<u>溜まる</u>／<u>渦巻く</u>
    d. 不満を<u>垂らす</u>／<u>まき散らす</u>
    e. 感情に<u>浸る</u>／<u>おぼれる</u>／<u>浸かる</u>
    f. 感情が<u>よどむ</u>／<u>澄む</u>／<u>濁る</u>
    g. 愛情を<u>かける</u>

(16)～(19)から，《希望は所有物》，《希望は膨らむもの》，《希望は生物》，《希望は水》はそれぞれ《感情は所有物》，《感情は膨らむもの》，《感情は生物》，《感情は水》からの継承と考える。

12.3.4 《幸せは上》からの継承

12.3.1 の ESM に関連する上のメタファー以外に有名なものには，第 3 章（認知メタファー理論）で取り扱った Good Is Up《良は上》，Happy Is Up《幸せは上》がある（Lakoff and Johnson, 1980）。

(20) GOOD IS UP; BAD IS DOWN《良は上・悪は下》
    a. Things are looking <u>up</u>.（状況は上向きだ）
    b. We hit a <u>peak</u> last year, but it's been <u>downhill</u> ever since.
       （昨年が山でその後はずっと下り坂だ）

(21) HAPPY IS UP; SAD IS DOWN《幸せは上・悲しみは下》
    a. I'm feeling <u>up</u>.（気分上々）
    b. Thinking about her always gives me a <u>lift</u>.
       （彼女のことを考えると気分が上がる）
    c. I <u>fell</u> into a depression.（うつ状態におちいった）

《幸せは上》と《良は上》の間には〈幸せ〉は〈良いこと〉であるという種と類の関係があり，どちらがより〈希望〉に関連性が強いか判別しにくい。ここでは，《希望は

上》は，次の３点の理由から《幸せは上》メタファーのほうがより強い関連を持つと主張したい。第１に，**12.3.3**に見るように〈希望〉を感情と見る例は多いため，〈希望〉が感情の一種である「幸せ」と関連することは自然に思われる。第２に〈幸せ〉は**12.3.2**で見たように，《幸せは光》の形で頻出することから，同じく〈光〉に喩えられることの多い〈希望〉と関連が深い。第３に，Lakoff and Johnson (1980: 9) に従えば，特殊なものと一般的なものの両方との関連性が見いだせる場合，特殊なものとの関連性を記述するほうが妥当だからである[7]。この例において，《良は上》と《幸せは上》では後者のほうがより特殊となるので，こちらとの関連性を述べるほうが良いように思われる。なお，〈良〉，〈幸せ〉，〈希望〉，〈上〉は，すべて評価性基盤で結ばれていると考える方向性もある。

さて，時間のメタファーとＳモードでの非現実から，《未来は上》が説明できることは既に**10.4.3**で見た。このメタファーと，《幸せは上》の合成の図式を図３に示す。

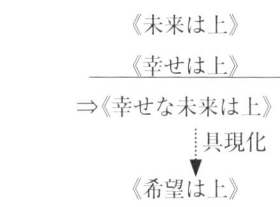

《未来は上》
《幸せは上》
⇒《幸せな未来は上》
↓具現化
《希望は上》

図３　《未来は上》と《幸せは上》の合成

12.3.5　《希望は火》再考

12.2.3の (11d) などの表現から，《希望は火》というメタファーが存在すると考えたくなる。ここで (11d) を再提示する。

(11d)　希望に燃える

しかし，本章では，《希望は火》というメタファーは存在せず，あくまで火が光を

---

[7] Lakoff and Johnson (1980) では，TIME IS MONEY, TIME IS LIMITED RESOURCE, TIME IS COMODITY の３つのメタファーを挙げ，より特殊な TIME IS MONEY を記述に用いるべきことを主張している。

放つことから,《希望は光》メタファーから派生したメトニミー的表現であることを主張する。つまり,火が光を放つという因果を基礎としたメトニミーであるという考え方である。その理由は以下の3点である。

第1に,(22a)のような表現より,(22b)のような表現のほうが一般的である点である。

(22) a. ?希望が燃える　　b.　希望に燃える

これは,燃えているのは,希望ではなく,人間の感情,気持ちであり,希望自体は火として概念化されていない可能性を示唆している。

第2に,火に関する副詞との整合性が低い点が挙げられる。もし,希望が火として概念化されているとすれば,さまざまな燃え方が存在するはずであるが,(23)に見るように,燃え方の様態,特に聴覚的特性を表す擬音語の副詞を付けると表現の容認度がさらに下がる。これも,希望が火として概念化されていない可能性を示唆している。

(23) a. ?希望がめらめらと燃える　　cf.　怒りがめらめらと燃える
　　 b. ??希望がゴーゴーと燃える　　cf.　怒りがゴーゴーと燃える
　　 c. ??希望がぼうぼうと燃える　　cf. ?怒りがぼうぼうと燃える
　　 d. ??希望がぱちぱちと燃える　　cf. ?怒りがぱちぱちと燃える

第3に,希望の「ひ」というとき,(24)や(25)のように,あかりを意味する「灯」という文字を当てるほうが直感に合う。

(24) a. ??希望の火が消える　　b.　希望の灯が消える
(25) a. ??希望の火がつく　　　b.　希望の灯がともる

これらの3つの理由から,希望の「ひ」というとき,これは明るい光を意味しているのであり,もし「火」を意味している表現が稀にあっても,それはそこから発せられる光に重点を置いたメトニミー的表現と考えたい。

12.3.6　希望のメタファーの基盤のまとめ

12.2 でグループ化された用例のデータから，12.3 では希望のメタファーがどのような既存のメタファーから継承されているか検討した。これをまとめると図 4 のようになる。

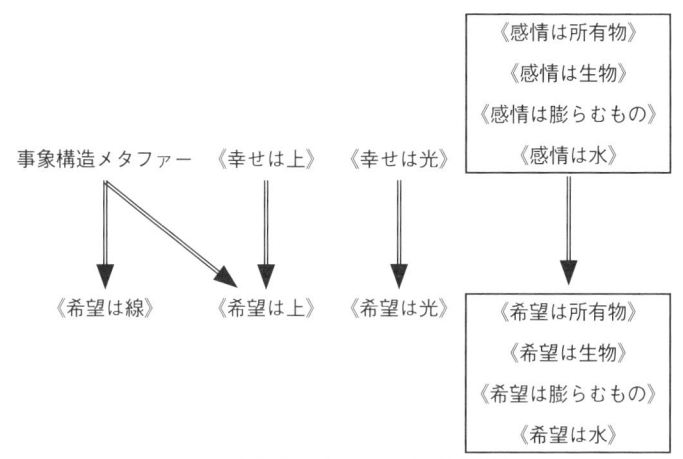

```
                                              ┌──────────────┐
                                              │《感情は所有物》│
                                              │《感情は生物》 │
                                              │《感情は膨らむもの》│
                                              │《感情は水》   │
                                              └──────────────┘
   事象構造メタファー  《幸せは上》 《幸せは光》         │
         │  ╲          │          │                    │
         ↓   ↘         ↓          ↓                    ↓
   《希望は線》 《希望は上》 《希望は光》  ┌──────────────┐
                                        │《希望は所有物》│
                                        │《希望は生物》 │
                                        │《希望は膨らむもの》│
                                        │《希望は水》   │
                                        └──────────────┘
```

図 4　希望のメタファーの継承関係

12.3.1 では，《希望は線》が現在と未来を結ぶ線として事象構造メタファーから継承を受けることを見た。12.3.2 では，《希望は光》が《幸せは光》から継承を受ける可能性に言及した。12.3.3 では希望の所有物，生物，膨らむもの，水としての概念化と同様のものが感情のメタファーに見られ，これらから希望のメタファーが継承を受けていることを主張した。12.3.4 では，《希望が上》が S モードにおける〈非現実〉や〈未来〉の見えとしての《非現実は上》，《未来は上》から継承を受けるほかに，《幸せは上》から継承を受けていることを主張した。12.3.5 では《希望は火》というメタファーは存在せず，あくまで《希望は光》のメトニミー的表現にとどまることを主張した。

継承関係がある場合，継承先のメタファーは，究極的には基盤も継承元のメタファーから継承することになろう。本章では深く立ち入らないが，6.6 で既に《感情は水》には共起性基盤があることを考察した。また，《幸せは上》および《幸せは光》に関しては，評価性を考慮する必要があろう。

12.4 まとめ

本章は、〈希望〉を表すメタファー表現を日本語で取り上げ、希望のメタファーが第 10 章 (現実のメタファー) で考察した事象構造メタファーと S モードの体系の中に位置づけられること、および感情のメタファーから継承を受けることを考察した。**12.2** では日本語のデータから線、所有、生物、膨らむもの、水、上、光の 7 つの概念化を特定した。**12.3** ではこれらの継承元として、事象構造メタファー、感情のメタファー、幸せのメタファーがあることを論述した。

次章では、継承の概念を再び利用し、問題のメタファーを検討する。また、第 13 章 (問題のメタファー)、第 14 章 (善悪のメタファー) では、評価性に関連するメタファーを取り上げ、第 15 章 (評価性を基盤とするメタファー) では、評価性がメタファーの基盤として働く可能性について考察する。

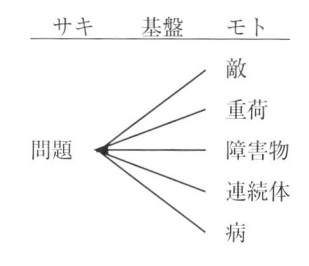

第13章
問題のメタファー

```
  サキ     基盤    モト              キーワード
                ┌─ 敵                継承
                ├─ 重荷               評価性
  問題 ◄────────┼─ 障害物              多重制約充足
                ├─ 連続体              普遍性と文化相対性
                └─ 病
```

13.1 はじめに

(1)は，〈問題〉に関連するさまざまなメタファー表現を示している。

(1) a. 問題と闘う　　　b. 問題を抱える　　　c. 問題にぶつかる
    d. 問題の根は深い　e. 問題がこんがらがる f. 問題がはびこる
    g. 問題がくすぶる

　問題は「戦った」り，「抱え」たり，「ぶつかった」りできる。さらに，「問題の根」や「問題がくすぶる」といった場合，一見，《問題は植物》，《問題は火》といったメタファーが存在するように見える。本章は，認知メタファー理論に基づいて，問題を表す日本語のメタファー表現を取り上げ，メタファーの種類を中心に論じる。さらに，日英語間で「問題」の概念化に差が見られるか，鍋島・菊池(2003)の英語データを使用して日英対照の観点から検討する。本章は，希望のメタファーに続き，サキ領域を固定したメタファー研究の事例であり，第9章(因果のメタファー)，第10章(現実のメタファー)に続き，日英対照メタファー研究の事例となる。

　結論を先取りすれば，問題のメタファーの多くは困難のメタファーから継承を受ける。また，日本語において《問題は連続体》というメタファーを考えることが妥当

と思われる。さらに，《理解は見ること》という視覚のメタファーも関連する。

　本章のデータは，主にインターネットを利用して収集した。日本語は主にインターネット検索エンジンの Goo および Google，英語はおもに British National Corpus（BNC：http://www.natcorp.ox.ac.uk/）を利用している。

　本章の構成は以下の通りである。まず，序論である **13.1** に続いて，**13.2** で日本語の問題に関するメタファー表現を紹介する。**13.3** ではメタファー同士の関連として継承と基盤を取り扱う。**13.4** では池上 (1981, 1983) に示された日本語の〈連続体〉志向と英語の〈個体〉志向を取り上げ，日英対照を論じる。**13.5** では結論と残された問題，および今後の展望を述べる。

13.2　問題のメタファー表現

　日本語と英語における〈問題/problem〉がどのように概念化されているかを探る端緒として，本節では言語的に興味深い用例を探る。**13.2.1** で敵としての問題を，**13.2.2** で重荷としての問題を，**13.2.3** で障害物としての問題を，**13.2.4** で見えないものとしての問題を，**13.2.5** で複雑な構造体としての問題を，**13.2.6** で繰り返し起こるものとしての問題を，**13.2.7** で病としての問題を，**13.2.8** でその他の用例を取り扱う。

13.2.1　敵としての問題

　問題を敵と見立てる表現は存在する。括弧（　）内には本来の具象的意味でそのまま使用できるかどうか（痕跡的多義[1]でないかどうか）を確認するために，「敵」という用語を入れて確認してある。

(2)　a.　問題に真っ向から立ち向かう　（敵に真っ向から立ち向かう）
　　　b.　問題と戦う　　　　　　　　　（敵と戦う）
　　　c.　問題に悩まされる　　　　　　（敵に悩まされる）
　　　d.　問題にてこずる　　　　　　　（敵にてこずる）
　　　e.　問題が手に負えない　　　　　（敵が手に負えない）
　　　f.　問題に付きまとわれる　　　　（敵に付きまとわれる）
　　　g.　問題と取り組む　　　　　　　（?敵と取り組む）

---

[1]　**4.7.4**参照。

cf. 問題に取り組む　　　　　　（*敵に取り組む）
cf. 問題を(未然に)防ぐ　　　　（*敵を(未然に)防ぐ）

一方，戦いに関連すると思われるにも関わらず，(3)のような表現は不可能である。これは生産性の観点から興味深い。

(3) a. *問題を倒す　　b. *問題を攻める

(3)のデータを見る限り，問題は〈敵〉として捉えられてはいるが，主体は主に能動的ではなく，防御的な役割を強いられているように思われる。一方，(4)のデータを見ると，ある種の攻撃は可能であるように思われる。

(4)　問題を一気にやっつける

ここで，敵は，いわゆる人間のような大きな一体化した姿ではなく，数多く分断された集合体のようなものではないか，と考えてみる。集合体の一種として「害虫」を使用した(5b)〜(7b)は，(5a)〜(7a)の「問題」の容認可能性と合致するため，このような仮説は支持される。

(5) a.　*問題を倒す　　　　　　　b.　*害虫を倒す
(6) a.　*問題を攻める　　　　　　b.　*害虫を攻める
(7) a. ok問題を一気にやっつける　b.　ok害虫を一気にやっつける

〈個体〉と〈連続体〉の区分が日英語の文化対照において重要な役割を占めていることは池上(1981, 1983)に詳しい。また，認知的区分として物質と物体の区分が発達の早期から発生する重要な区分であることは〈連続体〉のスキーマとして **4.2.5** に既に見た。これらの先行研究を踏まえれば，問題が〈連続体〉として概念化されており，敵は敵でも「倒したり」，「攻めたり」できない謎の，解決方向性が開ける。また，「問題」が〈連続体〉として概念化されていることは，**13.2.5**，**13.2.6** に見る〈複雑な構造体〉，〈繰り返し起こるもの〉という概念化とも関連性が強いように思われる。

英語にもBNCの例に見るように，*tackle with*(取り組む)，*grapple with*(鉤爪で

がっしりつかむ），*confront with*（対立する），*attack*（攻撃する）など，《問題は敵》という概念化は日本語同様，存在するが，能動性に関する相違が存在するようであり，この点を文化相対性として **13.4** で検討する。

13.2.2　重荷としての問題

問題は重い「荷物」のように捉えられることもある。

(8)　a.　問題を抱える　　　　（荷物を抱える）
　　　b.　問題を背負う　　　　（荷物を背負う）
　　　c.　問題を引きずる　　　（荷物を引きずる）
　　　d.　2011年末の国債償還も重くのしかかる問題となっています
　　　　　　　　　　www.gaitamesk.com/blog/review/2010/.../20100308185514.html[2]

英語にも *weighty problem*（重量のある問題）など，問題を重荷と捉える概念化は存在する。

13.2.3　障害物としての問題

問題は「障害物」のように捉えられることもある。また，(10)の「山」は，量が多いという意味で使用されているが，障害物とも考えられ，さらに崩れてくれば重荷ともなりうる。

(9)　a.　問題にぶつかる　　　（障害物にぶつかる）
　　　b.　問題を乗り越える　　（障害物を乗り越える）
　　　c.　問題を回避する　　　（障害物を回避する）
　　　d.　軌道に乗り始めたところで様々な問題に衝突
(10)　問題が山積み

英語にも，*be stuck with*（動きがとれない），*unblocks*（障害を取り除く），*run into*（ぶつかる），*way around*（回り道をする），*evade*（迂回する）など，問題を障害物と考える概念化は存在する。

---

[2] 本章のWebは，2010年5月に検索したものである。

13.2.4 見えないものとしての問題

　問題は「光を当てる」,「潜む」,「表面化する」,「深層」など,「見えないもの」のように捉える場合がある。まず,視覚や光に関連した表現を(11)に挙げる。「潜む」,「隠れる」などは容器や遮蔽物を前提とし,生物性を含意しているが,見えないという点で,視覚に関連しているとも考えられる。

(11) a. 問題に光を当てる　　　（石に光を当てる）
　　 b. 問題を発見する　　　　（石を発見する）
　　 c. 問題が明るみに出る　　（??石が明るみに出る）
　　 d. 問題が明らかになる　　（*石が明らかになる）
　　 e. 問題が潜む　　　　　　（虫が潜む）
　　 f. 問題が隠れている　　　（虫が隠れている）

(12)では,「出る」など容器に関連する用語などが使用されている。「はらむ」も体内にあるという点で容器性があろう。

(12) a. 問題が出る　　　　　　（石が出る）
　　 b. 問題を洗い出す　　　　（??石を洗い出す）
　　 c. 問題をはらむ　　　　　（牛が子をはらむ）

(13)では深さや深層・表層に関連する用語が使用されている。(12)および(13)に関連して重要な点は,容器,深さに関する言及は,可視性に関する推論を含み,(11)〜(13)を考え合わせた際,問題に関して特徴的なのは,視覚的要素,特に,見えにくいという性質である,と一般化できそうな点である。なお,メタファーの定式化として,「問題は見えないものである」という表現が適切であるかどうかは,**13.3.2**で再考する。

(13) a. 問題は根が深い　　　　（この大根は根が深い）
　　 b. 奥の深い問題　　　　　（??奥の深い石）
　　 c. 問題が表面化する　　　（*石が表面化する）
　　 d. 問題の深層　　　　　　（*石の深層）

英語にも *raise the problem*（問題を提起する），*problems to surface*（問題が浮上する），*deep problems*（深い問題），*deep-rooted*（根が深い）などの表現が存在する。これらは，視覚メタファーとも，単に《知覚できることは上》や《原因は下・結果は上》の用例とも考えることができる。

13.2.5　複雑な構造体としての問題

(14)に見られるように，問題は「複雑な構造体」のように捉えられることもある。この定式化にも「見えにくいもの」と同様の問題が感じられるが，同様に**13.3.6**で再考する。

(14) a.　複雑な問題　　　　　　（複雑な門）
　　 b.　入り組んだ問題　　　　（入り組んだ門）
　　 c.　幾重にもなった問題　　（幾重にもなった門）
　　 d.　ごちゃごちゃした問題　（ごちゃごちゃした門）
　　 e.　絡み合った問題　　　　（絡み合った蔦）
　　 f.　問題がこんがらがる　　（糸がこんがらがる）
　　 g.　問題解決の糸口　　　　（? 毛糸玉の糸口）

polycentric（多心的な），*sorting out problems*（問題をばらばらにする），*hub*（スポークをまとめるハブ），*complicate*（複雑な）など，英語にも複雑な構造体であるという概念化は存在する。

13.2.6　繰り返し起こるものとしての問題

問題は「繰り返して起こるもの」のように捉えられることもある。「執拗な」，「つぶしてもつぶしても消えない」，「数が多い」，「いやな」という印象である。

(15) a.　問題が発生する　　　　（蝗(いなご)が発生する）
　　 b.　問題をつぶす　　　　　（虫をつぶす）
　　 c.　問題を　ひとつひとつ／根気よく／丹念に　つぶす
　　 　　（虫を　ひとつひとつ／根気よく／丹念に　つぶす）

(15)のように問題が害虫のように捉えられていると思われる反面，(16a)のような表

現は容認度が低く，似通った意味を持つ「壊す」も使用できない。

(16) a. ??大きな問題を一発でつぶす　　（大きな箱を一発でつぶす）[3]
　　 b. *問題を壊す　　　　　　　　　 （箱を壊す）

その他，以下に見るように，かび，害虫，病原菌などに使用される用語との共起性が高い。

(17) a. 問題がはびこる　　　　　　　　（かびがはびこる）
　　 b. 問題が巣食う　　　　　　　　　（シロアリが巣食う）
　　 c. 問題に蝕まれる　　　　　　　　（アリマキに葉が蝕まれる）
　　 d. 問題が蔓延している　　　　　　（雑草／疫病が蔓延している）

これが，単なる「動物」でないことは，(18)から想像できる。

(18) a. *問題が蠢(うごめ)く　　　　　　　　　 （トカゲが蠢(うごめ)く）
　　 b. *問題がのさばる　　　　　　　　（恐竜がのさばる）

消えるほうも，「跡形もなく」，「さっぱりと」など，「問題」の連続体性が感じられる用例が(19)に見られる。(20)のように単に，有形なものが機能不全に陥ることとは異なるのである。

(19) a. 問題が消える　　　　　　　　 b. 問題が跡形もなく消える
　　 c. 問題がきれいさっぱり消える　 d. 問題がひとつ残らずなくなる
　　 e. 問題が雲散霧消する　　　　　 f. 問題を根絶やしにする
(20) a. *問題が倒れる　　　　　　　　 b. *問題を壊す
　　 c. *問題を殺す　　　　　　　　　cf. ok?*問題の息の根を止める

3　「つぶす」は以下の辞書記述でも「虫」が例にでている点で興味深い。
　1　外部から圧力を加えてもとの形をおしくずす。おしつけてこわす。破壊する。また，圧して平たくする。*類従本赤染衛門集「虫のちをつぶして身にはつけずとも」（『国語大辞典（新装版）』小学館　1988）

これらの事実は次のようにまとめられる。〈問題/problem〉は，〈個体〉ではなく，〈複数体〉や〈集合体〉などの〈連続体〉として概念化されている。これは，雑草，カビ，害虫，病原体のような〈生物〉と捉えられていても，「拾いあげる」「雲散霧消する」ものなど〈無生物〉として捉えられていても同様である。さらに，「繰り返し起こる」際，全く同じ問題が繰り返し登場することは稀なので〈連続体〉を前提としている。また，仮に同じ問題であったとしても「繰り返し起こる」ことは時間軸上の事象の複数性という意味で〈連続体〉と相同的である。つまり，出来事が連続体的な出現形式を取ると考えられる。最後に，〈繰り返し起こる〉〈連続体〉という問題の性質は，「何層にも」「入り組んだ」「絡み合った」という複雑な構造体の用例とも似通っている。これに関しては **13.3.5** で再考する。

　英語にも *to compound the problem*（問題を複雑にする），*recurrent problem*（頻発する問題），*perennial problem*（絶え間なく反復する問題），*a problem that replicates itself*（自己増殖する問題）など，問題を繰り返し起こる連続体的なものとする概念化は存在し，例えば，コンピュータ・プログラムの問題がバグ（*bugs*）として「虫」と呼ばれているのは有名である。

13.2.7　病としての問題

　問題は病である，という概念化はあるのか。この判断は難しい。まず，(21) が可能であることから，《問題は病》というメタファーは一見，存在するように思われる。(21c)〜(21e) のようなデータには，個人的にはやや違和感を覚えるが，インターネット検索では (22)〜(24) に見るように数多くの用例が見受けられる。

(21) a.　問題が<u>再発する</u>　　　　　　（病気が再発する）
　　 b.　問題に<u>メスを入れる</u>　　　　（病巣にメスを入れる）
　　 c.　問題の<u>特効薬</u>　　　　　　　（病気の特効薬）
　　 d.　問題を<u>対症療法</u>で<u>治す</u>　　（病気を対症療法で治す）
　　 e. (?)問題が<u>完治する</u>　　　　　（病気が完治する）

(22) a.　栄養不良問題に<u>特効薬</u>なし
　　　　ips-j.com/entry/1270;jsessionid=578B49B5CC11C8475D12E8C33349B384
　　 b.　通勤問題に<u>特効薬</u>はあるか
　　　　www.toyokeizai.net/business/industrial/detail/AC/29bce06ed108baee0f08201cbad25651/

  c. 社内Twitterは大企業病の<u>特効薬</u>となるか
           d.hatena.ne.jp/int128/20080309/1205042409
(23) a. <u>対症療法</u>で問題は解決しない
     blog.goo.ne.jp/jyoshige/e/96aeeb34f6e0be8df8e6c5582d982a57?fm=rss
  b. 危機は<u>対症療法</u>では解決できない―ギリシャ危機や銀行問題に見るポピュリスト的対応―   jbpress.ismedia.jp/articles/-/2871
  c. 企業サイドもこのような現実を踏まえ，労働紛争が発生してから<u>対症療法</u>的に対応するのではなく   www.ib-club.jp/roumu/846
(24) a. iTunesのスクロール問題が<u>完治</u>している件
      spacekobanasi.cocolog-nifty.com/blog/2009/09/itunes-2a19.html
  b. ガソリン漏れ<u>完治</u>！ www.911days.com/poruseki/editorial/targa/139/
  c. なぜギャンブル依存は<u>完治</u>しない
          yakinzigoku.seesaa.net/article/31591549.html

英語の場合も，(25)に見るように，*cure*（治す），*treatment*（処置），*remedy*（治療），*exacerbate*（病気などを悪化させる），*aggravate*（病気などを悪化させる），*acute*（急性），*chronic*（慢性）など病を表す用語が多用される。

(25) a. To <u>cure</u> the louse <u>problem</u>   （しらみ問題を治癒する）
  b. in their <u>treatment of the problem.</u> （問題の治療において）
  c. to <u>remedy the problem,</u>   （問題の手当てのために）
  d. <u>exacerbating</u> the carbon dioxide <u>problem</u>.（CO_2問題を悪化させる）
  e. The drought had <u>aggravated</u> the effluent <u>problem</u>.
    （旱魃が汚水問題を悪化させた）
  f. For government the <u>problem</u> is thus an <u>acute</u> one.
    （政府にとってその問題は急性だ）
  g. A shortage of housing has been a <u>chronic problem</u>.
    （家不足はずっと慢性的な問題となっている）

英語においても，《問題は病》メタファーは存在していると考えてよさそうである。なお，用例から，日本語よりも英語のほうがこのメタファーの使用が頻繁である印象がある。詳細は今後の研究に委ねる。

13.2.8 植物としての問題および火としての問題

その他のメタファーとして，(26) のように植物に関連する用例，(27) のように火に関連する用例があった。これらに関しては **13.3** の分析でメタファーが存在するかどうか，詳細に検討する。

(26) a. 問題の<u>種</u>　　b. 問題の<u>根</u>　　c. 問題の<u>芽を摘む</u>
(27) a. 問題が<u>くすぶる</u>　　b. 問題が<u>再燃する</u>

13.2.9 問題のメタファー表現のまとめ

本節では，まず，「問題」と *problem* を題材として取り上げることの妥当性を確認した後，8つの項に分けて「問題／problem」に関する表現群をグループ化した。**13.2.1** では，敵としての問題を，**13.2.2** では，重荷としての問題を，**13.2.3** では，障害物としての問題を，**13.2.4** では，見えないものとしての問題を，**13.2.5** では，複雑な構造体としての問題を，**13.2.6** では，繰り返し起こるものとしての問題を，**13.2.7** では病としての問題を，**13.2.8** ではその他を取り扱った。これらを表にすると**表1**のようになる。

表1　問題のメタファーに関する日英比較

番号	モト領域	日本語	英語
1	敵	◯	◯
2	重荷	◯	◯
3	障害物	◯	◯
4	見えない	◯	◯
5	複雑	◯	◯
6	繰り返し	◯	◯
7	病	◯	◯

次節では，本節のデータを踏まえ分析をおこなう。

13.3 問題のメタファーの基盤

本節では，本章で見た問題の概念化の基盤を分析すると共にメタファー認定の問題を検討する。以下に，**13.3.1** で，困難メタファーからの継承，**13.3.2** で，《問題は見えにくいもの》再考，**13.3.3** で《問題は植物》再考，**13.3.4** で《問題は火》再考，

13.3.5 で《問題はくり返し起こるもの》再考，13.3.6 で《問題は複雑な構造体》再考の 6 点から検討を加え，その後に 13.3.7 をまとめとする。

13.3.1 困難メタファーからの継承

まず，〈敵〉，〈重荷〉，〈障害〉メタファーはそれぞれ既に特定されている《困難は敵》(Grady, 1997b)，《困難は重荷》(Lakoff, 1993)，《困難は障害》(Lakoff, 1993) からの継承であると考えられる。この例を挙げる。

(28) a. I've been <u>wrestling with</u> this problem all winter.（冬中この問題と戦ってきた）
　　 b. He is <u>carrying</u> quite <u>a load</u>.（かなりの荷物を背負っている）
　　 c. He's trying to <u>get around</u> the regulations.（彼は規制を回避しようとしている）

問題は困難の一種と考えられるので，4.8.1 に述べた継承の定義に照らして，問題のメタファーは困難のメタファーから継承を受けるといえる。

13.3.2 《問題は見えないもの》再考

さて，見えないものとしての問題に関する 13.2.4 のデータから，《問題は見えないもの》というメタファーが存在しそうに思えるが，これはなんらかのメタファーの継承あるいは具現化と考えることはできるのか。既存のメタファーがデータを説明すれば，一般性の観点からは望ましいわけである。(12) のデータを見ると，確かに問題は見えないものとするデータはある。しかし，「障害物」や「重荷」と比較すると，「見えないもの」というカテゴリーは具体性に乏しく，推論の点からメタファー認定に疑問符がつく。

視覚領域のメタファーでは，以前から特定されているメタファーとして，《理解は見ること》というメタファーが存在する (Lakoff and Johnson, 1980 など)。(29) に見るように《理解は見ること》の用例は日本語でも多い。

(29) a. この訴訟では Sun が勝利を収めると<u>見られている</u>
　　　　　　　　　　　　　　（喫茶店に入ったところを見られている）
　　 b. 〜との<u>見方</u>を<u>示し</u>，　　（フットボールの見方を示す）
　　 c. 話が<u>見えない</u>　（港が見えない）

d. この問題に光／スポットライトを当て

　　　　　　　　　（その観葉植物に光／スポットライトを当て）
e. 問題点が浮かび上がる　（夜景が浮かび上がる）
f. この問題に焦点を絞る　（あのタワーに（カメラの）焦点を絞る）
g. 問題点がはっきりと見える　（港がはっきりと見える）
h. 不透明な行政プロセス　（不透明な水槽）
i. 視点を変えれば，問題がさらに見えてくる

　　　　　　　　　（視点を変えれば塔がさらに見えてくる）
j. 問題を見逃さないように　（隠れた塔を見逃さないように）
k. 問題を闇に葬る　（死体を闇に葬る）
l. 問題の所在を明らかにする　（*港を／塔を／漁船を明らかにする）
m. この問題に対する明確な理解　（*東京湾に面する明確な港）
n. 〜ということを暗にほのめかした

　　　　　　　　　（横顔を（暗闇に／*暗に）ほのめかした）
o. 〜ということを明示的に伝えた　（*財布を明示的に渡した）
p. うっすらとわかり始めてきた　（うっすらと月が見えてきた）
q. 〜の構造がおぼろげながら見えてきた　（月がおぼろげながら見えてきた）
r. 〜に対する理解はまだぼんやりとしたままである

　　　　　　　　　（月の姿はまだぼんやりとしたままである）
s. まだ，問題の全体像が見えない　（塔の全体像が見えない）

《理解は見ること》は，「目」「見る」「視点」「はっきり」といった直接的に視覚に関わる用例に加えて，「光を当てる」「隠れる」「距離を取る」など，視覚に影響を与えるさまざまな要素が関与しうるが，写像の一部として図1の存在が挙げられる。

理解領域		視覚領域
理解する	←	見る
理解できる	←	見える
理解できない	←	見えない

図1　《理解は見ること》の写像の一部

このようにして考えると，問題には理解できない点が多いので，《理解は見るこ

と》の写像の一部である〈理解できない←見えない〉が使用されていると考えられる。これは，新たに問題のメタファーを設定することなく，問題に関するメタファーのデータを説明できるので，望ましいと考えられる。

13.3.3 《問題は植物》再考

13.2.8 に見たように(26)がいえることから，《問題は植物》というメタファーは存在するかに見える。

(26) a. 問題の種　　b. 問題の根　　c. 問題の芽を摘む

しかし，(30)は不可能である。

(30) a. *問題が芽生える　　b. *問題の花が咲く　　c. *問題が枯れる

鍋島・菊池(2003)では，生産性が低く，用例が乏しいこと，「種」「根」「芽」が低い所にあることの具現化だとすると，第9章で既に特定された《原因は下（結果は上）》から説明が可能であること，という2つの理由から，《問題は植物》というメタファーは存在しないことを主張している。また，「〜の種」「〜の根」「〜の芽を摘む」という表現が非常にイディオム的な表現ばかりであることも《問題は植物》というメタファーの認定がためらわれる第3の理由として挙げることができよう。

一方，籾山(2006)，大石(2009)のデータを見ると，植物のメタファー表現には慣用性および評価性が色濃く影を落としていることがわかる。大石(2009: 163ff)はコーパスをデータとして，以下の4点を指摘している。第1に，「〜の種」という表現が厄介な事象に対して多く用いられること。第2に，「芽が出る」「芽を出す」が個人的な成功・幸運や社会的な新しい動きに用いられるが，「芽を摘む」は中立的であり，開花を表す表現に肯定的な評価的意味が付随する場合が多いこと，第3に，「実」という語が苦労して手に入れる成果や報酬を表すこと，第4に，「根を下ろす」「根を張る」「根付く」「根差す」には多くの場合，肯定的なニュアンスが伴うが，「根強い」や「根が深い」は否定的な観念と共起すること。これらの評価性と構文の連携を考慮すれば，以下の容認性判断が予測される。

(31) a. ok 問題の種　　　　b. *問題が芽を出す

c. ok 問題の芽を摘む　　d. *問題の花が咲く
e. ok 問題は根強い　　　f. (*)問題に根差す
g. ok 問題の根が深い　　h. *問題が根を下ろす／根を張る／根付く

　これは，ほぼ実際の容認可能性と合致している。よって，評価性が「まだら」問題を引き起こしていると考えることができ，《問題は植物》というメタファーは存在すると考えることがデータに合致している。この結果は，本書における評価性基盤の考え方をさらに強化するとともに，多重制約充足的なメタファー観の正しさを示唆する。

　ただ，実際に《問題は植物》がどれだけ生産的かに関しては，評価性の問題を割り引いても疑問符がつく。「根差す」は，大石（2009）によればプラス評価性の用語であるが，個人的な言語直感としては，マイナスの評価との共起も悪くない。google 検索で「根差し」のフレーズ検索（完全一致）では，910 件（2010 年 7 月 10 日調べ，以下同様）であるのに対し，「問題に根差し」は 64 件存在した。つまり，64/910 が，「問題に根差す」という表現であった。「根ざし」とひらがな表記を含むとその出現頻度はさらに高まり，267/915 と，ほぼ 3 割が「問題に根ざし」であった。これは，大石（2009）の主張に反し，「根ざす」は必ずしもプラス評価ではない可能性，または「問題」はその例外となる可能性を示唆する。いずれの場合でも，植物としての概念化だけでなく，《原因は下》という因果の概念化が「根」の使用を可能にしている方向性に信憑性が高まる。

　また，検討が必要な他の用例として，(30c) の「*問題が枯れる」がある。この用例は評価性で説明はつかない。(32) に見るように「雑草」のようなマイナスの評価性を持つ用例も容認可能だからである。

(32) *問題が枯れる　　（雑草が枯れる）

　この用例は，評価性からは説明がつかないのみならず，**13.3.5** および **13.4.2** で詳細を述べる連続体的性質からも説明がつかない。雑草は害虫同様，除去しても除去してもなかなか減ることのない，連続体的性質を持った存在だからである。以上のようなことから，《問題は植物》というメタファーの存在する可能性は否定できないが，その生産性は低いことを付記し，慣用的データの取り扱いも含めて今後の詳細な研究に譲るものとする。

13.3.4 《問題は火》再考

同様のことが「火」としての概念化に関してもいえる。(27) は OK であるが (33) は不可能である。

(27) a. 問題が<u>くすぶる</u>　　b. 問題が<u>再燃する</u>
(33) a. ??問題に<u>火をつける</u>　b. *問題を<u>鎮火する</u>

問題の中でも、人間の興奮を呼ぶもの、例えば、「スキャンダル」や「噂」などであれば、火としての概念化が可能である。

(34) a.　噂／スキャンダルが　くすぶる／再燃する
　　 b.　噂／スキャンダルに　火をつける
　　 c.　噂／スキャンダルが　鎮火する

以上、写像の観点から、生産性に乏しく、かつ、〈火〉は〈興奮〉に対応しているため、日本語に《問題は火》というメタファーは存在しないといえそうである。一方、英語の表現を見ると、(35) のように *fuel* などを使用することが可能であり、英語には《問題は火》というメタファーが存在する可能性がある。

(35)　I want to talk about that specifically, and about -- Paula, you and I were talking about this -- 4 to 6 million kids that are being treated with medications. That is two to three times the number of kids that are actually diagnosed that are being treated. I think that is part of what <u>is fueling this problem</u>.
　　　"Congress Looking into Ritalin Usage"（Aired September 26, 2002 - 08: 46　ET）

13.3.5 《問題はくり返し起こるもの》再考

13.2.6 では、問題が害虫、カビ、病原菌のように捉えられる用例を〈繰り返し起こるもの〉として取り上げた。これらが〈連続体〉として概念化できること、および〈複雑なもの〉としての概念化と近いことを付け加えた。**13.2.6** のデータから《問題は害虫》というメタファーを見出すことは可能に思われるが、「はびこる」の用例はカビなどに特有であり、「蔓延する」は雑草や病原菌に特有であるから、これらの用例を別に取り扱う必要が生じる。また、このような用例と「発生する」「巣食う」「蝕まれ

る」などの用例に連続性が感じられるのも事実である。よって《問題は害虫》というメタファーは存在しているかもしれないが，本質を捉えていないといえよう。

　害虫，カビ，病原菌は，「じめじめした」「暗い」「見えにくい」「嫌な」ものとして，類似した情緒・感覚を喚起するように思われる。害虫，カビ，病原菌に共通したこのようなマイナスの側面は，究極的には，**4.9.3** で紹介し，第 **15** 章で詳述する評価性で抽出できよう。しかし，これらのマイナス評価だけでは説明できない内容が **13.2.6** のデータにはある。具体的にはこれらのモト領域が〈連続体〉であり，〈生物〉であるという側面である。

　4.2.5 で取り上げたように，〈連続体〉は，池上 (1981, 1983) が〈個体〉と対照させて取り上げた認知的に際だちの高い区分である。この区分はさらに今井 (1997) が〈物質〉と〈物体〉として発育の初期からある重要な区分としての発達心理学の観点からその実在性を証拠づけ，Johnson (1987) も MASS-COUNT とし，イメージ・スキーマ (IS) として取り上げている。このような区分に基づいてメタファーが形成されることは不思議ではない。そこで，本書では《問題は連続体》というメタファーを設定したい。**4.9** の基盤の観点からは〈連続体〉のスキーマに基づく構造性基盤といえる。

　〈生物〉であるという側面は，**13.3.3** で論じた〈植物〉同様，メタファーであると呼ぶのがよいかどうか判別しがたい中間的な位置づけと考えられる。そこで，本書では《問題は植物》同様，《問題は生物》というメタファーに関しても存在する可能性は否定できないが，その生産性は低いことを付記し，慣用的データの取り扱いも含めて今後の詳細な研究に譲るものとする。

13.3.6　《問題は複雑な構造体》再考

　構造が複雑であることは必ずしも要素が複数であることを前提とせず，異なる部分から構成される場合もあるが，「幾重にもなった」「絡み合った」「こんがらがる」などの表現を見ると複数，特に大量の部分が一体となって相互に関係しているように思われる。そこで，**13.2.5** で取り上げた問題の性質は，《問題は連続体》というメタファーと緊密に関連し，その 1 つの具現化と考えてもよかろう。そのほか，関連する 2 つの点に関して，以下に論述する。

　まず，「単純な問題」といえることから，問題という存在自体に複雑であるという性質があるわけでなく，〈複雑な構造体〉というのは〈複雑さ〉に関する特徴である，という想定される批判に関して検討したい。この批判は一面，当を得ているが，問題がまさに問題となるのは，それが簡単に解消しない場合であり，目的遂行の妨げ

になる場合である。よって，問題らしい問題とは複雑でなかなか解消しないという性質を常に兼ね備えている。そこで，この〈複雑さ〉は問題自体の特徴と考えてよいと思う。

別の補足として，《問題は絡まった糸である》といったようなメタファーの当否に関して検討する。「絡みあった」「こんがらがる」「問題解決の糸口」などを見ると，このようなメタファーがあるようにも思える。第 16 章（関係のメタファー）に見るように《関係は線》であり，因果関係もこの例にもれない。また，第 9 章（因果のメタファー）に見たように因果は《因果は移動》，《因果は経路》，《因果は連結》として概念化されるので，4.2.3 に見たように〈移動〉，〈経路〉，〈連結〉は線と相互変換される。これが《問題は連続体》と合成されて無数の因果が相互に複雑に関連した状態が〈絡まった糸〉として概念化される可能性がある。もう 1 つの可能性として，問題が端緒から解決までの 1 本の毛糸玉のように捉えられている場合も考えられる。問題解決は段階を伴った長期的な過程と考えられるので，1 つの終着点を持った旅程のように概念化されやすく，これが因果の場合同様，〈線〉としての概念化を可能にする。どちらのイメージなのか，両方があるのかは個人差もあろうし，本書では詳細に立ち入らず，前者の解釈をして《問題は連続体》で代表させるにとどめる。

13.3.7　問題のメタファーの基盤のまとめ

本節では，本章で見た日本語における〈問題〉の概念化を再分析した。**13.3.1** で困難メタファーからの継承，**13.3.2** で《問題は見えにくいもの》再考，**13.3.3** で《問題は植物》再考，**13.3.4** で《問題は火》再考，**13.3.5** で《問題はくり返し起こるもの》再考，**13.3.6** で《問題は複雑な構造体》再考の 6 点から検討を加えた。検討した結果を簡単な図にまとめると図 2 のようになる。

この中で，困難に関するメタファー系列は，究極的には，**13.5** や第 15 章（評価性を基盤とするメタファー）に述べるように評価性が基盤であることが想像される。《問題は病》も同様である。一方《問題は連続体》は，実際に問題が頻出したりすることが多いというサキ領域の構造を前提とした構造性基盤といえよう。これらに対して《問題は植物》や《問題は生物》の基盤は，評価性とも，構造性ともいいがたい点からもメタファーとしてのステータスに疑問符がつく。しいていえば，問題が時にだんだん大きくなっていく傾向を持つという特徴に基づいたカテゴリー性基盤の拡張例といえようか。《問題は植物》に関しては，評価性および《原因は下》という構造性も重要な要素として働いているように考えられる。

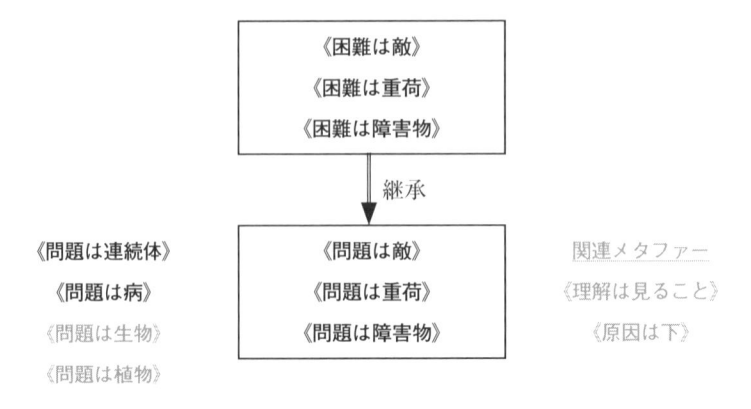

```
            ┌─────────────────┐
            │   《困難は敵》    │
            │   《困難は重荷》  │
            │  《困難は障害物》 │
            └────────┬────────┘
                     │ 継承
                     ▼
《問題は連続体》  ┌─────────────────┐    関連メタファー
《問題は病》    │  《問題は敵》     │   《理解は見ること》
《問題は生物》   │  《問題は重荷》   │   《原因は下》
《問題は植物》   │ 《問題は障害物》  │
            └─────────────────┘
```

図2　日本語における「問題のメタファー」概略図

13.4　問題のメタファーから見る文化相対性

本節では，日英で相違があった部分に関して論じる。**13.4.1** で《問題は敵》に関する相違，**13.4.2** で日本語の〈連続体〉志向と英語の〈個体〉志向を検討する。

13.4.1　《問題は敵》に関する相違

日本語において，問題は，よくわからない，害虫のような連続体としての敵であった。これは (5)〜(7) のデータから考察することができた。

(5) a. *問題を倒す　　　　　b. *害虫を倒す
(6) a. *問題を攻める　　　　b. *害虫を攻める
(7) a. ok 問題を一気にやっつける　b. ok 害虫を一気にやっつける

一方，英語では，(36) のように「問題を攻撃する」ことも可能であり，「問題を手なずける」「問題が醜い頭を持ち上げる」など，動物，怪物などの〈個体〉として捉えられる部分があるようだ。

(36) a. <u>to attack this problem</u>　　　（この問題を攻撃する）
　　 b. <u>to master the problem</u>　　　（この問題を手なずける）
　　 c. <u>The problem will begin to raise its ugly head</u>.
　　　　（問題は醜い鎌首をもたげ始めることになる）

これは，**13.4.2**で詳述するように，〈個体〉と〈連続体〉という文化類型が日英に当てはまることを支持するデータであるとともに，対象の〈個体〉化が能動性と相関性（凝集性）を持つという興味深いデータである。つまり，相手を〈個体〉に概念化することは，〈生物〉や〈敵〉との概念化につながり，さらに，積極的に攻撃することにつながる。これは，第10章（現実のメタファー）でも考察された日英の能動性の違いと連携することが示唆される。

13.4.2　日本語の〈連続体〉志向と英語の〈個体〉志向

　本章を通じて，日本語の「問題」が〈連続体〉として捉えられていることを観察してきた。《問題は敵である》というメタファーにおいても，問題は〈個体〉ではなく〈連続体〉のような小さく複数の見えにくい敵として捉えられていることがわかった。一方，英語では(36)に見られるように《問題は敵》を *to master the problem* や *The problem will begin to raise its ugly head.* として動物的に捉えており，その他にも *hairy problem, a big fat problem* といった個体らしい概念化もある。また，*to attack this problem* など攻撃対象になり得ることも観察した。**4.2.5**に見たように池上（1981, 1983）は，英語が〈個体〉志向，日本語が〈連続体〉志向の強い言語であることを指摘しており，本章のデータもこれを支持する結果となった。〈個体〉と〈連続体〉の区分は今井（1997）に取り上げられたように，発育の初期の時点からある認知的に際だちの高い区分であり，このような区分に基づいてメタファーの相違が生じることは不思議ではない。

　本章のデータは次の点から興味深い。英語にも日本語にも，《問題は連続体》という概念化があり，英語にも日本語にも《問題は敵》という概念化が存在するが，英語の〈敵〉は個体性が強調されるのに対し，日本語の〈敵〉は〈連続体〉的である。つまり，問題が〈生物〉として捉えられている際にのみ日英で〈個体〉と〈連続体〉の差異が発生している。これは，**4.2.2**で落合（1999）から引用した「領域固有」の推論が成立している例に思え，今後の検討が待たれる分野である。

13.5　多重制約充足的メタファー理論の素描

　本章のデータを異なる観点から見ると，問題だけでなく，(37)〜(40)に見るように，多くの種類の困難が互いに互いのメタファーとなりうることがわかる。

(37) 貧困と戦う　　　（《貧困は敵》）
(38) 問題を抱える　　（《問題は重荷》）
(39) 弾圧を乗り越える（《弾圧は障害物》）
(40) 病に蝕まれる　　（《病は害虫》）

これは一般に，困難がそれを避ける，そこから離れるといった行為を触発し，逃げられない場合には対決し，死滅させなければ自分の生命が危うくなるといった，生物に根源的な推論を呼び起こすことを意味する。これはマイナスの評価性をもった事物は人間をどれも同じような行為に走らせる可能性を示唆する。そこで，このような評価性が，一般的に異なる領域を繋ぐメタファーを自由に形成するという方向のメタファー理論を想像できる。一見，この反例となるのは (41) や (42) のような用例である。

(41) ??害虫に冒される

(42) ??重荷と戦う

しかし，これらの用例は，次のように説明できる。(41) をメタファーとして定式化するならば，??《害虫は病》というメタファーになるが，害虫は具体物である一方，病は目に見えにくく，その原因となるウィルスも同様である。メタファーには一般に抽象的や不可視的な事物が具象的で可視的な事物になぞらえられるのが通例と考えられるので，そのような非対称性を制約として設ければ (41) はそれに反することになる。さらに (42) には，軸の不整合がある。荷は重力軸に従って上下軸を基礎としている。一方，戦いは，前へ進んで相手と力のやり取りをし，相手を押し込むのがその原型と思われ，前後軸が基本である。よって両者の間には軸の不整合が生じることになる。

これらは，複数のローカルな照合機構（評価性の照合，軸の照合，構造性の照合など）が緩い制約として合成され，衝突のないものだけがメタファー表現を構成するという **4.11** で見た多重制約充足的な機構の好例と考えられる。

13.6　まとめ

以上，本章では，序論である **13.1** に続いて，**13.2** で問題のメタファー表現を暫定的に 7 つのグループに分けて紹介した。**13.3** では，関連する 3 つのメタファー群と

13.6 まとめ

関連する2つのメタファーに絞り込み，困難系列のメタファーおよび病メタファーは評価性基盤，《問題は連続体》は構造性基盤のメタファーと位置づけた。また，13.4では日英における〈問題/problem〉のメタファーを対照し，池上（1981）の研究などから文化的理由づけを試みた。13.5では，本章の用例を題材に，多重制約充足的メタファー理論がどのように機能するか，その素描を試みた。

本章の問題意識は，日本語の〈問題〉に関して，どのようなメタファーが存在するのか，問題のメタファーの基盤は何か，〈問題/problem〉のメタファーの日英差は何かという3点であった。日本語の問題にまつわるメタファー表現は，「敵」，「重荷」，「障害」，「目に見えないもの」，「複雑な構造体」，「繰り返し起こるもの」，「病」の7つのグループに分けることができた。この中で，〈敵〉，〈重荷〉，〈障害〉，はそれぞれ，既に特定されている《困難は敵》，《困難は重荷》，《困難は障害》から継承を受けていると考えられる。また，「複雑な構造体」や「繰り返し起こるもの」には《問題は連続体》という〈連続体〉のイメージ・スキーマに基づいた構造性を基盤としたメタファーが根底にあると考えられる。また，「目に見えないもの」というメタファー表現は，《理解は見ること》および《原因は下》メタファーに基づいた表現と思われる。《問題は病》さらに，評価性との相互作用を所与とすれば，《問題は生物》，《問題は植物》というメタファーも存在すると考えられた。このようなメタファー・システムは日本語と英語の間でほとんど差がないといえた。

〈問題〉は「嫌なもの」というマイナスの評価性を有すると考えられる。次章（善悪のメタファー）でモラルに関するメタファーを検討し，第15章（評価性を基盤とするメタファー）では，言語の評価性の定義を明らかにするとともに，評価性が多重制約充足的な環境の中で，メタファーを構成する1つの重要な基盤となることを主張する。

第14章

善悪のメタファー

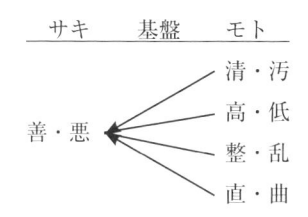

```
 サキ    基盤    モト           キーワード
          ┌─ 清・汚         知覚推論
          ├─ 高・低         モト領域毎の推論の違い
 善・悪 ←┤
          ├─ 整・乱         合成
          └─ 直・曲         評価性基盤
```

14.1 はじめに

(1)　汚れた翼，欠けた月

(1)はインターネットで遭遇した詩の題名であるが，個人的には何か訴えかけるものがあると感じられた。語に喚起力がある。そのように感じられない読者もおられるだろうが[1]，この表現が一定の喚起力を持つという前提で，どうしてそのような喚起力があるのかを考えてみたい。「翼」は飛ぶものであるので高さに通じ，典型的に白い。「月」も高く，丸いので完全というイメージがあり，典型的には白いイメージがある。これを図示すると図1および図2のようになる（ここで→は連想を意味するものとする）。

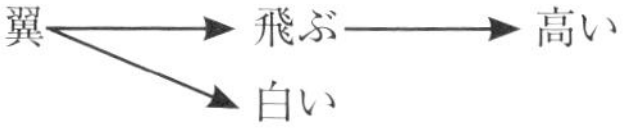

```
翼 ──→ 飛ぶ ──→ 高い        月 ──→ 高い
   ╲─→ 白い                    ├─→ 丸い ──→ 完全な
                                 └─→ 白い

図1 「翼」からの連想イメージ図    図2 「月」からの連想イメージ図
```

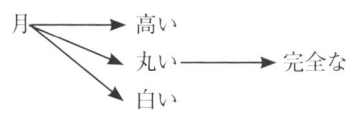

---

[1] 最近の学生の反応の中には，ありきたりで面白くない，というものもある。こういった表現が多く使われるようになってきたのかもしれない。

さらに、「高い」から高潔、志が高い、理想が高い、など、倫理的に高いというプラスのイメージ、「白い」から純粋、無垢、穢れのないというプラスのイメージが得られる。

(2) 高い→高潔、志が高い、理想が高い
(3) 白い→潔白、純白、純粋無垢、穢れのない
(4) 汚れる（マイナスのイメージ）
(5) 欠ける（マイナスのイメージ）

すなわち、月と翼の両方から高潔なイメージが得られ、さらに、これが、「汚れる」、「欠ける」ことから、両表現は、（軽度の）倫理的な堕落を示唆しているように思われる。両者の合致が、月と翼の映像的イメージを伴って、喚起力を得ているのではないだろうか。本章では、メタファー的に倫理的評価を表すと考えられる、「曲がった」「歪んだ」「落ちた／堕ちた」「汚い」「外れた」「不純な」「乱れた」「腐った」「病んだ」のような表現を取り上げ、認知メタファー理論の枠組みから考察を加える。

Lakoff (1996: 41–43) は *well-being*（安寧、幸福、より良く生きること）がモラル理解の基盤にあるとして、*healthy*（健康）、*rich*（富）、*strong*（力）、*free*（自由）、*cared for*（愛）、*happy*（幸せ）、*whole*（全体性）、*clean*（清潔）、*beautiful*（美）、*light*（光）、*upright*（直立）などがモラル・メタファーの基盤にあることを述べている。これらはすべてプラスの評価性を有する語彙であり、モラルという抽象的概念がこのような具体的なプラスの評価性から立ち上がってくることを暗示している。

本章は、7つの節から構成される。導入部である本節に続き、中心となる**14.2〜14.5**では、日本語のデータを中心にモラルに関するメタファー表現を特定する。**14.2**で白さと汚れを、**14.3**で上下を、**14.4**で理想形と乱れを、**14.5**で直線と逸脱を取り扱う。これらは、4.3で述べた知覚推論を援用して、意味的に近いもの、起源的に関連性があるものをまとめたものである。さらに、それぞれの節で、これらのモラル・メタファーに対応する英語表現を概観する。**14.6**は、考察として、モト領域による推論の違い、善悪メタファーの基盤、メタファーの合成と表現の定着度について検討する。**14.7**はまとめである。

14.2 白さと汚れ

白さや汚れに関連したモラル・メタファー表現は多い。このような表現を(6)〜

(9)にまとめ，《善は清・悪は汚》というメタファー名で代表させることにする。色彩の用語である「白」は，知覚推論によって純粋さ，清潔さを連想させる。黒さおよび色や素材の混合は汚れや不純さを示唆する知覚推論である可能性が高い。またこれらの知覚や概念は相互に密接かつ複雑に関連している。

(6)　《善は白・悪は黒》　　クロ，灰色高官，黒い霧，身の潔白を証明する
(7)　《善は純粋・悪は不純》　不純な動機
(8)　《善は奇麗・悪は汚れ》　汚れた政治家，手を汚す，汚職事件，無垢な
(9)　《善は清潔・悪は不潔》　不潔な行為，クリーンな政治家

(6)の例から，白が無罪や善で，黒が有罪や悪と考えられていることが分かる。(7)〜(9)では，倫理的な低俗さが不純，汚れ，不潔などの概念で捉えられている。黒を倫理的な悪として考える基盤は，汚れからの知覚推論にあるように思われる。また，調理師や看護士が白衣を着ているのも「白は清潔」という文化的慣習化があるからであろう。そこで，このようなグループのメタファーの代表として，《善は清・悪は汚》を挙げる。もちろん，これは代表であって，それぞれ個別のメタファーも存在すると考えられる。これを表す英語の表現も多数ある (Lakoff, 1996)。

(10) a.　He's a *dirty* old man.（彼は薄汚れたオヤジだ）
　　 b.　We've got to protect our children from such *filth*.
　　　　（このような汚れから子供たちを守らねば）
　　 c.　She's as *pure* as the driven *snow*.
　　　　（彼女は風にさらされた雪のように清らかだ）
　　 d.　We're going to *clean up* this town.（この街を掃除するぞ）

(Lakoff, 1996: 92)

14.3　上下

Lakoff and Johnson (1980) に見られる有名な GOOD IS UP; BAD IS DOWN《良は上・悪は下》メタファーおよび，VIRTURE IS UP; DEPRAVITY IS DOWN《美徳は上・悪徳は下》メタファーに対応する上下メタファーも日本語に存在し，上下，高低，昇降に関連する表現がモラル領域を彩る。

(11)《善は上・悪は下》　モラルが低い，志が低い，高潔，堕落する，堕ちる，モラルの崩壊

(11)に見るように，高いことはモラルの面で良いことで、低いことはモラルの面で悪いことである、という言語表現は数多くある。「モラルの崩壊」という表現も崩れることは必然的に高さが下がることであるから，このグループに含める（**14.6.3**で再論する）。文化的な慣習化としても，天国が上，地獄が下などさまざまな強化が見られる。特にモラル領域に限定した英語のメタファー表現としては(12)が挙げられている。

(12) a. He is an *upstanding* citizen.　（彼は高潔な市民だ）
　　 b. He's on *up and up*.　　　　　（彼は正直だ）
　　 c. That was a *low* thing to do.　（あれはひどい行為だった）
　　 d. He's *under*handed.　　　　　（彼はズルい）
　　 e. He's a *snake* in the grass.　（彼は芝の中の蛇だ）

(Lakoff, 1996: 71)

14.4　理想形と乱れ

人間には，正三角形など，理想形を美しいと認識する能力が生まれながらに備わっていると思われる（Rentschler et al., 1988）。標準的，定形，理想形，数学的な形を美しいと感じることは，整った形を善と捉える認識につながる。このグループを《善は整・悪は乱》で代表させる。

(13)《善は整・悪は乱》　　　モラルの乱れ，風紀が乱れる [2]
(14)《善は全体性・悪は欠如》　モラルの欠如
(15)《善は均等・悪は歪み》　モラルの歪み，歪んだ政治
(16)《善は新鮮・悪は腐敗》　政治の腐敗，テレビ局の腐敗
(17)《善は健康・悪は病気》　病んだ政治

(13)〜(15)に示すように，完全な状態でないことで，モラル的な善悪を示す場合

---

[2] 「みだらな」「みだりに」という表現も参照。

も多い。腐るということは形を失うことなので，(16)もこのグループに入れても良いかもしれない。また，これを標準や常態からの乖離と考えると(17)のような病気の表現もこのグループに入れる。これに対応する英語の表現には(18)がある。

(18) a. *degenerate* people　　　　　　　（腐敗した人々）
　　 b. moral *decay*　　　　　　　　　（モラルの腐食）
　　 c. the *erosion* of moral standards　（モラル水準の浸食）
　　 d. the *rupture* or *tearing* of our moral fabric（破断し破れるわが国のモラル繊維）
　　 e. the *chipping away* at moral foundation（モラルの基盤の欠け）
　　 f. *crumbling* of moral foundation（モラルの基盤が崩れる）
　　　　　　　　　　　　　　　　　　　　　　　　　（Lakoff, 1996: 90-91）

14.5　直線と逸脱

理想形の一例に直線がある。(19)～(21)のような直線および直進性も，モラル・メタファー表現を形成しやすい。線は移動と関連し，人生のメタファーを喚起することでその表現も多いので理想形のグループから独立させる。

(19)　《善は直・悪は曲》　　　曲がったことが大嫌い
(20)　《善は直・悪はねじれ》　真実を捻じ曲げる
(21)　《善は軌道上・悪は逸脱》　道を外れる

このほか，「縦」、「横」の表現を考察してみると，「横」が悪い意味に使われることが多い。(22)に見るように，線は移動を想起させ，Sモードの観点から，縦の線は進行に対応する。「横」に関する表現は，このような背景で「進行を遮（さえぎ）るもの」としてマイナスの評価性を持つ。

(22)　《善は縦・悪は横》　横槍，横取り，横恋慕（れんぼ），横車，横流し，下手の横好き，
　　　　　　　　　　　　　話が横道にそれる，横から口を出す[3]

(19)～(22)のメタファーと用例を《善は直・悪は曲》という名称で代表させる。

3　「邪（よこしま）な」という表現も参照。

《善は直・悪は曲》に対応する英語の表現には (23) がある。

(23)　　a. *deviant* behavior　　　　　　（逸脱した行動）
　　　　b. *straight and narrow* moral path　（まっすぐで細いモラルの道）
（Lakoff, 1996: 85-86）

14.6　考察

　本章では、善悪のメタファーとして、《善は清・悪は汚》、《善は上・悪は下》、《善は整・悪は乱》、《善は直・悪は曲》といったメタファー群が存在することを特定した。本節ではこれらのメタファーの推論、基盤、合成に関して考察する。**14.6.1** でモト領域による推論の相違、**14.6.2** で善悪のメタファーの基盤、**14.6.3** でメタファーの合成と表現の定着度を論じる。

14.6.1　モト領域による推論の相違

　領域が固有の推論を持つことは、既に知られていることである。モト領域が異なれば、同じモラルについての言及でも、導入される推論が異なる。〈白黒〉のモト領域からは、「二極性」が付け加えられる。例えば、裁判の場合では、判決は有罪か無罪かのどちらかしかならない。「白」と「黒」の推論はこの状況をよく表している。「灰色高官」といった表現があるが、これは白か黒かが決まるまで、決着がつかない状態であり、最終的にはどちらかに決定すると考えてよい。〈上下〉のモト領域は、落ちるところまで落ちる、などの表現に代表されるように、落ち始めると堕落の速度はどんどん上がっていく、という〈加速〉の推論を付け加える。これは、例えば〈白黒〉の領域にはまったく存在しない考え方である。このほか、〈腐敗〉は腐敗が生物によって媒介される、ということから、「蛆虫」などの表現を可能にしている。また、腐敗の対象となるのは物体なので、場所的な論理が加わり、接触によって拡がる、一部からどんどん拡がる、腐敗した部分を切り取れば他の部分には拡大しない、などの推論が生じる。さらに、〈病気〉の領域をモト領域とすれば、「治療する」、「処方箋」、「注射」、「カンフル剤」、「対症療法」といった医療に関する豊かな概念的知識が写像される。

14.6.2　善悪のメタファーの基盤

　本章の冒頭に述べた通り、Lakoff (1996) では、モラル・メタファーがさまざまな

経験的安寧 (well-being) の領域から写像されていることを指摘している。では、どうして〈健康〉〈美〉〈直立〉などがモラルのモト領域となるのだろうか。そのような領域とモラル領域の間に共起性基盤は存在するのだろうか。

《善は清・悪は汚》は、汚れや不潔さがいけないものとして考えられる点から、共起性基盤があると議論できるだろう。一方、《善は上・悪は下》に関して目につくのは、《良は上・悪は下》との関連である。両者は連続しており、その意味で、善悪のメタファーは評価性のメタファーに還元できると考えられる。《良は上・悪は下》の基盤は、《多は上・少は下》、《生は上・死は下》、《幸せは上・不幸は下》など複数の上下メタファーの評価性の一般化による、といわれている (Lakoff and Johnson, 1980: 16)。その意味で、直接の共起性基盤ではない。

《善は整・悪は乱》および《善は直・悪は曲》の基盤はどのように考えられるだろうか。秩序ある形や規則性に対する偏愛は、生得的であることが知られている (Rentschler et al., 1988, 野口・苧阪監訳, 2000: 4)。理想形が美しく、良いものと感じられる理由は、共起性基盤では説明できないし、生得的なものには経験的基盤は必要がない。しかし、このような例でも、美しいと感じられるという意味でプラスの評価性は共有されている。こうしたことから、評価性基盤が善悪のメタファーの基盤として作用していると考えたい。これは、第 6 章 (水のメタファー)、第 13 章 (問題のメタファー) などで見た方向性と合致している。第 15 章で評価性が基盤となることをまとめる。

14.6.3 メタファーの合成と表現の定着度

14.2 から 14.5 では、モラルを表すモト領域の分類、それぞれの共通性、それぞれの相違を概観してきた。その中で、「崩壊」と「腐敗」はモラルのメタファーとして非常に使用頻度が高い表現に思われた。両表現には、メタファーの合成が関与しているという共通点がある。すなわち、「崩壊」とは「形を失う」ことであるとともに、「低くなる」ことであり、「腐敗」とは「形を失う」ことであるとともに、「汚れる」ことである。これを図式にすると、図 3 および図 4 のように表せる。

《善は上・悪は下》
《善は整・悪は乱》
《善は上にあって整ったもの・悪は下にあって乱れたもの》

図3 「倫理の崩壊」にまつわる合成

《善は清・悪は汚》
《善は整・悪は乱》
《善は清くて整ったもの・悪は汚くて乱れたもの》

図4 「政治の腐敗」にまつわる合成

仮にこの観察と議論が正しいとすると，合成はメタファーの喚起力を高め，その定着に貢献することになる．冒頭の用例の魅力もメタファーとイメージの合成に求められよう．

14.7 まとめ

本章では，認知言語学的立場から日本語を中心に日英のモラル・メタファーを取り上げ，複数のモト領域にわたって，多義，推論の観点から，サキ領域であるモラル領域がどのように構成されているかを検証した．導入部である14.1に続き，14.2で白さと汚れを，14.3で上下を，14.4で理想形と乱れを，14.5で直線と逸脱を取り扱った．14.6では，従来のメタファー理論で主張されてきた通り，モト領域固有の推論がサキ領域に写像されることを検証し，さらに，モラル・メタファーの基盤を検討し，メタファーの合成がより強力な表現を生むという興味深い方向性を提示した．

本章では評価性を帯びたモト領域からモラル・メタファーが形成されていることを示したが，次章では評価性が，一般的にメタファーの基盤となるデータを豊富に提示する．

第15章
評価性を基盤とするメタファー

サキ　　基盤　　モト	キーワード
評価性	基盤
	評価性基盤
	構造性
	多重制約充足

15.1　はじめに

(1)　恋をして　終わりを告げ　誓うことは：これが最後の heartbreak
　　　桜さえ　風の中で　揺れて　やがて　花を咲かすよ
　　　降り出した　夏の雨が涙の横を通った　すーっと　思い出とダブる映像
　　　秋のドラマ再放送　どうして同じようなパンチ
　　　何度もくらっちゃうんだ？　それでもまた戦うんだろう　それが命の不思議
　　　　　　　　　　　　　　　―宇多田ヒカル「Sakura ドロップス」―
(2)　雨の日のためにな，貯金しとんのやんか。
　　　（雨降ったら休まなあかんからな，今一生懸命働いとんのやん）
　　　　　　　　　　　　　　　―ある関大生―

　(1)は，宇多田ヒカルの「Sakura ドロップス」の一節である。たまたまテレビドラマの一場面でボクサーが同じようなパンチを続けてヒットされる状況を見て，何度も懲りずに失恋の痛みを味わってしまう辛さを想起している。これは，失恋の痛手をボクシングになぞらえている点で，メタファー的認識の一種と考えられる。
　(2)は大学のキャンパスで実際に耳にした友達同士の会話である。最初の発話では，これがなんらかのメタファーであることがわかるが，具体的意味はわからない。後続の発話で，「雨の日」が実際の「雨の日」であり，「貯金」が仕事を「し貯

15.1 はじめに

めて」おくことだとわかる。雨の日にはできない（屋外などの）アルバイトなのであろう。(2)の会話の解釈が複数になるのは，「雨の日」と「貯金」のそれぞれに(3)の複数の解釈が可能であり，その組み合わせが多岐になるからだと考えられる。

(3)　「雨」と「貯金」の意味の二重性
雨の日　　意味1（リテラルな意味）　　　雨が降る日
　　　　　意味2（メタファー的な意味）　運の悪い時
貯金　　　意味1（リテラルな意味）　　　銀行などにお金を預けて貯めること
　　　　　意味2（メタファー的な意味）　価値のあるものを後のために蓄えておくこと

(1)と(2)における「パンチ」，「雨」，「貯金」はそれぞれ，ダメージを与えるもの，好ましくない天候，富の蓄えというように，否定的，または肯定的な評価性を伴っているといえる。評価性が加わるとメタファーになりやすいのだろうか。また，「雨」は旱魃時や乾燥した地域にとってプラスの評価性を伴うように思えるが，言葉の評価性はどのように決定すればよいのだろうか。

本章では，認知メタファー理論の枠組みに基づき，評価性がメタファーの基盤の一種であることを主張し，言語的証拠を挙げる。本章は，**4.5**で紹介した通り，評価性がメタファーの重要な構成要素であるとする楠見の一連の研究（楠見, 1988, 1992, 1995）に言語学の観点から証拠を与えることになる。また，評価性はアナロジー理論（Gentner, 1983; Falkenhainer et al., 1989; Medin et al., 1993; Holyoak and Thagard, 1995; 鈴木, 1996）などで研究される構造性に基づいたメタファーの基盤と補完的な関係になる。さらに，本章で詳細に検討する評価性は，批判的談話分析（CDA, Fairclough, 1989; van Dijk, 1998; Martin and Rose, 2003; 鍋島, 2005）などに代表される社会的言説研究の礎石となる可能性がある。

本章の構成は以下の通りである。**15.2**で，言語における評価性を論じる。**15.3**では，過去のメタファー研究から，評価性が関与すると思われる先行研究を紹介し，評価性がメタファーの基盤となる方向性を示唆する。**15.4**では重ねて評価性を基盤とする言語表現を列挙し，評価性がメタファーの基盤として機能する実例を提示する。**15.5**で考察として評価性の特徴を探る。

15.2 言語における評価性

まず，本章でいう評価性[1]とは，一般に，「価値(*value*)」「判断(*judgment*)」「評価(*evaluation*)」などさまざまな用語で指示される内容と同一と考えてよい。本章では，良い評価を「プラスの評価性」または「プラス評価」，悪い評価を「マイナスの評価性」または「マイナス評価」という用語で統一する。本節では評価性の先行研究として西尾(1972)を紹介し，これに森田(1980)の研究を拡張した「しかも」テストを提示して補強する。

15.2.1 否定との違い

一般に評価性がマイナスであることに対して「否定的な意見」など，「否定」という用語がよく使われるが，本章で述べる評価性は言語学で使われる「否定」とは異なる概念である。(4)は文否定，(5)は語否定の例であるが，いずれもプラスの評価性を有している。マイナスの評価性は否定と相関しているが，異なる概念である。

(4) a. あの人は失敗し<u>ない</u>　　b. この納豆は臭く<u>ない</u>
(5) a. <u>無</u>過失　　b. <u>無</u>害　　c. <u>不</u>朽の名作

15.2.2 語の評価性と発話の評価性

一般に，意味研究において評価性は曖昧とした周辺的なものと捉えられてきた(連想的意味，Leech, 1974; 含蓄的意味，国広, 1982)。しかし，本章では，「しかも」テストを提示し，語の評価性に客観的な判定法があることを主張する。その際，西尾(1972)に準じて，ほとんどの発話文脈で一定の評価性が得られる場合，語自体が評価性を有していると認定する。西尾(1972)は，語の評価的意味と，コンテクスト内での評価的意味について，次のように述べている。

> 例えば，「<u>ながい</u>話で閉口した。」という単語じしん，評価的に，中立な語であることは明らかである。ところが「<u>ながたらしい</u>」はいつでもよくない<u>意味</u>で使われる。「*ながたらしい話をどうもありがとうございました。」などという

---

[1] 鍋島(2007c)では価値評価性という用語を用いている。変更の理由は，楠見(1995)，西尾(1972)がともに評価性という語を用いていること，および「評価性」という用語にまつわる主観的印象と，本書の全体の枠組みとの間に整合性が生じたこと，さらに，「評価性基盤」という呼び方が他の基盤と並行的で馴染みやすいからである。

ことはありえない。「ながたらしい」とは単語じしんにマイナスの評価を含んでいると考えられ、その点で「長い」と区別される（分析例75）。

　もう1つ例をあげてみよう。「となりの花は赤い」ということわざは、およそ「となりの花というものは、とかく自分の家の花よりも、赤さもあざやかに美しくよく見えるものだ（そのように、よそのものは自分のものよりよくみえるものだ）。」のように解しうるとすれば、<u>「赤い」の部分がこの文脈ではよい評価を伴って使われているようにみえる</u>。しかし、「あかい」じしんは「目が赤くなる」「赤い痰がでる」等々の例がいくらでもあることからも自明なように、<u>評価とは無関係な語である</u>。

　単語の意味として、評価の要素を含んでいると認められるためには、その語の普通の使用において、<u>つねにある一定の方向をもった評価性を含んでいる</u>ことが重要である。
　　　　　　　　　　　　　　　　　（西尾 1972: 187ff., 下線は著者）

西尾（1972）は、「赤い」「長い」は文脈によって評価性が変わり得るので中立的な語であり、「長たらしい」は常にマイナスの評価性を持つと述べている。本章では、ある語がプラスあるいはマイナスの評価性を持つために、<u>常に</u>一定の評価性を有しているべきとは考えないが、<u>ほとんど</u>の使用（コンテクスト）で一定の評価性を有しているべきであると考える。

　さらに、西尾（1972）は、「いい」「いやな」という語との共起によって、評価性をテストしている。西尾（1972）にならい、プラスの評価性を (+) で、マイナスの評価性を (-) で示す。

(6)　a.　あたたかい (+)　いい (+)　　へやだ　← 共存
　　　b. ??あたたかい (+)　いやな (-)　へやだ　← 衝突

すなわち、評価性の方向が同じであれば問題ないが、評価性の方向が反対であれば衝突を起こし、容認可能性が下がる。

　このテストは評価性のテストを導入した点で重要だが、連用形接続や連体形の併置による接続の意味関係は許容範囲が広いため、「きれいなケバい人」などのような微妙な例、「腰が低くていやな人」などの個人的判断、「好きで嫌いな人」などの撞着法（oxymoron）と、テスト結果の安定性にやや問題がある。そこで本章では西尾（1972）のテストを発展させた「しかも」テストを提案する。

15.2.3 「しかも」テスト

「しかも」の用法に関して，森田 (1980) は (7) の例を提示している。

(7) a. 新人賞を受け しかも 芥川賞まで獲得した文壇の鬼才
　　 b. たいていの応対は一句か二句で済ましている。しかも はなはだ簡単なものにすぎない
　　 c. 品行方正で しかも 成績も優秀な理想的学生
　　 d. 著名な文学者で，しかも 政治家としても精力的に活動している

森田 (1980) は，「しかも」では何らかの共通性を持った意味が累加されるという。(7a) では「賞」という共通性，(7b) では「複雑でない」という共通性があり，(7c) では「いい学生」という共通性がある。しかし，(7d) になると単に良いという評価的な共通性しかないように思われる。すなわち，「しかも」では，究極的に評価性の同一なものが累加されるようである。「しかも」のこの性質を利用して，評価性のテストを考案する (評価性の中立性を (0)(ゼロ) で表記する)。

(8) a. 　美人で (+)　　　しかも　高給取り (+)
　　 b. ??美人で (+)　　　しかも　引きこもり (-)　　←衝突
(9) a. 　オタクで (-)　　しかも　引きこもり (-)
　　 b. ??オタクで (-)　　しかも　高給取り (+)　　　←衝突
(10) a. 　言語学者で (0)　しかも　高給取り (+)　　　← (0) が (+) へ変化
　　 b. 　言語学者で (0)　しかも　引きこもり (-)　　← (0) が (-) へ変化

(8a) に見るように，「美人」という固有のプラスの評価性を持った語は，「高給取り」という同じく固有のプラスの評価性を持った語となじむ。しかし，(8b) に見るように，「引きこもり」という固有のマイナスの評価性を有する語とは衝突を起こして違和感が生じる。この場合，例えば，「内向的な美人を引っかけて騙してやろう」とでも思っているヒモのような視点でも設定しないと理解しがたい。

(9) では逆に，「オタク」という (おそらく) マイナスの評価性を有する語が，「引きこもり」というマイナスの評価性を有する語と相性がいいが，「高給取り」というプラスの評価性を有する語とは相性が悪いことを示している。こちらも，例えば，「結婚するなら，お金持ちであんまり一緒にいない人がいいなあ」などという特殊な女

性の視点でも設定しないと理解しがたい。

　特に興味深いのは(10)の用例である。ここでは，「言語学者」という中立的[2]な語が，固有のプラスの評価性を有する「高給取り」ともマイナスの評価性を有する「引きこもり」とも共起が可能であることを示している。さらに，プラスの評価性を有している語と「しかも」でつながれた中立語はプラスの評価性を帯び，マイナスの評価性を有している語とつながれた中立語はマイナスの評価性を帯びる。この点は多重制約充足的過程における創発を示しており，興味深い。

　このように「しかも」テストは，評価性の判定として信頼性の高いテストである。なお，判定が難しい場合が稀にあるが，「その上」や「おまけに」という類語に変えてやることでも検証できる。さて，次節では評価性が関わっていると思われるさまざまなメタファーを考察する。

15.3　評価性の関わるさまざまなメタファー

　本節では，評価性が基盤と思われるメタファーを過去の研究から再論する。**15.3.1**で第 14 章から善悪のメタファーを，**15.3.2** で第 13 章から問題のメタファーを，**15.3.3** では，本書のその他のメタファーから用例を取り上げる。**15.3.4** では，唐住（2001）からスポーツの新聞見出しに見る勝敗の表現を紹介する。

15.3.1　善悪のメタファーに見る評価性

　第 14 章（善悪のメタファー）の冒頭に述べたように Lakoff（1996）は *healthy*（健康），*rich*（富），*strong*（力），*free*（自由），*cared for*（愛），*happy*（幸せ），*whole*（全体性），*clean*（清潔），*beautiful*（美），*light*（光），*upright*（直立）などがモラル・メタファーの基盤にあることを主張している。これらはすべて評価性を含むと考えられる。日本語でも，既に見たように《善は清・悪は汚》（「奴はクロだ」「不純な動機」「汚れた政治家」など），《善は上・悪は下》（「モラルが低い」「堕ちる」「モラルの崩壊」など），《善は整・悪は乱》（「風紀が乱れる」「歪んだ政治」「政治の腐敗」「病んだ政治」），《善は直・悪は曲》（「曲がったことが嫌い」「真実を捻じ曲げる」「道を外れる」）など評価性を含むさまざまな概念が，善悪に用いられることがわかっている。**15.2.3**で考察した「しかも」テストをモラル・メタファーのモト領域に当てはめると，(11)～(13)で示すように「黒い」などの一部を除くほとんどが，マイナスの評価性

2　ということにしておきたい。

を伴っていることがわかる。

(11) a. <u>黒くて</u>，しかも　つややかな(+)髪　　(0)が(+)へ変化
　　　b. <u>黒くて</u>，しかも　張りのない(-)地肌　(0)が(-)へ変化
(12) ??<u>汚れていて</u>(-)，しかも　サイズがぴったり(+)のシャツ　←衝突
(13) ??<u>低くて</u>(-)，　　しかも　高級な(+)テーブル　　　　　　←衝突

この結果は，善悪のメタファーは，ほとんどの場合，モト領域に評価性を含んでいることを示唆する。「黒い」が知覚推論による「汚れ」のメトニミー的表現であると考えれば，その度合いはさらに高まる。

15.3.2　問題のメタファー

第13章（問題のメタファー）では，「問題」がどのように概念化されるかを論じた。《問題は敵》（「問題に立ち向かう」「問題にてこずる」「問題が手に負えない」），《問題は重荷》（「問題を抱える」「問題を背負う」「問題を引きずる」），《問題は障害物》（「問題にぶつかる」「問題を乗り越える」「問題を回避する」）などのメタファーが特定された。興味深いのは「問題」だけでなく，「困難」を表す「貧困」「死」「病」「弾圧」などマイナスの評価性を持つさまざまな概念がかなり自由にメタファーを形成できる点である。

(14) a.　貧困と戦う　（《貧困は敵》）　b.　死に脅かされる（《死は敵》）
　　　c.　病を背負う　（《病は重荷》）　d.　弾圧を乗り越える（《弾圧は障害物》）

こういった用例から，評価性を有する概念はメタファーを形成しやすい，つまり評価性がメタファーの基盤となる可能性が示唆される。

15.3.3　その他のメタファー

その他にも，プラスあるいはマイナスの評価性を持つ言語表現が，同じ評価性を持つ概念のメタファー表現となる例は多かった。第5章（イメージ・メタファー）では「ノートパソコン」という表現において，パソコンにノートの手軽さ，軽さ，持ち運びやすさといった好印象が適用される（あるいはそれを意図して命名された）可能性を示唆した。第6章（水のメタファー）では，「不満」というマイナスの評価性を

有した語が,「垂れる」「渦巻く」「どす黒い」「撒き散らす」などマイナス評価の語と共起する例を多数紹介した。第7章(擬人のメタファー)では,コインや石にまで愛着を感じ,「達」や「連れる」といった人間に使用する語を適用する例を見た。「人間的に扱う」ことはプラス評価であると思われるので,これも評価性がメタファー表現の基盤となる例と考えられよう。第8章(線と移動のメタファー)では,進行に対する妨げが,障害物,重荷などの形で人生の困難や問題,計画のさまざまな困難を表す例を見た。第12章(希望のメタファー)では《希望は上》や《希望は光》の形で評価性がメタファー表現を形成するさまを見た。

15.3.4 スポーツにおける勝敗のメタファー

唐住(2001)は,新聞記事の見出しからスポーツの勝敗に関する表現を考察し,「倒す」,「下す」,「叩く」,などさまざまな表現類が存在することを述べている。この場合にも,ほとんどすべての勝敗表現に既に固有の評価性が存在する。(15)にその一部を例として挙げる。

(15) a. Surging Bruins dump Devils in OT.
(直訳:Bruins が Devils を延長で落とす)
b. Sixers topple Lakers in clash of NBA titans.
(直訳:NBA 上位決戦で Sixers が Lakers を倒す)
c. Milan downs Roma (直訳:Milan が Roma をダウンさせる)
d. United beats Bradford (直訳:United が Bradford を叩く)
e. England whips Wales in Six Nations opener
(直訳:6カ国緒戦で England が Wales を鞭打つ)
f. Liverpool thrashes Palace 5-0 (直訳:Liverpool が Palace を 5-0 で強く打つ)
g. Saints kick out Super Bowl champ Rams 31-28
(直訳:Saints がスーパーボール覇者の Rams を 31-28 で蹴り出す[3])

このことからも,評価性がメタファーを形成する可能性が示唆される。本節では過去の研究から評価性とメタファーがかかわる用例を取り上げた。次節では,評価性を伴う用語がメタファー表現に使用される実例をさらに列挙する。

---

3 knock out(ノックアウト)とキックによる得点で勝利を収めたことをかけた表現と思われる。

15.4 メタファーの基盤としての評価性

　先行研究から評価性とメタファーの関係を概観した前節に続き，本節では，評価性を伴うと思われる用語がメタファー表現として使用される実例を取り上げる。これらの用例があるからといって，評価性を伴えば必ずメタファー表現になることや，評価性を伴わなければメタファー表現にならないことを主張するものではない。しかし，これほど広範な用例がメタファー表現になりうるということは，評価性とメタファー表現形成に少なくとも傾向的な相関関係があると考えてもおかしくないだろう。

奴隷 (16)　兵士という奴隷　　members.tripod.co.jp/esashib/osarunorekisi03.htm[4]
　　 (17)　会社という名の帝国に忠誠を誓う奴隷になります
　　　　　　　　　　　　　　　home10.highway.ne.jp/maiden/blackfire/iron.htm
足かせ(18)　「アプリ不足」がIPv6普及の足かせに？
　　　　　　　　　　　　　　www.zdnet.co.jp/news/0105/22/b_0521_09.html
　　 (19)　Windows XPの重い足かせ
　　　　　　　　　　　　　www.atmarkit.co.jp/fitbiz/column/reg039/reg1.html
　　 (20)　人材不足が足かせのセキュリティ対策
　　　　　　　　　　　　　japan.internet.com/public/news/20011019/5.html
牢獄 (21)　思考は言葉の牢獄から逃れることはできない。
　　　　　　　　　　　　　　　　　　　homepage.mac.com/hiro_artplus/h
　　 (22)　肉体ハ魂ノ牢獄ナリ。　　www.cwo.zaq.ne.jp/bfaib808/aware.html
　　 (23)　幻夢館 上巻　大ヒットゲーム　愛という名の美しい牢獄が，私を捕らえて　　　　www.green-bunny.com/new/genmu/1main.html
癌　 (24)　あの人はこの組織の癌だ
　　 (25)　函館・道南の自民党，特に8区支部では今や「ガン」がまん延
　　　　　　　　　　　　　　　　　　　　　　www.hakodate-e-news.co.jp/
傷　 (26)　カルトに傷ついたあなたへ　www.geocities.co.jp/CollegeLife-Library/1847
　　 (27) a. 経歴に傷が付く
　　　　　b. すねに傷を持つ

4　本章のWebは，特に記載のない限り，2009年9月に検索したものである。

15.4 メタファーの基盤としての評価性

病巣 (28) 日本の医療その病巣を点検する
　　　　　　　　　www.alles.or.jp/~dando/backno/20000720.htm
　　(29) 社会の病巣をえぐりとります
　　　　　　　　　www.h5.dion.ne.jp/~yk0121/neocolumn.html
膿　(30) 「外務省はすべての膿を絞り出せ」
　　　　　　　　　www.dpj.or.jp/news/200202/20020222_gnakazawa.html
　　(31) 心の膿－誰でも普段の生活の中で，愚痴や不平不満…
　　　　　　　　　http://members.tripod.co.jp/shifter/cocoumi/cocoumi-about.html
汚れ (32) a. 汚れ仕事　　b. 汚れた心　　c. 汚れた金
　　(33) 汚れなき心などありますか？
　　　　　　　　　www.dragoncity.ne.jp/~mirai/kokoro/kegare.htm
痛み (34) 命…私の痛み 事故で息子を亡くし…　www.d4.dion.ne.jp/~n_morio/
　　(35) 失恋の痛みを知る全ての人へ　www.asahi-net.or.jp/~cq8y-hrt/brokenheart
　　(36) 痛みに見合う抜本改革を　www.kobe-np.co.jp/shasetsu/010927ja8120.html
歪み (37) この世は歪んでいる…　　　　　yugami.hp.infoseek.co.jp/
　　(38) 行政の歪み　　　web.sfc.keio.ac.jp/~bobby/Kiseikanwa/node1.html
　　(39) 「NHK 報道（震災から 5 年）の歪みを斜す！」
　　　　　　　　　members.tripod.co.jp/kuat/article03.htm
ずれ (40) この検討会の認識と医療現場では大きなずれが生じている
　　　　　　　　　www.jmcnet.co.jp/karute/zure.html
　　(41) 医療と一般認識のずれ　　www.kenkou-page.co.jp/sub1-4-1.htm
泥　(42) 赤い悪魔がドロ沼の公式戦 4 連敗を喫した
　　　　　　　　　113.34.94.39/soccer/news/2009/08/03/03.html
　　(43) 「天皇ご訪問にドロを塗る」yorozu.indosite.org/bbs/messages43/6020.html
闇　(44) 静岡県庁の光と闇　　　　www2.ocn.ne.jp/~sizuoka1/
　　(45) 「英語教育の深い闇・出口はあるのか」
　　　　　　　　　dandoweb.com/backno/20010913.htm
　　(46) 地下鉄サリン「闇」に消えた犯人　　www.asyura.com/nazo2.htm
　　(47) 欧州に密入国移民を送り出す「闇のシルクロード」
　　　　　　　　　world-reader.ne.jp/renasci/now/s-tanaka-991026.html
ひずみ (48) キーポイントは明治！ここからすべてがひずみ始めた。
　　　　　　　　　web.kyoto-inet.or.jp/people/tpnoma/kimi/kimigayo.html

	(49)	根本的には<u>ひずんだ</u>国土構造の改善が必要です。
		www3.justnet.ne.jp/~baya/w-clm.htm
	(50)	テーマ：現代人の<u>ひずんだ</u>食生活をおやつの変遷を通してみる
		kisoen26.hp.infoseek.co.jp/oyatu.htm
外れた	(51)	BBS の趣旨から<u>外れた</u>書き込み　yach.tri6.net/memo3/log/log4493.html
	(52)	人生のレールから<u>外れた</u>人集合
		www.piza2.2ch.net/jinsei/kako/999/999613986.html
	(53)	本筋<u>外れた</u>構造改革と雇用対策　　　　www.rengo-soken.or.jp/
ねじれ	(54)	<u>ねじれた</u>愛 ゲイの主人公が結婚するはめに！
		www.eiga-kawaraban.com/98/98061302.html
	(55)	素直な感情<u>ねじれた</u>感情
		home.att.ne.jp/red/smomo/OMIMUM%20Ten/kanjyo.html
ゴミ	(56)	小口（<u>ゴミ</u>）客と顧客の境界線は？
		mentai.2ch.net/stock/kako/970/970919869.html
	(57)	雑な日記（<u>ゴミ</u>文）　　　　www.memorize.ne.jp/diary/26/69801
糞	(58)	FF11 は<u>糞</u>!!　　　　www.geocities.co.jp/Playtown-Rook/1190
	(59)	お前ら，そろそろ<u>糞</u>スレ立てんの辞めろよ！
		hpcgi3.nifty.com/g8/hoge/readres.cgi?bo=top&vi=1028703173&rm=100
	(60)	あえて今日の<u>糞</u>試合の中の収穫
		www.corn.2ch.net/football/kako/1020/10208/1020805700.html
カス	(61)	パチプロって人間の<u>カス</u>だよな？！
		salami.2ch.net/pachi/kako/995/995734749.html
	(62)	<u>カス</u>人生爆進中～　　　donguri.sakura.ne.jp/~gr/gr/prof.htm
	(63)	番組に暗躍する<u>カス</u>なスタッフ達のコミュニティー
		www.mammachan.com/kasu.html
壊れる	(64)	あなたの心が<u>壊れる</u>とき　　　member.nifty.ne.jp/kokoronokai
	(65)	日常が<u>壊れる</u>瞬間　　　www.minc.ne.jp/~miea/yaneura/talk40-1.html
つぶれる	(66)	公的年金は<u>つぶれる</u>のではないか。　www.nenkin.go.jp/html/05_q.html
	(67)	<u>つぶれた</u>こころ　　　　nara.cool.ne.jp/zinno/tubureta.html
崩れる	(68)	山陽新聞連載企画・<u>崩れる</u>雇用・働くということ
		www.sanyo.oni.co.jp/kikaku/2002/koyou

(69) 　崩れる安全と信頼インデックス
　　　　　　　　　　　　　www.shimotsuke.co.jp/hensyu/kikaku02/kuzureru
(70) 　人の心が崩れるのは一瞬だ　　www4.plala.or.jp/k-k/komoku036.html

勝ち負け (71) 　ローソンがキオスク端末で一人勝ち
　　　　　　　　　　　　　itpro.nikkeibp.co.jp/free/NNB/NEWS/20020117/1
(72) 　勝ち組SE・負け組SE　www.amazon.co.jp/exec/obidos/ASIN/4896915925/

毒 (73) 　じわじわ効いてくる毒コラム　　　　　　　octa.tdiary.net
(74) 　そんな意見は毒にも薬にもならない

落とし穴 (75) 　自動応答システムの落とし穴
　　　　　　　　　　　　　www.zdnet.co.jp/news/0205/20/ne00_klez.html
(76) 　料金4割増し？カラー液晶携帯電話の落とし穴
　　　　　　　　　　　　　www.zdnet.co.jp/news/0005/26/colorphone.html
(77) 　UNIXの落とし穴　　　0xcc.net/misc/unix-sucks.html

罠 (78) 　若年失業の罠，採らない会社は滅びる
　　　　　　　　　　　　　biztech.nikkeibp.co.jp/wcs/leaf/CID/onair/biztech/biz/223361
(79) 　在宅ワークの罠　　　www5.wisnet.ne.jp/~z-plus/warn/soho.html

本節では評価性を伴うと考えられる用語がメタファー表現として使用された例を多数挙げることによって，評価性がメタファー表現を形成しやすいことを確認した。次節で評価性に関するまとめをおこなう。

15.5 考察

本節では，前節までの記述と議論を踏まえて，15.5.1 で，なぜ評価性は領域を超えるのか，15.5.2 で，なぜ評価性は重要なのかを確認する。

15.5.1 なぜ評価性は領域を超えるのか

(80)，(81) に見るように評価性を表す語は多くの領域を形容できる。これらはメタファー表現ではないが，(82) に見るようなメタファー表現の例と連続的である。

(80) 　いい感触／いい温度／いい刺激／いい匂い／いい味／いい音／いい色／いい形

(81) 　嫌な感触／？嫌な温度／嫌な刺激／嫌な匂い／嫌な味／嫌な音／嫌な色／

嫌な形

(82) 歪んだ箱／歪んだ顔／歪んだ気持ち／歪んだやり方／歪んだ見方／歪んだシステム／歪んだ国

評価性というのは個人に委ねられた主観的判断[5]であり，外部世界にあるのではなく，それを判断する人間の側にあるいわば主観的印象（情緒・感覚的意味，楠見，1995）の一部である。主観的であるがゆえに好悪など同じような印象を与えるものは同一化されやすくなる。これが，評価性がメタファーの基盤として働きやすい一因と考えられる。

15.5.2 なぜ評価性は重要なのか

(83)に見られるように，課員の報告に対して，同じ心情を表すのに，課長は幅広い表現が使用できる。コミュニケーションにおいて評価性の伝達は，最重要あるいは非常に重要な要素であろう。意思伝達に重要な評価性は言語の重要な要素であり，評価性さえはっきりしていれば意図は明確になる。メタファーといった言葉のアクロバットにおいても同様である。また，評価性は社会的言説分析（批判的談話分析：CDA）においても重要な要素であり（Martin and Rose, 2003），今後の言語分析にとってその重要性はさらに増すことが想像される。

(83) 課員：納期が2日遅れるそうです。
　　　課長：それは，苦しい／きつい／厳しい／辛い／まずい／困った／痛いな

15.6　まとめ

本章では，評価性がメタファーの基盤となることを検証した。**15.2**では，評価性に関する言語学的先行研究として西尾（1972）を検討し，言語面から評価性を判別する「しかも」テストを提案した。**15.3**では，メタファーの先行研究から評価性がメタファーに関わる例を集積し，その一般的傾向性を抽出した。善悪のメタファー，問題のメタファー他，イメージ・メタファー，水のメタファー，擬人のメタファーなどに評価性がメタファーの基盤として機能する用例が見られた。**15.4**では，評価

---

[5] ここで述べる「主観性」は **2.7** の主観化および **4.4** のSモードに関連する「視点的」主観性ではなく，感情，価値，モダリティ，判断に関わる「評価的」主観性である。視点的主観性と評価的主観性は，**4.5.2** で述べたように好き＝近づく，嫌い＝遠ざかる，という形でカップリングされている。

15.6 まとめ

性を含んだ多岐にわたる用語がメタファー表現を形成することを確認した。**15.5** では評価性が基盤として働く理由を主観的判断である点に求めるとともに，コミュニケーションにおける評価性の重要性を論じた。

次章では，関係のメタファーを取り上げるとともに，概念レベルと知覚レベルの区分をメタファー理論に導入する。

第16章
関係のメタファー

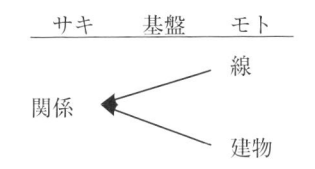

```
 サキ    基盤   モト
              ─── 線
 関係 ◀
              ─── 建物
```

キーワード
概念レベルと知覚レベル
合成
アナロジー
プライマリー・メタファー

16.1 はじめに

人間関係の表現は，(1)に見られるように多様である．

(1) a. 赤い糸で結ばれた二人　　b. 二人は急接近中
　　c. 仲を裂く　　　　　　　　d. 関係にヒビが入る
　　e. 関係がぎすぎすしている　f. コネをたどってここまで来ました
　　g. 今までお互いで築いてきたものが音を立てて崩壊する
　　h. 関係をはぐくむ

本章では，(1)に見るような関係のメタファーを検討しながら，認知メタファー理論に **4.1** に述べた概念レベルと知覚レベルの区分を導入することを提案し，この区分を利用した用例の分析を示す．**16.2** で本研究の4つの出発点を概観する．**16.3** で日本語の関係のメタファーに関するデータを検討し，**16.4** でその分析をおこなう．ここでは，関係に関するメタファー表現の一般化を捉え，過去の理論的問題点を統一的に解決，説明する論理的道具立てとして，知覚レベルと概念レベルの導入が効果的であることを主張する．**16.5** では，過去のメタファー研究に本章の区分を適用して再分析する．

関係のメタファーに関連する先行研究には，英語を対象とした恋愛のメタファー (Lakoff and Johnson, 1980)，アメリカにおける結婚観のメタファーを人類学的観点

から検討したもの (Quinn, 1987) があり，LOVE IS A PHYSICAL FORCE《恋愛は物理的な力》，LOVE IS A PATIENT《恋愛は病人》，LOVE IS WAR《恋愛は戦争》，LOVE IS A JOURNEY《恋愛は旅》，MARRIAGE IS A MANUFACDTURED PRODUCT《結婚は製品》，MARRIAGE IS A DURABLE BOND BETWEEN TWO PEOPLE《結婚は絆》，MARRIAGE IS AN INVESTMENT《結婚は投資》などが挙げられている。また，友人関係を取り扱った Kövecses (1995) は，関係に感情，状態，構築物，進行，評価などの諸側面があることを論じている。これらは本章の基礎となる諸研究である反面，プライマリー・メタファーや基盤（動機づけ）を論じておらず，対象言語も英語であるため，本章との関係は間接的にとどまると考える。水野・内田・ナジ・大堀 (2007) は，イメージ・スキーマ的メタファー形成とプライマリー・メタファー的メタファー形成の両方を重要視しており，本書の方向性に一致している。

16.2　本章の4つの出発点

　さて，本章の出発点は4点ある。第1にメタファーの基盤の問題，第2にプライマリー・メタファーの問題，第3にアナロジーの問題，第4にデータ分布の非対称性の問題である。

16.2.1　基盤の問題

　基盤（動機づけ）の概念は **3.1.6** で見たが，メタファーの基盤に関しては，共起性（co-occurrence, correlation ＝経験的基盤）だけでよいのかという問題がある。本書では，イメージ・メタファー[1]の基盤などを考慮し，IS など，構造的対応関係自体がメタファーの基盤となること（構造性基盤）を主張してきた。また，前章では，評価性が基盤になること（評価性基盤）を提唱した。それならば，メタファー理論の中で，従来から述べられてきた共起性基盤と，新しく提案された構造性基盤や評価性基盤がどのように協業し，どのように補完するのか，検討する必要が生じる。

16.2.2　プライマリー・メタファーの問題

　3.2.6 で見たようにプライマリー・メタファー理論の試みは，主に，写像のギャップ，経験的基盤の欠如，他のメタファーとの区別の欠如の3点を理由として《理論

1　第5章（イメージ・メタファー）を参照。

は建物》を解体するところから始まった。本章では特に基盤との関連を中心に説明する。

Grady (1997a) は，建物の中で理論について考える，というのは量的にも質的にも不十分で《理論は建物》の基盤として認められないことを主張し，2つのメタファーに分解することを提案している。**3.2.6** の図を以下に再録する。

Organization Is Physical Structure （組織は物理的構造物である）		Viability Is Erectness （存続は直立である）	
組　織	物理的構造物	存　続	直　立
複合的かつ抽象的な全体	← 複合的かつ物理的な全体	抽象的な事や状況	← 物理的なもの
組織化された全体の個々の側面	← 物理的な部分	存続	← 直立／垂直性
論理的／因果的関係	← 物理的配列		

図1　プライマリー・メタファーによる《理論は建物》の分解

プライマリー・メタファーにはいくつかの弱点が指摘されている（鍋島, 2003c; 谷口, 2003a）が，理論面もさることながら，以下の2点が重要である。プライマリー・メタファーには言語的用例が少ない。メタファー記述のレベルに高次のスキーマを使用しており，用例の適合性判断が困難である。プライマリー・メタファーの問題意識は重要であり尊重するべきだが，その適用方法に関しては真剣に検討する必要があり，メタファー理論の他の部分との整合性を図るべきである[2]。

16.2.3　アナロジーの問題

認知メタファー理論のように，メタファーを構造的写像であると考えると，一見，メタファーは限りなくアナロジーに近く思われる[3]。アナロジー理論でメタファーを取り扱おうとする動きもある。しかし，本当にアナロジー理論と認知メタファー理論を統合してよいのか。以下にアナロジー理論の例を **1.2.3** に述べた Gentner (1983) から再録する。

---

[2] プライマリー・メタファー理論に対する本書の立場の優位性に関しては **4.10** および **10.6.3** を参照。
[3] メタファーとアナロジーのデータの説明範囲の相違に関しては本書の **1.2.3** を参照。

	太陽系		原子の構造
要素	→ 太陽，惑星	要素	→ 原子核，電子
属性	→ 黄色い（太陽），熱い（太陽），巨大（太陽）		
関係	→ 引き寄せる（太陽，惑星）	関係	→ 引き寄せる（原子核，電子）
	→ 引き寄せる（惑星，太陽）		→ 引き寄せる（電子，原子核）
	→ より大きい（太陽，惑星）		→ より大きい（原子核，電子）
	→ 周りを回る（惑星，太陽）		→ 周りを回る（電子，原子核）
	→ ある距離にある（太陽，惑星）		→ ある距離にある（原子核，電子）

図2　太陽系と原子のアナロジー

　Gentner (1983) による太陽系と原子構造のアナロジーの例では，「要素」，「属性」，「関係」を基礎概念とし，「属性」は要素を項に取る一項述語，「関係」は要素，属性，関係を項に取る二項以上の述語として，構造性が規定される。Gentner らのアナロジー理論の骨子は，メタファーでは，関係のみが対応し，属性は無視されるというものである。このアナロジー理論や 4.6 で述べたブレンディングなどの構造性でメタファーは記述しつくせるのか。そうでないとすればどのような位置づけを与えればいいのか。

16.2.4　関係の語彙の非対称性

　さらに，メタファー表現の生産性の非対称性がある。関係の表現を例に取ると，Google 検索で「近い関係」が2万件以上 (21400 件) ヒットするのに対し，「遠い関係」は 1000 件に満たない (974 件[4])。もちろん，メタファー表現の生産性にばらつきがあることは「まだら」問題として知られているが，遠近という対称的な概念に関して，これだけ生産性の非対称性が生じるのはなぜか。次節では，関係に関する実際のメタファー表現を概観する。

16.3　日本語における関係のメタファー表現

　日本語における関係を表す表現の代表的なものには，「ある」，「ない」など存在としての関係，「持つ」，「得る」，「失う」など所有としての関係，「続く」，「始まる」，

---

[4] 2005 年 6 月調べ。ちなみに，2010 年 12 月でも 269,000 件と 32,700 件であった。

「終わる」など出来事としての関係，「うまくいく」など移動としての関係，「育てる」「成長する」など生物としての関係などさまざまに考えられるが，本章では，特に重要と考えられる，線，建物，遠近，強さを考察する。16.3.1 で線としての関係，16.3.2 で建物としての関係，16.3.3 で近いものとしての関係，16.3.4 で密な，濃い，強い関係を考察する。

16.3.1 線としての関係

「赤い糸」に代表されるように，関係は「紐」や「糸」などの線状のものとして捉えられることが多い。「結ぶ」「結びつく」「切れる」「断つ」「ねじれる」などがこの例にあたる。以下，これを線メタファーと呼ぶ。

(2) 1240 年〜1350 年・・・　チュ・ユン関係が結ばれた後も同じような
www.tibethouse.jp/history/1240_1350.html[5]

(3) Web において無料の「教えてクン」と「教えるサン」が結びつく関係がうまく成り立つのか　　d.hatena.ne.jp/Yuny/20050308

(4) ところが，HR や研修部門を独立の部門として組織化した途端，現場との関係が切れ，組織内の他部署との接点がなくなり，…。
www.works-i.com/special/works66_special.html

(5) このことから，無線とリサジュー図形とは切っても切れない関係があります。　　www.uec.ac.jp/uec/uec-logo/lissajous-connection.html

(6) コントロール関係を断ち切るために；よい関係をつくるために ...
osaka.ywca.or.jp/program/regular/crayon-s.htm

(7) 財政・金融，主従関係を断て
www.econ.hit-u.ac.jp/~iwamoto/Docs/2000/Zaisei_Kinyu_ShuzuKankeiwoTate.html

(8) 太宰治「グッド・バイ」における「笑い」について：…というのは，周囲の人間関係が自分を束縛し，その束縛に絶えられなくなって自分から人間関係の鎖を断とうとしたら，　www.slis.keio.ac.jp/~aiku/goodbye.htm

(9) 中國の対外関係の中で，中日関係はある種最も「ねじれた」2 國間関係である。　　www.cass.net.cn/chinese/s30_rbs/japanese/geren/wangpin/2004zrgx.htm

(10) そういう意味で日欧・日米，特に日欧が欧米に比べて経済関係が「細い」

5　本章の Web は，特に記載のない限り，2005 年 6 月に検索したものである。

のは仕方ないという気もします。

www.mofa.go.jp/mofaj/annai/ listen/interview/intv_16.html

16.3.2 建物としての関係

「関係を築く」という言葉に代表されるように，関係が共同で建物を作るようなイメージで捉えられる表現も頻出する。「築く」「構築する」「揺るがない」「崩れる」などの用語がこれにあたる。「きしむ」は建物に関する用語とは限らないが，他の用例とともに考えた場合，建物のきしみのことであると結論して問題なかろう。また，「ぎくしゃく」や「ぎすぎす」も建物の「揺らぐ」様子，「きしむ」様子を示した擬音であると考えることは容易である。「人間関係が音を立てて崩れていく」といった表現もある。以下，これを建物メタファーと呼ぶ。

(11) VOL.47 彼と信頼関係が築けません，島田律子さん
girls.www.infoseek.co.jp/love/shimada/advise/47.html

(12) 彼は基本的に，始めは誠実な男で，ある程度の人間関係をある高さまで…
人間関係を築くことに対して一歩引いてしまったりするところがあって…
www.fujitv.co.jp/fujitv/news/report/050314.html

(13) 「もともと，円滑な人間関係を構築するのが得意でないひとが，ゲームをやるようになる」…
www.itmedia.co.jp/broadband/0312/16/lp22.html

(14) 僕らは家族のような仲間で仕事をしてきたし，これからも揺るがない関係だと思ってるよ？
plaza.rakuten.co.jp/KenBlueEye/diary/20050425/

(15) 失言などを会議で発表し，公の問題として取り上げるので大げさになり，知らなければそれですんだことで人間関係がぎすぎす
www.kingdom.or.jp/nanchie/html/04/02_06.html

(16) …すばらしい容姿や実力を持っていたとしても，コミュニケーション下手が原因で，人間関係や信頼関係がギクシャクしたのでは，
tkj.jp/tkj/bessatsu/4796645381/

(17) …反発が出ており，検定結果によっては竹島問題とともにさらに両国関係をきしませる恐れがある。
www.pressnet.or.jp/shimen/t20050329.htm

(18) …このため，公明党は自民党に「党議拘束を外した上での採決」（神崎氏）も提案しているが，それでも法案が否決されれば連立関係がきしむことは確実だ
www2.neweb.ne.jp/wd/sekisei/sub145.htm

(19) 介護期間が長くなると、次第に介護者の心身に負担が蓄積して、家族の人間関係が崩れたりすることにもなりかねません。
www.jinji.go.jp/syougai/1_3.htm
(20) 恋愛関係が崩壊した原因はどちらにある？ 楽しかった恋愛関係も壊れてしまうとつらいもの。www.nanzan-u.ac.jp/usr-cgi-bin/shinriningen/test2/check.cgi
(21) …を挙げ、「中国は中日関係を最も重要な二国間関係の一つと認識して関係発展に一歩ずつ努力してきたが、(関係を)破壊する…」。
www.tokyo-np.co.jp/00/sei/ 20050523/mng＿＿＿sei＿＿＿004.shtml
(22) 個人的には最後の、人間関係が音を立てて崩れる感じは、妙な不安に駆られました。
www.tactics.ne.jp/~baseson/hinata.htm

16.3.3 近いものとしての関係

「あいつとは近い」といった場合に親しいことを意味する用法がある。「近い関係」という表現も存在する。「接近する」「壁を破る」「距離をおく」「遠い」など遠近が関係を表す場合がある。また、近いことの極限値は接触や一体化であり、「ひとつになる」「くっつく」もこの群に入ると考えられる。以下これを、遠近メタファーと呼ぶ。

(23) ちょっとしたおためごかしが、2人の関係を急速に接近させた。
www.navigate-inc.co.jp/dodo/main/1-10.html
(24) ふたりが"友達の壁"を破れた時、次にはどんな関係が待っている？
www.nifty.com/psyche/fortune/w051_frm.htm
(25) MONOlogue : Remote complex : 近くて遠い関係
www1.sphere.ne.jp/mucci/yuju/remocom.htm
(26) 好きな匂いの持ち主（男性）と選んだ女性のDNAが極めて遠い関係にある事が分かった。…　blog.goo.ne.jp/sugarsoulangel/m/200409
(27) 読者、雑誌広告主といった、弊社にとって間接的で遠い関係にある方々…
www.alephzero.co.jp/alz/lab/name_09.html
(28) こんぴらさん | 年下の彼：…と少し距離をおいたけど…今はラブラブ…心がひとつになった瞬間！
peanut.ameblo.jp/ entry-b5aff0102119394d6a494563db0570c4.html

(29) 名物カップルがまたもや<u>くっついた</u>！ボボとカナリス嬢がヨリを戻しました
news.livedoor.com/article/detail/4078359/[6]

16.3.4 密な，濃い，強い関係

関係を表す概念としては，〈遠近〉の他に〈粗密〉〈濃淡〉〈強弱〉がある。「密接」という語は，密であるとともに，接していることを表していると考えられるが，「密」「濃い」という用語には，当事者間のやり取りが頻繁になるに従って関係が強固になっていく，粒子の濃度が高まるに従って全体の強度と一体感が高まる，といったような濃度と強度に関する引力の素朴理論のようなものが背景にあるように思われる。以下，これを力メタファーと呼ぶ。

(30) …秋葉原．御茶ノ水．四谷．日本橋．川とまちとの<u>関係が．密接だった</u>
howard.sfc.keio.ac.jp/ nihonbashi/ishikawa-nihonbashi.pdf

(31) すなわち，両国の<u>関係が密接になる</u>に従って，往々にして問題が発生するが， www.cn.emb-japan.go.jp/jp/ 2nd%20tier/05jckankei/j-c020619j.htm

(32) …要介護度が高いほど，ケアマネジャーと医師との<u>連絡関係が密</u>になっている。○医療依存度(医療処置の数)が高いほど，ケアマネジャーと医師との連絡<u>関係が強く</u>なっている。　　　　www.ihep.jp/research/h15-4.pdf

(33) ジェトロ - 制度・規格・手続き情報：…<u>売手と買手の取引関係が濃いか薄いか</u>や，そのクレームの内容及び程度，その時のマーケット状況などによって解決方法も千差 www.jetro.go.jp/jpn/regulations/import_15/04A-A21254

(34) …同国の石油会社は，欧米に比べ日本の石油会社との<u>関係が希薄であり</u>，もっと<u>関係を強化したい</u>と言っている。
www.tkfd.or.jp/publication/reserch/chikara16_8.shtml

(35) …社会学でも当初，現代の都市においては<u>関係が希薄化</u>＝二次化していくと考えられていた。internet.watch.impress.co.jp/ www/column/socio/socio06.htm

(36) ヤナセと GM，長年の<u>協力関係をより強く</u>
www.carview.co.jp/news/default.asp?id=4724&gen=2

(37) ほとんどの<u>男女関係は根本的に脆く</u>，簡単に破綻しうるものなのだ。
sultan.blog1.fc2.com/blog-entry-134.html

---

6 この Web は，2010 年 4 月に検索したものである。

以上，関係に関するメタファー表現を，線としての関係，建物としての関係，近いものとしての関係，密な，濃い，強い関係というグループに分けて概観した。次節では，これらの4つのメタファー群をもとにどのようなメタファー・システムを考えればよいかを検討する。

16.4　概念レベルと知覚レベル

　さて，本節では，16.3のデータをもとに考察をおこなう。まず，以下にいくつかの初期的観察を述べる。

　線メタファーは，「糸」，「紐」，「鎖」など，変奏はあるものの，関係を構成する二者の間になんらかの細長い物体（線）が存在し，その線が「つながっている」時には，二者間の関係が存在し，「切れる」場合には二者の関係が消滅する。線が太くてしっかりしていれば関係の永続性は高く，細くて切れそうであれば，関係の永続性は低い。関係と紐など線状の物体を結ぶ基盤は，おそらく，「手に手を取ってことに当たる」「彼らと手を組む」「別組織と手を結ぶ」など，「手」に関連しているのではないかと思われるが，関係は「線」であると捉えるならば「手」とは似ても似つかぬほど抽象化されている。

　建物メタファーは，まず，その用例が非常に多いことが特徴的である。「築く」「崩れる」「揺るぐ」[7]「きしむ」など，建物に関するさまざまな用語と推論が使用される。関係を「築く」行為は共同行為であり，建物は「しっかり」していて，「安定」しているほど，関係の永続性は高い。「隙間」があることは，関係を形成するための必要な要素に不備があることを意味し，それは，関係の永続性にとってマイナスである。建物に関する直立性と部分全体の構成が，このように十分に意味づけられている一方，関係と建物自体には《理論は建物》の場合同様，共起性基盤がない。

　遠近メタファーおよび力メタファーは，メタファーかどうか自体，直感としてあまりはっきりしない。遠近メタファーでは，近ければ関係が親密であり，遠ければ関係が疎遠であるという推論が働くが，遠い場合は，16.2.4で述べたように使用頻度が少なく，用例も「DNAが遠い関係」，「間接的で遠い関係」と人間関係でなかったり，説明的であったりする。力メタファーに関しては，関係を有する二者の間に何らかの粒子のようなものが存在し，それが密であればあるほど，つまり濃ければ

---

[7]　「建物が揺るぐ」や，「建物がぎくしゃくする」などはいいにくいので，これらは，4.7.4で述べた痕跡的多義である。痕跡的多義は，共時的な多義として問題なく成立する「ビル（関係）が崩れる」など通常の多義とは区別し，補足的な証拠として使用する。

濃いほど二者が近く，二者を引き止めておく力が強いようなイメージが感じられる。

さらに重要な点として，これらの4つの類型が有機的に関連しているように思われることが挙げられる。まず，線メタファーと建物メタファーはいくつかの推論を共有している。すなわち，どちらにおいても「近い」，「つながっている」，「ひとつになる」など，近さは関係の親密さを意味し，「関係にひびが入る」，「仲を裂く」，「絆を固める」など引き合う力や接着は関係を維持しようとする力の強さを意味する。共有されたこの2つの推論は，遠近メタファーと力メタファーに対応するように思われる。また，「線（糸，紐，鎖）」と「建物」が〈モノ〉であり，具体物であるのに対し，遠近感や力といったものは，感覚的なものである。これらを総合して，図3のような機構を提案する。

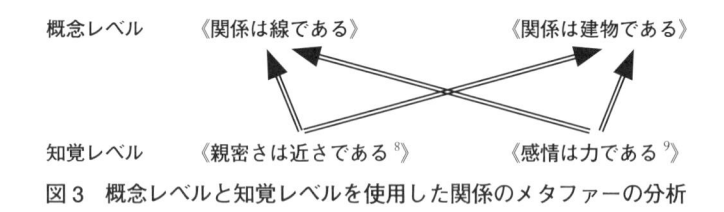

概念レベル　　《関係は線である》　　　　　《関係は建物である》

知覚レベル　　《親密さは近さである》[8]　《感情は力である》[9]

図3　概念レベルと知覚レベルを使用した関係のメタファーの分析

知覚レベルと概念レベルとは，4.1に述べたようにMandler（2004, 2005）や喜多（2002）など，知覚と概念の二大区分に対する認知科学者の直感をメタファー理論に取り入れたものである。概念レベルは，具体物に関するフレーム的知識（概念領域）

---

[8] Intimacy Is Closeness (Grady, 1997b)。本当の意味で動機づけが強いのは，「赤ん坊を抱く」，「家族が触れ合う」，「恋人が手をつなぐ」など，《親密さは接触》であると思われるが，《親密さは接触》とするとメタファーに感じられない（ただし，荒川洋平氏（個人談話，日本認知言語学会コメント）によれば，「心の触れ合い」などの表現を考慮すればメタファー表現は少なくない）。触れ合うことが親密さの表現である点でメトニミー（換喩）に近づくわけである。基盤のレベルでメタファーとメトニミーが大変近いことは既に《怒りは火》などでも知られたことなので，過去の研究との整合性はあるといえる。なお，《親密さは接触》とすると触れているか触れていないかの二価的な区分となるが，《親密さは近さ》とすると，〈遠近〉という距離の推論が導入される。接触（LINK）と遠近（NEAR-FAR）のイメージ・スキーマの連続性に関しては，山梨（1995）を参照。

[9] 激しい感情が人を行為に向けることは直感的に納得できよう。激情に襲われたとき人は，叫ぶ，手を振り回す，地団駄を踏むなど，激しい行動に出る。これをこのメタファーの基盤と考える。同じことを別の側面から捉えれば，《原因は力》（**8.2.2**），《因果は力》（**9.2**）であり，〈感情〉は〈原因〉の一種となるので，《感情は力》は《原因は力》から継承を受ける。

や，反対語，同意語等，さまざまな意味の体系の中に置かれたレベルであり，ここでは主に構造的関係が作用する。一方，知覚レベルとは，五感，快・不快，行動など，身体性に基づいたレベルである。また，構造性基盤が概念レベルで作用し，共起性基盤および評価性基盤が知覚レベルで作用すると考え，両レベルで動機づけられたメタファー表現をよりよいメタファー表現と考えると，今回の提案には以下の利点がある。

まず，第1に，プライマリー・メタファー(PM)の問題が解消する。**3.2.6** で述べたように，PM には，データの生産性の低さ，抽象的な呼称，異なるメタファーの混在といった問題点が存在した。中でも，すべてのメタファーを創出する均質な基礎メタファー群が存在するという考え方が問題であった。PM の理論では，《関係は建物》は，《親密さは近さ》および《感情は力》に<u>還元できる</u>ことになるが，例えば，「関係が音を立てて崩れていく」という表現にまつわる推論とイメージの鮮明さは，後二者のメタファーから予測できない。PM を身体的基盤のレベル，概念メタファーを概念と構造性および概念に基づいた概念推論の働くレベルと位置づけ，メタファーを両レベルの協業と多重制約充足過程（process of multiple constraint satisfaction）と考えることで，メタファー理論が明確化する。従来の概念メタファーを単なる複合メタファーと位置づけることでは，メタファーの持つ推論機能と喚起力を十分に説明できないのである。

第2に，アナロジー理論およびブレンディング理論に欠けているものが明確になる。構造的写像をメタファーの特徴と考える認知メタファー理論は，アナロジー理論に近いものになるが，アナロジー理論において2つの領域を結び付けるのは構造性だけであり，身体性の観点が抜け落ちている。概念レベルと知覚レベルを設定することによって，アナロジー理論に欠けている知覚と身体性の観点が明確になり，アナロジーが概念的対応関係のみを取り扱っていることが明示される。

第3に，基盤の整理がしやすくなる。**4.9** に述べたように，従来の共起性基盤だけでなく，(IS 基盤を含む) 構造性基盤および評価性基盤を認めた場合，共起性との関連が気になる。本章の主張に従えば，三者は異なるレベルに起源を持つ基盤であり，両レベルの協業と多重制約充足の過程が，メタファーの可能性を規定すると同時に制約を与える。

第4に，関係のメタファーにおける「近い」関係と「遠い」関係という表現の生起頻度の非対称性が簡単に説明できる。知覚に基づいた基盤が存在するのは，《親密さは近さ》だけであって，「遠い」という表現が可能になるのは，〈遠近〉という概

念的対応関係から二次的に派生すると考えるのである。このように考えれば，どうして，「近い関係」が実感に近く，「遠い関係」が実感とやや異なるのかが明確になる。親しい人と肌を触れ合うほど傍にいることは，実際の経験からの基盤を伴っており，その意味でより感覚的に理解しやすいのである。

次節では概念レベルと知覚レベルを使用したメタファーの分析例を紹介する。

16.5　概念レベルと知覚レベルを使用したメタファーの再分析

本節では，概念レベルと知覚レベルを使用したメタファー分析として，**16.5.1** で《怒りは火》メタファーを，**16.5.2** で《理解は見ること》メタファーを，**16.5.3** で《貧困は病》メタファーを，**16.5.4** で現実のメタファーを検討する。

16.5.1　《怒りは火》メタファー

導入部で紹介した《怒りは火》メタファーに概念レベルと知覚レベルを適用すると図4のようになる。

推論の付加と構造対応

《怒りは火》　←　　火，空気，くすぶる，鎮火，再燃，燃料

概念レベル

↑
具現化

知覚レベル　　　怒り—熱　{怒ると体温が上昇}

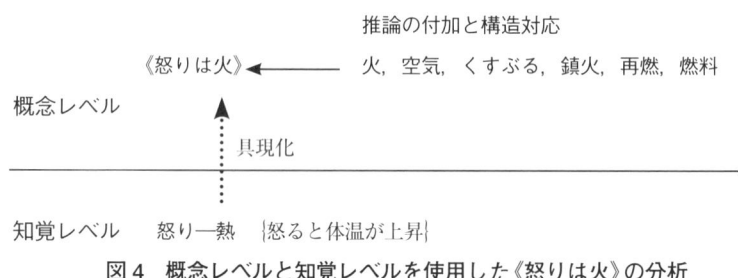

図4　概念レベルと知覚レベルを使用した《怒りは火》の分析

怒ると体温が上昇するという関係からこのメタファーは知覚レベルに基盤を有する。熱が火に変化するのは，具現化による連想関係である。また，体温の上昇という37度レベルの話から，数千度という火のレベルまで温度上昇するのは，誇張法（exaggeration）ともいえる。いったん火と概念化されると，「火」，「空気」，「くすぶる」，「鎮火」，「再燃」，「燃料」など，火に関連するさまざまな推論を援用することが可能になる。これは，《怒りは熱》メタファーにはない推論で，〈熱〉から〈火〉への転換があってこそ実現する推論である。また，その意味でいえば，豊かな構造性，豊かな推論を持つ領域は，それ自体でメタファーの使用を促進する基盤になるといえよう。

16.5.2 《理解は見ること》メタファー

視覚領域（鍋島, 2004b）も重要な推論を生む。視覚領域には見る人，見られるもの，視点，障害物などさまざまな要素が関わってくる。

推論の付加と構造対応

《理解は見ること》 ← 光，焦点，立ち位置，障害物 …

概念レベル
　　↑
　　｜継承
―――――――――――――――――――――――――
知覚レベル　　理解―知覚　|知覚情報から理解が発生|

図 5　概念レベルと知覚レベルを使用した《理解は見ること》の分析

知覚情報から理解が発生することは知覚レベルの共起関係と考えられる。この際，知覚には，五感すべてが入る。その1つとして，視覚があるが，視覚に関する我々のフレーム的知識は豊富である。このフレーム的知識が概念レベルで利用されることによって，理解することに対する知識が視覚の知識を援用するかたちで構造化され，豊富な推論が付加されると考えられる。

16.5.3 《貧困は病》メタファー

第 13 章（問題のメタファー）で，障害，重荷，問題，病，敵などさまざまなマイナスの評価性を持つ概念が互いにメタファーを形成できることがわかっている。そういった評価性を基盤にして〈病〉と概念化された「貧困」問題は，疾病や医療領域の推論を経て豊富なメタファー表現を作り出す。

推論の付加と構造対応

《貧困は病》 ← 病原菌，伝染，大発生，病気，治療，注射，薬，手術

概念レベル
　　↑
　　⋮具現化
―――――――――――――――――――――――――
知覚レベル　　貧困―嫌だ　|評価性基盤|

図 6　概念レベルと知覚レベルを使用した《貧困は病》の分析

16.5.4　現実のメタファー

第10章（現実のメタファー）では，現実と理想に関するさまざまなメタファー表現から，重要なメタファーとして，《現実は下・理想は上》，《現実はここ・理想は彼方》，《現実は触覚的》を抽出し，Sモードにおける上下と遠近の考察などから《現実はここ・理想は彼方》をそれらの中心的なメタファーとして主張した。この際，第10章で既に見たように，《現実はここ》が主要なメタファーで，《理想は彼方》は派生的であると信じるには，理由があった。まず第1に，理想に限らず，〈夢〉，〈希望〉，〈未実現〉などが，〈遠〉と概念化されるが，これらは，現実でないという否定によって構成される。第2に，現実に関しては，「受け入れる」，「目の当たり」，「苦い」（接触が前提），「感触」（接触が前提），「戻る」など，さまざまな「ここ」を意味するメタファーが見つかるが，理想に関するメタファーは（「理想は高い」，「理想を追う」，「理想は遠い」など）単純で類型的である。そこで，現実のメタファーに関して図7のような図式を提案する。

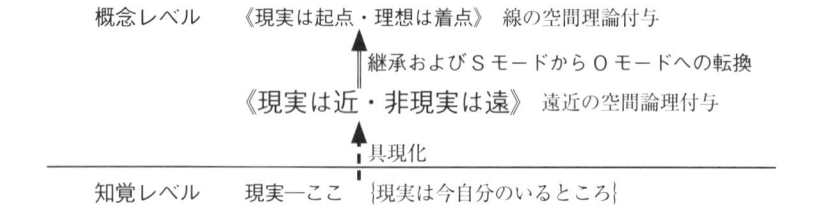

```
概念レベル    《現実は起点・理想は着点》  線の空間理論付与
                        ↑
                        │ 継承およびSモードからOモードへの転換
              《現実は近・非現実は遠》  遠近の空間論理付与
                        ↑ 具現化
────────────────────────────────────────
知覚レベル    現実—ここ  {現実は今自分のいるところ}
```

図7　概念レベルと知覚レベルを使用した現実のメタファーの分析

つまり，図7では，現実とはまさにここであるという状況を基盤（動機づけ）として《現実はここ》というメタファーが存在し，これから《現実は近》というメタファーの対極として〈理想〉や〈非現実〉が〈遠〉として概念レベルで導出されるという考え方である。日常や現実に関して，過去に NORMAL STATES ARE HERE (Lakoff, 1993)，EXISTANCE IS HERE (Espenson, 1991)，THE PRESENT MOMENT IS HERE (Emanatian, 1992)，CURRENT STATES ARE HERE (Taub, 1996) などが提案されているが，基盤を追求すればするほどメタファーらしくなくなるという現象はここでも同様に見てとれる。

16.6 まとめ

本章では関係のメタファーを検討しながら，メタファー理論に知覚レベルと概念レベルの区分を導入することを主張した。16.2 で本章の4つの出発点として，基盤の問題，プライマリー・メタファーの問題，アナロジーの問題，「関係」の語彙の非対称性を問題意識として挙げた。16.3 では関係のメタファーに関するデータを日本語で検討した。関係のメタファーとして重要なものに，《関係は線》，《関係は建物》を特定し，その他，遠近で捉える群，関係を粗密，濃薄，強弱で捉える群が存在した。16.4 ではこれらのデータを 4.1 で導入した知覚レベルと概念レベルという区分で分析することを提案した。また，関係のメタファー表現の言語的一般化を捉え，過去の理論的問題点を統一的に解決，説明する論理的道具立てとしてメタファー理論にこの区分の導入が有効であることを主張した。16.5 では概念レベルと知覚レベルの有効性を示すデータとして，《怒りは火》，《理解は見ること》，《貧困は病》，《現実はここ》の4つを取り上げた。

知覚レベルと概念レベルの区分を認知メタファー理論に導入することにより，身体性基盤（動機づけ）を重視するプライマリー・メタファー理論の精神を生かしつつ，豊富な推論を持つ従来の概念メタファーの重要性も再認識できる。崩壊することに伴うイメージ，音，揺れ方，きしみ方，など，基本レベルに近い豊富な推論を有する概念レベルは，身体性の基盤である知覚レベル同様重要である。近年研究の進んでいる基盤の種類の多様化（Grady, 1999; 鍋島, 2003c）に対して，本章の提案は，共起性基盤，構造性基盤，および評価性基盤の三者に明確な位置づけを与えることになる。さらに，認知メタファー理論と非常に近い関係にあるアナロジー理論（Gentner, 1983 など）との整合性と相違が明確化する。加えて，認知科学において妥当性の高いこの区分を認知メタファー理論に導入することにより，認知科学全般における認知メタファー研究の取り扱いが進むと考えられる。

次章では，ことわざのメタファーを取り上げ，ブレンディング理論の一般スペースを使用しながら，複数のメタファーやメトニミーがことわざの理解に合成されながら働くさまを考察する。

第17章
ことわざのメタファー

サキ	基盤	モト		キーワード
理解	←	見ること		ことわざ
偏狭	←	小さい		合成
企業組織	←	生命体		ブレンディング理論
良いこと	←	前		一般スペース
重要性	←	規模		

17.1 はじめに

(1a)は日本語のことわざであるが，タイ語にも同様の意味を持つ類似したことわざ(1b)が存在する。

(1) a. 井の中の蛙
　　b. kob nai kala (Thai)[1]
　　　 frog in coconut
　　　「ココナッツの中のカエル」

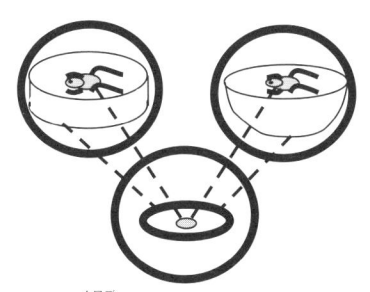

図1　「井の中の蛙（カワズ）」と「ココナッツの中のカエル」

---

[1] Sruangsuda Vongvatchana氏のご教示による。また，フィリピン語にも同様のことわざがあるらしい。

(1b) を聞き及び,「日本語とタイ語のことわざは全く同じだね」, といった人がいたが, (1a) と (1b) は厳密には異なる。カエルの存在する場所が「井戸」であるか「ココナッツ(の殻)」であるか, という相違である。一方,「井戸」と「ココナッツの殻」を「全く同じ」と感じてしまう気持ちも理解できる。すなわち,「小動物がいて外が見えない狭い場所」という点では同じだからである。

「井戸」と「ココナッツの殻」を「全く同じ」と感じるのは, どのような理由からか。また,「井の中の蛙」という言葉から,「小さな社会にいて外の世界を知らず, 自分はえらいと思い込んでいる自信過剰な人物」という解釈が得られるのはどのような機構によるのか。このような疑問への回答, あるいは回答の糸口を提示しようとする試みが本章である。

本章の構成は以下の通りである。本 17.1 に続いて, 17.2 から, 日英の4つのことわざを取り上げ, ブレンディング理論から一般スペースのみを利用する形で分析を加える。4つのことわざは 17.2 井の中の蛙, 17.3 空き樽は音が高い (Empty vessels make the greatest sound.), 17.4 鶏口となるとも牛後となるなかれ, 17.5 硬い木は折れる (Oaks may fall when reeds stand the storm.) である。17.6 はまとめである。

17.2　井の中の蛙(カワズ)

井の中の蛙の例では, 少なくとも1つのイメージ・スキーマ (IS), 1つのオントロジ・スキーマ (OS), 2つのメタファーが関わっている。まず, IS として, 社会を閉空間と考える〈容器〉のスキーマが関連している。さらに, OS として〈動物〉のスキーマ(人間とカエル)が関わっている。動物がよく人間に擬されるのは第 7 章に見た通りであり, その逆も 4.9.4.1 で論じた通りである。

メタファーとしては次の2つのものが考えられる。1つは, 13.3.2 で見た Understanding Is Seeing《理解は見ること》である。カエルが井戸の中にいるということから「外の世界が見えない」わけであるが, これが「外の世界のことを知らない」という意味になるのはこのメタファーの働きと考えられる。もう1つのメタファーは, Narrow-minded Is Small《偏狭なことは小さいこと》とでも呼べるものである。このメタファーは過去に特に記述されていないが, (2) のような例を考えるとその存在は容易に想像しうる。

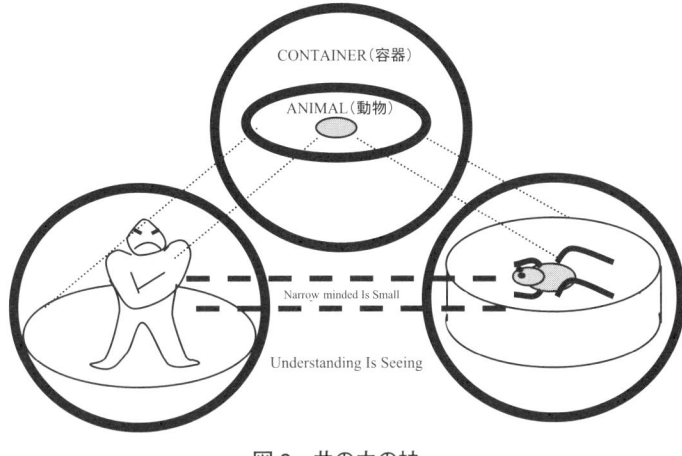

図2　井の中の蛙

(2) a. There were a prince with a big heart and a princess with a small heart.
　　b. 彼は心が広い／狭い
　　c. 彼は（器が）大きい／小さい

《偏狭なことは小さいこと》というこのメタファーの存在によって，蛙という小動物が，人間として未発達の自己中心的な存在という解釈を受けることになる。IS および OS を一般スペースに入れ，それらから2つのスペースをつなぐとともに，共起性基盤に基づいていると思われるメタファーを横の線でつないだものを**図2**として挙げる。

17.3　Empty Vessels make the greatest sound.（空き樽は音が高い）

「中身のない人は概して威勢よく大きなことばかり言う」という意味のこのことわざには，少なくとも1つのIS，1つのカテゴリー性，1つのメトニミー，2つのメタファーが関わっている。IS は，〈容器〉のスキーマである。人間を「樽」と捉えることは稀でも，体は容器，心は中身と考えるメタファーは頻出する。このメタファーを前提とすれば，人間と樽が〈容器〉のスキーマで結ばれることになる。

「声は音の一種である」「樽の響きは音の一種である」と**2.6**で見たカテゴリー性のテストに合致することから，「声」も「樽の響き」も「音」という上位カテゴリーを共有しているといえる。さらに，「声」は「意見」や「主張」を意味し，これは意見

第17章　ことわざのメタファー | 323

や主張が声という媒体で伝えられることから，素材で実体を表すような一種のメトニミーと考えられる．

メタファーの方は，Essential Is Internal《重要なものは内部》と Perceivable Is Up《知覚できることは上》で両者とも Grady (1997b) に記述されている．樽の中身がないことが，人間として内容がないことに対応している．また，「音が高い」は「声が大きい」ことに対応し，これに先ほどのメトニミーが加わって「主張が激しい」という意味に理解できる．

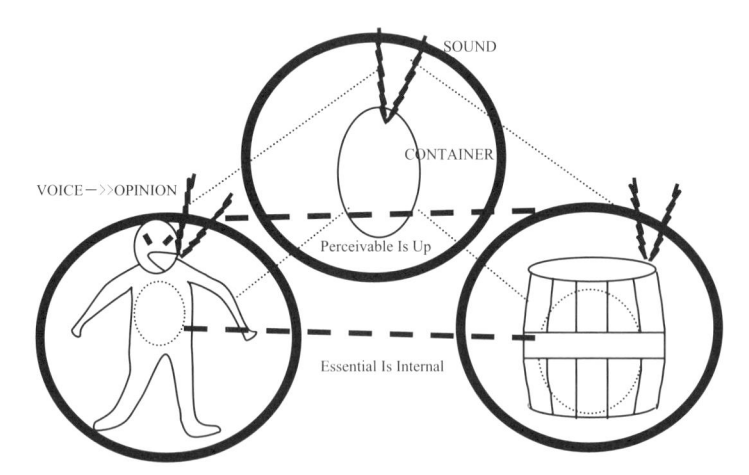

図3 Empty Vessels make the greatest sound.（空き樽は音が高い）

17.4　鶏口となるとも牛後となるなかれ

この有名なことわざには，2つの IS と2つのメタファーが少なくとも関わっている．まず，モト領域とサキ領域で参加する参与者の数が一致しており，これが 4.9.2.5 で見た〈数〉のスキーマといえる．モト領域の「鶏」と「牛」という2つの参与者は，大きさの面で大小のペアをなしており，サキ領域で2つの組織体，例えば，大小2つの企業などに対応している．ここにはさらに，《組織は生命体》といったメタファーが存在する可能性もある．さらに2つの参与者（鶏と牛）では，その部分である身体部位（口と尻）が注目を受ける．ここにはそれぞれの参与者に関して，2.5 で挙げた〈部分全体〉のスキーマが作用している．

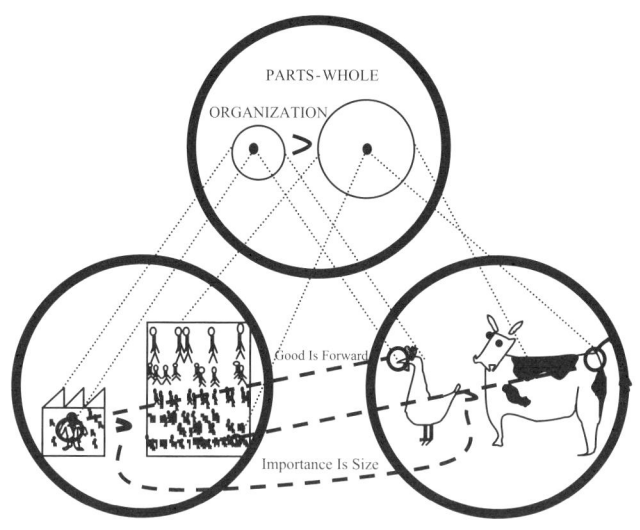

図4　鶏口となるとも牛後となるなかれ

　次にメタファーとして，Good Is Forward《良は前向き》と Importance Is Size《重要性は大きさ》が存在する。両方とも Grady (1997b) に記述されているメタファーである。そこで，このことわざは，評価性を持つ〈前後〉と〈大小〉という2つの軸が，二者択一的な関係にある場合（大きい組織の追従者か小さい組織のリーダーか），どちらを優先すればよいかについて述べたことわざである。「口」が「前」を意味するのはややわかりにくいメトニミーであるが，「牛後」との対比から判断可能であろう。なお，「前」が企業などの「トップ」（えらい人）に対応するのは，企業などが目的を持って目的の達成に向かって進む移動物と捉えられるためと推察され，《変化は移動》メタファーとも関連する。

17.5　Oaks may fall when reeds stand the storm（硬い木は折れる）

　「嵐が来ると，樫の木（硬い木）は折れるが，葦（軟らかい植物）は立ち続ける」という英語のことわざである。「強い人の方が逆境に弱く，普段，弱そうに見える人のほうが逆境に耐えられる」という意味であろう。このことわざには，少なくとも1つのOS，1つのIS，1つの評価性，2つのメタファー，および2つの知覚推論とそれらの読み替えが関わっている。

　第1に，樫や葦は植物であり，これが人間のことを表しやすいのは〈生物〉のス

第17章　ことわざのメタファー | 325

キーマというOSを共有しているからである。さらに，人間と植物は両方とも，重力に抗して均衡を保ちながら直立している。これは，2.5のISリストにおける〈直立〉のスキーマと考えられる。また「嵐」は悪い出来事一般を表していると思われるので，「嵐」と具体的な逆境には評価性が関わっている。

メタファーは少なくとも2つある。「嵐」の解釈には，評価性とともに，既に特定されている《状況は天候》(Circumstances Are Weathers, Grady, 1997b) が関連するといえよう。また，「倒れる」の解釈には，《良は上・悪は下》または《存続は直立》といったメタファーが必要となる。

最後に興味深いのは，「硬い」と「軟らかい」の解釈とその変化である。通常の状況では，Strong is hard（「強いことは硬いこと」），Weak is soft（「弱いことは軟らかいこと」）といった解釈がなされる。これをメタファーと呼ぶべきか，本書でいう知覚推論と考えるべきかは検討の余地がある。一方，逆境においては，「硬い」と「軟らかい」の評価性が逆転し，Rigid is hard（「融通が利かないことは硬いこと」），Flexible is soft（「柔軟なことは軟らかいこと」）とでもいった異なる特性に焦点があたり，解釈が逆転する。

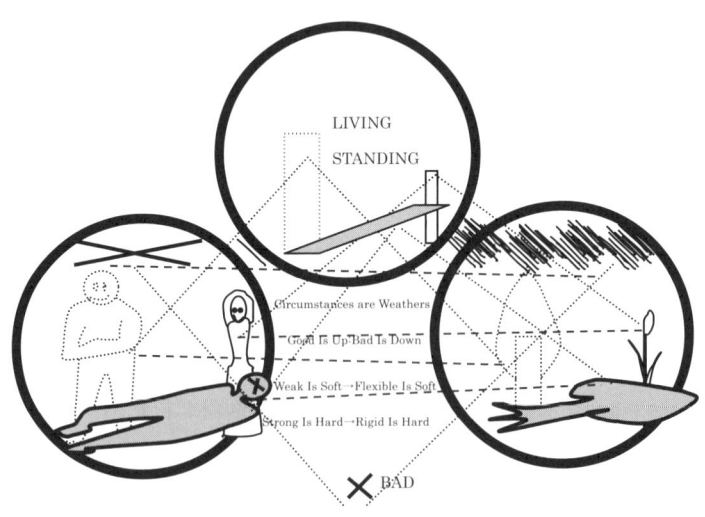

図5 Oaks may fall when reeds stand the storm（硬い木は折れる）

図5は，通常の状況と非常時の状況を1つの図に収めているので繁雑になっているが，以下のようなことを示している。まず，右側の入力スペースから説明をす

る。右の入力スペースには，大きな木と細い葦が直立した図が描かれている。大きな木は嵐の際に倒れるので，点線で描かれている。両者の上に書かれた黒い線の反復は黒雲を意味しており，嵐の状況を示す意図である。この際，硬い木は折れるので，灰色で示された木が右斜めに倒れた形になっている。

　左の入力スペースにも，直立した二者が配置されている。左側が一般に強いと思われる人，右側が一般に弱いと思われる人で，屈強な男性と，か細い女性のイメージで描かれている。強い人は困難な状況の際に倒れるので，点線で示してある。困難な状況は，図示が難しいので，右スペースの黒雲にあたる位置に大きく×で示すことにした。困難な状況時，強い人が倒れた状態は灰色の倒れた人物像で示している。

　さて，ここまで日英のことわざから，**17.2** で井の中の蛙，**17.3** で空き樽は音が高い，**17.4** で鶏口となるとも牛後となるなかれ，**17.5** で硬い木は折れるを考察した。次節では，これらのことわざに登場したメタファーの基盤を検討するとともに，メタファー理論とブレンディング理論の関係に考察を加える。

17.6　まとめ

　本章では，ことわざを対象に一般スペースを用いて，ブレンディング流のメタファー分析を試みた。一般スペースには上位カテゴリーやISを表示した。これによって判明したことが2点ある。第1に，動物，生物，容器，部分全体といったカテゴリー関係やISは，ことわざの理解に重要な役割を果たしていることである。第2は，その一方，《偏狭なことは小さいこと》，《理解は見ること》，《知覚できることは上》，《良は前向き》，《重要性は大きさ》など，一般スペースには入らない入力スペース同士のメタファーも残るということである。これは認知メタファー理論における身体性と共起性基盤の正しさを示唆しているように思われる。森 (2002) の結論とも合致する。

　本章の結論に従えば，ブレンディング理論の一般スペースはメタファー理論に必要であるが十分ではない。**4.1** および **16.4**, **16.5** で詳述した知覚レベルと概念レベルの区分に従って考えれば，ブレンディング理論と一般スペースは，概念レベルにおける構造の類似性を明示するのに有効であるが，知覚レベルにおける共起性を表示できないので，それだけでは不十分である，という結論になる。本章の指し示す方向性は，メタファー，カテゴリー関係，メトニミーなどのさまざまな認知機構が連携して事象の理解を構成しているというエコロジカルで多重制約充足的な機構で

17.6 まとめ

ある。

　今後の課題もある。**17.5**で,〈悪天候〉と〈悪い状況〉に共通するマイナスの評価性を下に表示したが,その是非が1つである。評価性はブレンディング理論においてどこに表示すればよいのか。評価性を含む知覚レベルを表示できないのがブレンディング理論の限界であると考えられるが,評価性を知覚レベルで取り扱うべき現象と仮定すると,概念レベルの関係を記述するブレンディング理論の,さらに概念的でスキーマ的な関係を取り扱う一般スペースに入ることは奇妙である。また,一般スペースには,それ以外にも上位カテゴリーおよびスキーマの両方を入れたが,これらの区別は必要かどうかという点の検討の余地があり,これは究極的にはカテゴリー化とスキーマ化の相違をどう考えるかという問題につながる。今後の研究を待ちたい。

第18章

結　論

　本書は，認知メタファー理論の新しい枠組みである身体性メタファー理論を使用して日本語のメタファー表現の紹介と分析を試みた研究である。身体性メタファー理論は，発達心理学の知見を取り入れ，SモードおよびS評価性という身体性の要素を重視した認知メタファー理論である。中心にはメタファーの合成を据え，従来の共起性に加えて構造性，評価性，カテゴリー性を基盤に取り入れ，複数の基盤とメタファーが多重制約充足的に機能する機構を想定している。

　本書の構成は以下の通りであった。全体の枠組みとメタファーの基本的定義，メタファーにまつわる疑問を第1章で説明した後，第2章では，認知言語学の前提と概念を紹介した。さらに，第3章では，認知メタファー理論の道具立てを概観し，その発展を時系列で追った。第4章では，本書の大元となった鍋島（2007a）で導入された「身体性に基づく認知メタファー理論（身体性メタファー理論）」の枠組みを詳細にわたって紹介した。

　第5章では，イメージ・メタファーを取り扱い，イメージとイメージ・スキーマの連続性，およびイメージ・メタファーと概念メタファーの連続性を見た。第6章では，水のメタファーを題材に感情のメタファー（「不満を垂らす」，「勇気が湧き上がる」など）の生産性のばらつきを「まだら」問題と定義し，メタファーの合成による解決を提示した。また，共起性基盤がないメタファー表現も構造性基盤によって可能になるが，表現の生産性は共起性基盤の強さと連動するという興味深い方向性が示唆された。

　第7章では，擬人のメタファーを取り上げた。認知発達研究の結果と合致するカテゴリー観の，人間性の階層に従って擬人は幅広く拡張する。メタファーの基盤も

形状の類似，構造の類似，評価の類似などさまざまな場合があった。また，直立したものとして捉えると，そこから頭，首，肩などの具体化がおこなわれやすいことがわかった。動き…▶動物…▶人間，変化…▶意思主体…▶人間など，擬人と呼ばれるものの多くに，具現化が関与していた。

　第8章では，線と移動のメタファーを取り扱った。事象構造メタファー（ESM）および日本語の《活動は移動》メタファーを取り上げた。〈変化←移動〉〈原因←力〉〈進捗←距離〉〈困難←移動の妨げ〉〈完成←到着〉〈手段←経路〉などが日本語でも存在することがわかった。日本語でESM自体の通常の動詞表現がほとんど存在しない点は今後の課題である。

　第9章では，移動とも関連の深い因果のメタファーを取り扱い，Talmy（1985）のフォース・ダイナミックスが因果の様態をよく表現することを確認した。また，事象の変化が，植物の生長過程，動物の成長過程と捉えられていることは，生物や動物の認識に自律的変化が重要な役割を果たしているという発達研究と連動するものである。さらに《活気のある出来事は火》という概念化では，因果と《興奮は熱》といったようなメタファーが合成されている可能性が示唆された。

　第10章から第12章では，Sモードに関連するメタファーを取り上げた。第10章は，現実と理想という概念を取り扱い，《現実は下・理想は上》，《現実は近・理想は遠》，《現実は触覚的》といったメタファーの中でも，《現実は近・理想は遠》を特に重要とした。触覚は近感覚で，〈今ここ〉のメトニミー的表現であり，上下もSモード（主観的事態把握）における遠近を意味するという主張である。日英語では，英語が現実を「触覚」から「掴むもの」，「敵」として表現するのに対し，日本語では「受け入れる」という表現が多く，受動的な日本文化を示唆するような対立となった。

　第11章では，「可能性は薄い」という表現を含むメタファーを取り扱った。ここでは，《可能性は濃淡》にまつわる「まだら」問題は可能性に関する〈濃淡〉と善悪に関する〈白黒〉が衝突を起こすためと主張した。また可能性が薄いというメタファーの基盤は，《現実は近・非現実は遠》であり，その根拠を〈遠〉のSモードでの表出の1つが「薄く見える」ことに求めた。第12章では，希望のメタファーを取り扱った。希望のメタファーは「水」「生物」「膨らむ」などでは感情のメタファーの継承を受け，「線」「上」「光」は《現実は下・非現実は上》という現実のメタファーから継承を受けている。

　第13章から第15章は特に評価性に関連するメタファーを取り上げた。第13章では，問題のメタファーを取り扱った。《問題は敵》，《問題は重荷》，《問題は障害物》

に関しては，困難に関するメタファーの一種としての継承，「問題は見えない」は《理解は見ること》の具現化であり，《問題は植物》の中間的なステータスが明らかになった。この他《問題は病》も挙げられた。また，〈個体〉志向の英語に対して〈連続体〉志向の日本語という池上（1981, 1983）の文化類型が検証された。

第14章では，善悪のメタファーとして《善は白・悪は黒》，《善は上・悪は下》，《善は整・悪は乱》，《善は直・悪は曲》といったメタファーが存在することを特定した。「モラルの崩壊」，「モラルの腐敗」などの表現では，複数のメタファーが合成されており，合成が印象的で利用頻度の高い表現を生む可能性が示唆された。

第15章ではメタファーの基盤としての意味論のなかで「価値（value）」，「判断（judgment）」，「評価（evaluation）」などと呼ばれ，周辺的な位置づけしか与えられていなかった評価性にテストを与え，その重要性を主張した。さらに，楠見（1995）を受けて評価性がメタファーの基盤に重要な位置を占めることを言語学的に例証した。

第16章は，関係のメタファーを題材として，知覚レベルと概念レベルによるメタファー分析を紹介した。関係のメタファーとしては，《関係は線》，《関係は建物》が特定され，どちらにも《親密さは近さ》，《感情は力》が関わっているという合成の立場が取られる。さらに《怒りは火》，《理解は見ること》，《貧困は病》，《現実はここ》などの4種類のメタファーで知覚レベルと概念レベルの区分を考察した。第17章は，ことわざの意味をIS，OS，メトニミー，メタファーなどの合成で標記した。また，ことわざではさまざまな要素の解釈に複数のメタファーが使用されることが例示された。

メタファーが異なる2つの領域の構造的対応関係（写像）であれば，どうして特定の2つの領域が結びつくのかが重要である。この「領域をつなぐもの」が基盤（動機づけ）である。本書では基盤として認知メタファー理論でいわれてきたような共起性だけではなく，構造性（形状的類似性，イメージ・スキーマ的類似性，構造的類似性），評価性，およびカテゴリー性が存在することを例証した。

さらに，メタファー表現を作るためにこのような基盤やフレーム，イメージ・スキーマ，知覚推論，カテゴリー，メトニミーが協業し，合成，衝突，具現化など複雑に関連する多重制約充足的過程を示した。個々の機構は実際には，意外に単純であり，動き，力，空間認知，水，熱，直立，動物，植物，人工物などの日常的な概念が，これら機構と連携して，複雑なバリエーションを生み出しているさまが見て取れた。この複雑なバリエーションを生み出す仕組みの中心が合成であるが，この合成はDodge and Lakoff (2005)が述べるように，身体や脳の異なる部位が並列的に

活性化されることを前提とする認知メタファー理論においてはごく一般的な現象と理解できる。

-Linguistic schemas can form complex superpositions because the corresponding brain structures can be active simultaneously.（言語的スキーマは複雑な重ね合わせが可能である。これは対応する脳の部位が同時に活性化できるからである。）

（Dodge and Lakoff, 2005: 86）

身体およびその見取り図である脳にとって，並列処理は常態であるので，知覚と運動といった身体のさまざまな機構に依存して働くメタファーの創造と解釈にとっても合成は常態であるといえよう。

第19章
あとがき

　本書の各章は，部分的に既発表論文に基づいている．該当する章と，その元になった拙論を以下に示す．本書に採用する際に改善された部分，逆に全体との関連でやむを得ず削除した部分などがあるのでご興味のある方は原典もご覧いただければ幸いである．

第3章　3.2節　鍋島（2003a）「認知意味論：バークレー，ヨーロッパのメタファー研究を中心に」『英語青年』

第5章　田井・鍋島（2006）「『砂時計の腰』，*ponytail*，『白魚の指』―イメージ・メタファーの理論的位置づけ，および認知文法ならびにイメージ・スキーマとの関連性―」『日本認知言語学会論文集』

第6章　鍋島（2000）「水の比喩―日本語の比喩研究における方法論に関する一考察―」第120回日本言語学会秋季大会口頭発表

第7章　鍋島（2001c）「有情と比喩―見立てによる構文と表現の拡張―」国語学会2001年度秋期全国大会口頭発表

第8章　Nabeshima（1996）Event structure metaphors in Japanese　第3回国際認知言語学会（アムステルダム）口頭発表

第9章　鍋島（2002c）「Causation（使役／因果）の概念化―認知メタファー理論の視点から―」関西大学『文学論集』

第10章　鍋島（2008a）「現実と理想のメタファー―主観性および身体性との関連から―」『ことば・空間・身体』　ひつじ書房

第11章　鍋島（2001b）「『可能性』はなぜ『薄い』のか―比喩の合成と衝突が生産性

を抑圧する場合」『KLS』21.関西言語学会

第12章　鍋島（2002d）「『希望』の概念化―認知メタファー理論の視点から―」 関西大学『文学論集』

第13章　鍋島・菊池（2003）「『問題』の概念化―認知メタファー理論の視点から―」関西大学『文学論集』

第14章　鍋島（2001a）「『悪に手を染める』―比喩的に価値領域を形成する諸概念―」『大阪大学言語文化学』

第15章　鍋島（2007c）「領域をつなぐものとしての価値的類似性」『メタファー研究の最前線』ひつじ書房

第16章　鍋島（2006b）「認知メタファー理論に対する一提案―関係のメタファーを例に―」『KLS』26.関西言語学会

第17章　鍋島（2002b）「Generic is Specific はメタファーか―慣用句の理解モデルによる検証―」『日本認知言語学会論文集』

　雑誌論文の多くは，http://kuir.jm.kansai-u.ac.jp/dspace/items-by-author?author=Nabeshima,+Kojiro から PDF でダウンロードできる。

　認知言語学のメタファー理論を紹介し，これを日本語に実践的かつ体系的に当てはめた書物はこれまでなかったように思う。本書で取り扱った日本語はまだまだほんの一部にしか過ぎない。本書が日本における認知言語学メタファー研究の礎となり，研究プログラムがいっそう発展することを望むとともに，関連他分野との議論を通してメタファー研究一般が活性化される一助となれば幸いである。

謝　辞

　本書は関西大学に提出され2007年3月に博士号を受けた論文『比喩（メタファー）―身体的認知メタファー理論による分析―』の後半であるデータ部分を，初習者にもわかりやすいように導入を加えて再構成したものである。まず，この博士論文の主査であった長谷川存古先生に感謝の意を表したい。長谷川先生は私が関西大学に着任した時から常に支援してくださった。論文の佳境は2006年10月～11月頃であった。その間，約2ヶ月間，酒を断ち，毎日深夜までやっては，ばたりと寝て，次の朝起きるとそこからまた始めるという生活をした。提出の締め切りが近づき，私は長谷川先生に電話をかけた。どうしてもできあがりません。もう一年延ばしてもいいでしょうか。ともかく書き上げなさい。お約束のようなやり取りがあった。そのときは本気だったが後で考えると儀式のようなものであった。審査には関西大学の青山隆先生，田中俊也先生，大阪大学の由本陽子先生に関わっていただき，それぞれ貴重なコメントをいただいたことに感謝したい。

　本書の研究枠組みは認知言語学であるが，私が本格的に学び始めたのは大阪大学言語文化研究科の院生時代である。その際，関西認知言語研究会を主宰され，私や多くの院生に認知言語学を学ぶ機会，認知言語学を学ぶもの同士が出会う機会を与えてくださった河上誓作先生，山梨正明先生も恩師と呼べよう。河上先生のところには吉村あき子さん，早瀬尚子さん，谷口一美さんらが当時優秀な院生として在籍していた。また，時折参加させていただいた京都大学のKLCでは，定延利之さん，北野浩章さん，平塚徹さんあたりが中心となって活動をしていた。同級生の上野誠司さんらとこういった研究会に参加して学べたことは僥倖であった。KLCでの交流は現在に至るまで続いている。

　その後，河上先生，山梨先生を通じて，関東の先生方ともお会いする機会を得た。池上嘉彦先生，坂原茂先生，西村義樹先生，坪井栄治郎先生，大堀壽夫先生といった方々の講義を聞いたりお話を聞いたりする中で学ぶものは多かった。

　バークレー時代にはGeorge Lakoff, Charles Fillmore, Eve Sweetser, Johanna Nicholas, Jim Matisoff, John Ohala, 長谷川葉子という諸先生方や，当時院生として先輩だったJoe Grady, 小原京子さんらにお世話になった。在外研究中の井上恭英先生，杉本孝司先生，窪薗晴夫先生とお会いしたのもこのときだった。

謝辞

そのほか，認知科学，レトリック，人工知能，通訳翻訳研究などさまざまな分野で，たくさんの先生方や研究者仲間に恵まれてきた。阿部明典さん，秋元秀紀さん，Fred Anderson さん，荒川洋平さん，有光奈美さん，有薗智美さん，遠藤智子さん，藤井聖子さん，藤井洋子さん，深田智さん，古牧久典さん，林卓男さん，林礼子さん，平賀正子さん，廣瀬幸生さん，本多啓さん，堀江薫さん，堀田優子さん，干井洋一さん，今井むつみさん，井上逸兵さん，井上京子さん，石坂恒さん，李澤熊さん，岩橋直人さん，岩崎典子さん，片岡邦好さん，加藤重広さん，古賀裕章さん，小熊猛さん，小山亘さん，栗田奈美さん，楠見孝さん，Hans Lindquist さん，Peter Makin さん，町田健さん，松岡みゆきさん，松澤和光さん，松本曜さん，Mark Meli さん，宮原勇さん，水野的さん，籾山洋介さん，森雄一さん，守田貴弘さん，森山新さん，村尾治彦さん，仲本康一郎さん，中村芳久さん，中野阿佐子さん，西垣内泰介さん，西光義弘さん，野田大志さん，野口メアリーさん，野村益寛さん，野村佑子さん，野呂健一さん，大石亨さん，大久保朝憲さん，尾谷昌則さん，プラシャント・パルデシさん，眞田敬介さん，鈴木幸平さん，瀬戸賢一さん，篠原和子さん，篠原俊吾さん，染谷泰正さん，菅井三実さん，杉村伸一郎さん，鷲見幸美さん，鈴木健さん，高田博行さん，高嶋由布子さん，田窪行則さん，多門靖容さん，田中廣明さん，谷みゆきさん，豊田真穂さん，豊倉省子さん，辻大介さん，辻幸夫さん，月本洋さん，上原聡さん，碓井智子さん，山口治彦さん，吉村公宏さん，そして，文献や脚注にお名前を挙げさせていただいた先生方，その他多くの方々との交流は私の大事な宝である。

2007 年は関西大学在外研究でフランスの Institut Jean Nicod（ジャン・ニコ研究所）に滞在し，語用論研究および文脈主義という新たな視点からメタファーを考えることができた。この滞在を可能にしてくれた関西大学，今井邦彦先生，Gille Fauconnier, Leonard Talmy，そして客員研究員として私を受け入れ，さまざまな質問にも気さくにお相手くださった François Recanati に感謝したい。また，この際，漢語シンポジウムで講演されるために 1 ヶ月滞在されていた影山太郎先生にも貴重な講義シリーズと懇意にしていただいたことに感謝したい。

この研究の一部は，平成 20 年度〜 22 年度の科学研究費補助金 基盤研究（C）一般「主観性と状況認知に基づくメタファー理論の探求―認知言語学的研究―」（課題番号 20520448）の研究助成を受けている。また，平成 21 年 10 月 30 日および 11 月 2 日の国立台湾大学語言学研究所の助成による招待と二回の講演およびその際の議論も大変有意義であった。黃宣範先生，蘇以文先生，江文瑜先生，宋麗梅先生，馮怡蓁

先生，呂佳蓉先生ら諸先生方や学生の皆さんの暖かい歓迎と熱い議論は忘れられない思い出である。

　常に興味深い質問を呈してくれる関西大学の学生達，第4章のもとになったイメージ・メタファーに関する論文の共著者である田井香織さんや原稿を見てくれた2006年度のゼミ生のみんな，校正に関してお世話になった出口由美さん，稲垣あゆみさんにも感謝したい。また，くろしお出版の池上達昭さんには，ひとかたならぬお世話になった。池上さんの編集者としての力量と忍耐力がなければ本書は出版にこぎつけることはなかっただろう。

　最後になったが私の毎日を明るくしてくれる家族の裕美，龍星，優月，それから，これまで，私を育て，支え続けてくれた母，公子に心から感謝したい。

2011年4月
著者

参考文献

Acredolo, L.P. 1978. "Development of spatial orientation in infancy." *Developmental Psychology* 14, 224–234.

相澤秀一. 2002.「広告に奥行きと活気をもたらすメタファー」『言語』31-7, 66.

尼ヶ崎彬. 1990.『ことばと身体』勁草書房.

青木克仁. 2002.『認知意味論の哲学―コミュニケーションの身体的基礎―』大阪教育出版.

荒川洋平. 1999.「パーソナル・コンピュータの名称における隠喩の分析」『獨協大学諸学研究』2-2, 90–110

荒川洋平・森山新. 2009.『日本語教師のための応用認知言語学』凡人社.

有光奈美. 2007.「"half"は『半分』か？―量から質への認知的動機付けについて―」『日本認知言語学会論文集』7, 224–234.

Aristotle. 1986. *De anima – On the soul* (Translated, with an Introduction and Notes, by Hugh Lawson-Tancred). London: Penguin Books.

Aristotle. 1991. *The art of rhetoric.* (Translated, with an Introduction and Notes, by Hugh Lawson-Tancred). London : Penguin Books.

有薗智美. 2005.「身体部位(「手」,「口」)を含む慣用表現の意味分類」『日本認知言語学会論文集』5, 487–496.

東眞由美. 2006.「メタフォリカル コンピテンス(MC)の測定―MCと言語能力の相関性―」『日本認知言語学会論文集』6, 224–234.

Baillargeon, R. 1987. "Object permanence in 3.5- and 4.5-month-old infants." *Developmental Psychology* 23, 655–664.

Baillargeon, R., J. DeVos. and M. Graber. 1989. "Location memory in 8-month-old infants in a non-search AB task: Further evidence." *Cognitive Development* 4, 345–367.

Barcelona, A. 2000. *Metaphor and metonymy at the crossroads: A cognitive perspective.* Berlin・New York: Mouton de Gruyter.

Barsalou, L.W. 1983. "Ad hoc categories." *Memory & Cognition* 11, 211–227.

Barsalou, L.W. 1985. "Ideals, central tendency, and frequency of instantiation as determinants of graded structure in categories." *Journal of Experimental Psychology: Learning, Memory, and Cognition* 11, 629–654.

Barsalou, L.W. 2008. "Grounded cognition." *Annual Review of Psychology* 59, 617–645.

Barwise, J. 1989. *The situation in logic.* Stanford: CSLI Publications.

Bateson, G. 1972. *Steps to an ecology of mind.* San Francisco: Chandler Publishing Company.

Beardsley, M. C. 1962. "The metaphorical twist." *Philosophy and Phenomenological Research* 22–3, 293–307.

Benveniste, E. 1974. "La Forme et le sens dans le langage." *Problèmes de linguistique générale* 2. Gallimard, 215–238.

別府 哲. 1999.「視線によるコミュニケーション―障害を持たない子どもと自閉症児の比較を通して」正高信男 編.『赤ちゃんの認識世界』ミネルヴァ書房, 157–198.

Bergen, B., S. Narayan, and J. Feldman. 2003. "Embodied verbal semantics: evidence from an image-verb matching task." *Proceedings of the 20th Cognitive Science Conference.*

Berlin, B. and P. Kay. 1969. *Basic color terms: Their universality and evolution.* Chicago: University of Chicago Press.

Berlin, B., D. E. Breedlove, and P. H. Raven. 1974. *Principles of Tzeltal plant classification.* New York: Academic Press.

Black, M. 1954. "Metaphor." *Proceedings of the Aristotelian Society* 55, 273–294.

Black, M. 1979. "More about metaphor." In Ortony, A. ed., *Metaphor and thought.* Cambridge: Cambridge University Press.

Boroditsky, L. 2000. "Metaphoric structuring: Understanding time through spatial metaphors." *Cognition* 75, 1–28.

Bower, T.G.R. 1979. *Human development.* New York: W.H. Freeman and Company.

Brugman, C. 1981. *The story of over.* MA thesis, University of California at Berkeley.

Bybee, J. L. 1985. *Morphology: A study into the relation between meaning and form.* Amsterdam: John Benjamins.

Calvo, P. and T. Gomila eds. 2008. *Handbook of cognitive science: An embodied approach.* Amsterdam: Elsevier.

Carey, S. 1985. *Conceptual change in childhood.* Cambridge, MA: Bradford.

Charteris-Black, J. 2004. *Corpus approaches to critical metaphor analysis.* London: Palgrave.

Chomsky, N. 1957. *Syntactic structures.* The Hague: Mouton.

Cienki, A. 1998. "STRAIGHT: An image schema and its metaphorical extensions." *Cognitive Linguistics* 9–2, 107–149.

Clausner, T. and W. Croft. 1997. "Productivity and schematicity in metaphors." *Cognitive Science* 21, 247–282.

Clausner, T. and W. Croft. 1999. "Domains and image schemas." *Cognitive Linguistics* 10–1, 1–31.

コンピュータ用語辞典編集委員会 編. 1996.『英和コンピュータ用語大辞典』日外アソシエーツ.

Cooper, W. and J. R. Ross. 1975. "World order." In Grossman, R.E., L. J. Sanand, and T. J.Vance eds., *Papers from parasession on functionalism.* Chicago: Chicago Linguistics Society, 63–111.

Coulson, S. 2000. *Semantic leaps: Frame-shifting and conceptual blending in meaning construction.* Cambridge: Cambridge University Press.

Croft, W. 1991. *Syntactic categories and grammatical relations: The cognitive organization of information.* Chicago: The University of Chicago Press.

Croft, W. 2001. *Radical construction grammar.* Oxford: Oxford University Press.

Croft, W. and A. Cruse. 2004. *Cognitive linguistics.* Cambridge: Cambridge University Press.

Davidson, D. 1978. "What metaphors mean." *Critical Inquiry* 5–1, 31–47.

Deignan, A. 2005. *Metaphor and corpus linguistics.* Amsterdam: John Benjamins.

de Vega, M., A. Glenberg, and A.C. Graesser. eds. 2008. *Symbols and embodiment: Debates on meaning and cognition.* Oxford: Oxford University Press.

Dirven, R. and R. Pörings. 2004. *Metaphor and metonymy in comparison and contrast.* Berlin:

Mouton de Gruyter.

Dixon, R. M. W. 1991. *A new approach to English grammar, on semantic principles*. Oxford: Oxford University Press.

Dodge, E. and G. Lakoff. 2005. "Image schemas: From linguistic analysis to neural grounding." In Hampe, B. ed., *From perception to meaning: Image Schemas in Cognitive Linguistics*. Berlin・New York: Mouton de Gruyter, 57–91.

Emanatian, M. 1992. "Chagga 'Come' and 'Go': Metaphor and the development of tense-aspect." *Studies in language* 16–1, 1–33.

Espenson, J. 1991. The structure of the system of causation metaphors. ms. University of California, Berkeley.

Fairclough, N. 1989. *Language and power*. London: Longman.

Falkenhainer, B., K. D. Forbus, and D. Gentner. 1989. "The structure-mapping engine: Algorithm and examples." *Artificial Intelligence* 41, 1–63.

Fauconnier, G. 1994[1985]. *Mental spaces: Aspects of meaning construction in natural language*. Cambridge: Cambridge University Press.（坂原茂・田窪行則・三藤博 訳『メンタル・スペース―自然言語理解の認知インターフェイス』岩波書店 1996 年.）

Fauconnier, G. 1997. *Mappings in thought and language*. Cambridge: Cambridge University Press.（坂原茂・田窪行則・三藤博 訳『思考と言語におけるマッピング』岩波書店 2005 年.）

Fauconnier, G. and M. Turner. 1996. "Blending as a central process of grammar." In Goldberg, A. ed., *Conceptual structure, discourse and language*. Stanford: CSLI publications.

Fauconnier, G. and M. Turner. 2002. *The way we think*. New York: Basic Books.

Feldman, J. A. 2006. *From molecule to metaphor: A neural theory of language*. Cambridge, Mass: The MIT Press.

Fillmore, C. 1975. "An alternative to checklist theories of meaning." In Cogen, C. et al. eds., *Proceedings of the first annual meeting of the Berkeley Linguistics Society*. Berkeley: Berkeley Linguistic Society, 123–131.

Fillmore, C. 1982. "Frame semantics." In The Linguistic Society of Korea ed., *Linguistics in the morning calm*. Seoul: Hanshin Publishing, 111-137.

チャールズ・フィルモア. 1989.「『生成構造文法』による日本語の分析一試案」久野暲・柴谷方良 編.『日本語学の新展開』くろしお出版, 11–28.

Fillmore, C. 1997[1971]. *Lecture on deixis*. CSLI Publications.

Fillmore, C. and B. T. Atkins. 1992. "Toward a frame-based lexicon: The semantics of RISK and its neighbors." In Lehrer, A. and E. F. Kittay eds., *Frame, fields, and contrasts: New essays in semantic and lexical organization*. Hillsdale, New Jersey: Lawrence Erlbaum Associates, 75–102.

Fillmore, C., P. Kay, and M. K. O'Connor. 1988. "Regularity and idiomaticity in grammatical constructions: The case of let alone." *Language* 64, 501–538.

深田 智. 2001.「"Subjectification" とは何か―言語表現の意味の根源を探る―」『言語科学論集』7, 61–89. 京都大学大学院人間・環境学研究科人間・環境学専攻環境情報認知論講座.

深田智・仲本康一郎. 2008.『概念化と意味の世界』研究社.

福島真人. 2001.『暗黙知の解剖―認知と社会のインターフェイス―』金子書房.

古牧久典. 2005.「ドメインマトリックスと概念メタファ―解明方法の一考察―」『日本認知言語学会論文集』5, 272–282.

Gelman, S. A. and K. E. Kremer. 1991. "Understanding natural cause: Children's explanations of how objects and their properties originate." *Child Development* 62, 396–414.

Gentner, D. 1983. "Structure-mapping: A theoretical framework for analogy." *Cognitive Science* 7, 155–170.

Gentner, D., and C. Clement. 1988. Evidence for relational selectivity in the interpretation of analogy and metaphor. In Bower, G. H. ed., *The psychology of learning and motivation*. San Francisco: Academic Press, 307–358.

Gibbs, R. W. Jr. 1990. "Psycholinguistic studies on the conceptual basis of idiomaticity." *Cognitive Linguistics* 1–4, 417–451.

Gibbs, R. W. Jr. 1994. *The poetics of mind: Figurative thought, language, and understanding*. Cambridge: Cambridge University Press.

Gibbs, R. W. Jr. 1996. "Why many concepts are metaphorical." *Cognition* 61, 309–319.

Gibbs, R. W. Jr. and H. L. Colston. 1995. "The cognitive psychological reality of image schemas and their transformations." *Cognitive Linguistics* 6–4, 347–378.

Gibson, J. J. 1979. *The ecological approach to visual perception*. Boston: Houghton Mifflin.

Glucksberg, S. 2001. *Understanding figurative language: From metaphors to idioms*. Oxford: Oxford University Press.

Glucksberg, S. and B. Keysar. 1993. "How metaphors work." In Ortony, A. ed., *Metaphor and thought*. Cambridge: Cambridge University Press, 401–424.

Goffman, E. 1959. *The presentation of self in everyday life*. Garden city, NY: Doubleday Anchor.

Goffman, E. 1974. *Frame analysis: An essay on the organization of experience*. New York: Harper & Row.

Goldberg, A. 1995. *Constructions*. Chicago: University of Chicago Press.

Goldberg, A. 2006. *Constructions at work*. Oxford: Oxford University Press.

Goldstone, R. and L. W. Barsalou. 1998. "Reuniting cognition and perception: The perceptual bases of rules and similarity." *Cognition* 65, 231–262.

Goossens, L. 1990. "Metaphtonymy: The interaction of metaphor and metonymy in expressions for linguistic action." *Cognitive Linguistics* 1–3, 323–340.

Grady, J. 1997a. "THEORIES ARE BUILDINGS revisited." *Cognitive Linguistics* 8–4, 267–290.

Grady, J. 1997b. *Foundations of meaning: Primary metaphors and primary scenes*. Ph.D. dissertation, University of California, Berkeley.

Grady, J. 1999. "A typology of motivation for conceptual metaphor: Correlation vs. resemblance." In Gibbs, R. and G. Steen eds., *Metaphor in cognitive linguistics*. Philadelphia: John Benjamins, 79–100.

Grady, J., T. Oakley. and S. Coulson. 1999. "Blending and metaphor." In Steen, G. and R. Gibbs eds., *Metaphor in cognitive linguistics*. Amsterdam: John Benjamins, 101–124.

Grady, J., S. Taub, and P. Morgan. 1996. "Primitive and compound metaphors." In Goldberg, A. ed., *Conceptual structure, discourse and language*. Stanford: CSLI publications, 177-188.

Group μ. 1970[1981]. *A general rhetoric*. Baltimore: The Johns Hopkins University Press. (グループ μ 1970.『一般修辞学』佐々木健一・樋口桂子 訳. 大修館書店 1981 年.)

芳賀純・子安増生 編. 1990.『メタファーの心理学』誠信書房.

Haiman, J. 1980. "Dictionaries and encyclopedias." *Lingua* 50, 329–357.

Haiman, J. 1985. *Iconicity in syntax.* Amsterdam: John Benjamins.
Halliday, M.A.K. 1994 [1985]. *Introduction to functional grammar*（2nd ed.）. London: Arnold.
浜田寿美男. 2002.『身体から表象へ』ミネルヴァ書房.
Hampe, B. 2005. *From perception to meaning: Image schemas in cognitive linguistics.* Berlin・New York: Mouton de Gruyter.
原沢伊都夫. 1993.「存在動詞『いる』と『ある』の使い分け―語用論的アプローチ―」『日本語教育』80, 62–73.
長谷川存古. 2002.『語用論と英語の進行形』関西大学出版部.
秦野悦子 編. 2001.『ことばの発達入門』大修館書店.
早瀬尚子・堀田優子. 2005.『認知文法の新展開―カテゴリー化と用法基盤モデル―』研究社出版.
林 礼子. 2006.「ディスコースメタファーの構築―シロ色がジェンダーの意味を獲得する瞬間―」『言外と言内の交流分野』小泉保博士傘寿記念論文集 大学書林, 487–506.
Hayashi, R. 2008. "Structures interacting with metaphor: Gender metaphor across texts." *Pragmatic Studies* 1, 87–100.
Heine, B. 1997. *Cognitive foundations of grammar.* Oxford: Oxford University Press.
東森勲・吉村あき子. 2003.『関連性理論の新展開』研究社.
平賀正子. 1992.「詩における類像性について」日本記号学会 編.『ポストモダンの記号論』記号学研究 12.
平賀正子. 1993.「品物としての女―メタファーに見られる女性観―」『日本語学』12-6, 213–224. 明治書院.
一松信・竹之内脩 編. 1991[1979].『新数学事典』大阪書籍.
Holyoak, K. J. and P. Thagard. 1995. *Mental leaps.* Cambridge, Mass.: MIT Press.
本多 啓. 2003.「認知言語学の基本的な考え方」辻幸夫 編.『認知言語学への招待』大修館書店, 63–125.
本多 啓. 2005.『アフォーダンスの認知意味論』東京大学出版会.
Hopper, P. J. and S. A. Thompson. 1980. "Transitivity in grammar and. discourse." *Language* 56, 251–299.
市川 浩. 1992[1983].『精神としての身体』勁草書房.
市川 浩. 1992.『「身」の構造―身体論を超えて』講談社.
池上嘉彦. 1975.『意味論』大修館書店.
池上嘉彦. 1981.『「する」と「なる」の言語学』大修館書店.
池上嘉彦. 1985.『意味論・文体論』（英語学コース第 4 巻）大修館書店.
池上嘉彦. 1992[1983].『詩学と文化記号論』筑摩書房／講談社学術文庫.
池上嘉彦. 2000.『『日本語論』への招待』講談社.
池上嘉彦. 2003.「言語における〈主観性〉と〈主観性〉の言語的指標 1」『認知言語学論考』3, 1–49.
池上嘉彦. 2004.「言語における〈主観性〉と〈主観性〉の言語的指標 2」『認知言語学論考』4, 1–60.
Ikegami, Y. 2005. "Indices of a 'subjectivity-prominent' language: Between cognitive linguistics and linguistic typology." *Review of Cognitive Linguistics* 3, 132–164. Amsterdam: John Benjamins.
今井むつみ. 1997.『ことばの学習のパラドックス』共立出版.

Inagaki, K., and G. Hatano, 1996. "Young children's recognition of commonalities between animals and plants." *Child Development 67*, 2823–2840.

井上和子. 1976.『変形文法と日本語（下）』大修館書店.

井上京子. 1998.『もし「右」や「左」がなかったら』大修館書店.

井上京子. 2003.「意味の普遍性と相対性」松本曜 編.『認知意味論』研究社, 251–294.

乾敏郎・安西祐一郎. 2001.『イメージと認知』岩波書店.

Iwasaki, S. 2009. "A Cognitive Grammar account of time motion 'metaphors': A view from Japanese." *Cognitive Linguistics*. 20–2: 341–366.

井山弘幸. 2002.「メタファーと科学的発見」『言語』31–8, 38–39.

Jackendoff, R. 1990. *Semantic structures*. Cambridge, Mass: MIT Press.

Johnson, C. 1997. "Metaphor vs. conflation in the acquisition of polysemy: The case of SEE." In Hiraga, M.K., C. Sinha, and S. Cox eds., *Cultural, typological and psychological issues in Cognitive Linguistics*. Current Issues in Linguistic Theory 152. Amsterdam: John Benjamins.

Johnson, M. ed. 1981. *Philosophical perspectives on metaphor*. Minneapolis: University of Minnesota Press.

Johnson, M. 1987. *The body in the mind: The bodily basis of meaning, imagination, and reason*. Chicago: University of Chicago Press.

Johnson, M. 2007. *The Meaning of the body: Aesthetics of human understanding*. Chicago and London: University of Chicago Press.

影山太郎. 1993.『文法と語形成』ひつじ書房.

影山太郎. 1996.『動詞意味論―言語と認知の接点―』くろしお出版.

唐住結子. 2001.「スポーツ記事見出しにおける『勝敗』にまつわるメタファー」第43回時事英語学会口頭発表.

笠貫葉子. 2002.「複合的比喩の認知的基盤」『KLS』22, 105–114. 関西言語学会.

片岡邦好・井出祥子. 2002.『文化・インターアクション・言語』ひつじ書房.

加藤重広. 2003.『日本語修飾構造の語用論的研究』ひつじ書房.

河上誓作 編著. 1996.『認知言語学の基礎』研究社.

Kay, P. and C. J. Fillmore. 1999. Grammatical constructions and linguistic generalizations: The What's X Doing Y? construction. *Language* 75, 1–33.

Keil, F. C. 1989. *Concepts, kinds, and cognitive development*. Cambridge, MA: MIT Press.

Keil, F. C. 1992. The emergence of an autonomous biology. In Gunnar, M. and M. Maratsos eds., *Modularity and constraints in language and cognition: The Minnesota symposia*. Hillsdale, NJ: Earlbaum, 103–138.

Keil, F. C. 1994. "The birth and nurturance of concepts by domains: The origins of concepts of living things." In Hirschfeld, L. A. and S. A. Gelman eds., *Mapping the mind: Domain specificity in cognition and culture*. New York: Cambridge University Press.

金水敏. 2003.『バーチャル日本語―役割語の謎―』岩波書店.

喜多壮太郎. 2002.『ジェスチャー―考えるからだ―』金子書房.

Kittay, E. F. 1987. *Metaphor: Its cognitive force and linguistic structure*. Oxford: Oxford University Press.

小熊猛. 2004.「いわゆる『が・の交替』の認知的再考」『日本認知言語学会論文集』4, 381–391.

小泉 保. 1997.『ジョークとレトリックの語用論』大修館書店.

Kövecses, Z. 1995. "American friendship and the scope of metaphor." *Cognitive Linguistics* 6–4, 315–346.

Kövecses, Z. 2002. *Metaphor: A practical introduction*. Oxford: Oxford University Press.

Kövecses, Z. 2005. *Metaphor in culture: Universality and variation*. Cambridge: Cambridge University Press.

Kövecses, Z. 2006. *Language, mind, and culture: A practical introduction*. Oxford: Oxford University Press.

小山 亘. 2008.『記号の系譜』三元社.

子安増生. 2000.『こころの理論』岩波書店.

国広哲弥. 1982.『意味論の方法』大修館書店.

久野 暲. 1973.『日本文法研究』大修館書店.

Kuno, S. 1973. *The structure of the Japanese language*. Cambridge: MIT Press.

黒田 航. 2005.「概念メタファーの体系的,生産的はどの程度か―被害の発生に関係するメタファー成立基盤の記述を通じて―」『日本語学』24–6, 38–57.

久島 茂. 1999.『〈物〉と〈場所〉の対立』くろしお出版.

Kusumi, T. 1987 "Effects of categorical dissimilarity and affective similarity of constituent words on metaphor appreciation." *Journal of Psycholinguistic Research* 16, 577–595.

楠見 孝. 1988.「共感覚に基づく形容表現の理解過程について―感覚形容詞の通様相的修飾―」『The Japanese Journal of Psychology』58–6, 373–380.

楠見 孝. 1992.「比喩の生成・理解と意味構造」箱田裕司 編.『認知科学のフロンティア 2』サイエンス社, 39–64.

楠見 孝. 1995.『比喩の処理過程と意味構造』風間書房.

楠見孝 編. 2007.『メタファー研究の最前線』ひつじ書房.

楠見孝・松原仁. 1993.「認知心理学におけるアナロジー研究」『情報処理』34–5, 18–28.

Labov, W. 1972. *Language in the inner city*. Philadelphia: University of Pennsylvania Press.

Lakoff, G. 1987a. *Women, fire, and dangerous things*. Chicago: The University of Chicago Press.(池上嘉彦・河上誓作他 訳.『認知意味論―言語から見た人間の心―』紀伊国屋書店 1993 年.)

Lakoff, G. 1987b. "Image metaphors." *Metaphor and Symbolic Activity* 2–3, 219–222.

Lakoff, G. 1989. "The death of dead metaphor." *Metaphor and Symbolic Activity* 2–2, 143–147.

Lakoff, G. 1990. "The Invariance hypothesis: Is abstract reason based on image schemas?" *Cognitive Linguistics* 1, 39–74.(杉本孝司 訳.「不変性仮説―抽象推論はイメージ・スキーマに基づくか?―」坂原茂 編.『認知言語学の発展』ひつじ書房 2000 年.)

Lakoff, G. 1993. "The contemporary theory of metaphor." In Ortony, A. ed., *Metaphor and thought*. Cambridge: Cambridge University Press.

Lakoff, G. 1996. *Moral politics: What conservatives know and liberals don't*. Chicago: The University of Chicago Press.(小林良彰・鍋島弘治朗 訳.『比喩によるモラルと政治』木鐸社 1998 年.)

Lakoff, G. 2004. *Don't think of an elephant: Know your values and frame the debate*. White River Junction: Chelsea Green Publishing.

Lakoff, G. and M. Johnson. 2003[1980]. *Metaphors we live by*. Chicago: University of Chicago Press.

Lakoff, G. and M. Johnson. 1999. *Philosophy in the flesh*. New York: Basic Books.

Lakoff, G. and M. Turner. 1989. *More than cool reason: A field guide to poetic metaphor.* Chicago: University of Chicago Press.（大堀俊夫 訳.『詩と認知』紀伊国屋書店 1994 年.）

Langacker, R. 1987. *Foundations of cognitive grammar: Theoretical prerequisites.* Stanford, Calif: Stanford University Press.

Langacker, R. 1990. "Subjectification." *Cognitive Linguistics* 1-1, 5–38.

Langacker, R. 1991. *Foundations of cognitive grammar: Descriptive application.* Stanford, Calif: Stanford University Press.

Langacker, R. 2008. *Cognitive grammar.* Oxford: Oxford University Press.

Lave, J. and E. Wenger. 1991. *Situated learning: Legitimate peripheral participation.* Cambridge: Cambridge University Press.（佐伯胖 訳.『状況に埋め込まれた学習―正統的周辺参加―』産業図書 1993 年.）

Lee, D. 2001. *Cognitive linguistics: An introduction.* Oxford: Oxford University Press.（宮浦国江 訳.『実例で学ぶ認知言語学』大修館書店 2006 年.）

Leech, G. 1974. *Semantics: The study of meaning.* London: Penguin books.

Levinson, S. C. 2003. *Space in language and cognition.* Cambridge: Cambridge University Press.

Levi-Strauss, C. 1963. *Structural anthropology.* New York: Basic Book.

Lindquist, H. 2009. *Corpus linguistics and the description of English.* Edinburgh: Edinburgh University Press.

Logan, G. 1988. "Towards an instance theory of automatization." *Psychological Review* 95-4, 492–527.

Makkai, A. 1972. *Idiom structure in English.* The Hague: Mouton.

Mandler, J. M. 1992. "How to build a baby II: Conceptual primitives." *Psychological Review* 99, 587–604.

Mandler, J. M. 2004. *The foundations of mind: Origins of conceptual thought.* New York: Oxford University Press.

Mandler, J. M. 2005. "How to build a baby III." In Hampe, B. ed., *From perception to meaning: Image Schemas in Cognitive Linguistics.* Berlin / New York: Mouton de Gruyter.

Markman, A. B. and D. Gentner. 1993a. "Splitting the differences: A structural alignment view of similarity." *Journal of Memory and Language* 32, 517–535.

Markman, A. B. and D. Gentner. 1993b. "Structural alignment during similarity comparisons." *Cognitive Psychology* 25, 431–467.

Martin, J. and D. Rose. 2003. *Working with discourse: Meaning beyond the clause.* New York: Continuum.

丸山圭三郎. 1984.『文化のフェティシズム』勁草書房.

丸山圭三郎. 1987.『言葉と無意識』講談社現代新書.

正高信男 編. 1999.『赤ちゃんの認識世界』ミネルヴァ書房.

Massey, C. and R. Gelman. 1988. "Preschoolers' ability to decide whether pictured unfamiliar objects can move themselves." *Developmental Psychology* 24, 307–317.

松本 曜. 2000.「日本語における身体部位詞から物体部分詞への比喩的拡張―その性質と制約―」坂原茂 編.『認知言語学の発展』ひつじ書房, 317-346.

松本曜 編. 2003.『認知意味論』大修館書店.

松本 曜. 2006.「概念メタファーと語彙レベルのメタファー研究」『日本認知言語学会論文集』6,

519–521.

松本 曜. 2007.「語におけるメタファー的意味の実現とその制約」『認知言語学論考』6, 49–93.

Medin, D. L., R. L. Goldstone., and D. Gentner. 1993. "Respects for similarity." *Psychological Review* 100–2, 254–278.

Merleau-Ponty, M. 1942. *La structure du comportement*. Paris: Presses Universitaires de France.

Miller, G. A. 1978. "Semantic relations among words." In Halle, M., et al. eds., *Linguistic theory and psychological reality*. Cambridge: MIT press, 61–118.

Minsky, M. 1975. "A framework for representing knowledge." In Winston, P. H. ed., *The psychology of computer vision*. New York: McGraw-Hill.

三宅知宏. 2004.「慣用的比喩表現―『ボディ・ブロー』をめぐって―」『鶴見大学紀要』41, 7–22.

宮崎清孝・上野直樹. 1985.『視点』東京大学出版会.

宮崎葉子. 2003.「『まねき猫の右に花瓶がある』などの多義文の解釈と空間認知の関係」『日本認知言語学会論文集』3, 118–126.

溝口理一郎. 2005.『オントロジー工学』オーム社.

水野真紀子・内田諭・アニタ・ナジ・大堀壽夫. 2007.「人間関係のメタファーにおけるスキーマ類型」『日本認知言語学会論文集』7, 120–130.

茂木健一郎. 2003.『意識とはなにか』ちくま書房.

籾山洋介. 1994.「形容詞『カタイ』の多義構造」『名古屋大学日本語日本文化論集』2, 65–90.

籾山洋介. 1995.「多義語のプロトタイプ的意味の認定の方法と実際―意味転用の一方向性：空間から時間へ―」『東京大学言語学論集』14, 621–639.

籾山洋介. 1997.「慣用句の体系的分類―隠喩・換喩・提喩に基づく慣用的意味の成立を中心に―」『名古屋大学国語国文学』80, 29–43.

籾山洋介. 2001.「多義語の複数の意味を統括するモデルと比喩」山梨正明・辻幸夫・西村義樹・坪井栄治郎 編.『認知言語学論考』1, 29–58.

籾山洋介. 2006.『日本語は人間をどう見ているか』研究社.

籾山洋介. 2009.『日本語表現で学ぶ入門からの認知言語学』研究社.

Moore, K. 2006. "Space-to-time mappings and temporal concepts." *Cognitive Linguistics* 17–2, 199–244.

森 雄一. 2001.「提喩および『全体−部分』『部分−全体』の換喩における非対称性について」『日本認知言語学会論文集』1, 12–22.

森 雄一. 2002.「隠喩は二重の提喩か？」『成蹊大学文学部紀要』37, 73–84.

森 雄一. 2003.「隠喩・換喩・提喩の関係をめぐって」『日本認知言語学会論文集』3, 322–325.

森雄一・西村義樹・山田進・米山三明 編. 2008.『ことばのダイナミズム』くろしお出版.

森岡 周. 2004.「空間認知によって生成される身体図式」『認知運動療法研究』4, 66–79.

森田良行. 1980.『基礎日本語2』角川書店.

森山卓郎. 1987.『日本語動詞述語文の研究』明治書院.

Murphy, G. L. 1996. "On metaphoric representation." *Cognition* 60, 173–204.

Murphy, G. L. 1997. "Reasons to doubt the present evidence for metaphoric representation." *Cognition* 62, 99–108.

Murphy, G. L. 2002. *The big book of concepts*. Cambridge, MA: MIT Press.

Musolff, A. 2004. *Metaphor and political discourse: Analogical reasoning in debates about Europe*. London: Palgrave.

武藤彩加. 2001.「『接触感覚から遠隔感覚』と『遠隔感覚内』の意味転用に関する一考察―『共感覚比喩』を支える複数の動機付け―」『言葉と文化』2, 125-142. 名古屋大学国際言語文化研究科.

Nabeshima, K. 1996. Event structure metaphors in Japanese. University of California at Berkeley ms. (Presented at the International Cognitive Linguistics Conference at Amsterdam in 1998).

鍋島弘治朗. 1997.「動詞『かける』の多義に関する認知的考察―比喩が意味拡張に果たす役割―」『KLS』17, 78-88. 関西言語学会.

鍋島弘治朗. 2000.「水の比喩―日本語の比喩研究における方法論に関する一考察―」日本言語学会 120 回大会口頭発表.

鍋島弘治朗. 2001a.「『悪に手を染める』―比喩的に価値領域を形成する諸概念―」『大阪大学言語文化学』10, 115-131.

鍋島弘治朗. 2001b.「『可能性』はなぜ『薄い』のか―比喩の合成と衝突が生産性を抑圧する場合―」『KLS』21, 259-269. 関西言語学会.

鍋島弘治朗. 2001c.「有情と比喩―見立てによる構文や表現の拡張」国語学会 2001 年度秋季大会口頭発表.

鍋島弘治朗. 2002a.「政治を動かすメタファー」『言語』31-7, 76-77. 大修館書店.

鍋島弘治朗. 2002b.「Generic is Specific はメタファーか―慣用句の理解モデルによる検証―」『日本認知言語学会論文集』2, 182-191. 日本認知言語学会.

鍋島弘治朗. 2002c.「Causation（使役／因果）の概念化―認知メタファー理論の視点から―」『文学論集』52-2, 43-80. 関西大学文学会.

鍋島弘治朗. 2002d.「『希望』の概念化―認知メタファー理論の視点から―」『英文学論集』42, 63-111. 関西大学英文学会.

鍋島弘治朗. 2003a.「特集：認知言語学のフロンティア　認知意味論―バークレー，ヨーロッパのメタファー研究を中心に―」『英語青年』148-11, 676-679.

鍋島弘治朗. 2003b.「言語学的アラインメント試論―写像（mapping）の骨格としての整列（alignment）―」『英文学論集』43, 79-109. 関西大学英文学会.

鍋島弘治朗. 2003c.「メタファーと意味の構造性」『認知言語学論考』2, 25-110.

鍋島弘治朗. 2003d.「領域を結ぶのは何か―メタファー理論における価値的類似性と構造的類似性―」『日本認知言語学会論文集』3, 12-21.

鍋島弘治朗. 2003e.「認知言語学におけるイメージスキーマの先行研究」『日本認知言語学会論文集』3, 335-338.

鍋島弘治朗. 2003f.「『......ひとつ......ない』構文について―日本語における構文文法研究の一例として―」『第 4 回日本語文法学会予稿集』83-92.

Nabeshima, K. 2004a. "*Getting your feet wet*: Metaphors of reality and ideals in English and Japanese." *Papers from the Twenty-First National Conference of The English Linguistic Society of Japan*, 121-129.

鍋島弘治朗. 2004b.「『理解』のメタファー―認知言語学的分析―」『大阪大学言語文化学』13, 99-116.

鍋島弘治朗 2004c. William Croft and D. Alan Cruse, *Cognitive Linguistics*. (書評論文)『語用論研究』6, 89-105.

鍋島弘治朗. 2005.「批判的ディスコース分析と認知言語学の接点―認知メタファー理論の CDA

への応用―」『時事英語学研究』44, 43–55.

鍋島弘治朗. 2006a.「認知メタファー理論における知覚レベルと概念レベル―プライマリー・メタファーおよびアナロジーとの関連から―」『日本認知言語学会論文集』6, 256–265.

鍋島弘治朗. 2006b.「認知メタファー理論に対する一提案―関係のメタファーを例に―」『KLS』26, 282–292. 関西言語学会.

鍋島弘治朗. 2007a.『比喩―身体性に基づいた認知言語学の立場から―』博士論文 関西大学.

鍋島弘治朗. 2007b.「黒田の疑問に答える―認知言語学からの回答―」『日本語学』26–3, 54–71.

鍋島弘治朗. 2007c.「領域をつなぐもの(メタファーの動機づけ)としての価値的類似性」楠見孝 編.『メタファー研究の最前線』ひつじ書房, 179–200.

鍋島弘治朗. 2008a.「現実と理想のメタファー」篠原和子・片岡邦好 編.『ことば・空間・身体』ひつじ書房, 213–252.

鍋島弘治朗. 2008b.「身体性」『言語』37–5, 48–53. 大修館書店.

鍋島弘治朗. 2008c.「文脈主義におけるメタファーとシミリ―三島由紀夫『豊饒の海』を中心に―」『人工知能学会ことば工学研究会資料』SIG-LSE-A802, 37–46.

鍋島弘治朗. 2009a.「お笑いと認知言語学」『言語』38–10, 30–31.

鍋島弘治朗. 2009b.「シミリはメタファーか？―語用論的分析―」『日本語用論学会第11回大会発表論文集』63–70.

鍋島弘治朗・菊地敦子. 2003.「『問題』の概念化―認知メタファー理論の視点から―」『文学論集』53–2, 91–137. 関西大学文学会.

中本敬子. 1999.「比喩の理解と解釈―心理学的モデル概観―」『早稲田大学大学院文学研究科紀要』45–1, 53–64.

中本敬子・椎名乾平. 2001.「認知心理学における類似性研究」『日本ファジィ学会誌』13–5, 423–430.

中村明. 1977.『比喩表現辞典』角川書店.

中村芳久. 2004.『認知文法論II』大修館書店.

中村雄二郎. 1979.『共通感覚論―知の組み替えのために―』岩波書店.

中右実・西村義樹. 1998.『構文と事象構造』研究社出版.

成田一. 1997.『パソコン翻訳の世界』講談社.

西光義弘 編. 1997.『日英語対照による英語学概論』くろしお出版.

西村義樹. 2000.「対照研究への認知言語学的アプローチ」坂原茂 編.『認知言語学の発展』ひつじ書房, 145–166.

西村義樹 編. 2002.『認知言語学I：事象構造』東京大学出版会.

西尾寅弥. 1972.『形容詞の意味・用法の記述的研究』秀英出版.

西尾寅弥. 1988.『現代語彙の研究』明治書院.

Nomura, M. 1993. "Language as fluid: A description of the conduit metaphor in Japanese." *Kansas Working Papers in Linguistics* 18, 75–79.

Nomura, M. 1996. "The ubiquity of the fluid metaphor in Japanese: A case study." *Poetica* 46, 41–75.

野村益寛. 2002.「〈液体〉としての言葉：日本語におけるコミュニケーションのメタファー化をめぐって」大堀壽夫 編.『認知言語学II：カテゴリー化』東京大学出版会, 37–57.

Norman, D. A. 1988. *The psychology of everyday things*. New York: Basic Books.（野島久雄 訳.『誰のためのデザイン』新曜社 1990年.）

Nunberg, G., I. A. Sag. and T. Wasow. 1994. "Idioms." *Language* 70, 491–538.

落合正行. 1999.「ものの知識の獲得」正高信男 編.『赤ちゃんの認識世界』ミネルヴァ書房.

落合正行・須河内貢. 1996.「乳児の生物と物理の知識の研究」『追手門学院大学人間学部紀要』2, 23–45.

尾谷昌則. 2004.「類似性を表すヨウ（ダ）と Non-identical Resemblance」『日本認知言語学会論文集』4, 459–462.

大堀壽夫 編. 2002a.『認知言語学 II: カテゴリー化』東京大学出版会.

大堀壽夫. 2002b.『認知言語学』東京大学出版会.

大堀壽夫. 2002c.「カテゴリー化研究の展望」大堀壽夫 編.『認知言語学 II：カテゴリー化』東京大学出版会, 1–8.

大堀壽夫 編. 2004.『認知コミュニケーション論』大修館書店.

大石 亨. 2006.「『水のメタファー』再考―コーパスを用いた概念メタファー分析の試み―」『日本認知言語学会論文集』6, 277–287.

大石 亨. 2009.「概念メタファー理論と構文文法の統合，およびその含意」『日本認知言語学会論文集』9, 426–436.

Okamoto, M. 2007. "Pragmatic subjectivity in metaphors and similes." 第 10 回国際認知言語学会口頭発表 Krakow, Poland.

大森文子. 2004.「レトリックの語用論」大堀壽夫 編.『認知コミュニケーション論』大修館書店, 137–160.

大森文子. 2008.「感情が形づくる心の風景―"a flood of joy"型メタファー表現に見る写像の特性―」『日本認知言語学会論文集』8, 285–295.

小野尚之. 2005.『生成語彙意味論』くろしお出版.

尾上圭介. 2004.『朝倉日本語講座 6 巻：文法 II』朝倉書店.

Panther, K. and G. Radden. 1999. *Metonymy in language and thought*. Amsterdam/Philadelphia: John Benjamins.

Panther, K., L. Linda and A. Barcelona. 2009. *Metonymy and metaphor in grammar*. Amsterdam/Phliadelphia: John Benjamins.

Pfeifer, R. and J.C. Bongard 2007. *How the body shapes the way we think: A new view of intelligence*. Cambridge, MA: MIT Press.（細田耕・石黒章夫 訳. 2009.『知能の原理―身体性に基づく構成論的アプローチ―』共立出版．）

Piaget, J. 1970. "Piaget's theory." In Mussen, P. H. ed., *Carmichael's manual of child psychology* (3rd ed.) 1. New York: John Wiley & Sons.（中垣啓 訳.『Piaget に学ぶ認知発達の科学』北大路書房 2007 年.）

Polanyi, M. 1966. *The tacit dimension*. Garden City, New York: Doubleday and Co.（佐藤敬三 訳.『暗黙知の次元』紀伊國屋書店 1980 年.）

Poulin-Dubois, D., A. Lepage and D. Ferland. 1996. "Infants' concept of animacy." *Cognitive Development* 11, 19–36.

Pustejovsky, J. 1995. *The generative lexicon*. Cambridge, Mass: MIT Press.

Quinn, N. 1987. "Convergent evidence for a cultural model of American marriage." In Holland, D. and N. Quinn eds., *Cultural models in language and thought*. Cambridge: Cambridge University Press, 173–192.

Ravin, Y. and C. Leacock. 2000. *Polysemy: Theoretical and computational approaches*. Oxford: Oxford

University Press.

Recanati, F. 2004. *Literal meaning*. Cambridge: Cambridge University Press.（今井邦彦 訳.『ことばの意味とは何か―字義主義から文脈主義へ―』新曜社 2006 年.）

Recanati, F. 2007. *Perspectival thought: A plea for moderate relativism*. Oxford: Oxford University Press.

Recanati, F. to appear. "Compositionality, flexibility, and context-dependence." In Henzen, W., E. Machery, and M. Werning eds., *Oxford handbook of compositionality*. Oxford: Oxford University Press.

Recoeur, P. 1978. "The metaphorical process as cognition, imagination, and feeling." *Critical Inquiry* 5-1, 143–159.

Reddy, M. 1979. "The conduit metaphor." In Ortony, A. ed., *Metaphor and thought*. Cambridge: Cambridge University Press, 284–324.

Regier, T. 1996. *The human semantic potential: Spatial language and constrained connectionism*. Cambridge, MA: MIT Press.

Rentschler, I., B. Herzberger. and D. Epstein eds. 1988. *Beauty and the brain: Biological aspects of aesthetics*. Basel, Switzerland: Birkhäuser Verlag.（野口薫・苧阪直行 監訳.『美を脳から考える』新曜社 2000 年.）

Richards, I. A. 1936. "Lecture V. Metaphor" *The philosophy of rhetoric*. 87–112.

Robbins, P. and M. Aydede. 2009. *The Cambridge handbook of situated cognition*. Cambridge: Cambridge University Press.

Rosch, E. 1973. "On the internal structure of perceptual and semantic categories." In Moore, T. E. ed., *Cognitive development and the acquisition of language*. NY: Academic Press. 111–144.

Rosch, E. 1978. "Principles of Categorization." In Rosch, E. and B.B. Lloyd, eds. *Cognition and categorization*. Hillsdale: Lawrence Erlbaum Associates, 27–48.

Rosch, E., C. Mervis, W. Gray, D. Johnson, and P. Boyes-Braem. 1976. "Basic objects in natural categories." *Cognitive Psychology* 8, 382–439.

Rumelhart, D.E. 1980. "Schemata: The building blocks of cognition." In Spiro, R. J., B. Bruce, and W. F. Brewer eds., *Theoretical issues in reading and comprehension*. Hillsdale, NJ: Erlbaum, 33–58.

佐伯胖. 1978.『イメージ化による知識と学習』岩波書店.

斉藤洋典・喜多壮太郎 編. 2002.『ジェスチャー・行為・意味』共立出版.

坂原茂 編. 2000.『認知言語学の発展』ひつじ書房.

佐々木健一 編. 1986.『創造のレトリック』勁草書房.

佐々木正人. 1994.『アフォーダンス―新しい認知の理論―』岩波書店.

佐藤信夫. 1978.『レトリック感覚』講談社学術文庫.

佐藤信夫. 1986.『意味の弾性』岩波書店.

佐藤信夫・佐々木健一・松尾大. 2006.『レトリック事典』大修館書店.

佐藤理史. 1997.『アナロジーによる機械翻訳』共立出版.

Saussure, F. 1972. *Course in general linguistics*. Chicago and Salle, Illinois: Open Court.（小林英夫 訳.『一般言語学講義』岩波書店 1940 年.）

Schank, R. C. and R. P. Abelson. 1977. *Scripts, plans, goals, and understanding: An inquiry into human knowledge structures*. Hillsdale, NJ: Lawrence Erlbaum Associates.

Searle, J. 1979. *Expression and meaning*. Cambridge: Cambridge University Press.

Searle, J. 1980. "The Background of meaning." In Searle, J., F. Kiefer and M. Bierwisch eds., *Speech act theory and pragmatics*. Dordrecht: Reidel, 221–232.

Semin, G.R., and E.R. Smith eds. 2008. *Embodied grounding: Social, cognitive, affective, and neuroscientific approaches*. New York: Cambridge University Press.

瀬戸賢一. 1986.『レトリックの宇宙』海鳴社.

瀬戸賢一. 1995.『空間のレトリック』海鳴社.

Seto, K. 1999. "Distinguishing metonymy from synecdoche." In Panther, K.U. and G. Radden eds., *Metonymy in language and thought*. Amsterdam: John Benjamins, 91–120.

瀬戸賢一. 2002a.『日本語のレトリック』岩波ジュニア新書.

瀬戸賢一. 2002b「メタファー研究の系譜」『言語』31–8, 16–23.

Shindo, M. 2009. *Semantic extension, subjectification, and verbalization*. Lanham: University Press of America.

Shinohara, K. 2000. "Constraints on motion verbs in the TIME IS MOTION metaphor." *Proceedings of the twenty-fifth annual meeting of the Berkeley Linguistics Society*, 250–259.

篠原和子. 2002.「空間的前後と時間概念の対応」『日本認知言語学会論文集』2, 243–246.

篠原和子. 2008.「時間メタファーにおける『さき』の用法と直示的時間解釈」篠原和子・片岡邦好 編,『ことば・空間・身体』ひつじ書房, 179–211.

篠原俊吾. 2002.「『悲しさ』『さびしさ』はどこにあるのか——形容詞の事態把握とその中核をめぐって——」西村義樹 編,『認知言語学 I：事象構造』東京大学出版会, 261–284.

Silverstein, M. 1976. "Hierarchy of features and ergativity." In Dixon, R.W. ed., *Grammatical categories in Australian languages*. New York: Garland, 112–171.

Sopory, P. 2005. "Metaphor and affect." *Poetics Today* 26–3, 433–434.

Spelke, E. S. 1990. "Principles of object segregation." *Cognitive Science* 14, 29–56.

Spelke, E. S. 1991. "Physical knowledge in infancy." In Carey, S. and R. Gelman eds., *Epigenesis of mind: Essays on biology and knowledge*. Hillsdale, NJ: Erlbaum.

Sperber, D. and D. Wilson. 1986. *Relevance: Communication and cognition*. Oxford: Blackwell.

Stefanowitsch, A. and S. T. Gries eds. 2006. *Corpus-based approaches to metaphor and metonymy*. Berlin・New York: Mouton de Gruyter.

Sudo, M. 2004. "The Mind Is a Container: Metaphoric transfer from space to emotions as cause in from and out of."『日本認知言語学会論文集』4, 242–252.

菅井三実. 2000.「格助詞『に』の意味的特性に関する覚書」『兵庫教育大学研究紀要』20–2, 13–24.

菅野盾樹. 1985.『メタファーの記号論』勁草書房.

杉本孝司. 1998.『意味論 2　認知意味論』くろしお出版.

杉本 巧. 2002.「日常的な会話における慣習的な隠喩の使用と『概念メタファー』」『日本認知言語学会論文集』2, 107–117.

杉村伸一郎. 2009.「乳幼児の空間認知における自己中心的反応」『日本認知言語学会論文集』9, 596–599.

杉村伸一郎・坂田陽子編. 2004.『実験で学ぶ発達心理学』ナカニシヤ出版.

鈴木宏昭. 1996.『類似と思考』共立出版.

Svanland, J. 2007. "Metaphor and convention." *Cognitive Linguisitics* 18–1, 47–89.

Sweetser, E. 1990. *From etymology to pragmatics: Metaphorical and cultural aspects of semantic structure.* Cambridge: Cambridge University Press.

田井香織・鍋島弘治朗. 2006.「『砂時計の腰』, ponytail,『白魚の指』―イメージ・メタファーの理論的位置づけ, および認知文法ならびにイメージ・スキーマとの関連性―」『日本認知言語学会論文集』6, 34–42.

高尾享幸. 2003.「メタファー表現の意味と概念化」松本曜 編.『認知意味論』大修館書店.

竹内勇剛 2009.「HAI におけるメディアイクエージョン」『人工知能学会誌』24–6, 824–832.

Talmy, L. 1977. "Rubber sheet cognition in language." In Woodford, A. B., et al. eds., *Papers from the thirteenth regional meeting of the Chicago Linguistic Society*. Chicago: Chicago Linguistic Society, 612–628.

Talmy, L. 1985. "Force dynamics in language and thought." *Papers from the parasession on causatives and agentivity*. Chicago: Chicago Linguistic Society.

Talmy, L. 2000. *Cognitive semantics, Volume I: Concept structuring systems.* Cambridge, Mass: MIT Press.

Talmy, L. 2001. *Cognitive semantics, Volume II: Typology and process in concept structuring.* Cambridge, Mass: MIT Press.

多門靖容. 2006.『比喩表現論』風間書房.

田守育啓・スコウラップ, ローレンス. 1999.『オノマトペ―形態と意味―』くろしお出版.

田中明夫. 2005.「所有関係を表す 's 属格と of 属格の交替に関わるメトニミーとメタファー」『日本認知言語学会論文集』5, 305–314.

谷口一美. 2003a.『認知意味論の新展開―メタファーとメトニミー―』研究社出版.

谷口一美. 2003b.「類似性と共起性―メタファー写像, アナロジー, プライマリーメタファーをめぐって―」『日本認知言語学会論文集』3, 23–33.

谷口一美. 2006.『学びのエクササイズ 認知言語学』ひつじ書房.

Taub, S. 1996. "How productive are metaphors?: A close look at the participation of a few verbs in the STATES ARE LOCATION metaphor (and others)." In Goldberg, A. ed., *Conceptual structure, discourse and language*. Stanford: CSLI publications.

Taub, S. 2001. *Language from the body: Iconicity and metaphor in American Sign Language.* Cambridge, UK: Cambridge University Press.

Taylor, J. 2003[1989]. *Linguistic categorization.* Chicago: University of Chicago Press.（辻幸夫他 訳.『認知言語学のための 14 章』紀伊国屋書店 2008 年.）

テイラー, J. R.・瀬戸賢一. 2008.『認知文法のエッセンス』大修館書店.

寺村秀夫. 1993.『日本語のシンタクスと意味 III』くろしお出版.

Tomasello, M. 2003. *Constructing a language: A usage-based theory of language acquisition.* Cambridge, Mass: Harvard University Press.（辻幸夫他 訳.『ことばをつくる』慶應義塾大学出版会 2008 年.）

Traugott, E. C. 1995. "Subjectification in grammaticalization." In Stein, D. and W. Susan eds., *Subjectivity and subjectivisation*. Cambridge: Cambridge University Press, 31–54.

Trevarthen, C. and Hubley, P. 1978. Secondary Intersubjectivity: Confidence, confiding and acts of meaning in the first year. In Lock, A. ed., *Action, gesture and symbol.* London: Academic Press, 183–229.

坪井栄治郎. 2002.「受影性と受身」西村義樹 編.『認知言語学 I：事象構造』東京大学出版会,

63–86.

辻 大介. 1995.「隠喩解釈の認知過程とコミュニケーション」『東京大学社会情報研究所紀要』50, 21–38.

辻幸夫 編. 2002.『認知言語学キーワード事典』研究社.

辻幸夫 編. 2003.『認知言語学への招待』大修館書店.

辻本智子. 2004.「英語における導管のメタファーの根源領域としての〈液体〉」『日本認知言語学会論文集』4, 253–262.

月本洋・上原泉. 2003.『想像―心と身体の接点―』ナカニシヤ出版.

Tuggy, D. 1993. "Ambiguity, polysemy and vagueness." *Cognitive Linguistics* 4–3, 273–290.

Turner, M. 1987. *Death is the mother of beauty: Mind, metaphor, criticism.* Chicago: University of Chicago Press.

Turner, M. 1990. "Aspects of the invariance hypothesis" *Cognitive Linguistics* 1–2, 247–255.

Turner, M. 1991. *Reading minds: The study of English in the age of cognitive science.* Prinston: Princeton University Press.

Tversky, A. 1977. "Features of similarity." *Psychological review* 84, 327–352.

内田樹. 2003.『私の身体は頭がいい―非中枢的身体論―』新曜社.

Uehara, S. 2006. "Subjective predicates in Japanese: A cognitive approach." In Luchjenbroers, J. ed., *Cognitive linguistics investigations across languages, fields, and philosophical boundaries.* Amsterdam: John Benjamins, 271–291.

上野晴樹. 1985.『知識工学入門』オーム社.

上野佳奈子・橘秀樹. 2003.「ホール音場における演奏家の意識―演奏行為によるホールの知覚と言語化に関する検討―」『ことば工学研究会資料』SIG–LSE–A302, 29–38.

Ungerer, F. and H. J. Schmid. 1996. *An introduction to cognitive linguistics.* London & New York: Longman.（池上嘉彦他 訳.『認知言語学入門』大修館書店 1993 年.）

宇野良子・池上高志. 2006.「視点と時間―カラ節のテンスの分析―」『日本認知言語学会論文集』6, 215–223.

碓井智子. 2002a.「空間認知表現と時間認知表現―日本語のマエとサキの認知言語学的研究―」京都大学大学院 人間・環境学研究科 修士論文.

碓井智子. 2002b.「空間認知表現と時間認知表現―日本語「サキ」の認知言語学的考察―」『日本認知言語学会論文集』2, 150–159.

碓井智子. 2003.「空間から時間へ―『アト』(跡・後) 認知的観点からの考察―」『日本認知言語学会論文集』3, 63–73.

碓井智子. 2005.「Motivations and constraints from spatial domain to temporal domain」『日本認知言語学会論文集』5, 263–271.

内海 彰. 2007.「認知修辞学における比喩の認知過程の解明」楠見孝 編.『メタファー研究の最前線』ひつじ書房, 403–420.

内海 彰 2008.「グループ μ の『隠喩の二重提喩論』再考―(二段階) カテゴリー化理論との関係―」『第 29 回ことば工学研究会資料』51–62.

van Dijk, T.A 1988. *News as discourse.* London: Lawrence Erlbaum Associates.

van Dijk, T.A 1998. *Ideology.* London: Sage Publications Inc.

van Oosten, Jeanne. 1986. *The nature of Subjects, topics, and agents: A Cognitive explanation.* Bloomington: Indiana University Linguistic Club.

Varela, F., E. Thompson, and E. Rosch. 1991. *The embodied mind: Cognitive science and human experience*. Cambridge, Mass: MIT Press.
Vygotsky, L.S. 1962. *Thought and language*. Cambridge, MA: MIT Press.
鷲田清一. 2003.『メルロ＝ポンティ―可逆性』大進堂.
渡辺 慧. 1978.『認識とパタン』岩波書店.
Wierzbicka, A. 1988. *The semantics of grammar*. Amsterdam: John Benjamins.
Wittgenstein, L. 1953. *Philosophical investigations*. New York: Macmillan.
Wodak, R. and M. Meyer eds. 2001. *Methods of critical discourse analysis*. London: Sage.
山田仁子. 1992.「More than Five―共感覚が浮き彫りにする五感以外の感覚―」『徳島大学教養部紀要（外国語・外国文学）』3, 75–83.
山泉 実. 2004.「シネクドキの認知意味論へ向けて―類によるシネクドキ再考―」『日本認知言語学論考』3, 271–312.
山本英一. 2002.『「順序づけ」と「なぞり」の意味論・語用論』関西大学出版部.
山梨正明. 1988.『比喩と理解』東京大学出版会.
山梨正明. 1995.『認知文法論』ひつじ書房.
山梨正明. 2000.『認知言語学原理』くろしお出版.
山梨正明. 2004.『ことばの認知空間』開拓社.
山梨正明. 2009.『認知構文論』大修館書店.
安井 稔. 1978.『言外の意味』大修館書店.
吉村公宏. 1995.『認知意味論の方法―経験と動機の言語学―』人文書院.
吉村公宏. 2003.『認知音韻・形態論』大修館書店.
吉村公宏. 2004.『はじめての認知言語学』研究社.

索 引

メタファー

《愛情は暖かさ》040, 051
《アイデアは金銭》043
《アイデアは光源》044
《アイデアは資源》043
《アイデアは商品》043
《アイデアは植物》043
《アイデアは食べ物》043, 135
《アイデアは刃物》043
《アイデアは人》043
《アイデアはファッション》043
《アイデアは物》043
《愛は狂気》044
《愛は共同芸術作品》044
《愛は戦争》044
《愛は病人》044
《愛は物理的な力》044
《愛は魔法》044
《悪徳は下》046, 285
《悪は逸脱》110, 287
《悪は後ろ向き》191
《悪は曲》100, 110, 141, 287, 288, 296
《悪は黒》101, 110, 239, 285
《悪は欠如》110, 286
《悪は下》046, 100, 101, 110, 118, 139, 140, 144, 256, 285, 286, 288–290, 296, 326
《悪はねじれ》110, 287
《悪は病気》110, 286
《悪は不潔》110, 285
《悪は不純》110, 285
《悪は腐敗》110, 286
《悪は闇》144
《悪は横》287
《悪は汚》140, 144, 285, 288–290, 296
《悪は汚れ》110, 285
《悪は乱》110, 145, 286, 288–290, 296
《怒りは熱》316
《怒りは火》037, 038, 040, 102, 314, 316
《意識は上》045
《一般は個別》047, 053, 103

《因果は移動》192, 197, 277
《因果は経路》197, 198, 277
《因果は作成》200
《因果は植物》194
《因果は植物の生長》201
《因果は力》189, 314
《因果は動物の成長》202
《因果は人間関係》205
《因果は火》204
《因果は連結》199, 277
《インフレは存在物》044, 255
《インフレは敵》044
《インフレは人》044
《終りは上》193, 194
《過去は後ろ》221, 253
《活動は移動》159, 173, 179
《活力は物質》044
《悲しみは下》045, 256
《可能性は気体》243
《可能性は濃淡》101, 234, 236, 237, 239, 240, 242
《関係は線》198, 277, 314
《関係は建物》314, 315
《関係は乗り物》135
《感情は下》046
《感情は所有物》255, 256, 259
《感情は生物》255, 256, 259
《感情は力》314, 315
《感情は膨らむもの》255, 256, 259
《感情は水》096, 100, 105, 139, 238, 256, 259
《機械は人間》113
《危険を冒す行為はギャンブル》012, 052, 053, 103
《既知は下》243
《機能状態は上》195
《希望の実現のための活動は前の彼方へ向かっての移動》253
《希望は上》249, 251–253, 256, 257, 259, 298
《希望は上の光》251
《希望は所有物》256, 259
《希望は生物》256, 259

357

《希望は線》252, 259
《希望は火》257
《希望は光》251, 254, 258, 259, 298
《希望は膨らむもの》256, 259
《希望は前の彼方》253
《希望は水》256, 259
《議論は戦争》043
《議論は建物》043
《議論は旅》043
《議論は容器》043
《金銭は水》105, 146
《群集は水》105
《結果は上》193, 194, 266, 273
《結果は前》196
《結婚は絆》306
《結婚は製品》306
《結婚は投資》306
《原因は後ろ》196
《原因は下》194, 266, 273, 274, 278
《原因は力》049, 314
《健康は上》045
《現実は受け入れるもの》228, 230
《現実は汚いもの》227
《現実は起点》318
《現実は近》318
《現実はここ》216, 220–222, 225, 227–229, 240, 253, 318
《現実は下》216, 220, 227–229, 253, 318
《現実は触覚的》217, 220, 227–229, 318
《現実はつかむもの》228, 230
《現実は敵》228, 230
《現実は汚れ》220, 228
《心は機械》044
《心は壊れやすい物》044
《言葉は水》105, 145
《コミュニケーションは送ること》044
《コミュニケーションは導管》011
《困難は重荷》049, 051, 144, 228, 271, 278
《困難は障害》271
《困難は障害物》278
《困難は敵》228, 271, 278
《幸せな未来は上》257
《幸せは上》045, 256, 257, 259, 289
《幸せは自然の力》228
《幸せは敵》228
《幸せは光》254, 259

《時間は移動物》043
《時間は限りある資源》043
《時間は価値ある商品》043
《時間は金》043
《実現可能性が大きいことは濃いこと》234
《実現可能性が小さいことは薄いこと》234
《支配は上》045
《死は下》045, 289
《死は敵》297
《視野は容器》044
《重要性は大きさ》325
《重要なものは内部》324
《重要は大》044
《状況は天候》326
《状態は場所》183
《少は下》045, 289
《植物は人間》113
《女性は機械》096
《人生は一日》047, 107
《人生はギャンブル》012, 044, 052
《人生は旅》047, 049, 107, 175
《人生は年》047, 107
《人生は容器》044
《身体は容器》135
《親密さは接触》314
《親密さは近さ》314, 315
《生は上》045, 289
《選挙は戦い》096
《前提／原因は下》193
《善は上》110, 144, 286, 288–290, 296
《善は軌道上》110, 287
《善は奇麗》110, 285
《善は均等》110, 286
《善は健康》110, 286
《善は純粋》110, 285
《善は白》101, 110, 239, 285
《善は新鮮》110, 286
《善は整》110, 145, 286, 288–290, 296
《善は清》140, 144, 285, 288–290, 296
《善は清潔》110, 285
《善は全体性》110, 286
《善は縦》287
《善は直》110, 141, 287, 288, 296
《組織は生命体》324
《組織は物理的構造物》050
《存在は見えること》224, 241, 242

《存続する組織は直立した物理的構造物》097
《存続は直立》050, 195, 326
《大統領選は戦い》096
《高い地位は上》046
《確かさは固さ》243
《多は上》040, 045, 193, 289
《弾圧は障害物》119, 280, 297
《近い未来は上（で前）》046
《知覚できることは上》194, 266, 324
《知覚は上》194
《動物は人間》113
《富は隠された物》044
《人間は機械》096, 113
《人間は植物》107, 113
《人間は動物》113
《低い地位は下》046
《非現実は遠》318
《非現実は彼方》221, 222, 225, 240, 253
《非現実はここ以外》221, 222, 225, 253
《被支配は下》045
《美徳は上》046, 285
《人は植物》044
《病気は下》045
《貧困は敵》119, 280, 297
《貧困は病》317
《不幸は下》289
《物理・感情状態は存在物》044
《変化は移動》142, 183, 325
《偏狭は小》322, 323
《ほほえみはさざ波》084
《マイナスの感情は下にある水》100
《マイナスの感情は曲った水》100
《未決定なことは宙に浮いているもの》243
《未実現は上》224, 225, 253
《未実現は前の彼方》224, 225
《未知は上》243
《未来の非現実は前の彼方》221, 222
《未来は上》224, 257
《未来は前》221, 222, 225, 252, 253
《見ることは触ること》044
《無意識は下》045
《眼は感情の容器》044
《目は手》044
《目的の実現のための活動は前の彼方へ向かっての自力移動》223, 225
《目的は上》225, 253

《目的は前の彼方》221–223, 225, 253
《問題は重荷》111, 119, 229, 278, 280, 297
《問題はくり返し起こるもの》275
《問題は障害物》111, 278, 297
《問題は植物》273, 274, 278
《問題は生物》278
《問題は敵》111, 162, 229, 264, 278, 279, 297
《問題は火》275
《問題は複雑な構造体》276
《問題は見えないもの》271
《問題は病》268, 269, 278
《問題は連続体》276, 278, 279
《優しさは包むこと》146
《病は重荷》297
《病は害虫》119, 280
《欲望は食欲》051
《喜びは水》096
《理解は消化》096
《理解は身体の一部》096
《理解は知覚》096
《理解は見ること》040, 044, 096, 271, 272, 278, 317, 322
《理性は上》046
《理想の現実のための活動は前の彼方へ向かっての自力移動》222, 223, 225
《理想は上》220, 224, 225, 227–229, 253, 318
《理想は美しいもの》227
《理想は獲物》219
《理想は彼方》227–229, 318
《理想は視覚的》227
《理想は着点》318
《理想は遠いもの》220
《理想は前の彼方》221–225, 253
《理想は目的地》219, 220
《理想は欲求の対象》220
《良は上》046, 100, 118, 139, 140, 195, 218, 238, 256, 285, 289, 326
《良は直》100
《良は光》144
《良は前》191, 325
《理論は建物》044, 050, 097, 099, 195, 306, 307
《類似性は近接性》051
《類似性は近さ》084
《恋愛は戦争》306
《恋愛は旅》044, 049, 118, 175, 306
《恋愛は病人》306

《恋愛は物理的な力》306

用語

A
IS 基盤 104
O モード 078, 081
S モード 077, 081, 223, 240, 252

あ
アナロジー（類推）006, 307
アラインメント（整列対応）046, 223
逸脱説（anomaly theory）009
イメージ・スキーマ（IS）025, 060
イメージ・メタファー（IM）123
因果 185
オーバーライド 048, 093, 118
オントロジ・スキーマ（OS）060, 063

か
概念レベル 055
外部事象 180
カテゴリー性基盤 111, 166
カテゴリー包含説 010, 053, 113
からだ的思考 057
擬人 154
基盤（動機づけ）039, 234, 235
基本レベルカテゴリー 028
共起性基盤 102, 207, 289, 306
狭義のメタファー 001
凝集性（coherence）065, 114
具現化 168, 182, 273
継承 255
形状基盤 104
形状の類似 155
広義のメタファー 001
合成 139, 145, 222, 238, 251, 289
構造性 011, 087
構造性基盤 104, 165, 206, 306
構造的類似 156
構文 033
言分け 058

語用論説（pragmatics theory）009
痕跡的多義 094, 248, 262

さ
サキ領域（Target domain）037
「しかも」テスト 295
事象構造メタファー（Event Structure Metaphors）049, 173, 219, 222
質感 129
シテ（主役）068
視点 076
シネクドキ（提喩）005
シミリ（明喩・直喩）003
写像（mapping）037
収斂する証左（Convergent evidence）041
主観化 030
主観性 032
主観的 032
情緒・感覚の意味 086
衝突 118, 141, 145, 238, 294
身体性 012
身体性メタファー理論 055
進捗の様態 180
推論 039, 288
スキーマ 091
スキーマ化 025, 127
〈する〉型言語 185
〈生物〉276
〈線と移動〉065
相互作用説（interaction theory）010
創発的形式 118
存在の大連鎖 047

た
代替説（substitution theory）008
多義 032, 035, 036, 090, 240
多重継承 118
多重制約充足 119, 140, 145, 274, 280
単調対応 079
知覚推論 074
知覚レベル 055
〈力〉のスキーマ 067
同音異義と多義 090
統語と辞書の連続性 022

な

〈なる〉型言語 185
〈人間〉のスキーマ 072

は

比較説（comparison theory）009
批判的談話分析 292
百科事典的意味観 022
評価 102
評価性 083
評価性基盤 110, 168, 274, 289, 306
評価性基盤の擬人化 162
フォース・ダイナミックス理論（Force Dynamics）067, 186
物質と物体 071
物体の永続性 082, 242
〈物体〉のスキーマ 061
物体の素朴力学理論 061
部分的焦点化 125
不変性仮説 048
不変性原理 048
プライマリー・メタファー理論 050, 093, 118
プラスの評価性 293
ブレンディング理論（融合理論）053, 088, 322
プロトタイプ 028, 091
プロトタイプ的カテゴリー観 022
分析的思考 057

ま

マイナスの評価性 293
「まだら」問題 093, 134, 234
身分け 058
メタファー 001, 003, 005, 238
メタファーのカテゴリー関係 096
メタファーの具現化 098
メタファーの継承 096
メタファーの合成 099
メタファーの衝突 101
メタフォトニミー 053
メトニミー（換喩）005, 116, 154, 258
メンタル・ローテーション 126
モト領域（Source domain）037, 134
モノ 081

や

有契性 022

ら

領域 032, 036
レトリック 005
〈連続体〉070, 276

わ

ワキ（脇役）068

著者　鍋島 弘治朗　なべしま・こうじろう
　　　関西大学文学部教授 博士（文学）．

1993年大阪大学言語文化研究科修士課程修了．1997年カリフォルニア大学バークレー校博士課程前期修了（フルブライト）．2007年～2008年ジャン・ニコ研究所（IJN，フランス）客員研究員．
2009年日本人工知能学会 研究会優秀賞．日本認知言語学会理事．関西言語学会運営委員．語用論学会運営委員．
著書に『メタファーと身体性』ひつじ書房（2016）．
論文に「認知意味論—バークレー，ヨーロッパのメタファー研究を中心に」『英語青年』（2003）．「メタファーと意味の構造性」『認知言語学論考 No.2』ひつじ書房（2003）．ほか多数．
翻訳に『比喩によるモラルと政治』（ジョージ・レイコフ著，共訳）木鐸社（1998）．『認知言語学のための14章』（ジョン・R・テイラー著，共訳）紀伊國屋書店（2008）．『ことばをつくる』（マイケル・トマセロ著，共訳）慶應義塾大学出版会（2008）．

日本語のメタファー

発行	2011年 5月20日　第1刷発行
	2018年12月10日　第3刷発行
著者	鍋島　弘治朗　©Kojiro Nabeshima 2011
発行人	岡野秀夫
発行所	くろしお出版
	〒102-0084　東京都千代田区二番町4-3
	TEL: 03-6261-2867　　FAX: 03-6261-2879
	http://www.9640.jp

装丁・石垣慶一郎（ERG）　印刷・製本　藤原印刷　Printed in Japan
ISBN978-4-87424-512-5 C3081

●乱丁・落丁はおとりかえいたします．本書の無断転載・複製を禁じます．